《国家名片上的丝绸之路》编委会

主　　任　马凤炯
副 主 任　李爱军　刘东风
编　　委　田润德　李毅民　柏　言
　　　　　赵　炼　刘武奇　朱文杰
　　　　　商子秦　黄剑波
主　　编　朱文杰　商子秦
副 主 编　刘武奇　骆延峰

陕西出版资金资助项目

朱文杰 商子秦 主编

国家名片上的丝绸之路

上卷

陕西师范大学出版总社

图书代号：SK16N0965

图书在版编目（CIP）数据

国家名片上的丝绸之路：全2册／朱文杰，商子秦主编．— 西安：陕西师范大学出版总社有限公司，2017.6
ISBN 978-7-5613-8592-0

Ⅰ．①国… Ⅱ．①朱… ②商… Ⅲ．①邮票—中国—图集 ②中国—概况—图集 Ⅳ．① G894.1-64 ② K92-64

中国版本图书馆 CIP 数据核字（2016）第 182966 号

国家名片上的丝绸之路（上下卷）
GUOJIA MINGPIAN SHANG DE SICHOU ZHI LU SHANG XIA JUAN

朱文杰　　商子秦　　主编

责任编辑	张莉莉
责任校对	冯丽珍　　韩迎迎
装帧设计	源纸原味工作室·胡冰涛
出版发行	陕西师范大学出版总社
	（西安市长安南路 199 号　邮编 710062）
网　　址	http://www.snupg.com
印　　刷	中煤地西安地图制印有限公司
开　　本	787 mm×1092mm　1/16
印　　张	41
插　　页	4
字　　数	600 千
图　　幅	396
版　　次	2017 年 6 月第 1 版
印　　次	2017 年 6 月第 1 次印刷
书　　号	ISBN 978-7-5613-8592-0
定　　价	198.00 元

读者购书、书店添货或发现印装质量问题，请与本社营销部联系、调换。
电话：（029）85307864　　传真：（029）85303879

总　序

　　万里丝路飞彩虹，方寸邮票展宏图。

　　在举国上下实施推进"一带一路"国家战略的时代大潮中，在近年来中西部主动融入"一带一路"大格局、建设内陆改革开放新高地、实现追赶超越的奋进历程中，由陕西省集邮协会编撰、陕西师范大学出版总社重点打造的《国家名片上的丝绸之路》一书即将出版。这是向广大读者献上一部弘扬"丝绸之路"精神，践行"一带一路"战略，纵览历史与现实，融汇知识和艺术，具有鲜明集邮特色的优秀读物，这是陕西乃至全国集邮界、出版界的一份新收获。

　　邮票被称为"方寸艺术"。邮票发行由国家管理，通常是国家主权的象征，是社会历史发展进步的独特见证，因此被誉为"国家名片"。邮票内容包罗万象，被称为"袖珍百科全书"和知识宝库。人们通过欣赏邮票，可以开阔眼界，增长才智，陶冶性情，提高艺术修养。邮票兼具使用、收藏和艺术审美功能，一直深受大众喜爱。百余年来，集邮活动风靡全球，对社会生活产生了广泛而深远的影响。

　　丝路是古代中国连接世界的一条国际大通道。它东起长安，途经南亚、中亚，直达欧洲、北非，沿途穿越十多个国家和地区，是古代东西方经济文化交流的主要通道，也是沟通欧亚大陆的友谊虹桥。

　　陕西是丝路的起点。2013年，习近平总书记出访中亚四国时曾满怀深情地说道："我的家乡陕西，就位于古丝绸之路的起点。站在这里，回首历史，我仿佛听到了山间回荡的声声驼铃，看到了大漠飘飞的袅袅孤烟。这一切，让我感到十分亲切。"这是陕西及西北人极大的骄傲。

　　这部《国家名片上的丝绸之路》，从新中国成立以来国家发行的邮票中精选出丝路相关邮票，组织陕西著名作家和集邮专家撰写美文，图文并茂，为"一带一路"战略这一宏伟的时代交响乐增添了一个多彩而响亮的音符。

　　全书分为上下两卷。

　　上卷"陕西卷"，分为五辑，集中展示古丝路起点长安（今陕西西安）和陕西省的相关内容。第一辑：华夏文明，河山锦绣。第二辑：长安览胜，中华瑰宝。第三辑：风流英才，汇聚三秦。第四辑：翰墨华章，大美陕西。第五辑：丝路辉煌，时代新貌。以邮票与古丝路为纽带，向世界推介陕西人文历史、自然风光、文化遗产、城市风貌、经济建设成就等。特别是其中的《丝路起点飞天情》《北京时间从丝路起点开始》《绿色长城牵手丝绸之路》《"南水北调"连接丝绸之路》《丝路舞气龙》

等，浓墨重彩地反映了陕西现代科技文化生态建设的崭新成就，让人为之欢欣鼓舞。

下卷"河南、甘肃、宁夏、青海、新疆五省（自治区）卷"，分为五辑，展示丝路沿线和辐射相关省（自治区）的内容。分别为：河南洛阳及三门峡；丝路黄金段甘肃；丝路北道宁夏；千山之宗、江河之源青海；丝路国内段压轴地位的新疆。全方位展示了丝路国内段的整体风采，彰显了五省（自治区）与丝路相关的历史文化积淀、名山胜水、宗教文化、民族团结和改革开放等社会经济建设新成就。"一带一路"国家战略，正引领丝路沿线和辐射相关省（自治区）扬帆起航，高歌奋进，圆中华儿女屹立于世界民族之林的伟大复兴之梦。

这部《国家名片上的丝绸之路》，紧扣"丝路文化"的特点，展示了丝路的文化精华，展现了丝路沿线传统文化和现代文明的融合，成为全国出版系统打造丝路文化载体、创新丝路文化品牌的新成果和新收获。

这部《国家名片上的丝绸之路》，也展示了陕西省集邮、出版工作者自觉围绕党和国家工作大局、唱响主旋律、传递正能量的使命感和责任感。在我的视野中，近年来，陕西省出版系统坚持把社会效益放在第一位，努力奉献给人民更好更多思想性、艺术性、观赏性相统一的优秀作品。相信这部书的出版，一定会为我国方兴未艾的"一带一路"建设再添一处亮丽的风景。

这部《国家名片上的丝绸之路》，通过邮票这一神奇的"窗口"，让我们回望丝路历史，展望丝路未来。可以说，丝路的历史在这里延续，丝路的精神在这里传承，丝路的文化在这里弘扬，丝路的雄风在这里激荡。

丝路梦连接着中国梦，承古开今，铺展虹桥，一个更加自信开放的中国，大步走向世界；中国梦蕴含着丝路梦，一带一路，描绘未来，实现中华民族的伟大复兴，写就更加壮美的世纪华章。

我想，这就是《国家名片上的丝绸之路》出版的根本意义所在。

是为序。

中华全国集邮联合会会长　杨利伟

2017.6.5.北京

[目　录]

第一辑　华夏文明　河山锦绣

003　　女娲造人

005　　半坡人面鱼纹盆

009　　黄帝陵与轩辕柏

013　　丝绸之路上的汉代玉雕

016　　西汉长安城的相风铜鸟

018　　丝绸之路起点说

021　　昭陵六骏之谜

025　　《西游记》邮票与长安

029　　鸿雁传书及其他

033　　玄奘大师与大雁塔

036　　西安钟楼

040　　西安城墙

第二辑　长安览胜　中华瑰宝

047　　黄河壶口

050　　华山极胜

054　　青铜器之乡在陕西

059　　镇北台

062　　秦始皇陵兵马俑

contents

- 067　"青铜之冠"铜车马
- 070　秦汉瓦当
- 075　牛耕图
- 078　大唐长安乐舞中的箜篌与琵琶
- 082　隋代鎏金铜佛像
- 085　唐三彩
- 089　鎏金舞马衔杯银壶
- 092　唐代铜镜
- 095　法门寺塔和地宫珍宝

第三辑　风流英才　汇聚三秦

- 101　老子与楼观
- 105　中国古代医学家扁鹊
- 107　史圣司马迁
- 110　张骞出使西域
- 113　昭君出塞
- 118　赋圣司马相如与长安
- 120　潜隐的一代大儒扬雄
- 124　文史大家班固
- 128　蔡伦造纸

131　"经天纬地"僧一行

135　李白与长安

139　杜甫故里少陵原及其他

142　长安人柳宗元

144　长安人"和仙寒山"

第四辑　翰墨华章　大美陕西

149　神品秀逸《曹全碑》

151　"隶中草书"《石门颂》

154　欧阳询与《九成宫醴泉铭》

157　褚遂良与《雁塔圣教序》

161　书坛亚圣颜真卿

165　心正笔正话柳公

167　阎立本与《步辇图》

170　周昉与《挥扇仕女图》

173　《捣练图》

177　《元曲》邮票上的陕西元素

180　长安石榴甲天下

184　秦岭南北桂花香

187　《二十四节气》与古长安

contents

191　凤翔木版年画

194　京剧艺术大师陕西人马连良

第五辑　丝路辉煌　时代新貌

199　电力机车奔驰在丝绸之路上

202　丝路舞气龙

206　丝路起点飞天情

210　北京时间从丝路起点开始

213　丝路高铁奏和谐

217　珍藏着丝路瑰宝的华夏宝库

220　从丝路起点起飞

224　丝路起点涛声起

228　芙蓉胜景映丝路

232　铺展电力丝绸之路

235　绿色长城牵手丝绸之路

239　"南水北调"连接丝绸之路

243　丝路唐城陕茶香

247　水润长安靓丝路

第一辑

华夏文明　河山锦绣

女娲造人

文 / 朱文杰

中国古代神话世界是一个充满想象的梦幻世界。提到中国古代神话，就不得不说集人类智慧和力量于一身的中国上古神话中的创世神和始祖神"女娲"，因为这关乎生命起源。

人类诞生启端，是远古人最神奇和超凡的想象。女娲造人这种最原始的神奇幻想，肯定不是空穴来风的随意杜撰，而应该是建立在最初的母系氏族阶段的女权社会基础之上，也是女性占据人口生产主导地位的反映。有关女娲的神话，重要的是女娲造人和炼五彩石补天。

1987年9月25日，国家邮政部门发行《中国古代神话》邮票一套，其中第二枚为《女娲造人》。有关女娲的神话传说与大地原点所在地陕西，无疑有着密切的关系。

"女娲抟土造人"之说见于《太平御览》卷七十八引《风俗通》云："俗说天地开辟，未有人民，女娲抟黄土作人……"《淮南子·说林训》则有："黄帝生阴阳，上骈生耳目，桑林生臂手，此女娲所以七十化也。"意思是当女娲造人之际，众神咸来助之，有黄帝助其生阴阳，上骈助其生耳目，桑林助其生臂手。上骈、桑林，皆神名。

以"黄土抟人"，说明女娲主要活动在

女娲造人

黄土高原一带。因此甘陕晋冀豫，甚至全国各地到处都有女娲传说和遗迹。陕西处于黄土地中心地带，自然也是女娲传说和遗迹的中心了。传说女娲姓风（凤），出生于秦岭之中的陕西凤县。陕南平利有女娲山，古称中皇山，山有女娲庙，以及"女娲抟土造人"遗址。《路史》云："女娲始治于中皇山，继兴于骊山之下。中皇山即女娲山，有天台鼎峙，今建女娲庙。"唐宋以来，女娲庙历经修葺扩建，尤其是清乾隆元年（公元1736年）重修后，拥有正殿四重、房屋百余间，是当时平利最大的庙宇，被誉为"名胜之方"。

《陕西通志》有："上古风陵，即女娲氏陵，在潼关卫城北黄河中。"西安东北的临潼骊山，有供奉女娲、伏羲的"人祖庙"。康熙本《临潼县志》记载："人祖庙祀女娲、伏羲像，俗称人祖。"临潼还有"女娲炼石""抟土造人"的遗迹。乾隆本《临潼县志》记载："丽戎国，古女娲氏继兴于此。"

炼五彩石补天说的是原始洪荒时代，共工怒撞不周山，天柱断折，天崩半边，地陷开裂，洪水猛兽泛滥，人类面临着空前大灾难，此时的女娲炼石以补天之漏洞。那种解民于倒悬的神力，该是如何巨大和不可想象。和临潼相连的蓝田也有女娲的"补天台"。相传伏羲和女娲为兄妹，后结为夫妻。其母华胥氏。后世文献记载的华胥在陕西蓝田，如《纲鉴易知录》载："太昊之母居于华胥之渚。"注云："华胥，在今陕西蓝田县，小渊曰渚。"位于陕西省蓝田县华胥镇孟岩村的华胥陵，相传是上古时代伏羲和女娲之母华胥氏的陵冢。陕西文物考古专家石兴邦说："在文明产生前没有文字记载，只有靠口头传说将他们认为熟悉而重要的事情代代口传下去。这些史料，我们称它为'影史'，不是虚拟的，而是在一定真实的历史素材上的映象，是有一定依据的。"而距今115万年—70万年前的蓝田猿人遗址，以及周围的仰韶时期的西安半坡遗址（公元前5000年—公元前4500年）、临潼姜寨遗址（公元前4600年—公元前3690年）、宝鸡北首岭遗址（公元前5150年—公元前3790年），应该就是对这些神话传说的一种支撑。

公王岭发现的蓝田猿人距今约为115万年—70万年，比57万年—23万年前的北京猿人，还要早得多。可见陕西历史久远、渊源深厚之一斑。

半坡人面鱼纹盆

文 / 朱文杰

人类创造文明的肇始应该是土与火,而土与火的结合诞生了陶,陶成了土与火的精魂。由此,人类文明也可以说是从玩泥巴制陶开始的。

郭沫若诗词《西江月·颂陶》中有:"土是有声之母,陶为人所化生。""人所化生"则诞生了彩陶。

彩陶是人类文明演进过程中具有世界性概念的文化形态。中国的彩陶文化历时久远,文化类型繁多,器物功能丰富,是了解中华文明起源的"金钥匙"。

1990年4月10日,国家邮政部门发行了一套《彩陶》邮票,第一枚图案就是半坡类型的"人面鱼纹盆"。

为什么选半坡类型的彩陶为第一枚呢?我以为,一是彩陶到仰韶文化时期已进入鼎盛阶段,而半坡遗址是仰韶文化最典型的代表;二是半坡类型的人面鱼纹盆以其最特异神秘的文化内涵、图腾符号的唯一性,成为中国彩陶不可替代的标志物,入选并被列为第一枚当之无愧。

人面鱼纹彩陶盆,高16.5厘米,口径39.5厘米,细泥红陶质地,是出土于西安半坡遗址的7种人面鱼纹彩陶盆中最完整的

半坡类型

一件，可以说是半坡遗址的灵魂。现藏于中国国家博物馆。

人面鱼纹盆属"国宝级"文物。中国国家博物馆目前共有40多万件藏品，一级品仅有2000多件，人面鱼纹盆就是其中之一，是史前类展品的"台柱子"，也是国家博物馆的"镇馆之宝"。

人面鱼纹彩陶盆内壁以黑彩绘出两组对称的人面鱼纹和单鱼纹，眼睛为一条直线，有笑眯成一条缝的感觉。但在《半坡史前文物精华》一书中还看到睁开眼为椭圆形图案的人面鱼纹，亦非常传神。尤其是人面头戴一尖顶饰物，魔幻奥妙，神秘莫测。加之人面和鱼纹结合得巧妙无比，给人以人与自然融为一体的感觉。人面两侧各绘有对称的两条鱼，嘴的两角也伸出两条变异的鱼尾形图案，如人嘴噙了两条鱼似的。在人面之间还有两条大鱼，同向追逐，这使得人面在鱼群簇拥之中显出恬然自得的神情。鱼头仅是寥寥数笔，却把鱼的形神勾勒得精细入微，如灵似幻。

人面鱼纹盆不仅仅出土于半坡遗址，截至目前陕西地区出土的类似器物共有30件，半坡遗址现藏有一件人面鱼纹盆。在距离半坡遗址20多里路的姜寨遗址，也出土了一件人面鱼纹盆。这件盆上的人面眼睛是张着的，与半坡的人面鱼纹盆人眼微微眯成一条缝的造型有别。姜寨遗址还出土了只有一个鱼面的人面鱼纹盆。另外，在宝鸡、汉中地区的新石器时期遗址中也出土了类似的人面鱼纹盆，其中汉中出土的一件盆上有12个人面，是目前陕西省发现人面最多的彩陶盆。

从《中国陶瓷全集》看，陕西地区出土的这30件人面鱼纹盆，被定为国家一级文物的共有4件：1955年陕西西安半坡遗址出土2件，现藏中国国家博物馆；1975年12月陕西临潼姜寨遗址出土2件，现藏陕西历史博物馆。

人面鱼纹这独有的图案，不仅仅出现在陶盆内，还被绘在陕西姜寨遗址出土的一件尖底器外壁上。这张人面额头两边的鱼纹，为一根弯曲细线挑出，形似官帽上两个对称帽翅，独出机杼，给人匪夷所思之震撼。

陕西地区出土的类似人面鱼纹盆的器物都被称为"半坡类型"。纵观这些同中有异的人面鱼纹图案，有复合图案，繁丽而灵动；有简笔图案，写意亦简约。其艺术特色鲜明，或朴素纯真，或精致豪放，或神秘难辨。千姿百态，概括性强，抽象而意境超凡脱俗，给人连续不断的惊叹，有一种对原始艺术大美真谛的回归。

鱼在远古人的心目中是生殖繁衍的象征，他们把鱼多仔和繁殖能力极强的特征作为繁衍生息的心灵寄托。半坡人继而产生了神秘的"神鱼崇拜"。李泽厚先生在《中华文化的源头符号》一文中也提出："鱼，生命的符号。"

人面鱼纹盆已成为广为人知的中国文化符号，影响深远，早就被作为插图选入我国历史教科书。被誉为远古文明之花的中国彩陶，是中国文化之根，不但表现了人类童年的天真稚气及其与自然的亲密关系，代表着中国原始社会所达到的艺术成就，而且也是世界远古文化宝库中璀璨夺目的瑰宝。

彩陶也是中国文字和绘画的源头。最早提出这一非凡见解的是前中国科学院院长郭沫若先生。针对西安半坡遗址中发现的刻画符号和纹理图案，他说："刻画的意义至今尚未阐明，但无疑是具有文字性质的符号……可以肯定地说，就是中国文字的起源，或者说中国原始文字的孑遗。"他还在《古代文字之辩证的发展》一文中指出："汉字究竟原始于何时呢？我认为半坡彩陶上刻画的符号具有文字的性质。"郭先生这一论断，如一石激起千层浪。

我国著名学者、清华大学教授李学勤先生在《陶器和中国文字起源》一文中说："中国文字起源的探讨，主要和年代较早的陶器上面的符号有关。"他还说："有刻画符号的仰韶文化陶器，都属于半坡类型，迄今已在渭水流域的陕西西安、长安、临潼、铜川、宝鸡和甘肃秦安等不少地点发现。"半坡遗址是新石器时代仰韶文化的典型，彩陶上的纹理图案多以几何图形、动植物图案为主，其中发现的鱼形图案，形态逼真，与古汉字中的一些"鱼"字比较，其相似程度足以让人相信汉字确实是从原始图画演变而来的。

中国史前的彩陶文化真是太博大精深了，其内涵有不可想象的丰富。学术界甚至提出了在丝绸之路之前还有更早的彩陶之路的说法。北京联合大学教授韩建业先生就基于历年来对新石器时代考古实证的研究成果，撰文提出了彩陶之路是中西文化交流的最早通道的观点。彩陶之路就是以彩陶为代表的早期中国文化以陕甘地区为根基自东向西拓展的传播之路，也包括顺此通道西方文化的反向渗透。彩陶之路是早期中西文化交流的首要通道，是丝绸之路的前身。

诞生这一国宝级的中国彩陶典型代表人面鱼纹盆的半坡遗址，位于陕西省西安市东郊灞桥区浐河东岸，是黄河流域一处典型的原始社会母系氏族公社村落遗址，属新石器时代仰韶文化。半坡遗址是我国首次大规模发掘的一处新石器时代村落遗址，1958年建成半坡遗址博物馆，是中国第一座史前遗址博物馆。

记得我1962年前后第一次进入这一史前遗址原始村落风格的大门时，就被门前鱼池中耸立的正在汲水的半坡姑娘雕像给震撼了。半坡属于母系氏族最成熟的社会，在这里，女人当家，以女为贵；在这里，只知其母，不知其父；在这里，人类历史遥远得让你如坠迷幻朦胧中。

于是，我写了一首诗《半坡姑娘》，以表达我对创造了这半坡文明的以伟大女性为首的先民的顶礼膜拜，以及追寻史前历史时，因她博大精深的不可知而陷入的困顿和迷茫：

水躲在陶罐里／和姑娘捉迷藏／鱼咬着尾／一条条潜逃时无痕无迹……

而今天，我要感谢这深奥的人面鱼纹盆，那是沟通天人的神器呀！人乎？鱼乎？鱼乎？人乎？如庄周梦蝶一样，启我疑窦，开我茅塞，已然初步化解了我心中根深蒂固的弥天幼稚。

黄帝陵与轩辕柏

文 / 朱文杰

黄帝，是史圣司马迁在《史记·五帝本纪》中所列的五帝之首。汉代孔安国在《尚书·序》中将黄帝与伏羲、神农奉为三皇。中国的历史是所谓的"三皇五帝到如今"，黄帝就是中华民族共同尊奉的始祖。

黄帝是中国远古时期部落联盟首领。《史记·五帝本纪》记载："黄帝者，少典之子，姓公孙，名曰轩辕……轩辕之时，神农氏世衰。诸侯相侵伐，暴虐百姓，而神农氏弗能征。"轩辕习兵练武，征讨那些不来朝贡的诸侯，各诸侯这才都来归从。而蚩尤在各诸侯中最为凶暴，没人能去征讨他。炎帝势力衰落，诸侯都来归从轩辕。于是轩辕修行德业，整顿军旅，研究四时节气变化，种植五谷，安抚民众，丈量四方土地，训练熊、罴、貔、貅、貙、虎等猛兽，与炎帝在阪泉的郊野交战。三次才将其征服。后来蚩尤发动叛乱，黄帝征调军队与其战于涿鹿，擒杀蚩尤。至此，"诸侯咸尊轩辕为天子"。又因轩辕"有土德之瑞，土色黄，故称黄帝"。

"黄帝崩，葬桥山"，这里的桥山就位于陕西中部桥山。早在东晋时期就设有中部县，建制历代有所沿革，1944年改为黄陵县。黄帝陵位于桥山之巅，山下有创建于汉代的轩辕庙。庙原在桥山西麓，宋太祖开宝五年（公元972年）移至今址。1961年，黄帝陵被国务院列为全国第一批重点文物保护单位，为"古墓葬第一号"。

黄帝陵历代均有重修，尤其是1992年8月开始的大规模拓展整修工程，新建有能容数万人之众的广场，以及雄伟庄严、大气磅礴的祭祀大殿。这次拓展整修，让黄帝陵旧貌换新颜，国人震撼，世界惊叹。

1983年4月5日，国家邮政部门发行了《黄帝陵》邮票一套，分别为《黄帝陵》《人文初祖殿》《轩辕柏》。让我们按照邮票上绘出的图画，一路瞻仰拜谒黄帝陵吧。

黄帝陵

第一枚图案是坐落于桥山之巅、翠柏层层叠叠簇拥的"黄帝陵"。邮票画面上是陵前的四角飞檐祭亭，亭中央竖有高大石碑一通，上刻有郭沫若手书的"黄帝陵"三个大字。

邮票画面之外的祭亭后面，又有一通明代所立的石碑，上书"桥山龙驭"，再往后就是高3.6米，周长48米的黄帝陵。陵前有大路相通，沿路攀缘而上，首先会看到路旁立着一石碑，上刻"文武百官到此下马"八字。据传这叫"下马石"，意指"凡祭陵者，均须到此下马步行"。陵前数十米处还有一座高台，为"汉武仙台"，传说是汉武帝"征巡朔方还，祭黄帝，筑台祈仙"。沿石阶登台，可远眺黄帝陵四周郁郁葱葱之莽苍古柏。

人文初祖殿

第二枚图案是"人文初祖殿"。该殿位于轩辕庙内，殿前右前方有一株高耸入云的古柏，名为"将军树"，又称"挂甲柏"。史书记载，汉武帝刘彻巡朔方还，挂甲于此树，故名。此柏斑痕密布，纵横成行，树干上可见洞孔排列，似有断钉在内。更奇特的是，每年清明节柏树开花时，晶莹闪亮的柏汁就会从这些钉痕一样的孔洞里溢出，状如眼泪。而如此奇幻、会流泪的、堪称"柏树之奇"的挂甲柏，就是经过多次科学鉴定也无法破译，属于柏树中极珍稀的树种。我有一首诗写《挂甲柏》：

　　古柏披上铁甲／成为一尊大将军的雕像／擎绿色华盖／卫护着黄帝陵／卫护着人文初祖的威严／松脂如凝血／断箭咬铁环／聚汉武帝惊天地的奇功／还有共工触柱、夸父逐日／黄帝骑龙大战蚩尤的神勇／使这深沉的黄土／又厚实了几千尺

　　人文初祖殿，殿门上悬一横匾，上书有"人文初祖"四个遒劲古朴的隶书大字。殿内正中供奉轩辕帝浮雕石像，这座石像仿照出土于山东嘉祥武氏祠中东汉画像石上的轩辕黄帝像雕制而成。东汉画像石上的这一黄帝像也是迄今为止考古发现的最早的黄帝形象。而武氏祠珍藏的汉代画像石刻艺术，居全国汉画像石之首。联合国教科文组织称其超过了同时期埃及的石刻和希腊的瓶画，堪称世界一绝。

　　第三枚图案是耸立在轩辕庙门内左侧的"轩辕柏"。此柏号称"世界柏树之父"，高19米，树身下围10米，7个小伙子抱不住，有民谚称："七搂八拃半，疙里疙瘩不上算。"相传此柏为黄帝亲手所植，因而被称作"黄帝手植柏"。这株遒劲苍翠、拂云摩天、伟岸挺拔的"黄帝手植柏"，饱经沧桑，依然枝繁叶茂、苍劲有力、铁骨铮铮、直插云霄，可以算作是植物界的活化石了呀！

轩辕柏

　　黄帝陵周围的桥山上有8万多株古柏，树龄上千年的就有3万多株，是我国最大的古柏群。仅陵园内就有千年以上古柏69棵，除过"轩辕柏""挂甲柏"，还有伫立在黄帝陵之后的两株龙角柏，螺旋式上升，与天争锋，还有七扭八拧、如同麻花一样的"麻花柏"。真正是瑰丽神奇的古柏奇观。"老柏虬龙化，盘根绕帝陵"，让你在领略大自然鬼斧神工的造化之力时惊叹"桥山古柏甲天下"。

　　1982年，致力于世界林业资源研究的英国林业专家罗皮尔先生在有选择地对27个国家的林业资源进行探索发掘和实地考察的科研活动中，最先发现

了集中分布于桥山的世界最大古柏群和世界最高柏树树龄,其称黄帝手植柏为"世界柏树之父"。历经5000年风霜雨雪而更加枝繁叶茂的古柏,与陵冢庙堂一样,无疑已成为人们顶礼膜拜的人文始祖象征的民族灵魂的化身。这棵生机勃勃的"始祖之柏",已成为黄土之魂,成为华夏民族心中永远的图腾,成为一个民族生生不息的崇高意象,如生命壮丽一样的神圣。

祭祀黄帝陵是中华民族的传统,牵系着海内外炎黄子孙寻根问祖的赤子之情。《史记·封禅书》中有"秦灵公作吴阳上畤,祭黄帝""汉武帝北巡朔方,勒兵十余万还,祭黄帝冢桥山"的记载。由此看来,位于中国大地原点附近的黄帝陵,一直是华夏民族祭奠黄帝的历史最悠久、最权威的地点,无愧于"中华民族第一圣地"的称号。陕西省社会科学院古籍研究所所长何炳武研究员认为,黄帝陵巧居盘龙脉象之中,轩辕庙恰处凤岭翼护之下,左青龙,右白虎,前朱雀,后玄武,四周护拱,瑞祥之气生矣,是黄土高原上一处十分难得的符合传统的"风水宝地"。

人文初祖——黄帝

2001年4月5日,国家邮政部门发行了《人文初祖——黄帝》普通邮资明信片。邮资图是根据山东嘉祥武氏祠东汉画像石上的黄帝形象重新设计的。画面上黄帝头戴王冠,眉清目秀而敦厚慈祥,给人一种极为可亲可敬的感觉。黄帝为神话传说中人物,发行这枚黄帝形象的邮资明信片,让人们在祭拜黄帝时心中有了一个清晰真实的形象,特别难能可贵。

你看,邮资图上的"人文初祖——黄帝",一手高扬,一手指向前方,仿佛仍然在引导着我们华夏民族,走向幸福的、光明的、充满希望的未来。

第一辑　华夏文明　河山锦绣

丝绸之路上的汉代玉雕

文 / 朱文杰

2012年8月1日和8月28日，国家邮政部门先后发行了《丝绸之路》《和田玉》邮票，其中各有一枚邮票印的是精美绝伦的汉代玉雕传世精品，一为"玉辟邪"，一为"玉仙人奔马"，让人称奇。它们在不同题材的邮票中亮相，幸福地相聚于2012年。"玉辟邪"为《和田玉》第一枚主图，"玉仙人奔马"为《丝绸之路》第四枚《西域胜境》前景图，两者均出土于陕西咸阳西汉元帝渭陵附近，现藏咸阳博物馆。

两块玉雕均由"玉中之王"的新疆和田玉所制作，堪称稀世珍宝。玉质温润细腻，莹白中隐约透着光泽，清雅脱俗之灵气扑面，宛若羊脂，俗称"羊脂玉"。应为御用之玉。历代进贡皇帝的新疆玉石，多取自和田白玉之最上品。也就是西汉文学家东方朔在《海内十洲记》所赞誉的"白玉之精"的和田玉。

"玉辟邪"，1972年出土，为汉代玉雕中精华极品。长7厘米，高5.4厘米，有蔚红色的血沁如丝如线，游动在白玉辟邪的全身，尤以腿部明显。辟邪造型为昂首前视、张口露齿、头有独角、颔下有须、长尾垂于地、腹饰羽翅的四爪足巨兽，半立半蹲中身姿矫健，目露厉光，气雄势猛，动感十足，呈跃跃欲扑击之势，蕴有神兽逼人的威仪。

玉辟邪

辟邪，又名貔貅，是综合狮子头和身、犀牛角、羊须、鸟翅、虎爪于一体之形象，充分表现其凶猛超凡、神奇威武之势。辟邪，顾名思义，是人们希望借助它的法力来驱邪。在南方，一般人喜欢称之为貔貅，而在北方则称之为辟邪，为古代五大瑞兽之一，此外是龙、凤、龟、麒麟。传说貔貅帮助炎黄二帝作战有功，被赐封为"天禄兽"，即天赐福禄之意。它专为帝王守护财宝，也是皇室象征，被称为"帝宝"，亦被称为"招财神兽"。貔貅有一个极为罕见的特点：有大嘴，无屁门，只有进而没有出。所以经常被置于银行门前，意为只招财不漏财。

迄今所知，汉代遗址和墓葬中出土的玉辟邪有3件，均出土于秦地关中。其中两件出土于汉渭陵，形制基本相同，均为圆雕。一件1978年出土于陕西宝鸡一东汉墓中。此外，汉渭陵还出土了一批可与玉辟邪相媲美的"玉鹰""玉熊""玉燕""玉狮""玉马"等玉雕，均堪称汉代玉雕之代表。

西域胜境

"玉仙人奔马"，1965年出土，首尾长8.9厘米，高7厘米，底宽3厘米。这里的玉奔马正是汉武帝最为喜爱和推崇的汗血宝马。汗血宝马号称"天马"，来自西域，从丝绸之路传入中原，被司马迁载入《史记》中。它昂首长啸，竖耳挺胸，飞翼扬鬃，四蹄凌空，踏云驭风，奔驰飞腾状栩栩如生，英姿潇洒。被称为仙人的骑者，头系羽巾，身着短衫，右手持灵芝仙草。马下底座，线刻云纹图案，似正欲追寻极乐的天国，充满奇幻玄妙浪漫气息。汉代羽化登仙观念弥漫，仙人骑天马正是特定历史观念的写照。此件玉器雕镂精致，形象生动，简洁传神，为汉代玉雕中罕见之珍品，体现了汉代玉雕技艺的高超。

丝绸之路前身为"玉石之路"，即古代先民从新疆和田、昆仑山一带由近及远向东西两翼延伸，把和田玉运到远方。向东经甘肃、宁夏、山西，入河南；向西经乌兹别克斯坦，到地中海沿岸的欧亚各国，此即最早的"玉石之路"。丝绸之路有1600年历史，而"玉石之路"则有6000年历史，把"玉仙人奔马"放在《丝绸之路》邮票前景正好点明其寓意。

和田玉是一种软玉，俗称真玉。其与蓝田玉、南阳玉、酒泉玉、岫岩玉并称为中国五大名玉。许慎《说文解字》曰："玉，石之美。有五德：润泽以温，仁之方也；鳃理自外，可以知中，义之方也；其声舒扬，专以远闻，智之方也；不挠而折，勇之方也；锐廉而不忮，洁之方也。"《礼记·聘义》曰："昔者君子比德于玉焉。"玉必有工，工必有意，意必吉祥。所以中国玉文化中也包含有中国的吉祥文化。

当然了，玉还有养生保健的实用性。屈原有诗赞美和田玉："登昆仑兮食玉英，与天地兮同寿，与日月兮齐光。"古医书称"玉乃石之美者，味甘性平无毒"。这里的"食玉英""味甘性平无毒"，均表明了玉养生保健的这一效用。古人认为玉是人体蓄养元气最充沛的物质，故有养生不离玉之说。杨贵妃含玉镇暑，宋徽宗嗜玉成癖。玉为枕而脑聪，古代皇帝喜欢用玉做枕头。玉还可以养精神。玉的养生机理已经为现代科学所证实。

"玉辟邪""玉仙人奔马"两块和田美玉被选入邮票，令人十分欣喜，深感陕西历史渊源深厚，遍地是宝。

西汉长安城的相风铜鸟

文 / 朱文杰

1958年8月25日，国家邮政部门发行了《气象》邮票一套，第一枚名为《古气象仪》，图正中为相风铜鸟。当时文字解释：图案为东汉科学家张衡创制。可笔者经过多年研究，发现相风铜鸟早在张骞凿空西域、开辟丝绸之路的武帝时代就已存在。

据《三辅黄图》记载，汉武帝太初元年（公元前104年）所建的建章宫阙上，装有铜凤凰，下有转枢，风来时，铜凤凰的头向着风好像要飞的样子。这铜凤凰无疑就是相风之鸟，不过是百鸟之王的凤凰。《三辅黄图》成书年代不晚于南北朝，其卷之五《台榭》中记载："汉灵台，在长安西北八里，汉始曰清台，本为候者观阳阴天文之变，更名曰灵台，郭缘生《述征记》曰：长安宫南有灵台，高十五仞，上有浑仪，张衡所制。又有相风铜鸟，遇风乃动。"

古气象仪

后人就是因为这一句话，认为相风铜鸟也是张衡所创制的。但没有注意到"张衡所制"后边有一个"又"字，这明显告诉我们，相风铜鸟是另外的了。因为同书所载的已有西汉建章宫的相风"铜凤凰"了。虽然鸟与凤凰是不同的，但值得注意的是，这里的"鸟"指的是三足乌鸦。根据《观象玩占》书中所说：

"凡候风必于高平远畅之地，立五丈竿。于竿者作盘，上作三足乌，两足连上外立，一足系下内转，风来则转，回首向之，乌口衔花，花施则占之。"

《西京杂记》中载"汉朝舆驾祠甘泉汾阴备千乘万骑"，仪仗队里有"相风乌车"一项，时在汉武帝元光年间（公元前134年—公元前129年）。依此我们可以推知：第一，"相风乌"这种仪器，不仅可以安置在灵台上，也可以装置在移动的车辆上；第二，相风铜乌的发明在张衡之前，张衡创制的"相风铜乌"虽然有所改进，但已不是新发明了。

因此，可以肯定地说：西汉的"铜凤凰"和"相风铜乌"，是我国目前已知的最早的观测风向的仪器。创制者尚无从可考。邮票"古气象仪"中的相风铜乌很可能是在西汉武帝时由无名氏在长安所创，或者更早。

如果说"相风铜乌"由东汉张衡创制，那就是在1900年前（公元78—139年）；如果说"相风铜乌"创制于汉武帝时期，则时间至少提前了250余年。欧洲12世纪才在建筑物顶部安装了测定风向的候风鸡，要比相风铜乌晚1300余年。

郭沫若在《卜辞通纂》卷二说："古人盖以凤为风神。"风鸟，原型即是凤。由此看来，以铜凤凰来相风更合乎古制。

传说在舜禹时就有相风鸟，用木制成鸟形，置于竿上，鸟能自由转动，其头所指即为风向。从甲骨文记载来看，当时对风进行测定的工具叫"伣"。《淮南子·齐俗训》中有："辟若伣之见风也，无须臾之闲定矣。"所谓"伣"，即在风杆上系上布帛或长条旗用来测定风向，当时主要用于农事或战争。汉代《尔雅·释言》对"伣"解释为："间伣也，《左传》谓之谍，即今之细作也。""伣"被《左传》称之为"谍"，就取其侦察风向之意。由此看来，"伣"的使用当时已很普遍。

从相风铜乌到鎏金凤凰，让我们对丝绸之路的起点城市——长安，有了更深层的认识。走近这如今已成残垣废墟的遗址，也得屏住呼吸，似乎有人从天外传声提醒你，要时常抱有一种敬畏之心。

丝绸之路起点说

文 / 朱文杰

关于丝绸之路的起点，一般认为是历史上记载的西汉"张骞凿空"之旅的出发地——长安。

国家邮政部门 2012 年 8 月 1 日发行《丝绸之路》邮票时，在西安和洛阳分别召开了研讨会。笔者作为《丝绸之路》邮票研讨会西安会议的参加者，在会上做了"西安起点唯一性"的发言。

国家邮票发行部门和设计者设计的第一枚邮票定名为《千年帝京》。长安、洛阳，作为西汉和东汉的京城，都超过千年。设计者以丝路地图路线来串联四枚邮票，在第一枚《千年帝京》邮票上于大雁塔旁有一竖长方戳，文字为"长安"，而延伸至东的洛阳，仅以一圆点标示，未标地名。

其他邮票都有戳记，分别是第二枚《大漠雄关》的竖长戳"玉门关"，第三枚《神秘故国》有横向方戳"楼兰"，第四枚《西域胜境》有横向方戳"龟兹"。戳记文字为汉隶，色调与邮票土黄色背景接近，体现厚重的历史感和丝绸之路所经过西北地区的主体景观特色，揭示丝绸之路 4 个重要地点，并以此为邮票主图。邮票上其他与丝绸之路相关的文物古迹，包括洛阳的白马寺，也在邮票中有所体现。但"长安"戳记明显指示了丝

千年帝京

绸之路始发城市，也为"千年帝京"单指长安做了注脚。

如此解读邮票主旨，并非否认洛阳在丝绸之路上地位的重要。因为在丝绸之路上，全国其他很多地区的丝绸（物资）都要经过洛阳中转，才能输往长安和河西走廊，到达中亚、波斯和罗马帝国。

　　大漠雄关　　　　　　　　　神秘故国　　　　　　　　　西域胜境

第一枚《千年帝京》选用出土于陕西咸阳的"唐三彩胡人牵驼"，鲜明地表现丝绸之路上中外文化交流的特点。第四枚《西域胜境》邮票图上选用出土于咸阳汉元帝渭陵、现藏咸阳博物馆的"玉仙人奔马"，对应丝绸之路最早开辟的年代——西汉。

《丝绸之路》邮票还发行有一枚小型张，主图是敦煌的《张骞出使西域全图》。此图局部曾在《敦煌壁画》邮票第四组第四枚出现过。我以为这很重要，和《丝绸之路》邮票《千年帝京》互为印证，从多个侧面肯定了丝绸之路起点是长安。因为"张骞出使西域全图"表现的有汉武帝在汉长安城为张骞送行的画面。

仔细欣赏分析《丝绸之路》邮票，一个大雁塔旁的"长安"戳记，一个《张骞出使西域全图》，这些陕西元素，才让我明白了设计者的良苦用心，更不须

交流

说邮票上的两件现藏于咸阳博物馆的国宝级文物"唐三彩胡人牵驼"和"汉玉仙人奔马"了。这一切说明了在国家邮政部门和设计者心目中,丝绸之路"西安起点说"的观点是不可动摇的。

昭陵六骏之谜

文 / 朱文杰

唐太宗李世民陵墓前有六块骏马浮雕石刻,因唐太宗墓称昭陵,这六块浮雕,就被命名为"昭陵六骏"。

古人论画,分为神品、妙品、能品、逸品。我以为鲁迅慧眼中"前无古人"的"昭陵六骏",应为人间难觅的神品了。

"昭陵六骏"雕刻技艺高超,被雕刻家视为经典中的经典。对于世界上任何一本关于中国艺术的通史来说,它们都不可或缺。它们是汉唐雄风投射到西安这座千年古都的萧瑟背影,不可复制,成为西安永远追寻的大唐之梦。

西安碑林博物馆的马骥研究员曾给我介绍一位法国教授于1908年拍摄的安放在九嵕山北司马门祭坛东西两庑的六骏,从照片上可以看出其中四尊石雕已被割裂损坏。何人损坏何时割裂,已成谜。

2002年和2003年,文物工作者在对昭陵祭坛(北司马门遗址)进行发掘时,先后发现三块"昭陵六骏"残片。2004年,经和藏于西安碑林的"昭陵六骏"中的四骏现场拼对,专家认为最大的一块属于青骓的后大腿,腿毛细腻的巴掌大的一块是什伐赤前马腿的蹄腕部分,第三块则怎么也拼对不上。2010年5月,西安文物保护修复中心的周平、刘林西和陕西历史博物馆的杨文宗三位专家赴美修复"昭陵二骏"才解开这一谜团,从国内带去的"昭陵六骏"残块石膏模型,与"拳毛䯄"马鞍断裂部分非常匹配。长达8年之久的"昭陵六骏"考古发掘残块得以最终确认。当时陕西省考古研究所隋唐考古研究室主任、昭陵考古队队长张建林介绍"昭陵六骏"残片时说:"腿毛细腻的那件残块是在清理昭陵六骏的东边三骏时发现的,应是雕完不久就'离开母体'埋入地下了,否则雕刻的腿毛和棱角不会保存得如此完好。"由此我们可以认识到,"昭陵六骏"应该是在1000多年前唐王朝发生大动荡时被毁掉的,按"雕完不久就'离开母体'"之论,可能是李世民逝世100多年后的安史之乱时。

当然,六骏被割裂之劫难不止这一次,清曹骥观《昭陵六骏歌》中的"于今陵殿六无主,败瓦颓垣窜野鼠。独留六骏尚嘶风……大车捆载咸阳过。纵说神物有护持,到此已嗟缺两个"说的就是六骏被盗之事。"大车捆载咸阳过"是1913年5月发生的事情,而最后流失美国则是在1914年了。将如此重量之巨石运抵美国,其中谁是主谋,也是一个谜。

国家邮政部门于2001年10月28日发行了《昭陵六骏》邮票。让"昭陵六骏"在邮票上"团圆",也算是表达了对这组经历风雨、多灾多难的国宝级文物的热爱与敬意。这一行动也反映了国家邮政部门的胆略和智慧,让人不得不佩服、

什伐赤

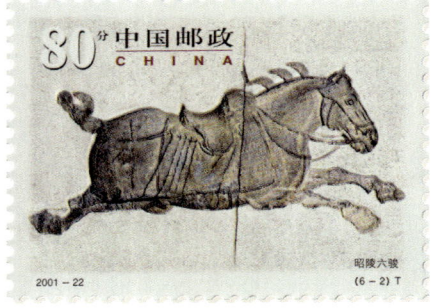

青骓

特勤骠

飒露紫

拳毛䯄　　　　　　　　　　　白蹄乌

尊敬。另外，六骏邮票小全张还被赋予中国邮政第一套压凸票的殊荣，成为新千年最为珍贵的邮票而永留史册。

昭陵六骏是李世民生前最心爱的坐骑，在他创建唐王朝一统天下的大业中，这六匹骏马和他一起浴血疆场、冲锋陷阵，有的马还救过他的命，在不少重大军事战役中建有奇功。主人为了纪念它们，就下令将它们刻石立碑，置于陵寝左右。诚如李世民在营造昭陵时下的诏书所言："朕所乘戎马，济朕于难者，刊名镌为真形，置之左右。"据说，昭陵六骏先由大画家阎立本绘成《六骏图》，后以该图为蓝本，采用圆雕和浮雕相结合的形式雕刻而成。李世民还亲自作诗六首颂其风采，并命大书法家欧阳询抄录，刻在六骏的石碑上，这就是马赞。而现在，这堪称奇绝的马赞刻石我们已难觅踪迹了。所幸的是，《全唐文》（卷十）收录有唐太宗昭陵《六马图赞》，才不至于让今天的我们陷入更深的迷茫之中。它们分别是：

什伐赤："瀍涧未静，斧钺申威；朱汗骋足，青旌凯归。"
青骓："足轻电影，神发天机；策兹飞练，定我戎衣。"
特勤骠："应策腾空，承声半汉；天险摧敌，乘危济难。"
飒露紫："紫燕超跃，骨腾神骏；气詟三川，威凌八阵。"
拳毛䯄："月精按辔，天驷横行；孤矢载戢，氛埃廓清。"
白蹄乌："倚天长剑，追风骏足；耸辔平陇，回鞍定蜀。"

这些诗意丰沛的赞语，字里行间流露出李世民对自己爱马极尽辞藻、推崇备至的欣赏和发自肺腑、视若性命的喜爱。

六骏或奔驰或行走或站立，个个生动传神，给人以极大的艺术感染和冲击。六骏中有四骏身上带箭，让人触目惊心。站在它们的面前，不由自主就绷紧了神经，血脉贲张，激动颤抖而难以自持。拳毛䯄前中六箭，背中三箭；什伐赤臀部中了五箭；冲锋陷阵的青骓中了五箭；飒露紫前胸中一箭，危难之际，一将正在为战马拔箭，这是六骏中唯一附刻人物的作品。牵着战马正在拔箭的人叫丘世恭，一员猛将，他把自己的战马让给李世民，回身四箭射毙追兵。那种争锋的残酷、鏖战的惨烈，以及铁骑滚滚、威凌八阵、追风骏足、一往无前、天驷横行、视死如归的气势，全都体现在它们强健而骨腾神骏的身躯上。

我也曾为昭陵六骏赋诗，以表达我的想象、幻觉、感动和激情：

六匹马／彪炳初唐的军史／李氏王朝在溅火的铁蹄下发迹／热汗消不尽剽悍／刚硬的鬃毛／飞扬一个个血染的故事／浑身咬满了箭矢／没有倒下／仍在腾跃堑壕／仍在冲刺长风／从残垣断壁和烽火烟尘中／从古国的文明中／踏一条尚武的血腥之路／就是凝固于青石浮雕／也不会停止长啸

而围绕"昭陵六骏"的产地来源、名号含义，今天也依然争议不断，且有许多其他未解之谜。

这些虽然让我有点迷惑，但潜藏和围绕在"昭陵六骏"身上的如此之多的难解之谜，却使"昭陵六骏"更为神秘，如潜龙隐凤，让人关注。但我最为看重的却是挖掘"昭陵六骏"石刻本身蕴含和散发的艺术价值，以及感悟光耀古今的艺术魅力！

这六匹骏马均来自西域，见证了丝路文化交流在唐代的繁荣景象。

《西游记》邮票与长安

文 / 朱文杰

《西游记》中的唐三藏与唐太宗

《西游记》虽说是一部虚构的神魔小说,却是以唐代真实人物玄奘西天取经的事迹为原型的。

2015 年 5 月 3 日,国家邮政部门发行的《中国古典文学名著——〈西游记〉(一)》邮票第三枚《发愿取真经》,展现的是玄奘向为他送行的唐太宗发下誓愿一定从西天取回真经的画面。这个场景就发生在唐代都城长安。《西游记》中唐三藏西天取经有唐太宗李世民送行,返回长安时唐太宗又亲自迎接。而实际上玄奘西行印度取经是私自出关的,当他返回长安时,在东都洛阳的唐太宗派京城留守房玄龄奉迎。总之,唐三藏西天取经的出发地和回归地都是长安。

发愿取真经

玄奘西天取经回到长安,在大慈恩寺中潜心译经,创办了中国佛教八大宗之一的法相唯识宗,成为一代高僧。永徽三年(公元 632 年),在大慈恩寺内修建的大雁塔用来保存玄奘由天竺经丝绸之路带回长安的经卷佛像。玄奘还著有《大唐西域记》,记述了其所亲历 110 个及传闻的 28 个城邦、地区、国家之概况,有疆域、气候、山川、风土、人情、语言、宗教、佛寺及大量历史传说、神话故事等,为研究中古时期中亚、南亚诸国的历史、地理、宗教、文化和中西交通提供了珍贵资料,也是研究佛教史、佛教遗迹的重要资料。

唐太宗在《大唐三藏圣教序》中以"松风水月,未足比其清华,仙露明珠,讵能方其朗润"盛赞玄奘。《西游记》更是让玄奘成为太宗皇上的御弟。"发愿取真经"让两人同时亮相。

《西游记》中"梦斩泾龙"引出的门神

梦斩泾龙

2010年7月7日,中国台湾地区邮政部门发行了《西游记》邮票,第一组有《梦斩泾龙》。

《西游记》第九回"袁守诚妙算无私曲 老龙王拙计犯天条",说的就是魏徵梦斩泾河龙王的故事。《永乐大典》"送字韵梦字类"也有魏徵《梦斩泾河龙》的记载。传说唐朝开国初,长安附近的泾河龙王犯了天条,玉帝令魏徵为监斩官。泾河龙王向唐太宗求情,太宗答应,到了斩龙的那个时辰,便故意宣召魏徵来下棋。没想到魏徵下棋时打了一个盹,就灵魂升天,梦中把泾河龙王斩了。

唐丞相魏徵斩了泾河老龙王之后,老龙王的魂魄自觉委屈,便每夜进入内宫找唐太宗李世民索命。唐太宗将这一情况向群臣通报,以求解决办法。大将秦琼奏道:愿同尉迟敬德戎装立门外以待。李世民应允,那一夜果然无事,老龙王不敢来闹。二位将军连站三夜岗,太宗念及他们彻夜辛苦,遂命宫廷画师将秦琼和尉迟敬德的形象描在画布之上,并张贴于宫廷的正门之上。宫门外有秦琼、尉迟恭二将把守,老龙王魂魄自不敢从双锏双鞭下直接闯宫,便转至长安太极宫的后宰门,抛砖扔瓦,惊扰唐太宗。由于秦琼和尉迟恭已守在前门,故丞相魏徵只好亲自持诛龙宝剑夜守后宰门。时间一长,老龙王的魂魄渐渐地衰落下去,魏徵手中那把诛龙宝剑便不再呈高扬之状而垂立一侧了。魏徵则成了守皇宫后门的门神。

《西游记》中对秦琼和敬德二位将军守门的神勇英姿有如下描述："头戴金盔光烁烁,身披铠甲龙鳞。护心宝镜幌祥云,狮蛮收紧扣,绣带彩霞新。这一个凤眼朝天星斗怕,那一个环睛映电月光浮。他本是英雄豪杰旧勋臣,只落得千年称户尉,万古作门神。"秦琼、敬德在长安皇宫为李世民守门,竟成了中国第一门神。

魏徵本是一文臣,最早在潞城县二贤庄三清观内当道长,属道教出身,被民间奉为门神后,其像也仗剑怒目,一派英武气概。正如《西游记》书中所赞的:"熟绢青巾抹额,锦袍玉带垂腰。兜风氅袖采霜飘,压赛垒荼神貌。脚踏乌靴坐折,手持利刃凶骁。圆睁两眼四边瞧,那个邪神敢到?"另外,魏徵能接受天界玉皇大帝的金旨,还与阴司掌生死文簿的酆都判官崔珏交情不薄,身份肯定不低。《西游记》还称他是"人曹官"(道家有天曹、人曹等官职,天曹指天上仙官,人曹指主管人间事务的人官)。从他有杀龙王的权力来看,身份可能与钟馗的"祛恶逐鬼判官"差不多,或更高一些。加之魏徵能手执诛龙剑,一梦斩龙王,出没神机,法力之高,可见一斑。选他当门神还是有眼力的。

《西游记》中托塔天王李靖的原型

国家邮政部门于1979年12月1日发行《中国古典小说——〈西游记〉》邮票一套,其中第二枚《战哪吒》图案上就有观战的托塔天王。托塔天王名李靖,其原型一般认为是佛门护法神北方多闻天王毗沙门。最重要依据是毗沙门手中托塔,还是哪吒之父。哪吒,在佛经中是佛教的护法神,《毗沙门天王随军护法仪轨》载:"尔时哪吒太子,手持戟,以恶眼见四方。"

唐代盛行毗沙门天崇拜。传说毗沙门曾帮唐明皇逼退蕃兵的围困,轰动一时。唐明

战哪吒

皇为感恩，特命"诸道州府城西北及营寨并设其相"供养，因而到处建置庙宇，塑造神像，加以祭祀。

但也有人认为，小说《西游记》中的托塔天王李靖实有其人，即唐初名将、唐太宗时任兵部尚书的京兆三原人李靖。因为他战功显赫，故死后被封为"卫国公"。又因死后经常显灵，为百姓救危解厄，百姓为其建庙供奉。于是到晚唐时候，李靖渐渐被神化了。因其名为李靖，这位托塔天王成了中印、释道合璧的"李天王"。也可以说，中国故事中的托塔天王是李靖与印度多闻天王的结合体，是中外文化融合的产物。

中国澳门邮政部门发行的《西游记》邮票小型张"大圣闹天宫"，站在哪吒后边的依然是托塔天王李靖。作为《西游记》中的虚构人物，托塔天王李靖其原型肯定多源。清人许仲琳编的古典神话小说《封神榜》中亦有托塔天王李靖，让这个人物有了一定的延续性，并被民间供奉。

从这里可以看出，人世间本无神，神都是人为创造出来的。

鸿雁传书及其他

文 / 朱文杰

说到"鸿雁传书",必然要想到"苏武牧羊",因为故事因此而起。据《汉书·李广苏建传》记载,汉武帝天汉元年(公元前100年),苏武出使匈奴,被长期拘留,关押在北海(今贝加尔湖)苦寒地带,十九年不得归。后汉匈通好,而匈奴单于却诡称苏武已死。汉使至匈奴,与苏武一同出使匈奴的常惠秘密地见到了汉使者,告诉他苏武并没有死,并让他对单于说:"天子射猎长安上林苑,得一雁,足系帛书,言武在某一大泽中。"单于闻言,惊视左右,遂向汉使谢罪,只得把苏武放归汉朝。于是,"鸿雁传书"便传为千古佳话。而鸿雁,也就成了信使的美称。

苏武,杜陵(今陕西西安东南)人,西汉武帝时为郎。天汉元年(公元前100年),苏武奉命以中郎将持节出使匈奴,被扣留。面对威逼利诱,苏武持节不屈,誓死不降匈奴。他义正词严回答来劝降的李陵:"常愿肝脑涂地。今得杀身自效,虽蒙斧钺汤镬,诚甘乐之。"而"斧钺汤镬"也成为流传至今很有名的一句成语。苏武去世后,汉宣帝将其列为麒麟阁十一功臣之一,彰显其节操。

鸿雁传书的故事还有一个版本,也发生在陕西,而且更为人所熟知、所喜欢:唐朝薛平贵远征在外,王宝钏苦守寒窑十八年,矢志不移。一日,王宝钏正挑野菜,忽闻空中鸿雁连声呼唤,遂请求代为传书于夫郎平贵,谁料想鸿雁有情,竟落在王宝钏身旁。然一时难寻笔墨,情急之下,撕下罗裙,咬破指尖,写下血泪书信。这寒窑遗址就在西安大雁塔东南约 4 公里处，亦称五典坡。

这两则传说，一悲壮一凄美，均出于陕西，实在让人慨叹。

鸿雁传书是古时人们思念、乡愁的寄托和美妙奇幻的想象。所以，"鸿雁"成为诗歌的托情意象，历代均有咏"雁"之诗。先秦时《诗经·鸿雁》就有："鸿雁于飞，肃肃其羽……鸿雁于飞，哀鸣嗷嗷。"汉代诗歌中有影响的咏"鸿雁"诗，是蔡文姬《胡笳十八拍》："雁南征兮欲寄边声，雁北归兮为得汉音。雁飞高兮邈难寻，空断肠兮思愔愔。"到了唐代，诗人刘商拟蔡文姬所作《胡笳十八拍》："当日苏武单于问，道是宾鸿解传信。学他刺血写得书，书上千重万重恨。"把苏武牧羊故事中的"鸿雁传书"和蔡文姬思乡之情联系在一起。此后，咏雁之诗就非常普遍了。

而"鸿雁"作为中国邮政的象征，早就出现在 1897 年国家邮政部门发行的普通邮票中，除过"蟠龙""跃鲤"，就是"飞雁"。1958 年 7 月 10 日，国家邮政部门发行了《莫斯科社会主义国家邮电部长会议》邮票一套，其主要图案就是广播电讯发射塔和展翅飞翔的大雁。2005 年 9 月 20 日，国家邮政部门发行的《信达天下》邮资明信片上，邮资图案采用的也是翩翩展翅的大雁。

邮电

汉唐时代，鸿雁可能一次书信也不曾传递过，人们还是称其为"雁使"，称信使为"雁足"。但是，在南宋末年，即公元 1274 年，真还有一只鸿雁充当了元朝的国信大使：元使郝经出使于宋，被禁于真州（今江苏仪征）16 年，后得一雁，手书帛书，系之雁足，而纵之。其书曰："零落风高恣所如，归期回首是春初。上林天子援弓缴，穷海累臣有帛书。"又于诗后书曰："中统十五年九月一日放雁。获者勿杀国信大使。郝经书于真州忠勇军营新馆。"共 59 字。秋季放雁，次年春，果为北方元人得获，进呈于元世祖。忽必烈见书恻然良久，遂决意南伐。两年后，南宋灭亡。这封"雁足书"后珍藏于元朝秘书监，即元大都（北京）的皇家档案馆。

"鸿雁传书"之前，还有"青鸟传书"的故事。1998年10月9日，国家邮政部门发行了《第22届万国邮政联盟大会·1998北京（二）》纪念邮资明信片一套，其中第三枚《情缘东方》主图和邮资图内容一致，均为一只色彩斑斓的飞鸟，背景为驿站和长城，表现的就是我国古代青鸟传书的传说。

"青鸟传书"也和陕西长安有关。据《山海经》记载，这青鸟共有三只："三青鸟赤首黑目，一名大鵹，一名少鵹，一名青鸟。居三危之山，为西王母取食。"这三只赤首黑目的神鸟，是西王母的随从与使者，具三足，乃力大健飞之猛禽，它们不但为西王母觅取食物，还能飞越千山万水为西王母传递信息。传说居住在昆仑山玉山上的西王母，要前往西汉长安城的未央宫。青鸟前去传书，一直飞到了汉长安未央宫的承华殿前。汉武帝看到这只美丽可爱的鸟儿，甚为惊奇，便问大臣东方朔这鸟的名字，是从哪里飞来的。东方朔告诉武帝说，这只鸟叫青鸟，是西王母的使者，现专门为报信而来，西王母很快就要来了。果然过了一会儿，西王母就由大鵹、少鵹两只美丽的鸟儿左右扶持着，来到了殿前，汉武帝与群臣赶忙迎接。

美丽的青鸟，美好的传说，引得古往今来多少文人墨客争相赋诗吟诵。如李璟有诗"青鸟不传云外信，丁香空结雨中愁"，李白有诗"愿因三青鸟，更报长相思""三鸟别王母，衔书来见过"，李商隐有诗"青鸟西飞意未回，君王长在集灵台"，姚孟昱有诗"穆王驭骏旧时游，青鸟书传信久幽"，杨巍有诗"青鸟已无白鸟来，汉皇空筑集灵台"，梅询有诗"青鸾消息沉桑海，目新金鳌第一峰"。

上面所举的这些诗作借用的均是"青鸟传书"的典故，从中我们可以感受到，青鸟已从《山海经》中所描述的神力无限的猛禽变成了善解人意、温和良善、体态轻盈、可亲可爱的信使了。

此外尚有"鲤鱼传书"。邮政部门发行的普通邮票曾有图案为鲤鱼的邮票。传说早在周灭商之前，姜太公在渭水边垂钓，捕获一条鲤鱼，鱼肚里有一封信，信中预言他以后将被封在某地。后来他辅助周武王灭商有功，果真被封在那里。

姜太公渭水边垂钓,历史上确有其事,《史记》中都有记载。其垂钓处就位于周人发祥地周原(今岐山、扶风)南边陕西省宝鸡市磻溪河畔。

唐代自贞观年间(公元627年—公元649年)始,就用厚茧纸制信函,形若鲤鱼,两面俱画鳞甲,腹中可以藏书,名曰"鲤鱼函"。唐代诗人王昌龄有诗曰:"手携双鲤鱼,目送千里雁。"这里说的"双鲤鱼",并非真是两条鲤鱼,而是形若鲤鱼的信函,在此用以代称书信。李商隐有诗曰:"嵩云秦树久离居,双鲤迢迢一纸书。"这里的"双鲤",也是指的书函。信函为何制成鲤鱼之形呢?可能就因了这鲤鱼传书的故事。

"鸿雁传书"和"鲤鱼传书"结合在一起,又被称为"鱼雁传书"。晏殊《清平乐·红笺小字》曰:"鸿雁在云鱼在水,惆怅此情难寄。"

其实在中国通信传书历史上真正有记载并普遍使用的是鸽子,也叫信鸽。五代王仁裕的《开元天宝遗事》一书中即有记载:"张九龄少年时,家养群鸽。每与亲知书信往来,只以书系鸽足上,依所教之处,飞往投之。九龄目为飞奴,时人无不爱讶。"这里鸽子又被称为"飞奴"。

但作为信使或者邮政的象征,信鸽却远远没有鸿雁、鲤鱼、青鸟有名,其中居第一位的当然是"鸿雁传书"。2014年5月10日,海峡两岸邮政部门同时发行同题材《鸿雁传书》邮票,有特别的象征意义。两岸同胞同根

鸿雁传书

相连,同文同种,血浓于水,借天上的鸿雁交流统一的愿望。

仰望大雁在天空排出的"人"字雁阵,每一位中国人的心中都有了一个大中国统一的美好愿景,每一位中国人的心中都潜藏有一种永恒的大雁情结。

玄奘大师与大雁塔

文 / 朱文杰

大雁塔闻名遐迩,是西安的地标。

大雁塔与大慈恩寺是前寺后塔不可分割的整体。大慈恩寺修建于唐贞观二十二年(公元648年),因是太子李治为追念亡母文德皇后而建,故寺名为"慈恩"。

大慈恩寺的第一位住持,是被唐太宗李世民称为"法门领袖"、被鲁迅称为"民族脊梁"的玄奘法师。唐僧西天取经,历经九九八十一难。其经历因中国四大古典名著之一《西游记》而传播久远,妇孺皆知。但真实的唐僧——玄奘法师,绝不同于小说中虚构的那位善良却优柔寡断、懦弱无能的唐僧。玄奘西天取经,实际上没有徒弟护送。他单人独骑,乘危远迈,杖策孤征,足涉"天空鸟飞绝"的戈壁沙漠,翻越"悬釜而炊,席冰而卧"的大雪山,"影百重寒暑,蹋霜雨而前",完成这一空前绝后的壮举。他坚毅果敢,智慧超人,以致唐太宗在《大唐三藏圣教序》中以"松风水月,未足比其清华,仙露明珠,讵能方其朗润"盛赞他。

玄奘是唐代著名高僧、法相唯识宗创始人,也是中国佛教三大翻译家之一,对佛教的发展与传播有杰出的贡献,其一生主要事迹都与陕西有关。第一,他于贞观元年(公元627年)从长安出发,开始了赴天竺"西天取经"的伟大壮举;第二,贞观十九年(公元645年)春,他取经返抵唐都长安,带回梵文经书357部。随后在慈恩寺、弘福寺翻译佛经。后因长安夏季酷热难耐,喧嚣嘈杂,应酬繁多,于是远赴渭北唐代三大宫之一的玉华宫(今属陕西省铜川市)

继续译经。前后共译经 75 部，1335 卷。其所翻译经典之多，是迄今为止中国翻译史上无与伦比的。由他口述辩机执笔完成的《大唐西域记》，成为研究中亚、南亚地区古代史、宗教史、中外关系的重要文献；第三，玄奘大师圆寂于玉华宫，在这里结束了他光辉灿烂的一生。后灵骨移至长安兴教寺；第四，他和他的徒弟们在大慈恩寺、玉华寺开创了中国佛教法相唯识宗，因而大慈恩寺也被奉为法相唯识宗的祖庭。

玄奘大师的形象，在国家邮政部门 1979 年 12 月 1 日和 2015 年 5 月 3 日分别发行的《中国古典小说——〈西游记〉》邮票和《中国古典文学名著——〈西游记〉（一）》邮票中出现过。

玄奘

此外，1970 年 2 月 20 日，中国台湾地区邮政部门发行了一套《名人肖像》邮票，其中一枚图案是玄奘负笈图，体现了台湾同胞对文化名人的尊崇和膜拜。在中国澳门邮政部门于 2000 年 9 月 30 日发行的《文学与人物——〈西游记〉（一）》邮票中，有一枚小型张和一枚邮票展现了成为神话人物唐僧的玄奘大师形象。

2007 年 11 月 5 日，国家邮政部门发行了《中国古代书法——楷书》邮票，第四枚为褚遂良书唐太宗《雁塔圣教序》。此碑保存在西安慈恩寺内大雁塔南门两侧龛内，碑额有"大唐三藏圣教之序"8 个隶书大字，是唐太宗李世民专门为玄奘法师翻译佛经所撰写的序言。

而与玄奘大师密切相关的西安大雁塔，多次被搬上中国邮票画面。计有 1994 年 12 月 15 日国家邮政部门发行的《中国古塔》第一枚，1984 年 9 月 24 日国家邮政部门发行的《中日青年友好联欢日 1984》第一枚，2000 年 9 月 20 日国家邮政部门发行的《大雁塔》普通邮资明信片，以及 2012 年 8 月 1 日国家邮政部门发行的《丝绸之路》邮票第一枚《千年帝京》，主图正中为慈恩寺内的"大雁塔"和"玄奘纪念堂"。

而大雁塔的修建也是因为玄奘西天取经，带回大量的佛经和佛像。他上表唐高宗，请建石塔，以供奉和贮藏这些经典法物。但高宗由于玄奘所规划浮图总高30丈，以工程浩大难以成就，又不愿玄奘法师辛劳为由，恩准在寺西院建5层砖塔。于是在玄奘的主持、设计、督造下，甚至亲身背砖运石，造起了大雁塔。一般的佛塔多是佛家藏灵骨的，而大雁塔却是玄奘法师收藏从西天取回经卷的地方。可以说，没有玄奘法师，就没有大雁塔。

千年帝京

大雁塔建于唐代，历经千年风霜，毁了再建，废了又修，如今仍巍然耸立。该塔共七层，塔身为方形四角锥体，唐代诗人岑参有"四角碍白日，七层摩苍穹""突兀压神州，峥嵘如鬼工"两句赞叹，让你心怀一种敬畏。走近雁塔时，唯有仰视了。

仔细观察大雁塔，你会发现，其塔身微微向西倾斜，似乎存有朝西天佛界的意思。实际上塔身倾斜是受地震、地下水、地裂缝的影响。

大雁塔塔名大雁，确实充满诗意和一种不可言传、只能意会的境界。当大雁在空中排成人字飞行时，你能从这充满灵慧的大鸟身上悟出点什么呢？而当我登临大雁塔时，感觉"登高适梵天"，有大雁振翼鼓翅的颤动感和飞临云天外的失重感。虽然这是错觉，但回味起来这错觉是多么之美妙，似乎身心俱醉、飘飘欲仙了。

西安钟楼

文 / 朱文杰

钟楼犹如牡丹金黄色的花蕊,是西安的中心,也是西安最端庄、最雄奇、最气宇轩昂的古建筑。它仿佛一方巨形印章,稳稳地盖在了这个世界四大文明古都之一、建都历史3100多年、十三朝古都的城市中心。

西安城墙圈出个四四方方的城,四四方方的城簇拥着一座四四方方的钟楼,它就是西安的地标性建筑,更是西安的象征。西安城市建设以钟楼为中心,向四方辐射出东、西、南、北四条笔直的大街,形成了如唐代诗人白居易《登观音台望城》所形容的"百千家似围棋局,十二街如种菜畦"布局。在西安,无论大街小巷,都横平竖直,端南正北,基本没有曲里拐弯的街巷。行走在西安,你绝不会迷路。这可能是西安这座大都市留给每一位初入西安的旅行者最初的也是最深刻的印象。只要你认准了方向,条条道路通钟楼。

现在的西安钟楼,始建于明太祖朱元璋洪武十七年(公元1384年)。初建时,地址在今西大街广济街口迎祥观,与鼓楼对峙。明神宗万历十年(公元1582年)由监察御使龚懋贤主持,将钟楼整体迁移于今址。

追溯西安钟楼的前世才发现,现在的西大街,即唐皇城中轴线上的中央大街(唐皇城东西有七条横街,西大街为第四条,姑且称之为中央大街),这条街上的鼓楼所在地和广济街口,正是唐皇城中央政府尚书省所在地,因而也被称为"官街"。广济街口的迎祥观,创建于唐景龙二年(公元708年),原名景龙观。开元二十九年(公元741年)改为迎祥观,并于观内建了一座钟楼,悬一口大钟于内，这就是高八尺、重六吨，为唐代景云年间所铸的"景云钟"，也是唐长安城里最大的钟。传说景云钟每当被敲响之时，整个长安城里就响彻有如凤凰般清越的鸣声。可惜迎祥观与钟楼毁之于安史之乱。

明太祖朱元璋在迎祥观原址复建钟楼，并找来那口被废弃荒野的唐代景云钟悬于楼内。说到这口景云钟，甚是神异。据清乾隆年间的《重修钟楼记》所云："明时建是楼，以徙景龙观钟，既悬，扣之不鸣。"又云："钟铸于唐景云之岁，历世久远，神物有灵，迁其地而不宁。"所以，只得重铸铜钟悬于楼中。换下的唐景云钟，现藏西安碑林博物馆。如今钟楼上的钟，是仿制的景云钟，于1997年1月30日悬挂于西安钟楼基座的西北角。

将钟楼迁移今址的龚懋贤在《钟楼碑记》中说："西安钟楼故在城西隅，徙而东，自予始，楼惟筑基外一无改翙。" 即除地基外的整体迁移，真正让人质疑，如此大型建筑，拆了移址重建不可能"一无改翙"，整体移动那更令人匪夷所思。如果属实的话，这项完成于16世纪的特殊工程，应该是我国建筑史上值得自豪的一项创举。

关于迁移钟楼的原因，可能是要为西安城确立一个以钟楼为标志物的中心。明代初年，西安城在原唐皇城基础上向东向北有所扩建，但那时人们依然认为广济街口一带是西安的中心，初建钟楼时没有与扩建后的城市格局相适应。过了两个世纪后，随着城市中心东移，城门改建，新的东、南、西、北四条大街形成，位于迎祥观的钟楼便日益显得偏离城市中心。

而迁移钟楼的原因，民间也有着一段神奇的传说。据说万历年间，关中发生了大地震，钟楼位置是一处海眼。一说是有龙要现身，为了镇压龙气，而保自己真龙天子地位，万历皇帝就下令移钟楼以镇，令全国各大城市修钟楼。可是并未镇住，后来发生的李自成起义，就是在西安建立大顺政权，并很快攻陷北京的。再有一说，是千年神鱼作怪，需以钟楼移此压之，才不致地动，福佑万民。钟楼移建此处后，关中果然再也没发生过大地震，而且钟楼历经战火，风风雨雨600多年，作为砖木结构的古建筑却从未发生过火灾，保存至今，令人不得不称奇。

所以我读龚懋贤《钟楼碑记》，就特别欣赏其中的"来东方兮应昌期，挹终南兮云为低，恁清渭兮衔朝曦，鸣景阳兮万籁齐，章木德兮奠四隅，千百亿禩兮簴不移"。"万籁齐""章木德""簴不移"（簴，指天上神兽，鹿头龙身，其作用是"保佑你"），好像还真有点灵应呢！

钟楼檐上覆盖有深绿色琉璃瓦，楼内贴金彩绘，顶部有金顶，画栋雕梁，金碧辉煌。说到钟楼宝顶，民国时期，钟楼上曾驻扎军队，宝顶也被驻军盗窃走。我小时听老人讲，宝顶虽是铜制，但不是一般的铜，而是风磨铜，风越吹磨，它就越明亮，属神异之物，价值连城。平时阳光下金光闪烁，每遇阴天有雨，它就发绿。这有关钟楼宝顶传说，真乃神乎其神，让人在惊奇中难辨真假。这宝顶被盗后就换成了一块包了层铜皮的木头桩子。1953年重修时，才换成金铂包裹的宝顶。

2003年4月15日，国家邮政部门和伊朗联合发行一套《钟楼与清真寺》邮票，第一枚就是《西安钟楼》。记得当年我作为十一届西安市政协委员，在参加政协文史组会议时，向大家通报了这一喜讯，立即引起大家热烈鼓掌。于是由我执笔起草，以政协文史委名义形成了一个"关于建议举办西安钟楼邮票首发式"的提案，这可是西安有史以来为一枚邮票的发行而形成的第一个政协提案。提案在很短时间内通过，并引起西安市政府及邮政、公安、交通等部门的重视和落实。记得我与商子雍、叶广芩等一批政协委员还参加了西安市邮政局有关落实这个提案的咨询会。最后宏大的首发式顺利地在西安最为繁华的市中心举办，并请北京来的邮票设计家登上钟楼，为西安广大集邮者在钟楼邮票首日封上签名留念。

让人欣喜的是，《钟楼与清真寺》邮票小型张背景图，是丝绸之路从长安（今西安）到伊朗伊斯法罕部分的路线图。浩瀚的沙漠，行进的驼队，耳边似乎响起驼铃之声。这是邮票背景图上第一次反映丝绸之路从起点长安出发的路线图。

1996年11月，西安钟楼被国务院公布为国家重点文物保护单位。它是我国古代遗留下来众多钟楼中形制最大、保存最完整、历史最久远的一座，无论

钟楼与清真寺

从建筑规模、历史价值、艺术价值各方面衡量,西安钟楼都居全国同类建筑之冠。

邮票上的西安钟楼,紫气环绕,霞霓万道,金碧辉煌,象征着西安历史盛世的不朽,也象征着西安锦绣未来的永恒。

西安城墙

文 / 朱文杰

西安城墙是目前世界上唯一保存完整的、规模最大的城垣，也是历史最为悠久的城墙。西安城墙是在唐皇城的基础上改建而成，至今已有1400多年了。

西安古称长安，在唐代，已是一座百万人口汇聚的国际化大都市，与意大利罗马、希腊雅典、埃及开罗并称为世界四大文明古都。西安城墙则是这一文明古都直接、鲜明和独有的标志。

现存城墙建于明洪武七年到十一年（公元1374年—公元1378年），已有600多年历史。1961年西安城墙被列入国家重点文物保护单位。西安城墙无疑属于人类智慧的结晶，是古代东方城郭文化的经典。

西安城墙形制为长方形，周长13.75公里，墙高12米，顶宽13—15米，底宽15—18米。城墙的厚度大于高度，稳固如山，墙顶可以跑车和操练。城墙四角各有角楼一座，城墙外有护城河。城门有四：东曰长乐，西曰安定，南曰永宁，北曰安远。每门城楼三重：闸楼、箭楼、正楼。正楼高32米，长40余米，为歇山顶式，四角翘起，三层重檐，底层有回廊环绕，端庄大气、巍峨壮观。开始修筑的城墙是用黄土分层夯打起来的，最底层是用石灰、土与糯米汁混合夯打，十分坚硬。明隆庆二年（公元1568年），陕西巡抚张祉将城墙外壁和顶面砌了青砖。城墙整体包括护城河、吊桥、闸楼、箭楼、正楼、角楼、敌楼、女儿墙、垛口等一系列军事设施。

国家邮政部门于1997年10月24日发行了一套《西安城墙》邮票，采用影写版。第一枚《瓮城》，第二枚《箭楼》，第三枚《敌台》，第四枚《角台》。

关于这几枚邮票所选取的景点，笔者和西安不少集邮家都做过实地对照勘察，资深集邮家王怀亮先生不但实地考察，还当面请教这套邮票的设计者西安美术学院副院长郭线庐，确认了其中有点让人模糊的"敌台"和"瓮城"两枚邮票画面的具体位置。

瓮城

第一枚《瓮城》，选取的是西门城楼之内正楼和箭楼之间形成的瓮城。瓮城主要是用于防御，一旦攻城之敌攻破城门，进入瓮城，将会陷入守城兵卒四面包围、居高临下的攻击中，也就是俗称的"瓮中捉鳖"。而西安城墙其他三门城楼都不完整，北门缺正楼，而东门正楼、南门箭楼，都是新修复的。所以西门城楼是西安唯一保存最完整的，没有经历大的整体翻修的、文物价值最高的城楼。

生长在西门城楼附近的我，总认为西门有福门之鸿运：历经战火，辛亥革命、"二虎守长安"，就连抗日战争期间日本飞机轰炸，西门城楼都无大的损毁。辛亥革命时起义部队首先进入西门，解放战争时人民解放军也是先由西门进入西安的。西门瓮城内还有西安现存的一口甜水大井，竖有一块"井养无穷"的石碑，滋润了西安300年。据资料显示，西门瓮城曾有四眼甜水井。尤其是在通自来水之前的西安，除了含光门内的甜水井街，城内大部分地域皆苦咸之水。水润万物上善若水，我以为就是这口甜水井，给西门带来福运。

"瓮城"这一枚邮票画面，将西安城墙最为精华的主体风貌进行了全景展现，雄伟而博大。正像邮票设计者郭线庐所说的："在角度选择上，选取大广角的视点，将瓮城主体全部处理在画面之中。"

第二枚《箭楼》，选取的是西安城墙北门的箭楼。箭楼，是城门的门户，高30余米，外面墙体笔直，箭孔密布，便于瞭望和射击，这是城门最为重要的第三道防线。城外的护城河为第一道防线。河上设有吊桥，是进出的唯一通道。

箭楼

敌台

吊桥白天降落供人出入，晚上升在空中，就断绝了进城的道路。城门外有闸楼（也叫谯楼），用以打更和报警，为第二道防线。而吊桥和谯楼，现唯有南门还保留着。

邮票上的北门箭楼，沐浴在阳光下，高大宏伟，巍然屹立，威镇四方，给视觉上一种热烈而暖意融融、生机盎然的感受。

第三枚《敌台》，选取的是位于南城墙建国门之东的敌台。西安城墙上共建有敌台98座，现存93座。敌台俗称马面，是向外突出7米左右，宽15米—24米不等的一段城墙。马面上修有一座小楼，也叫敌楼，既能瞭望、观察敌情，又可供将士休息。马面之间的距离正好发挥弓箭、飞钩、弩矢等武器的威力。这些敌台与城四周的角台、角楼以及护城河，形成了西安城墙立体的防御体系。

邮票画面上敌楼建筑半遮半隐在城体之内，选取从城墙外朝上仰视的角度，背景以冷色调处理，青砖凝寒光，使敌台显得冷峻而肃穆。

第四枚《角台》，选取的是西安西南城角的圆形角台。这是西安城墙四个城角中唯一的形制，甚为特殊。据《明实录》记载：西安城墙西边和南边大部分利用唐皇城旧址修筑。且有考古发掘发现，唐皇城西南两边城墙全部包裹于明城墙内，并发现了唐皇城西北角为圆形台基。以此可以证明，这圆形城角正是沿用了唐皇城原有的形制。另外三个城角是明代修筑城墙时在唐皇城基础上扩展而形成的，按当时的形制修成了直角形。这枚邮票画面上，还展示了环绕城墙外水光潋滟的护城河和远处隐约可见的西门城楼。

西安城墙以其独特的故都城垣文化风韵成为西安的标志，并代表着西安的历史和现在。它成为西安市市徽的基本内容，还被中国收藏家协会列入"中国藏书票系列"《西安古城墙》藏书票发行。

角台

西安城墙登上有国家名片之誉的中国邮票，让每一个喜爱关心西安城墙的人，无不感到一种发自心底的鼓舞和喜悦。西安城墙，走过沧桑，展现历史的辉煌和厚重！西安城墙，屹立东方，辉映古今而举世无双！

"这个城墙由于劳动的创造，它的工程表现出伟大的集体创造与成功的力量。从艺术的观点来看，它是一件气魄雄伟，精神壮丽的杰作。它的朴质无华的结构，单纯壮硕的体形……它不只是一堆平凡叠积的砖堆，它是举世无匹的大胆的建筑纪念物，磊拓嵯峨，意味深厚的艺术创造。"这一段话，恭录自建筑大师梁思成先生《关于北京城墙存废问题的讨论》一文，这是梁先生对北京城墙的文化定位，可惜北京城墙已被拆毁而永远地消失了。

如今再读大师的经典，这段话也可以当作是先生留给西安城墙的文化定位。好在历尽劫难的西安城墙被保护下来了，相信这定会给在九天之上的梁思成大师一丝慰藉，一丝可能带点苦涩的慰藉。

第二辑

长安览胜　中华瑰宝

黄河壶口

文 / 朱文杰

壶口瀑布是黄河上唯一的大瀑布,是世界罕见的黄色大瀑布,也是华夏的根脉和中华民族精神的真实写照!

2002年11月8日,国家邮政部门发行了一枚《黄河壶口瀑布》邮票小型张,以金箔印之,大气磅礴。同年9月,中国香港邮政部门也以"神州风貌通用邮票小型张第一号"的殊荣让壶口瀑布再现邮票。

黄河壶口瀑布

壶口瀑布西临陕西省宜川县，东濒山西省吉县。黄河两岸逼仄形成秦晋大峡谷，黄河水被约束在这狭窄的"千米龙槽"中，河水聚拢，收束为一股，形成特大马蹄状瀑布群，给人先有"黄河之水天上来"的壮观，再有"千里黄河一壶收"之凛然。黄河猛然从这由300米宽乍缩为50米的河槽飞流而来，倒悬倾注，如壶注水然，故曰"壶口"。

正如《尚书·禹贡》中所言："盖河漩涡，如一壶然。"传说壶口是上古人类先祖大禹治水时凿石导河之处，《水经注》记载："禹治水，壶口始。"意思为大禹继承父业，从壶口这一带开始了治水的伟业。他主张以疏导之法治服洪水，用神斧劈开阻碍水流之高山，凿开几百米的河槽，以疏通河道。

传说神工巧匠鲁班也到过壶口。相传大禹治水凿开深深的河槽，使船只难以通过壶口。鲁班见此情景，便从陕西梁山借来神牛，从华山运来巨石，想填平壶口，以改造河道，却被镇守黄河的神龟发现。神龟作法击断巨石，自己因力竭也化石而死，这便是壶口当中不时会显露于水面的那块石头，当地人称为"龟石"。遥望之，只见这块闪着幽光的石头，在滚滚扑卷而来的浊水中微微晃动，若坠若浮，给瀑布增添了几分诡谲和神秘。

《水经注·河水》还记载："此石经始禹凿，河中漱广，夹岸崇深，倾崖返捍，巨石临危，若坠复倚……其中水流交冲，素气云浮，往来遥观者，窥深悸魄。"看来，壶口瀑布因此石之神异而区别于其他瀑布。

壶口瀑布声势惊人，极为壮观，以巨龙般的姿态奔腾咆哮。仰观飞瀑水幕，黄水滔滔从20多米高的断层石崖飞泻直下，势如千山飞崩，四海倾倒，那震耳欲聋的声响，在山谷中回荡，恰如万鼓齐鸣，万马奔腾，巨龙鼓浪，旱天惊雷，声传十数里外。

每当我亲临壶口，眼前竟集合了飞瀑、怒涛、射水、喷泉、激浪等各种水的形态，还有奔腾叫啸、狂澜万丈、倒海翻江、乱石穿云、惊涛拍岸、金涛澎湃、金光迸裂、浊流宛转、浪卷漩涡……似乎用尽词汇亦不足以描绘其万一。我曾创作组诗《壶口十章》，企图以诗将壶口对我摄心的震撼，对我灵魂的重塑，以及壶口举世无双的壮观雄奇描绘一番，来表达我对这自然神威的无比崇敬：

从万古洪荒的历史深处奔涌而来 / 裹挟着莫测的风吼雨啸雷鸣电闪 / 和群山一起摇动 / 和大地一起震颤 / 神秘的浊浪 / 翻滚成一团一团 / 互相纠缠撕扯不开的火焰 / 疯狂地舞蹈在你的瞳仁里 / 飞流直下的升腾 / 幻化为云蒸霞蔚 / 一泻千里的咆哮 / 从这里吼出九曲十八弯的艰难

秦晋大峡谷 / 怪石兀立瘦骨嶙峋 / 雨中的断崖耸立着森严 / 闪动寒铁一样的冷光 / 黄河就从这里痛苦地挤压而出 / 聚积整个生命力的爆发 / 冲决这道险峻窄狭如壶的关隘 / 以一种赴死的悲壮 / 纵身入谷 / 彻底地狂放不羁 / 在一去不复还的大合唱中 / 屹立在你最圣洁的目光之上

该不是火山爆发喷出的岩浆 / 水在燃烧 / 一个永久的神话复活了 / 似有黄帝出巡的龙辇 / 隐现祥云之端 / 壶口在黄土高原最深沉的折皱里 / 为我们竖一面烛照历史的铜镜 / 黄河是不会永远匍匐的 / 大河竖起 体验坠落 / 显示狂野之秉性 / 自由的浪花不可复制 / 拒绝恩赐 / 颂歌已经朽腐

我想人们都需要到壶口瀑布去亲身感受一下，感受什么是奔腾咆哮、热血沸腾、狂放不羁、恣肆汪洋、激流勇进、一往无前……

黄河壶口会"为我们竖一面烛照历史的铜镜"的！

华山极胜

文 / 朱文杰

华山，中国五岳之西岳，位于陕西省渭南市华阴市，属秦岭山脉东段，古称太华山。华山由五个山峰组成，远望山形险峻，状如莲花，故称"华山"。其有"奇险天下第一山"之称。

华山由一块完整的花岗岩体构成，形成期可追溯到1.2亿年前，其硕大无朋，呈摩云缀日，壁立千仞之势。据《山海经》记载："太华之山，削成而四方，其高五千仞，其广十里。"

华山位居黄土高原，黄河流域，是中华民族五千年文明的发祥地之一。据清代学者章太炎先生考证，"中华""华夏"皆因华山而得名。《史记·五帝本纪》中也有黄帝、尧、舜华山巡游的事迹。

华山登上邮票，是在国家邮政部门1981年9月1日发行的《祖国风光》普通邮票中，画面为华山西峰。1989年8月25日，国家邮政部门又专为华山发行了《华山》特种邮票，分别为《西岳五峰》《远眺华山》《千尺幢》《苍龙岭》。

《西岳五峰》，由中（玉女）、东（朝阳）、西（莲花）、南（落雁）、北（云台）五个山峰组成。

中峰居东、西、南三峰中央，是依附在东峰西侧的一座小峰，古

西岳五峰

时曾把它算作东峰的一部分，今被列为华山主峰之一。峰上林木葱茏，环境清幽，奇花异草多不知名。峰头有道舍名玉女祠，传说是春秋时秦穆公女弄玉的修身之地，故此峰又被称为玉女峰。史志记述，秦穆公女弄玉姿容绝世，通晓音律，一夜在梦中与华山隐士萧史笙箫和鸣，互为知音，后结为夫妻。由于厌倦宫廷生活，双方乘龙跨凤来到华山。杜甫在他的《望岳》诗中有："安得仙人九节杖，拄到玉女洗头盘。"

东峰亦称朝阳峰，由一主三仆四个峰头组成，朝阳台所在的峰头最高，是华山观日出的最佳地点，玉女峰在西、石楼峰居东，博台偏南，宾主有序，各呈千秋。位于东石楼峰侧的崖壁上有天然石纹，像一巨型掌印，这就是被列为关中八景之首的华岳仙掌，巨灵神开山导河的故事就源于此。东峰顶生满巨桧乔松，明书画家王履在《东峰记》中说："高大的桧松荫蔽峰顶，树下石径清爽幽静，风穿林间，松涛涌动更添一段音乐般的韵致。其节律，此起彼伏，好像吹弹丝竹，敲击金石。"笔者曾夜宿东峰，晚上松涛如狮吼虎啸，又如雷鸣滚动，声势摄人魂魄，先以为山顶起大风，后披军大衣夜出观之，才知是松涛吼。华山之夜听松涛，如欣赏庞大交响乐团演奏，一时乱石穿空，惊涛拍岸，一时巨浪滔天，翻江倒海，真正感悟到大自然之万般神奇。东峰著名景点还有三面临空的鹞子翻身、甘露池、三茅洞、清虚洞、下棋亭等。

西峰是华山最秀丽奇峻的山峰，因峰顶翠云宫前有巨石，状如莲花，故称莲花峰。神话故事《宝莲灯》中三圣母之子沉香劈山救母之处就在西峰。唐代刘得仁诗《监试莲花峰》写道："太华万余重，岩峣只此峰。当秋倚寥泬，入望似芙蓉。"

南峰海拔 2160.5 米，是华山最高主峰，也是五岳最高峰，古人尊称它是"华山元首"。南峰由一峰二顶组成，东侧一顶叫松桧峰，西侧一顶叫落雁峰。传说是回归大雁因难以飞越，需要在这里落下歇息而得名。冯贽在他的《云仙杂记》中记述了唐代诗人李白登上南峰感叹说："此山最高，呼吸之气想通天帝座矣，恨不携谢朓惊人句来搔首问青天耳。"南峰著名景点有南天门、长空栈道、老子峰、炼丹炉、八卦池等。

远眺华山

北峰四面悬绝，上冠景云，下通地脉，巍然独秀，有若云台，因此又名云台峰。李白《西岳云台歌送丹丘子》诗曾写道："白帝金精运元气，石作莲花云作台。"

但古人称华山三峰最具盛名，徐霞客有"三峰秀绝"，以及"三峰鼎峙""天外三峰""势飞白云外，影倒黄河里"等评价。这三峰是南峰"落雁"，东峰"朝阳"，西峰"莲花"。今人增添了云台、玉女二峰，才形成五峰。五峰四周有36小峰簇拥护持，虎踞龙盘，气象森森，蔚为大观。

以上文字也正是《华山》邮票中《西岳五峰》《远眺华山》所绘之景色。细细观赏之，可一揽华山极胜，奇险天下，西岳峥嵘，雄哉壮哉！

而邮票第三枚《千尺㡣》，是攀缘"路遂绝"之华山第一险境。我有诗写华山的路：

千尺㡣令人压抑的陡峭／上天梯贴壁攀行的目眩／路顶在脑门上／脚下的艰难出没于鸟道一线

千尺㡣开凿于汉代，是一条峭壁上的大裂缝，陷在两旁的巨石之间，共

千尺㡣

370余级台阶，每级台阶的宽度不过三分之一的脚掌。抬头仰望，天际仅存一线，出口为一天井石洞，有一石平台，上刻写"太华咽喉"四个大字，说明此处为华山扼守要冲，有一夫当关，万夫莫开之险峻。

朝华山，先要经青柯坪，遇回心石，方达千尺㡣。此时，需伏如蛇，攀如猱，抓着铁锁链，一步一石阶，一步一歇息，壁立直上。紧接着又要手足并用爬百尺峡，过老君犁沟，才能登上北峰的三面绝壁的云台峰。云台峰上，

华山西峰斗绝而出，惊艳苍穹，而华山如莲，标志性的代表则是西峰了。登临西峰，欲一亲其芳泽，必须经苍龙岭。

《华山》邮票最后一枚即《苍龙岭》。画面上远山如黛，龙岭莽苍，白云绕缠，岭之左右皆绝壑。当你攀行之间，提心吊胆，如履薄刃，其绝壑千尺的奇异地貌使之成为华山享誉天下的险道之一。攀行苍龙岭曾吓得唐宋八大家之首的韩愈大哭而投书，留下了"韩退之投书处"的遗迹。我有诗写苍龙岭：

苍龙岭

　　那千仞一脊的苍岭 / 左右皆绝壑 / 仄仄乎如虬龙之骨 / 步行其上 / 有一叶小舟颠浪于大海的昏眩

华山又是道教名山，为中国道教萌生地之一。《华山记》谓："山顶池中，生千叶莲，服之羽化，因名华山。"华山西玄洞名列道教"十大洞天"中第四洞天。被道教尊为始祖的老子骑青牛过函谷关，炼丹修道，隐居于华山，山上遍布这位道教始祖的仙迹胜景。最著名景观有老君犁沟、老君洞、老子峰、炼丹炉、八卦池等，以及八仙中吕洞宾修道的纯阳观，陈抟老祖的避诏崖、希夷祠、希夷睡洞和睡像等遗迹。《华岳志》称陈抟隐于云台观，殁于张超谷石室，葬于玉泉院。宋太祖赵匡胤曾在华山和陈抟下棋，结果棋败，而将华山输与陈抟的传说最为神奇。

华山的文化底蕴深厚。有关华山的神话传说广为流传，现存200余篇，其中以"巨灵擘山""劈山救母""吹箫引凤""对弈赌山"等影响深广。而脍炙人口的"盘古开天""夸父逐日""大禹治水""女娲补天"等神话传说，均源于华山脚下。

华山雄奇，享誉天下，就以我在《华山交响诗》中的诗句作为本文的结束语：

　　中华之岳的华岳，
　　屹立于华夏历史五千年的最高点。

青铜器之乡在陕西

文 / 朱文杰

青铜时代,是人类历史文明经历石器时代、彩陶时代后的又一个重要的时代。而青铜艺术也是中国灿烂文化上的又一个高峰。1982 年 12 月 25 日,为了展示中国古代铜器艺术的辉煌成就,国家邮政部门发行了一套《西周青铜器》邮票,全套八枚,上了八件青铜器,其中五件就出土于陕西。

作为周人的发祥地,陕西是西周青铜器出土的无可争议的第一大户,自汉代西汉宣帝神爵四年(公元前 58 年)以来不断出土。出土的青铜器占全国出土青铜器总量的近 70%,其数量之多,器型之大,造型之美,铭文文之珍贵,实为罕见。2000 多年来毫无资源枯竭的迹象,反而是精品迭出。从晚清出土的四大国宝重器,到这套《西周青铜器》特种邮票展示的 5 件青铜器国宝经典,还有上了邮资封的逨盘,陕西自然成了举世瞩目的青铜器之乡。其具体位置,首先是宝鸡周原(今宝鸡岐山与扶风二县),是西周王朝发祥肇始之地和宗庙所在地。其次是西周王朝的京畿之地,长安的丰、镐二京。

第一件"何尊",1963 年在陕西省宝鸡市贾村镇出土。"何尊"为国宝重器,是被国家文物局认定的首批禁止出国(境)展览的文物之一,

何尊

为周成王五年一位名叫何的贵族所制的祭器，所以名为"何尊"。

尊，是古代尊贵的酒器，于是就有了"九五之尊""至尊至贵"的吉祥光环。"何尊"内胆底部刻有一篇12行122字的铭文，记述的是周成王继承武王的遗训开始营建被称为"成周"的洛邑这一重要史实。其中"宅兹中国"，更是"中国"二字最早的文字记载。

何尊现藏于宝鸡青铜器博物院。尊高38.8厘米，口径28.6厘米，重14.78公斤。尊呈圆口棱方体，长颈，腹微鼓，高圈足。通体有四道镂空的大扉棱装饰，颈部饰有蚕纹图案，口沿下饰有蕉叶纹。整个尊体以雷纹为底，高浮雕处则为卷角饕餮纹，圈足处也饰有饕餮纹，工艺精湛，纹饰瑰丽，器形雄奇特异又不失典雅庄重，浑厚古朴中可见森然臻妙，不愧为一件"独尊中国"的珍品文物。

第二件"利簋"，1976年在陕西省西安市临潼区零口公社出土。

簋是一种古代食器，用来盛装煮熟的稻、粱等食物，犹如现代的饭盆、饭碗。在祭祀或宴享时，它又是一种重要的礼器，和鼎配套使用，供奉在神坛上祭祀祖先和天地。按周代礼制中用鼎制度的规定，只有天子才能享用"九鼎八簋"组合的最高礼仪。

"利簋"是国宝重器，《国家人文历史》将其评为九大镇国之宝。此簋的主人是利，因此被称为"利簋"。"利簋"簋底虽只有铭文32字，但一字千金，"武王征商，唯甲子朝"，记述了武王灭商的日期使古代史上著名的"牧野大战"有了一个绝对年代，印证了《尚书·牧誓》中"时甲子日昧爽，王至于商郊牧野"的记录，与《周书》等古代文献所记相合，填补了这段历史年表上的空白，成为这一段史实的唯一文物遗存，为商周断代提供了不可代替的实物标本。

利簋

利簋现藏于中国国家博物馆。器通高28厘米，口径22厘米，重7.95公斤。器侈口，兽首双耳垂珥，垂腹，圈足下连铸方座。器身簋腹和方座饰有饕餮纹、夔纹，圈足饰有夔纹、云雷纹，方座平面四角饰蝉纹。此种方座青铜始见于西周初年，是目前确知的最早的周代青铜器。

第三件"牛首夔龙纹鼎"，1979年在陕西省淳化县一座西周墓葬中出土。

"牛首夔龙纹鼎"因出土于淳化，故又称"淳化大鼎"，是已知的西周青铜器中最大、最重、最精美的圆鼎。高122厘米，口径83厘米，重226公斤，打破了由盂、克二鼎（大盂鼎、大克鼎）保持了100多年的重量和大小的圆鼎记录。只是该鼎无一字铭文，在以铭文论价值的青铜器中甚为可惜，但身居"重量冠军"而名世，也堪称绝顶。现藏陕西历史博物馆。

"牛首夔龙纹鼎"腹部有三个兽头，与鼎的三足对应，鼎口下一周纹饰是由两两相对的夔龙六条形成的饕餮纹。器形宏伟，饰物饰纹浮雕化，为鼎器少见。此鼎与众不同之处是腹壁上铸有三个半圆形大耳，这种形制的铜鼎为特例，至今仅见此一器。鼎身上的主体图案，正是牛头蜥身龙纹。这只牛头的两侧，却分别长出大蜥蜴龙的身躯，有一肢体，分出四趾，浑身长满鳞片，尾巴卷曲向上。也许是为了更明白地证明，这是一只牛头蜥龙，在这一龙头下面，铸造了一个完全写实、明确无误的牛头。鼎的上口，分别雕有四条鳄型原龙。其造型高大魁伟，纹饰庄严神奇。

这种夔龙纹饰，确实有着原始龙的特征，是牛首、蜥身、鳄型的综合体。《山海经·大荒东经》有这样的描述："状如牛，苍身而无角，一足，出入水则必风雨，其光如日月，其声如雷，其名曰夔。"但更多的古籍中则说夔是蛇状怪物。

牛首夔龙纹鼎

鼎是中国古代一种饪食器，既可烹饪亦可盛食，形状有圆鼎和方鼎两种，其形制因时代而异。其另一重要作用是礼器，是最高统治者权力的象征，也是"别上下，明贵贱"，区别等级的标志。中国上古时代有黄帝铸鼎荆山（今西安市阎良区），禹铸九鼎之说，即用鼎象征天下九州。另外，把争夺最高权力叫"问鼎"；把夺得了最高统治权叫"定鼎"；把辅佐君王治理国事的宰相叫"辅鼎"；三国时称魏蜀吴时的局势为"三足鼎立"；把重大政治改革叫"鼎革"或"革古鼎新"等等。

第四件"折觥"，1976年在陕西省扶风县庄白村出土。

折觥

"折觥"属于国宝重器，是西周昭王时铸造的盛酒器，因器物主人名折而得名。此觥通高28.7厘米，长36.5厘米，重7.55公斤。为长方形腹，有盖。盖前端做成酷似一只夸张的野羊形的兽头，曲角，巨鼻，獠牙外露，却很温顺；整个器物造型精美，神秘中带点滑稽，纹饰设计独特，由羊、鱼、象、蛇、鸮、燕子、蝉等几十种动物组合而成。中为鸷鸟，下为象鼻，两侧饰回首夔纹，口部和长方形圈足饰夔纹，盖的颈部以下有饕餮纹面。四层花纹重叠显得富丽堂皇，制作之精巧骇俗惊世，夸张的变形充满奇思妙想，弥漫着一种狞厉冷峻又和顺祥瑞之美，寓意深邃，充溢着东方智慧的结晶，可以称之为东方印象派艺术经典的萌芽。

觥是盛行于商代和西周前期的一种造型较为奇异的酒器。觥出土较少，陕西仅3件，除牛觥为商代外，折觥和日己觥都是西周中期器。"折觥"现藏宝鸡青铜器博物院。器与盖铭文相同，各40字。折觥造型稳重，铸造精美，纹样繁复，装饰富丽，且方形兕觥又较少见。专家认为此器应属西周昭王时代，是青铜器断代的标准器，具有较高的历史和艺术价值。作为酒器的折觥，成语中有"觥筹交错"指的就是它。

第五件"日己方彝",1963年在陕西省扶风县齐家村出土。

"日己方彝"酒器。高38.5厘米,重12.8公斤,长方体,四壁较直,四角有扉棱。器上有四坡形的盖,形似屋顶。盖顶饰变形兽体,盖缘和圈足上饰小鸟,器的四面以兽面纹和鸟纹为装饰。这种方彝在器形上和西周早期流行的方彝有所不同,其年代可能略晚。

"日己方彝"装饰华美富丽,粗犷豪放,有巧夺天工之造化神力。以饕餮纹为主题纹饰,具有一种神秘的威力和狞厉的美。器盖和内底各有内容相同的18字铭文,大意是天氏为亡父日己铸造祭器,庇护子孙万代。

日己方彝

"日己方彝"出土时与"日己方尊"和"日己觥"3件成套,皆为酒具,给人深刻之印象。现藏陕西历史博物馆。"日己"是制器者父亲的名字。所以3件青铜酒器前边皆以此冠名。

《西周青铜器》特种邮票的发行,方寸之间展现出一座闪烁着青铜之光,沟通天地的艺术殿堂。让我们进一步认识了一组精彩纷呈,多为国之瑰宝的青铜器,认识了青铜器之乡的周原和周之都城长安之丰、镐两京。而这个誉满华夏的青铜器之乡,直到现今还不断有惊世精品出土,让你应接不暇,给你的震惊连续叠加。例如2003年初宝鸡市眉县杨家村出土的一座青铜器宝藏,27件国宝件件有铭文,总计达4048字。轰动世界,创造了文物出土的八个第一。2012年5月宝鸡市渭滨区石鼓镇石嘴头村先后发现西周贵族墓葬,出土商末周初青铜器200余件,这是30多年来中国商周墓葬考古的一次非常罕见的重大发现。

如此神奇而奇异的青铜器之乡,的确让人不可思议!你不知道等待你的下一回,又该是什么特大的惊天新闻!

镇北台

文 / 朱文杰

通常我们都爱排个名次，争个第一，号称"万里长城第一台"的陕西榆林镇北台，自然也美美地让我感受到了作为陕西人的骄傲。

镇北台

1999 年 3 月 1 日国家邮政部门发行的《万里长城（明）（四）》邮票，其中就有镇北台。

长城修筑的历史可以追溯到西周时期。春秋战国时期列国争霸，互相防守，长城修筑进入第一个高潮，但此时修筑的长度都比较短。秦灭六国统一天下后，秦始皇连接和修缮战国长城，西起临洮，东至辽东，始有万里长城之称。明代是最后一个大修长城的朝代，今天人们所看到的长城多是此时建筑。

镇北台位于陕西省榆林市城北约 4 公里之红山顶上，是明代长城遗址中最为宏大、气势最为磅礴的建筑物之一，与山海关、嘉峪关并称"长城三大奇观"。镇北台据险而筑，控南北之咽喉，如雄关锁钥，威震九边，为古长城沿线现存最大的边防要塞之一。

明成化十年（公元 1474 年），为了边城的安全，延绥巡抚余子俊在秦、隋长城的基础上历时四月修筑起延绥镇长城，同时修筑了易马城和款贡城。"易马"就是交易，民间自由贸易的以物易物。"款贡"就是款待来宾，接受纳贡。这应该是沿袭汉代北方草原丝绸之路的传统。

万历三十五年（公元1607年），又在长城南北显要处，红山之上款贡城西南角筑镇北台，属于长城防御体系的观察所，号称是明长城上最大的军事瞭望台。镇北台与长城上一般的敌台和烽火台有很大的不同，它不但规模大，可以驻兵，可以作战，可以观察，还可以举烽火传递消息，兼有敌台、烽火台的军事功能。

镇北台呈方形，共四层，第一层高10.20米，第二层高8米，第三层高4.10米，第四层高4.40米，总高30余米。台基北长82米，南长76米，东西各长64米，占地面积5056平方米。台之各层均包砌青砖，台顶砌有约2米高的垛口，垛口上部设有瞭望口，垛口内四通。

登上第一层，迎面见"镇北台记"石碑，碑文为万历时延绥巡抚涂宗浚所撰。其中"因险扼要而危戍守焉，张弩乘城，神器卒发，庶几其有备而无患乎"一句，点明了镇北台的军事防御性质。第一层周围曾有当年守台将士营房，至今基座尚存。尤让人惊异的是，这台上坚硬如铁的夯土中竟生长有两棵与镇北台同龄的老榆树。榆林城因榆树成林而得名，可如今榆树在榆林却不多见，这两棵数百年老榆树莫不成了文化名城榆林城的精魂所在！

第二层台南墙中开设券洞，内砖石踏步直通三层，券洞横额石刻"向明"二字，意为"心向大明王朝"，同为涂宗浚所书。这个延绥巡抚涂宗浚，曾官至兵部尚书，加太子太保，文武兼备，不可小觑。

明延绥巡抚、陕西三边总督、兵部右侍郎刘敏宽赋诗《镇北台》：

重镇秋声霁色开，巡行不是为登台。

千山远向云霄列，一水还从沙漠来。

戍阁崔嵬天阙近，塞垣缭绕地维回。

凭高极目狼烟靖，恍是逍遥茇苑偎。

诗中描述的场景，让你感悟那百年沧桑历史变迁的诡谲深邃，让你想象那旌旗猎猎、狼烟独立、悲笳呜咽、号角齐鸣的古战场的残阳如血。2016 年 8 月 20 日，国家邮政部门发行的《长城》邮票中，就有镇北台。

站在镇北台顶远眺，可以一览塞上风情：金沙蓝天、沙漠海子、碧波荡漾的红石峡水库，以及逶迤起伏的长城烽火台遗迹。置身其中，不由得心潮澎湃，随着这气势磅礴的镇北台而"磅礴"，从胸中涌起一种雄奇壮阔、不可遏止的力量。

长城·高原北望

只有在这里，在这沙漠边缘的镇北台，注目凝望着正在消逝的断垣废墟，体会那残缺之美带给你的震颤，才能让你真正体悟一个民族的历史悲凄。只有在这极目穹天、广袤土地上，才能蓄养博大的情怀，只有在塞上边城的斜阳古道上，才能明白什么是大气恢宏、悲怀壮烈，什么是苍凉凝重、热血奔涌。

秦始皇陵兵马俑

文 / 朱文杰

"秦王扫六合"一统天下,凭借的就是一支让人闻风丧胆的虎狼之师,一支南征北战,所向披靡的常胜之旅,一支以关陇壮士为主,由战车铁骑,步卒甲兵组成的秦国大军。而这支秦军却在两千多年后的1974年复活了,这就是世界考古史上最伟大发现之一——秦始皇陵兵马俑。

1978年,法国前总理希拉克参观兵马俑后说:"世界上有了七大奇迹,秦俑的发现,可以说是八大奇迹了。不看秦俑,不能算来过中国。"1987年,秦始皇陵及兵马俑坑被联合国教科文组织批准列入《世界遗产名录》。从此,秦俑被誉为"世界第八大奇迹"。秦兵马俑令全中国人自豪,令全世界人惊叹!

秦始皇陵兵马俑位于西安市临潼区以东的骊山之北。作为秦始皇陵的陪葬坑,距离秦始皇陵1.5公里,是世界上最大、最壮观的地下军事博物馆。秦兵马俑,即以烧制的兵马陶俑代替真人真马为秦始皇的殉葬品。以模拟军阵的排列,生动地展现了秦军雄兵百万,战车千乘,不可战胜的宏大场面和威猛气势。崇尚写实、手法严谨是秦始皇陵兵马俑的主要艺术特点,其艺术性之高超,位居古今中外雕塑史上的巅峰地位。有外宾评价:"这些艺术珍品,达到了非凡的水平,表现中国人一贯的超人的才能,全人类都将在这里受到鼓舞。"

秦兵马俑有三个俑坑,总面积约20000平方米,俑坑坐西向东,三坑呈"品"字形排列,出土8000多件秦俑。最早发现的是一号俑坑。1974年3月,秦始皇陵东的西杨村村民在抗旱打井时,挖出了一些秦俑残块,装车送到了当时的临潼县博物馆。笔者曾于2011年6月14日参观过临潼博物馆，目睹了该馆所收藏的这一批最早出土，已修复的兵马俑，好像是四兵一马，被称为秦俑出土的先遣队。

三个俑坑中，一号俑坑最大，出土约6000件陶俑。其中最多的是武士俑，平均身高1.80米左右，最高的1.90米以上。特别引人注目的是陶人在神情上能明显地体现出他的地域范畴——很多秦俑的相貌特征与现代的陕西人十分接近。

我曾被特许下到一号坑，与前排的这些手持弓弩，背负箭囊，担任前锋的武士俑，我的陕西乡党亲密接触、并肩而立。身后是浩浩荡荡，身穿铠甲的几千名步兵，间杂着驷马战车，排成四十路纵队从十几条坑道里涌出……当时的我感觉是毛发直竖，浑身发冷，血涌脸颊，那强烈的震撼是无法用语言形容的。

一号坑还发现了种类齐全、数量空前的青铜兵器，极大地丰富了秦兵器研究的领域。其中长铍、金钩等都是兵器考古史上的首次发现。兵器铸造的标准化工艺、兵器表面防腐处理技术的发现和研究填补了古代科技史研究的空白。有的兵器至今仍寒光闪闪，是世界冶金史上的一大奇迹。兵马俑的车兵、步兵、骑兵列成各种阵势，整体风格浑厚、健壮、洗练。如果仔细观察，脸型、发型、体态、神韵是均有差异的千人千面。

二号俑坑最为壮观，是由骑兵、战车和步兵（包括弩兵）组成的多兵种特殊部队，有兵马俑约1400件，其中将军俑、鞍马俑、跪射俑为首次发现。这两千多年前的古代骑兵、轻车兵和弓箭手的形象资料，在古代军事史的研究方面有着极为重要的意义，是迄今为止我国考古史上发现最早的骑兵实物。

三号俑坑最小，却是统帅三军总指挥部，也是世界考古史上发现时代最早的军事指挥部的形象资料。三号坑是三个坑中唯一没有被大火焚烧过的，所出土的陶俑身上的彩绘残存较多，颜色比较鲜艳。兵马俑"千人千面、千人千色"的猜测在这里得到进一步证实。

说到彩绘俑，二号坑跪射俑方阵中出土了一件罕见的绿脸彩绘陶制跪射俑。这个俑除了白睛黑珠和黑色的头发之外，脸部由石绿颜料涂成，和其他肉红色或粉白色面孔的秦俑完全相异。为何他的脸是绿色的？有人猜测，他可能是"军中傩"，是远古军队中主持驱疫逐邪的巫术祭祀活动的人，简单地说就是军中的巫师。又有人猜测，这绿脸是古代的一种图腾。还有人猜测，绿脸肯定象征这个陶俑与众不同，"他"是不是个少数民族呢？而专家分析倾向于这个绿脸陶俑所代表的弓弩步兵在军队中有着很特殊的身份。当然，揭秘这个埋藏了两千多年的秘密，很难。

现在的秦兵马俑博物馆向我们展示了三个俑坑，但在二号坑和三号坑之间，还有一个废弃的坑，是否兵马俑坑阵还没有建完呢？从完整的军阵布局看，一、二号坑和废坑组成"三军"，三号坑为中军指挥部，才更合理。还有专家认为应有五个俑坑，因为秦俑坑是按八阵的第一方阵设计的。方阵是一种进攻型的军阵，按前、后、左、右、中五个方位配置兵力。这也似乎很有说服力。但考虑到陵前布置的应当是以防卫组成的秦代禁卫军，表现的是严阵以待，又好像不完全有道理。怎么去看呢？这一切已成千古之谜。

究竟是谁焚烧了兵马俑？考古学界的主流观点认为西楚霸王项羽的嫌疑最大。据记载，项羽大军驻扎地和设鸿门宴的地点据此仅有5公里，《史记·陈涉世家》中有"天下苦秦久矣"的记载，他们认为残暴的秦始皇惹得天下仇恨，因而焚烧咸阳秦王宫和秦陵地面设施，就很自然了。

1983年6月30日，国家邮政部门发行了《秦始皇陵兵马俑》邮票一套，分别是《群俑》《陶俑》《兵马俑》《兵马俑坑》，外加一枚小型张《牵马俑》和一本小本票。

而小本票设计很不一般，除第一次在小本票中放有一枚小型张外，还有秦始皇陵墓碑和秦始皇像，而把皇帝像印在邮品上，应该是新中国邮政邮票发行的第一次。如此规模推出一套邮票，外加小型张、小本票，也是新中国邮政发行的第一次。

秦始皇陵兵马俑的发现引起了世界震动，也引发了世界上不少国家和地区发行兵马俑邮票之热。其中最引人注目的就是1997年为纪念《保护文化和自然遗产公约》缔约25周年，联合国纽约、维也纳、日内瓦邮政部门发行了《世

第二辑　长安览胜　中华瑰宝

群俑

陶俑

兵马俑

兵马俑坑

牵马俑

界遗产：兵马俑》邮票三组（分别为英、法、德文）各六枚，图案分别包括三枚群俑军阵图与三枚个体兵俑像。这不仅是联合国邮政部门首次为一处世界遗产单独发行邮票，而且还发行了三本不同文字的豪华小本票。这一套三枚的秦始皇陵兵马俑邮票，第三枚图案为"将军俑"，第五枚为一戴着瓜皮帽的兵俑头部特写，第六枚图案为"跪射俑"。而为联合国发行此套邮票提供摄影素材的，就是我的朋友郭佑民先生。当年他在西安市外事侨务办公室工作，是著名的摄影艺术家。

我创作的诗歌《秦兵马俑变奏》中，有我对秦兵马俑的认识、感悟、寄托、联想和喜爱，就以此诗结束此文吧：

油彩剥落殆尽／没有了卑怯／常胜之旅的疲倦隐去／摆出天底下最壮阔的军阵／脸蒙千年尘土／更见肃杀之气，忧患之情／战车拖不动神话／历史的风沙也埋不住秦直道／烽火台那柱袅袅独烟／呼唤你苦苦挣扎的魂灵／楚霸王一把火／让一切崩塌为泥沙尘埃／青铜巨人尚且熔化了／只有经过烈火的秦俑不死／他们仿佛在整装待发／随时准备赴死／重复那一次次壮烈的牺牲

走入你的静穆／血液凝固，心搏骤增／无限辽阔的脑际／颤抖着紫色的龙卷风／仿佛狮吼虎啸／从遥远的瞳孔滚来／汇聚成雷鸣／那临危而前的跪射俑／脸现关陇壮士的忠勇／从容搭弓的平静中／透出几分岩石的坚定／任他箭雨如蝗／任他铁骑滚滚／秦中将士的坚毅／驱散黑烟弥漫的重压／秦俑神威／山崩于前，岿然不动

兵器残损了，铠甲亦不整／但心并未陶化／墓坑陷不住他的脚步／从泥土的重压下／从历史的废墟中走出／血光之路隐去／一生沉积的深重仇恨／已幻化为冲天霞霓／秦俑巍然而起／摆脱帝王死后的威仪／摆脱束缚心灵的羁绊／以横扫千军／如火燎原之势／去冲击奇迹的辉煌／在一片惊叹之声中／震慑世界的目光／那么，骊山会崛起／秦岭也会崛起

"青铜之冠"铜车马

文 / 朱文杰

"千古一帝"秦始皇陵,属中国第一帝陵,也是世界上最大的地下皇陵。其巨大的规模、丰富的陪葬物居历代帝王陵之首,内涵之丰厚无法估量。

秦始皇陵园分内外两城,内城周长 2.5 公里,外城周长 6.3 公里,总面积 56.25 平方公里。继出土号称"世界第八大奇迹"的兵马俑后,从这里又出土了被誉为"青铜之冠"的铜车马,给人的惊喜是叠加的连续不断。

秦始皇陵铜车马是秦始皇陵的大型陪葬铜车马模型,1980 年出土于陕西省西安市临潼区城东秦始皇陵丘西侧。一前一后,共两乘,大小约为真人真马的二分之一。这组彩绘铜车马是目前发现年代最早、体形最大、装饰最华丽、保存最完整的铜铸车马,对研究中国古代车马制度、雕刻艺术和冶炼技术等,都具有极其重要的历史价值。

被编为一号车的战车是立车,单辕双轮,车厢为横长方形,车门在车厢的后面,车上竖有一圆形的铜伞,寓意天圆地方。伞下站着御官,双手驭车,前驾四匹马,亦称作"驷马"。二号车为安车,也是"驷马"单辕双轮,车厢为前后两室,二者之间有窗,车厢前室跪坐驭官一人,上车的门在后面,其上有椭圆形车盖,车体上绘有彩色纹样,车马均有大量金银装饰。

铜车马在制作上运用了铸造、焊接、镶嵌、粘接以及子母扣、纽环扣、锥度配合、销钉连接等各种工艺。钻孔的最小直径为 1 毫米,饰件多处用如发丝的铜丝,窗板的铜片仅厚 0.12—0.2 厘米,车辆头的内孔滚圆,就像车床加工的一般。2200 多年前,不借助车床机械,仅靠人工是如何制造出如此巧夺天工的艺术品的？另外，大大超出人们想象的是，其设计制作也与现代工程结构有着惊人的相似。如车门、前窗用的活动铰页，其形状与今日门窗上使用的活页非常相似；系马肚子、马颈的套环采用了策扣连接，策扣与今日人们用的腰带上的策扣完全相同。穿越千年，历史在此似乎停滞了。

据考证，这两乘车是秦始皇车队中的属车：一号车为护卫武士所居，二号车属于后妃一类人的乘车。按照君臣车辇规定，天子六驾，即秦始皇所乘车辇应为六匹马拉车。但秦始皇有时也坐和秦陵铜车马一样的"驷马"。史书记载，秦始皇出游时的车乘有81驾之多。公元前218年，秦始皇东巡，当张良在秦始皇车队必经之地的博浪沙埋伏准备刺杀秦始皇时，却发现车队所有车辇全为"驷马"，分不清哪一辆是秦始皇的座驾，只看到车队最中间的那辆车最豪华。于是张良指挥大力士向该车击去，120斤的大铁锥一下将乘车者击毙倒地。然而，被大力士所击之车为副车，看来秦始皇因多次遇刺，早有预防准备，所有车辇全部四驾，并时常换乘。所以，这辆陪葬的四驾铜车马应该是秦始皇的座驾仿制品。

说到"驷马"，国家邮政部门2012年9月13日发行了《里耶秦简》邮票一套，其中第二枚邮票背景图案就是选自秦咸阳宫遗址的壁画——《驷马图》，和秦陵铜车马类似。而秦咸阳宫现藏四幅《驷马图》壁画，唯不见《史记》记载的

秦始皇陵铜车马

六驾,让人怀疑秦始皇的座驾是否真的只是六马拉车呢?这只能等待秦始皇陵全部考古挖掘之后了。

1990年6月20日,国家邮政部门隆重推出了《秦始皇陵铜车马》邮票一套,分别是"御官俑头像""铜马头"特写以及两乘铜车马的小型张。

御官俑头像　　　　　　　铜马头

这两乘精美绝伦、世上独有的秦始皇陵铜车马,通过方寸邮票展现在世人面前。让人们在凭吊历史、感叹岁月无情的同时,赞美2200多年前秦人智慧的超凡及创造力的无穷。

秦汉瓦当

文 / 朱文杰

瓦当，是我国古代建筑中覆盖建筑檐头筒瓦顶端的遮挡部分。瓦，即具有圆弧的陶片，用于覆盖屋顶；所谓"当"，据《辞海》解释："当，底也，瓦覆檐际者，正当众瓦之底，又节比于檐端，瓦瓦相盾，故有当名。"

瓦当分为半圆形和圆形，半圆形也被称作"半瓦当"。考古发现最早的瓦当是陕西省岐山县凤雏遗址出土的西周晚期的半圆瓦当。秦代的瓦当则由半圆形发展为全圆形。在汉代，"半瓦当"用得很少，而大量流行圆瓦当。瓦当在秦汉时期最为兴盛。秦汉瓦当纹饰多样，其图案或文字随时代而变化，集绘画、浮雕、书法于一身，成为古代艺术宝库极具特色的艺术种类。

秦汉瓦当种类繁杂，多达数十万种，其内蕴博大恢宏，丰厚深邃。从瓦当图案来分，以文字为主的称为"文字瓦当"，以动植物及其他纹饰为主的称为"图像瓦当"。秦代开始对瓦当的制作已相当讲究，可谓精益求精，形成了自己独特的艺术风格，在图案纹饰以及题材方面都有了全面的创新。如动物纹的有鹿纹、獾纹、兽纹、豹纹、犬纹、鱼纹、龟纹、龙虎纹等，禽鸟纹的有燕纹、凤纹、鹤纹等，昆虫纹的有蜂纹、蝉纹、蝴蝶纹等，植物纹的有蔓草纹、葵纹、树纹、莲花纹等，文字瓦当有"羽阳千岁""延年"、秦十二字"维天降灵，延元万年，天下康宁"等，以及水纹、云纹、网纹、火焰纹、方格、菱形格、井字曲尺等连缀几何图案，可谓多姿多彩、包罗万象。

汉代瓦当在继承秦瓦当的基础上又有新发展，纹饰更为精致大气，进入了瓦当艺术的鼎盛时代，把汉之盛世的气势磅礴表现得淋漓尽致，极富浪漫主义色彩。据《陕西金石志》记载，汉代瓦当纹饰中还有麟凤、狻猊、飞鸿、双鱼、玉兔、蟾蜍等数十种。特别重要的是文字瓦当，成为当时的一大特征。如属于建筑物专用的有"长乐未央"（系甘泉宫用瓦），"上林"（系上林苑用瓦），"左戈""右空"（系官署用瓦）等；属于陵墓建筑用瓦有"万岁冢当""长陵瓦当""来谷宫当"等；属于颂扬吉祥语的有"汉并天下""千秋万岁""延年益寿""长生无极""亿年无疆"等，字体有小篆、鸟虫篆、隶书、真书等，可谓异彩纷呈、洋洋大观。

在浩若烟海、种类繁多的瓦当家族中，以西汉晚期的"四神"造型最为完美。瓦当上的"四神"，也被称为"四灵""四象"，它包括四种神兽，即青龙、白虎、朱雀、玄武。汉代"四神"瓦当多出土于汉长安城遗址内，多用于皇家的宫殿、陵园、庙宇等建筑。

作为"四神"之首的青龙纹饰出现较多。青龙原为古老神话中的东方之神，东方属木，色青，故称青龙，又名苍龙。龙是黄帝部落的图腾，司马迁的《史记·天官书》载："轩辕，黄龙体。"龙是司水灵物，代表天，也可以说代表着不为人知的大自然，掌管着行云布雨的主水之神。它是权威、神武和力量的象征，是原始先民对超自然力量的"天威"的向往，因而也是通天神兽。

龙是十二生肖之中唯一人造的"意象造型"，是多种动物和自然天象集大成的多元融合体。龙之形象蕴含着中国人数千年的智慧和理想的结晶，具有丰富的艺术内涵和独特的美学意义。中国人自诩为龙的传人，龙当然成了中华民族发祥和文化肇端的象征。

白虎原为古老神话中的西方之神，西方属金，色白，故称白虎。作为百兽之长，白虎是战神、杀伐之神，具有辟邪、禳灾、祈丰、惩恶扬善、发财致富及喜结良缘等多种神力。自古以来，中国道教有"左青龙，右白虎"的说法。1977年出土战国时期曾侯乙墓中的一件漆木箱盖上，画面中央以篆书书写一个"斗"字，古朴苍劲，四周按顺时针写着二十八星宿名称，二十八星宿东侧绘有一龙，西侧绘有一虎，这与传统天文学中东方苍龙、西方白虎正好对应。看来，"左青龙，右白虎"确实渊源深远。

朱雀又可说是三足乌、朱鸟。它是二十八星宿南方七宿"井、鬼、柳、星、张、翼、轸"的总称。南方属火，色赤，朱为赤，故叫朱雀。朱雀鸟形为凤头、鹰喙、鸾颈、鱼尾。它有浴火重生的特性，和西方的不死鸟一样，与凤凰在渊源上联系紧密，也是一种人造的"意象造型"。但朱雀并不等同于凤凰。

"四神"中的玄武形象比较独特奇异，它是龟和蛇两种动物的合体。宋人洪兴祖《梦辞补注》："说者曰：'玄武谓龟蛇，位在北方故曰玄，身有鳞甲故曰武。'"玄，是黑的意思，龟图腾和冥间信仰、龟卜文化相关。蛇图腾则和生殖崇拜有关。龟蛇合体，有氏族婚配繁衍的寓意。玄武最先号为"执明神君"，后来，玄武（即真武）的信仰逐渐扩大，从"四神"中脱颖而出，跃居"大帝"的显位。这当然与古代华夏民族图腾信仰有关。

"四神"本是指方向的星辰。《论衡·物势篇》中有："东方，木也，其星仓龙也。西方，金也，其星白虎也。南方，火也，其星朱鸟也。北方，水也，其星玄武也。"三国时曹植的《神龟赋》记曰："嘉四灵之建德，各潜位乎一方，苍龙虬于东岳，白虎啸于西岗。玄武集于寒门，朱雀栖于南乡。"在中国人心目中，"四神"不光表示季节和方位，还用以辟邪祈福，是吉祥的守护神。在汉代，"四神"还被视为宇宙精神的象征。

"四神"图案最早被选入邮票，是国家邮政部门1953年12月4日发行的《伟大的祖国（第四组）——古代发明》邮票第二枚《地动仪·东汉》，邮票边饰上绘有西汉瓦当"四神"。

在"四神"瓦当中，青龙瓦当纹饰最被重视，被选入邮票次数最多。

地动仪·东汉

2000年1月5日国家邮政部门发行的《庚辰年》生肖邮票第一枚《祥龙腾飞》，就是西汉早期"四神"瓦当组合，现藏西安博物院；2000年3月7日国家邮政部门发行的《龙（文物）》邮票中的第三枚《汉·青龙瓦当》，这种组合的"四神"瓦当，是新莽时期出现的最为成熟也最为珍奇的组合，其特点是瓦当中间有一圆形乳钉，像"四神"背负一轮红日的感觉，现藏陕西历史博物馆。

国家邮政部门发行的中国古典文学名著《三国演义》系列邮票，其中三枚邮票的图案上出现了"四神"瓦当纹饰。这套系列邮票第一组于1988年11月25日发行。其中第一枚为《桃园三结义》，其背景上有青龙瓦当图案，为一张牙舞爪的盘龙，龙身饰细密的鳞甲，这方青龙瓦当的纹饰为另一种组合，体现了"汉·青龙瓦当"纹饰的丰富和多变。第五组于1998年8月26日发行，其中第四枚《三分归晋》上就有一带有圆形乳钉的青龙瓦当。

而白虎、朱雀、玄武瓦当，上邮票机会则很少。1985年11月15日国家邮政部门发行的《虎年》贺年邮资明信片图案有白虎纹瓦当，中间有一圆形乳钉，瓦当上部边沿有残缺。1992年8月25日国家邮政部门发行的《中国古典文学名著——〈三国演义〉（第三组）》系列邮票第二枚《智激孙权》，邮票画面上部有一个朱雀纹瓦当，其状如凤头、鹰喙、鸾颈，头上有冠，羽毛散张，振翅欲飞。

邮票边饰以及图案以外的边纸上，选用瓦当纹饰的邮票还有不少。其中最多、最为精美的就是1994年8月25日国家邮政部门发行的《昭君出塞》邮票，其小型张边纸上有六种不同纹饰的瓦当图案。设计有半瓦当的"鹿纹瓦当"两种，还有圆瓦的"汉·青龙瓦当"和凤头的"朱雀瓦当"。另外，两动物纹瓦当只露出小半截。昭君出塞是从汉长安城出发的，选用这些有着丰厚中国文化内涵的秦汉瓦当，比较恰当。

相对于汉代瓦当来说，秦瓦当上邮票的机会就更少了。2012年9月13日国家邮政部门发行的《里耶秦简》邮票，第一枚《乘法九九口诀》图案背景是一块"秦·夔龙纹半瓦王"，现藏西安秦砖汉

乘法九九口诀

博物馆。这种瓦当多出土于临潼秦始皇陵的建筑遗址。中国国家博物馆、秦兵马俑博物馆、临潼博物馆均有收藏。

联合国发行的《中国世界文化遗产·兵马俑》小本票内页上印有不少秦汉瓦当，其中"秦·夔龙纹半瓦王"更为清晰完整，非常精美。还有莲花纹瓦当、子母凤纹瓦当、四鸟纹瓦当、云纹瓦当等，以及一个汉代的白虎瓦当。

瓦当，是中国古代建筑独有的。但已经远远超出建筑构件的地位，而成为独具一格的艺术品。它显示出我国古代人民的聪明才智和艺术创造的杰出能力，承载着中华民族传统的审美诉求中不竭的追求与对自然的敬畏和崇拜。它对我们探究古代历史、建筑、艺术、工艺以至绘画、文字、书法等奥秘和渊源，都是不可或缺的重要历史见证。

残留着岁月痕迹暗青色的瓦当，虽然淡素平朴，但比之金银尊贵、宝石璀璨、珠玉瑰丽，它仍然能顽强地闪射着自己独异的，天地宇宙间最为真淳的浩然之光。它那并不为人欣赏的瓦鸣，却发出了比黄钟大吕、金声玉振还要响亮的、带点苍凉悲怆的深邃的历史之声。

瓦当，中国的瓦当！一个可以媲美于彩陶、青铜器、画像石、唐三彩的艺术瑰宝，出于泥土，却耀眼在中国文化殿堂之顶的青色精灵。

牛耕图

文 / 朱文杰

说起汉画像石,专家学者的评价让你惊叹,如"无字的汉书""石头上的史诗""汉代社会生活的实录""一代历史写真""凝聚在石头上的汉代辉煌""一幅幅散发着清新泥土气息的汉代风情画"等等。著名历史学家翦伯赞先生说得更为形象,他赞叹:汉画像石是一部"绣像的汉代史"。

牛为"耕农之本"。铁犁牛耕,产生于春秋战国时期,是我国古代农业最重要的生产方式。考古发现表明,汉代时期的河西地区,牛耕的使用已较为普遍。《汉书·食货志》记载,武帝时,搜粟都尉赵过在甘陕一带推广代田法,即"用耦犁,二牛三人"。西域地区也通过丝绸之路引进了内地的牛耕和铁制农具,并且注重精耕细作,使农业产生飞跃发展。龟兹、敦煌莫高窟以及嘉峪关汉魏墓壁画上都有不少"牛耕图"。例如新疆拜城县克孜尔千佛洞第175窟,有大量反映农耕稼穑的壁画,其中有一幅晋代牛耕图:二牛抬杠合驾一辕,作奋力状,其后是一呈三角形尖刃的宽大犁铧,其型制与汉代铁铧无异。一农夫随后,扶犁驱牛。在吐鲁番柏孜克里克石窟出土的一件高昌回鹘时期出土的铁铧,长23厘米,宽19厘米,尖端扁平,铧体两面凸起,较汉代犁铧轻便实用,体现了这一地区牛耕的使用情况。

国家邮政部门1999年3月16日发行的《汉画像石》邮票,就比较经典地展现了这一影响中国2000多年历史"史诗"般"古代艺术瑰宝"的魅力。邮票上的"牛耕图",1962年出土于陕西绥德县,原石现藏西安碑林博物馆。

邮票上的"牛耕图"：一根横木架在两头牛的胛背，两牛共挽一犁，两头牛被刻画得栩栩如生，动感十足，姿态矫健，亦非常传神；扶犁者更为突出，身高力健，扬鞭跨步，若力士巨人般的威风凛凛，有一种震慑画面的非凡气场；后边有一小矮人，亦步亦趋，全神贯注，手正伸入布袋掏籽点种。整个画面浑厚大气，博雅和谐，有着超强的艺术表现力。

汉画像石·牛耕

目前，已知的汉画像石中最有影响的牛耕图，一是江苏睢宁的《牛耕图》，由中国历史博物馆收藏。二是陕西绥德的《牛耕图》。陕西绥德《牛耕图》能脱颖而出被选中邮票，确实非常不容易。我以为原因有二：一是历史原因。陕西是牛耕的始作之地，早在汉代已很普及。绥德、米脂一带出土了六七块牛耕图案画像石，比较集中，更具代表性。二是艺术特色。虽然陕西绥德和江苏睢宁的《牛耕图》在艺术上各有千秋，但绥德的《牛耕图》构图更为简洁，画面精妙生动，形成一种强悍的视觉震撼，有一种超越现实的精神张力，更具范本意义的经典性。

由陕西绥德《牛耕图》画面可见，汉代耕犁的基本特征，是犁辕为独辕，长且直，辕前端直接与犁衡联结，犁衡左右各一轭，各挽一牛，此即所谓"二牛抬杠"。这也正是西汉赵过行代田法，"用耦犁，二牛三人"的再现。

陕西绥德《牛耕图》的原石，画面分作三部分，上部为建筑斗拱，中部为斗拱下方的左右两侧，左为羊群，右为一执戟门卒，执戟门卒也被认为是牧羊人，下部才是牛耕图。

陕西米脂县也曾出土过一幅雕有"二牛抬杠"场景的画像石。只是画面上牛耕方向相反，扶犁驾牛者弓身而行，同样没人牵引牛，身后也无播种者，为一人二牛。此外，绥德出土的王得元墓画像石，也有一幅《牛耕图》。耕者一手高举长鞭,一手扶铧犁耕地;在牛耕人左上方,映衬着一幅盘曲大树;画像下方是一片粗壮的庄稼,低垂着沉甸甸的谷穗,寓意耕耘后的丰收景象,堪称人勤牛壮,五谷丰登,画面更为丰富,令人叹为观止。

但以上汉画像石画面都没有牵引牛之人,可见2000年前在陕北一带,耕牛已被驯养得十分顺服,耕者的驾牛技术也已非常熟练。当然中国的牛耕技术,同样在2000年前已居世界独一无二的领先地位。

当我们欣赏这组《汉画像石》邮票时,一定会为祖先留给我们的如此精美绝伦的艺术瑰宝而发出由衷的赞叹,也一定会为有着5000年文明的这块黄土地的博大精深而感到无比自豪和骄傲。

大唐长安乐舞中的箜篌与琵琶

文 / 朱文杰

1983年1月20日，国家邮政部门发行了一套《民族乐器——拨弦乐器》邮票，其中第一枚是《箜篌》，第四枚是《琵琶》。从邮票邮案上看"箜篌"应是"竖箜篌"，而"琵琶"应是"曲项琵琶"。

据文献记载，箜篌有本土的卧箜篌，也有西域传进的竖箜篌。竖箜篌是由远古狩猎者的弓演变而来，是伴随着人类最早文明的诞生而诞生的最古老的弦鸣乐器。竖箜篌后来经波斯传入中亚和印度，秦以前已在我国新疆一带流行。汉武帝开通西域以后，竖箜篌通过丝绸之路逐渐传入中原，汉人称之为"胡箜篌"。

箜篌

琵琶

箜篌的音色亦柔亦刚，华丽大气。清亮温婉如行云流水，高亢清脆欲上天揽月。皇帝对这种乐器爱之如宝，不欲其流传于宫殿外，竟然限制民间使用箜篌。唐朝诗人顾况《李供奉弹箜篌歌》诗中就透露了这样的信息："早晨有敕鸳鸯殿，夜静遂歌明月楼……在外不曾辄教人，内里声声不遣出。"

唐朝诗人李贺有描写箜篌音乐的《李凭箜篌引》："吴丝蜀桐张高秋，空山凝云颓不流。江娥啼竹素女愁，李凭中国弹箜篌。昆山玉碎凤凰叫，芙蓉泣露香兰笑。十二门前融冷光，二十三丝动紫皇。女娲炼石补天处，石破天惊逗秋雨。……"本诗大约作于元和六年（公元811年）至元和八年（公元813年），当时，李贺在京城长安任奉礼郎。李凭是梨园弟子，因善弹箜篌，名噪一时。"天子一日一回见，王侯将相立马迎"。诗中的"十二门"，指长安城十二城门。长安城东西南北每一面各三门，共十二门，故言；"二十三丝"说的是竖箜篌。《通典》记载："竖箜篌，体曲而长，二十三弦。竖抱于怀中，用两手齐奏，俗谓之擘箜篌。"清人方扶南把李贺的《李凭箜篌引》与白居易的《琵琶行》相提并论，推许为"摹写声音至文"。

"琵琶"属拨弦类弦鸣乐器，南北朝时由印度经龟兹传入内地。木制，音箱呈半梨形，张四弦，颈与面板上设用以确定音位的"相"和"品"。弹奏时竖抱，左手按弦，右手五指拨弹。可独奏、伴奏、合奏。

白居易的长诗《琵琶行》，作于元和十一年（公元816年），比李贺的迟了四五年。诗中有："忽闻水上琵琶声，主人忘归客不发。寻声暗问弹者谁？琵琶声停欲语迟。移船相近邀相见，添酒回灯重开宴。千呼万唤始出来，犹抱琵琶半遮面。转轴拨弦三两声，未成曲调先有情。弦弦掩抑声声思，似诉平生不得志。低眉信手续续弹，说尽心中无限事。轻拢慢捻抹复挑，初为霓裳后六幺。大弦嘈嘈如急雨，小弦切切如私语。嘈嘈切切错杂弹，大珠小珠落玉盘。间关莺语花底滑，幽咽泉流冰下难。冰泉冷涩弦凝绝，凝绝不通声暂歇。别有幽愁暗恨生，此时无声胜有声。银瓶乍破水浆迸，铁骑突出刀枪鸣。曲终收拨当心画，四弦一声如裂帛。东船西舫悄无言，唯见江心秋月白。沉吟放拨插弦中，整顿衣裳起敛容。自言本是京城女，家在虾蟆陵下住。十三学得琵琶成，名属教坊第一部。"诗中弹琵琶者"自言本是京城女,家在虾蟆陵下住"。其中"虾蟆陵"即长安城中董仲舒墓的"下马陵",陕西方言把"下马"念成"虾蟆"。而"十三学得琵琶成,名属教坊第一部"则说明了当年长安城梨园教坊学弹琵琶之盛况。再有"初为霓裳后六幺"中的"霓裳"即《霓裳羽衣曲》,是唐玄宗所作。白居易诗中有关对弹琵琶的描写形容,诸如"千呼万唤始出来,犹抱琵琶半遮面""大珠小珠落玉盘""此时无声胜有声"等成为叩人心扉的千古绝唱。

2008年7月6日国家邮政部门发行的《龟兹石窟壁画》邮票第三枚《飞天》,图中人物怀中抱的就是琵琶。而琵琶正是从南北朝时的龟兹国(今新疆库马县)传入内地的。龟兹是丝绸之路新疆段塔克拉玛干沙漠北道的政治、文化重镇,经济极为发达。龟兹拥有比莫高窟历史更加久远的石窟艺术,被称作"第二个敦煌莫高窟"。

曲项琵琶与竖箜篌被称为天使的音乐。《民族乐器——拨弦乐器》邮票中《箜篌》《琵琶》的背景都绘有飞天手执箜篌和琵琶图像。在一些经典的壁画中,曲项琵琶与竖箜篌常配组出现。

2012年8月1日国家邮政部门发行的《丝绸之路》邮票小型张上半部有敦煌壁画《唐·反弹琵琶图》。此图为敦煌壁画《无量寿经变》中的乐舞图,画

交流

面上伎乐又奏乐又跳舞，举足旋身，使出了"反弹琵琶"绝技。反弹琵琶者右方有弹箜篌者的形象，画面动静结合，错落有致，成为艺术水准超高的绝佳之作。

据不完全统计，迄今为止，陕西关中地区正式发掘的唐代墓葬有壁画的达100多座，其中30多座有关于乐舞的壁画。在这些乐舞图中竖箜篌、琵琶是经常出现的乐器。如2014年西安发掘的唐宰相韩休墓的墓室内，发现了保存千年而不褪色的精美壁画。其中墓室东壁为乐舞图。乐舞图中女乐为典型的唐人形象，男乐为胡人形象，演奏琵琶、箜篌等乐器。陕西富平朱家道壁画墓墓室东壁绘制了一幅乐器丰富、且歌且舞、盛况空前的乐舞场景。坐在前排显眼处有一乐伎抱竖箜篌于怀，正"大指调弦中指拨"，不远处另一乐伎抱曲颈琵琶在演奏。有专家评说此壁画"作为国宝级的文物当之无愧"。

1961年11月10日国家邮政部门发行的《唐三彩》邮票中第七枚图案是"三彩载乐骆驼"，1959年出土于陕西省西安市中堡村唐墓。驼背上擎一方形平台，八名乐俑，其中七名男乐俑手持七种乐器，环坐平台一圈，个个全神贯注地在演奏。七种乐器大都是从西域传入，其中就有箜篌和琵琶。第八枚图案也是"三彩载乐骆驼"，1957年出土于陕西省西安市鲜于庭海墓，现藏中国国家博物馆。骆驼昂首挺立，驮载了五个胡人成年男子，中间一个胡人在跳舞，其余四人围坐演奏。这件文物有残缺，四人手中的乐器仅留下一把琵琶。

唐代胡乐入华是中国音乐史上的重要事件。箜篌和琵琶，通过丝绸之路从西域传入中原，最早记载于《隋书·音乐志》。公元五六世纪时盛行于长安，并成为隋唐九部乐、十部乐中西凉、龟兹、天竺、疏勒、安国和高丽诸乐的主要乐器，这足以体现东方长安对多元文化的包容之量和消化之功。大唐长安作为人口超过一百万的国际化大都市，吸引着世界性的音乐，而世界性的音乐反过来也影响着长安。于是，以华丽的箜篌和琵琶等为代表的富有特色的西域乐器散发出夺目的光彩，脱颖而出，与中原本土乐器融为一体。今天的长安古乐就被公认为唐代燕乐的活化石。

我们当然要记住活跃在大唐长安乐舞中的箜篌与琵琶，是它们的加入，才奠定了大唐长安乐舞影响世界的历史地位。

隋代鎏金铜佛像

文 / 朱文杰

国家邮政部门2013年6月16日发行了《金铜佛造像》邮票一套，另有小型张一枚。小型张主图名为《隋·铜鎏金佛教造像》。

造像通高41厘米，座长24.6厘米，宽24厘米，铭文有："宁远将军武强县董钦于开皇四年（公元584年）七月十五日敬造。"所以也称"董钦造弥陀佛像"，1974年出土于陕西省西安市南郊东八里村，现藏西安博物院，为该院镇馆三宝之一。

《隋·铜鎏金佛教造像》为什么能登上《金铜佛造像》

隋·铜鎏金佛教造像

邮票中最为集邮界重视的小型张主图呢？笔者以为，这主要得益于在全套邮票中，它的年代最为久远，题材最为特殊，是一件组合体的佛教造像。

其实 2002 年 5 月 19 日，这件珍贵文物就已登上了普通邮资明信片，当时名称为《隋·鎏金铜佛像》。

这尊鎏金铜佛造像由高足床上一佛、二菩萨、二力士、一香熏及二蹲狮组成。高足床右侧及背面，镌刻着发愿文及赞词，通计 118 字。铭文为我们解开了这尊造像之谜。

主尊阿弥陀佛结跏趺坐于束腰莲花高座上，两掌手心朝外分别施无畏印和与愿印，表示能满足众生一切愿望，能解除众生恐惧。螺髻，有莲瓣形顶光。顶光上刻画细密的火焰纹。上身修长，身着袒右肩袈裟和僧裙，衣纹自然流畅，有唐代薄衣贴体之遗风。主尊左侧为观世音菩萨，左手当胸持莲花，右手下垂结施与印。立尊右侧为大势至菩萨，左手下垂结施与印，右手当胸持莲花。二菩萨皆头戴宝冠，发髻高耸，璎珞重重，双足跣露，头后亦配有尖圆形火焰纹顶光；左肩斜披络腋，下身着长裙，衣纹呈 U 字形分布，如水波般优美自然，腰间束带，并露出蝴蝶结；双肩搭有帔帛，帔帛蛇形垂落，飘逸自然。侧身恭立于莲花座上，莲座形制与主尊相似。像前又安立两尊金刚力士——密迹金刚和罗那延天。力士形象、衣饰完全相同，皆头束高髻，在前侧身相向而立，一手握拳一手执金刚杵，嗔目怒视。头后有圆形顶光，但其上无火焰纹饰，标明其身份尚未超凡入圣；上身袒露，胸腹部露出鼓胀肌肉，胸前饰璎珞；下身长裙掩足，腰间束带并打结，U 字形衣纹衬托出衣质的轻薄柔软；周身亦披有大一帔帛；双足立于单层覆莲座上。

座床前两足旁各有一狮蹲踞，二狮前足直立，后臀着地，昂首翘尾，露齿张嘴作吼叫状，造型生动逼真。二力士中央置一香炉，其口沿有四枝莲花，两两相对盛开于炉口之上，炉下有鸠盘陀托举。下为方形四足壸门形座床，壸门上缘饰有锯齿纹，四围设有护栏和望柱。整组造像布局严谨、主次分明，形象生动、风格古朴，造型复杂，工艺精巧，以阿弥陀佛为中心，艺术地将菩萨、力士、蹲狮高低错落地安排在一起，金碧辉煌，端庄大气，是隋代造像中极罕见的稀世珍品。尤其难能可贵的是，整尊造像由 23 个部件单独铸造、组合而成，各部件间有插榫孔眼相接，可拆卸。

随着丝绸之路的开辟和繁荣，佛教从古印度传入中国，在佛教中国化的进程中，逐渐形成了我国著名的汉传佛教八大宗派。其中之一的净土宗，在东汉时期传入，隋唐时期形成，唐代以后随着佛教的不断世俗化，更是成了我国广大民众最为崇奉的佛教思想和宗派之一，至今影响仍然不衰。这组"隋·铜鎏金佛教造像"，就是隋唐时期净土思想流行的重要历史见证。

值得一提的是，中国汉传佛教八大宗派中，六宗的祖庭都在长安，它们分别是三论宗祖庭草堂寺、华严宗祖庭华严寺和至相寺、法相宗祖庭慈恩寺和兴教寺、律宗祖庭净业寺、净土宗祖庭香积寺、密宗祖庭兴善寺和青龙寺。这些寺庙虽历经劫波，损毁翻修，但都相对稳妥地保存了下来。其中慈恩寺（大雁塔）、兴教寺塔，一并被列入丝绸之路"长安—天山廊道网"世界文化遗产。

这件精美绝伦、令人叹为观止的《隋·铜鎏金佛教造像》，让每个西安人从心底油然而生一种自豪感。丝绸之路起点的千年帝都长安，其"覆载万物者也；洋洋乎大哉"的盛世景象，对外来文化的"包容之量，消化之功"，令世界敬仰。

唐三彩

文 / 朱文杰

大唐盛世留给今天最绚丽、最辉煌的印记，就是唐三彩。

唐三彩，全名唐代三彩釉陶器，是盛行于唐代的一种低温釉陶器。釉彩有黄、绿、白、褐、蓝、黑等色，而以黄、绿、白三色为主，所以人们习惯称之为"唐三彩"。唐三彩在技术上承袭汉朝以来的釉陶工艺，交错使用多种色釉，利用其在烧制时流淌的特点，使不同色彩的釉相互交融渗透，产生出的色彩变幻无穷，瑰丽魅惑。所以唐三彩的"三"，代表了无穷，代表了万物。正如老子《道德经》所说："道生一，一生二，二生三，三生万物。"

唐三彩以其斑斓淋漓、色调流畅的釉彩，鲜丽鉴人、异彩纷呈的光泽，雄浑大气、优美精湛的造型著称于世。从现代的陶瓷史来看，唐三彩在唐代陶瓷史上具有划时代的里程碑意义。

1961年11月10日，国家邮政部门发行《唐三彩》邮票一套八枚，均为唐三彩陶瓷中的精品，均出土于唐长安城及周围的京畿之地（今西安及关中中部）的唐墓中。第一、二枚都是《驴》，藏于中国国家博物馆。第一枚"驴"出土于陕西省西安市东郊十里铺一唐墓中，通高16.4厘米，身着赭色釉，鞍下面的鞍鞯为绿

驴

釉，顶部鞍鞯则显露出黄白色，绿白相映，色彩相得益彰；第二枚"驴"出土于陕西省西安市西郊土门一唐墓中，通高 22.60 厘米，长 26.90 厘米，驴身施蓝色釉，鞍鞯为黄色釉，顶部鞍鞯凸出部施蓝色釉。

唐三彩中骆驼和马形象的实物比较多，而驴却很少见，甚至在唐代绘画雕塑上也难得一见。而唐三彩驴的出现，可能是隋唐时期陕西广泛饲养和使用驴的历史反映，也算是艺术地为关中驴的形象填补了一项空白。另外，在唐三彩中，施纯赭色釉的少，而施蓝色釉的就更少。

第三、四枚都是《马》，两匹马也较为相像，通高 79.50 厘米，是这八枚邮票上唐三彩中器型最大的，都是 1960 年在陕西省乾县乾陵陪葬的永泰公主墓出土的。马身通体施黄色釉，马鞍上配绿色"鞍袱"，也叫"障泥"（马奔跑时用于防尘，以阻障溅起的泥水，所以叫"障泥"）。障泥为多重提花的丝锦制成，为永泰公主所用，艳丽之极。两匹马均膘肥体壮，头小颈长，眼睛炯炯有神。尾巴绾起，显得精绅干练，马脖颈处的鬃毛剪成三个城墙齿垛一般的花样，故名"三花马"。有诗云"凤书裁五色，马鬣剪三花"便是其写照。第三枚"马"现藏中国国家博物馆，第四枚"马"现藏陕西历史博物馆。

第五、六枚也是《马》，似乎是一对。通高 40 厘米，长 49 厘米，1957 年同时出土于陕西省西安市南何村，均藏于中国国家博物馆。马通体为赭色釉，釉彩交融，斑驳流窜，给人一种富丽堂皇之高贵典雅美。头顶彩色璎珞，胸前和鞍后均络绿色革带，披挂有精美的小金

马

马

铃、杏叶垂饰、流苏等装饰品。而马鬃均为单花，将马鬃剪瓣是唐朝流行的一种饰马方式，目前唐墓出土的马俑有一花、二花和三花马，这一对马就是"一花马"。马尾束起而上翘，马之四蹄硕大健壮。而这两匹马，一匹鞍子施绿釉，一匹鞍子着蓝釉，这绿蓝之色如点睛，使马身上的三种颜色融和一体，显得豪华绮丽，宝光内蕴，真乃"异色兮纵横，奇光兮灿烂"。

第七枚是《骆驼》，通高58厘米，长41厘米，1959年在陕西省西安市中堡村唐墓出土。驼背上擎一方形平台，上铺一蓝色底菱形方格长毯，八名乐俑，其中七名男乐俑手持乐器环坐平台一圈，个个全神贯注地在演奏，都沉浸在美妙的音乐中。中间突出一女舞俑，亭亭玉立，正轻拂长袖，边舞边歌。这件载乐骆驼俑似乎是在表现一个以驼代步、歌唱而来的巡回乐团，让人一睹而难忘。它是唯一一件被评定为国宝级文物的唐三彩，堪称唐三彩中的极品，现藏陕西历史博物馆。这三彩骆驼也被称作"三彩载乐骆驼"。

骆驼

这骆驼上演奏的组乐舞俑是典型的盛唐时期的作品，舞乐者均穿着汉族衣冠，执笛、箜篌、琵琶、笙、箫、拍板、排箫七种乐器。这些种类的乐器大都是从西域传入的。

第八枚也是三彩载乐《骆驼》，通高66.50厘米，1957年出土于陕西省西安市鲜于庭诲墓，现收藏于中国国家博物馆。骆驼昂首挺立，驮载了五个汉、胡成年男子。中间一个胡人在跳舞，其余四人围坐演奏。驼背搭一条竖长条花纹的波斯毛毯，他们手中的

骆驼

乐器仅残留一把琵琶。骆驼载乐陶俑巧妙地夸张了人与驼的比例，造型优美生动，釉色鲜明润泽，代表了唐三彩的最高水平。

2012年国家邮政部门发行的《丝绸之路》邮票第一枚《千年帝京》邮票画面上前景主图为"唐三彩胡人牵驼"，亦名"三彩单峰驼和胡人俑"，通体高81厘米，1973年出土于陕西省咸阳唐契必明墓，现藏咸阳博物馆。

牵驼胡人，面部敷粉画彩，发、眉、眼睛、胡须及粉红面颊和朱红嘴唇均系描绘而成。头戴"山"字形帽，高额深目，大颧骨，络腮胡。身着深绿色翻领酱黄釉燕尾形胡服。双手握拳，姿势呈拉缰绳状。所牵三彩驼，引颈昂首，额上至背披长毛，颈上下及前腿两脚下亦垂长毛，毛呈卷曲状。背部弧形拱起为单峰，单峰顶端施乳白、淡黄色釉，颈腹及臀部两侧间有乳白色釉，驼身主体为深赭、棕色釉。三彩驼形体高大，腿部尤为粗壮，姿态雄健威猛，造型极其独特，不愧为"沙漠之舟"之美誉，是国内极为罕见的单峰驼珍品。

唐三彩的烧制地分布在长安和洛阳两地，在长安的称西窑，在洛阳的称东窑。唐三彩主要用于随葬，作为明器使用。20世纪80年代中期陕西铜川耀州窑遗址首次出土了唐三彩作坊一座、唐三彩窑炉一座、唐三彩釉试烧小炉两座，还有唐三彩和低温单釉彩标本上千片。除过三彩马、武士俑，还有大批陶塑工艺品和玩具，棕黄釉犀牛枕和双鱼瓶等。早已失传的唐三彩琉璃瓦和三彩龙头套饰也首次出土，年代属于初盛唐之际。耀州窑三彩器是根据当时唐京城长安大量需要而烧制，西安、铜川以及关中唐墓中出土的唐三彩大多是耀州窑的产品。这一陶瓷史划时代的发现，为唐京长安三彩器及流散于国内外的唐三彩提供了可靠的研究尺度。

而唐三彩琉璃瓦和龙头套首，也证明了唐三彩不光是作为随葬明器，还作为建筑材料使用。耀州窑遗址的唐三彩作坊，还发现有未经烧制泥塑狮子数件。

好一个博大精深的耀州窑，让我们自豪吧！为唐三彩出在陕西而欢呼。

鎏金舞马衔杯银壶

文 / 朱文杰

"鎏金舞马衔杯银壶"是陕西历史博物馆的镇馆之宝，1970年出土于西安市南郊何家村，是唐代金银器中最富丽华美的器物之一。

西安市何家村窖藏文物的出土，是20世纪最为重要的隋唐考古发现之一。在总计1000多件文物中，国宝级文物就有4件，因而被称为"何家村遗宝"。这是与西方著名的考古发现"阿姆河遗宝"相对应的誉美之称。

窖藏通常是指地窖内贮存或埋藏的财物。为了达到安全的保存效果，古代人埋宝活动往往是秘密进行的，故窖藏类遗迹大多出土的文物级别都十分之高，无比珍贵，何家村窖藏就是这类考古遗迹的代表。

何家村的位置是在唐代长安城兴化坊中部偏西南处。早期考证认为，这些珍宝是在唐玄宗李隆基天宝十五年（公元756年）六月因安禄山之乱逃奔四川时邠王李守礼的后人所窖藏。而陕西历史博物馆和北京大学的学者考证，何家村窖藏的主人应该是唐代尚书租庸使刘震，窖藏埋藏年代应为唐德宗建中四年（公元783年）的泾原兵变时，也因兵乱保存到现代。

"鎏金舞马衔杯银壶"是何家村窖藏文物中最为珍贵的国宝级文物，称得上是"皇冠上的明珠"。"鎏金舞马衔杯银壶"全称应为"鎏金舞马衔杯纹仿皮囊形银壶"，壶的造型采用的是我国北方游牧民族皮囊的形状。唐代有西域和北方兴起的突厥、回鹘、沙陀、吐蕃等游牧民族。他们常常携带这种形状的皮囊，用来盛水盛酒。唐朝的工匠借鉴了少数民族的器物外形，创造出独特的华美之制，让人印象深刻，入目而惊美。它反映了唐王朝通过丝绸之路与西域及北方少数民族之间的文化交流，也体现了唐文化的多元性和包容性。

文献记载，玄宗时宫廷专门驯养了百余匹舞马。每到唐玄宗的生日时，这些舞马就在兴庆宫勤政、花萼楼下给唐玄宗跳舞。舞马都披着非常漂亮的锦绣衣服，挂着璎珞，牵马的壮士也都着金挂玉。当乐师奏响《倾杯乐》，三十匹马昂首甩尾，按着音乐的节拍纵横舞动。数百宫女从帷幕后走出来，敲响雷鼓，奏起《破阵乐》《太平乐》和《上元乐》。高潮时，舞马就会跃上三层高的板床，壮士们把板床和马一起举起来，舞马衔着酒杯给玄宗敬酒祝寿。唐代宰相诗人张说《舞马千秋万岁乐府词》中所说的"更有衔杯终宴曲，垂头掉尾醉如泥"，说的就是当时的情景。"鎏金舞马衔杯银壶"上的舞马造型以实物印证了唐玄宗生日庆典"千秋节""舞马衔杯"传说的真实存在。

国家邮政部门1973年11月20日发行了一套《"文化大革命"期间出土文物》邮票，其中第二枚图案就是"鎏金舞马衔杯银壶"。壶身通体抛光，舞马、壶盖、弓形提梁和同心结处均鎏金。壶身为扁圆形，上方一端开有竖筒状小口，壶盖帽为锤揲成型的覆莲瓣，顶中心铆有一个银环，环内套接了一条长14厘米的银链和提梁相连，壶肩部焊接着一端有三朵花瓣的弓状提梁。在壶身两侧模压出两匹相互对应，奋首鼓尾，衔杯匍拜的舞马形象。马的后腿弯曲蹲坐，前腿直立，

鎏金舞马衔杯银壶

脖子上系有一条彩色飘带。马的形状如浮雕般凸起，跃跃欲出，富有立体感。尤其是这匹衔杯舞马，含情凝望寿主的神情，如通人性，让每一个观者，无不感动莫名。这匹能担当主角的舞马在当时就极为稀罕，它也可能就是模仿给唐玄宗拜寿的舞马形象而创作的。

印在方寸邮票上的出土文物"鎏金舞马衔杯银壶",其包孕的璀璨光芒及其显著的中国元素,都是只有在盛世与开放中才能迸发的万丈激情,只有在宽博与自信中才能催生的大气雍容。一曲凝聚八方、汇合四海、飞扬华美、流转千年的颂歌与憧憬,见证了舞马衔杯献寿的独一无二,见证了丝绸之路连接的中西艺术的融合结晶,也见证了千年帝都长安极度奢侈的举世无匹。

唐代铜镜

文 / 朱文杰

冰清如月，映照千年流光。中国古代铜镜已经有 4000 多年的历史，其发明可追溯到传说中的黄帝时代。铜镜的历史，几乎与华夏文明的历史相等。在这一面面铜锈斑驳的铜镜中，我们似乎可以穿越时光，掀开并观照千年历史黑幕之诡秘。正是这一面面制作精良、妙极神工、图纹华丽和铭文丰富的铜镜，映照着中华文明艰难跋涉、前进的征程，映照着中华民族精神内核的深邃与博雅。

中国古代铜镜最早作为祭祀的礼器出现。春秋战国至秦一般都只有王和贵族才能享用到，到西汉末年慢慢走向民间，成为人们不可缺少的生活用具。唐代时达到极盛，进入了中国铜镜史顶峰的成熟发展期。

唐代铜镜首先在造型上突破了汉式镜，创造出了如葵花镜、菱花镜、方亚形镜等丰富多彩的样式。其次，大唐盛世以博大精深的文化底蕴和海纳百川的胸怀，广泛吸收着外来文化的精华，尤其是西域的文化艺术。它们通过丝绸之路传入中原，极大地丰富和促进了唐文化的繁荣。唐代铜镜艺术在发展中自然受到极大影响，最具典型意义的就是盛行于唐的"瑞兽葡萄镜"。瑞兽除选用中国的神灵动物外，还选用"狻猊"（狮子）和"天马"。而狮子、天马和葡萄都来自西域，是丝绸之路文化交流的体现，成为丝路繁华、文化交流空前的实物证据。可以说，唐代铜镜的极盛得益于丝绸之路引来的世界多元文化的大交流、大融合。

说唐代铜镜，一定要说至尊的"天子镜"。

2000年3月7日，国家邮政部门发行了一套《龙(文物)》邮票。其中第四枚《唐·盘龙纹铜镜》邮票上的龙图案，为飞腾之龙，曲颈四顾，张口吐舌，四朵祥云簇拥，寓意飞龙在天，一飞惊世。

在中国古代，龙是帝王的象征，所以盘龙纹镜又被称为"天子镜"。盛唐时期龙纹镜被作为百官朝贺的礼品献给皇帝，叫作"贡镜"。皇上赏赐给巨子的铜镜，叫作"御镜"。盘龙纹镜也称云龙镜，因边缘铸有"千秋"

唐·盘龙纹铜镜

铭，亦称"千秋镜"。史载唐玄宗铸"千秋镜"，在八月初五生日时赏赐群臣，有诗为证："铸得千秋镜，光生百炼金。分将赐群后，遇象见清心。"《旧唐书·玄宗纪》载开元十八年"八月丁亥，上御花萼楼，以千秋节百官献贺，赐四品以上金镜等"。花萼楼就在长安三大宫的兴庆宫之中。《新唐书·张九龄传》也有这样的记载："(玄宗)千秋节，公、王并献宝鉴，九龄上事鉴十章，号《千秋金鉴录》，以伸讽喻。""千秋节"，即玄宗生日这天，王公自当庆贺，有宝物献上。但"金鉴"究竟为何物？细一考证，原来竟是铜镜。因之大唐王朝，上行下效，每至八月初五，人们相互赠送铜镜，一是遥祝吾皇虚怀大德，二是由此及彼，互祝长寿、安康。进而演变成了"千秋金鉴节"，成为唐朝的一个重要节日。

铜镜是由铜、锡合金铸造。唐代在铜料中增加了锡的比重，使铜料的颜色净白如银，制成的铜镜青光闪闪，镜面平滑光亮，"清冶铜华以为镜，莹光如水照佳人"。

铜镜出现在邮票画面上非常之少。2000年4月30日国家邮政部门

木兰还乡

发行的《木兰从军》邮票第四枚《木兰还乡》邮票画面上，就是一方铜镜。镜中现出"还我女儿身"的木兰明眸，非常特异而引人注目，有点睛之神奇。配诗选自"北朝民歌"之《木兰诗》一段，有"当窗理云鬓，对镜贴花黄"之句，正是诗中情景的写照。

2015年3月22日，国家邮政部门发行的《中国古代名画——〈挥扇仕女图〉》第二枚邮票图案上，"对镜理妆"的情景应是唐代宫廷铜镜使用的实证。而邮票上的盘龙纹镜是葵花镜。真正是，瑞花吉祥配龙之尊贵雄奇，富丽堂皇又清新活泼，生气充沛又柔美自然，尽展中国铜镜独此一家的大美和风景殊异。

挥扇仕女图（局部）

法门寺塔和地宫珍宝

文 / 朱文杰

法门寺位于陕西省扶风县法门镇，是一座享誉古今的佛教千年古刹。该寺始建于东汉末年，距今约有1700多年历史，有"关中塔庙始祖"之称。因供奉佛指舍利而建塔，因塔而建寺。这寺原名叫阿育王寺，这塔被称为"真身舍利塔"。

隋文帝改称"成实道场"，唐高祖李渊武德七年（公元625年）敕建并改为"法门寺"。宋徽宗以瘦金书题写的"皇帝佛国"悬于山门，总结了法门寺成为皇家寺院最为特殊的历史。这个皇家寺院主要就是礼佛拜佛，由唐而始，法门寺被确立为全国佛教各宗的"总道场"，逐步走向它的全盛时期。30年一次的佛骨迎送活动愈演愈烈，在第六次迎奉佛骨的过程中，唐宪宗下令沿途务必隆重迎奉佛骨，引得大唐皇都长安一城皆疯狂，被数人恭抬的盛装佛舍利的黄金宝塔几乎是从人群的头顶上踏过去的。为了向佛表示虔诚，砍肢割臂者不计其数，献儿献女、倾家荡产、极尽耗费者数以万计。于是发生了韩愈谏佛的事，不过韩愈却让自己成了朝奏夕贬，"云横秦岭家何在？雪拥蓝关马不前"流落八千里外的贬官。而法门寺这座塔，也命途多舛，虽说塌了又建，历经千年风雨，但至今依旧顽强地站在那里。

20世纪80年代笔者曾拜谒过法门寺，看到的就是一座明代残塔，从东北边坍塌了一豁子的半边子塔。虽然倾斜，却仍神奇地矗立着。后来我写了一首诗——《法门寺断想》，记录了我当时的真实感受：

> 塌了一豁子的塔／残缺的梦／怎么也续不上真身／慨叹声中／抚摸那霜染的青砖／手在抖颤／法门衰落／法力何在？隐秘的／可是在塔之地宫的深邃里／我忽然觉得／佛光也有破压抑的窘迫

2013年3月15日，国家邮政部门发行了《法门寺》专用邮资图明信片一枚，邮资图就是法门寺佛塔，让我十分的欣喜。这是继1997年4月8日国家邮政部门发行《茶》特种邮票第三枚《茶器》——"鎏金银茶碾"之后，法门寺题材第二次在邮票上亮相。

法门寺

鎏金银茶碾是从法门寺佛塔地宫出土的。这一地宫隐藏于佛塔之下，是迄今为止世界上发现的年代最久远、等级最高的佛塔地宫。

1987年2月底重修那摇摇欲倾的半边塔时，法门寺地宫被发现，出土了2400多件大唐国宝重器，以及那枚传说甚久，一出世就震惊世界的佛祖真身指骨舍利。

茶器

法门寺地宫从唐僖宗时封闭，1000多年不被发现，堪称奇迹。明代唐木塔毁坏之时、抗日战争期间维修时（1939年）、"文化大革命"中红卫兵拆塔挖地宫时，法门寺地宫都能得以幸免于难。不管是阴差阳错，还是佛门吉祥，冥冥之中，似乎有一种无边的法力存在，真像是"八部天龙护大雄"呀！

在地宫分别发现了4枚佛指舍利，其中一枚是"灵骨"，即如来佛祖所留的佛指舍利，其余3枚为"影骨"。4枚舍利在佛教徒心目中非一非异，同样神圣。正如原中国佛教协会会长赵朴初所赞颂的："影骨非一亦非异，了如一月影三江。"珍贵无比的佛指舍利，佛教界至高无上的圣物，千呼万唤，终于在人们热切的目光中显身。

佛祖真身指骨舍利，在唐代就已成为君权的重要象征。唐皇室总共七次迎送佛骨，在迎送过程中皇帝供奉了不少奇珍异宝，"金银琉璃众宝器，精微工巧辉煌极"。而这些地宫珍宝的重见天日，随之出土，是中国截至目前任何一次考古发现都无法比拟的。因为这是盛唐以来皇上供奉的国之重器。这些珍宝的发现，见证了丝绸之路的繁荣，创造了多项中国之最、世界之最。例如：

13枚以玳瑁制成的"开元通宝"是世界上目前发现最早的、绝无仅有的玳瑁币。

一枚双轮十二环金花银锡杖，长1.96米，是目前世界上发现的年代最早、体型最大、等级最高、制作最精美的佛教法器，被称为"锡杖之王"。杖首由垂直相交的两个银丝桃形轮组成，轮四面套雕金花金环12枚，轮顶呈仰莲流云束腰双层座，座上镶嵌智慧珠一枚，修长的杖身饰以鎏金纹，一周凸起的仰莲瓣下錾刻12个栩栩如生的缘觉僧。它已经成为法门寺博物馆的镇馆之宝。

14件宫廷秘色瓷，是世界上目前发现年代最早，并有碑文佐证的秘色瓷器。

盛装第一枚佛指舍利的八重宝函，是世界上目前发现制作最精美、层数最多、等级最高的舍利宝函。安奉第三枚佛祖真身舍利的鎏金银宝函，上面錾刻金刚界45尊造像曼荼罗，是目前世界上发现最早的密宗曼荼罗坛场。

地宫出土700多件丝织品，几乎囊括了唐代所有的丝绸品类和丝织工艺，堪称唐代丝绸博物馆，是唐代丝绸考古的空前大发现。另外根据刻在石碑上的帐簿——《物帐碑》，丝织品中竟有女皇武则天的裙子"武后绣裙"。因为丝织品都粘在一起，大部分丝织品已经炭化或部分炭化，尚没法揭开看。但丝织品中5件蹙金绣竟被完整地保留了下来。在显微镜下人们发现，金绣的金线是用黄金拉的，平均只有0.1毫米，最细的地方仅仅0.06毫米，比头发丝还细，如此令人匪夷所思的超高的工艺水平，就是现代高科技手段也不易达到。

地宫出土了一套完整的宫廷茶具，是目前世界上发现年代最早、等级最高、配套最完整的宫廷茶具。邮票上的"鎏金银茶碾"，就是这套宫廷茶具中的一种，全称为"鎏金鸿雁流云纹银茶碾"。这件茶碾子由碾子和锅轴两部分组成，通高 71 毫米，横长 274 毫米，槽深 34 毫米，辖板长 201 毫米、宽 30 毫米，重 1168 克。底外錾文："咸通十年文思院造银金花茶碾子一枚，共重廿九两，臣匠绍元审，作官臣李师存，判官高品吴弘，使臣能顺。"这段文字说明碾子是文思院专为皇帝打造用来碾茶的茶具之一。锅轴分别由执手和圆饼组成，纹饰鎏金，圆饼边薄带齿口，中厚带圆孔，套接一段执手，饼面刻"五哥"字样（五哥指唐僖宗），并带半圈錾文"锅柄重十三两十七字号"。这枚锅轴精致小巧、玲珑剔透，饼径 90 毫米，轴长 220 毫米，重 123.5 克，是典型的宫廷茶具用品。

邮票上的"鎏金银茶碾"和"法门寺佛塔"成为人们认识法门寺的一个向导，吸引着人们进入其中，感悟中国传统历史文化兼容并蓄，深邃丰厚，精神壮丽的独树一帜。

北京大学唯一的终身教授，不愿称国学大师的学界泰斗季羡林先生在他的散文《法门寺》中的一段话，特别让我感动，就让这一段话作为本文结束语吧。

西安是一块宝地。在这里，中国古代文化仿佛阳光空气一般，弥漫城中。唐代著名诗人的那些名篇名句，很多都与西安有牵连。谁看到灞桥、渭水等等的名字不会立即想到杜甫、李商隐的名篇呢？这里到处是诗，美妙的诗；这里到处是梦，神奇的梦。这里是一个诗和梦的世界，如今又出现了如来真身舍利。它将给这个诗歌和梦的世界涂上一层神光，使它同西天净土、三千大千世界联系在一起。生为西安人，生为中国人，有福了。

第三辑

风流英才　汇聚三秦

老子与楼观

文 / 朱文杰

2000年11月11日，国家邮政部门发行了《古代思想家》邮票，第三枚为《老子》。

老子乃世界百位历史名人之一，影响华夏，享誉世界。他是道家学派创始人，被尊为道教始祖。传说，老子过函谷关之前，函谷关令尹喜夜观天象，发现有紫气从东而来，知道将有圣人过关。后果见老子骑青牛而至，便拜老子为师，辞官随老子沿秦岭终南山而行，于楼观著《道德经》五千言。后来道教奉《道德经》为经典，尊老子为祖师。

老子

老子，字伯阳，谥号聃，又称李耳。生于楚国苦县历乡曲仁里（今河南省鹿邑县太清宫镇）。祖籍为甘肃陇西，而世传有"天下李姓出陇西"之说。曾做过周朝 "守藏室之官"（管理藏书的官员）。存世著作有《道德经》，又称《老子》。《老子》以"道"解释宇宙万物的演变，以为"道生一，一生二，二生三，三生万物"。"道"乃"夫莫之命而常自然"，因而"人法地，地法天，天法道，道法自然"。除了朴素的唯物主义观点，《老子》一书中还包括大量朴素辩证法观点和民本思想。儒家创始人，号称"大成至圣先师"的孔圣人，视老子为师。《史记》载，孔子向老子问礼之后，对弟子们称赞老子说："吾今日见老子，其犹龙耶！"黑格尔说："中国哲学中另有一个特异的宗派……

是以思辨作为它的特性。这派的主要概念是'道'，这就是理性。这派哲学及与哲学密切联系的生活方式的发挥者是老子。"英国科学家李约瑟一生研究中国，对中国文化情有独钟，他十分信服老子的学说，其最大贡献是发现了道家思想的现代意义，自称是"名誉道家""十宿道人"。他说："中国文化就像一棵参天大树，而这棵参天大树的根在道家。"这和鲁迅先生说的"中国的根祇全在道教"是一致的。

因了老子是周的史官，《道德经》与史官有其思想上的渊源。《汉书·艺文志》也说："道家者流，盖出于史官。"

我曾多次登楼观台以寻道之根，而我欲寻之根也就在《道德经》这五千言中了。这是集天地自然、万物变化、宇宙哲学之大成的五千言。我们早已熟识的一些哲言典故很多就出自于此。如"见素抱朴，少私寡欲""清静无为""道法自然""大成若缺、大巧若拙、大音希声、大象无形""至虚极，守静笃""千里之行，始于足下""民不畏死，奈何以死惧之""抱怨以德""轻诺必寡信""天网恢恢，疏而不失""正复为奇，善复为妖""天之道，损有余而补不足，人之道则不然，损不足以奉有余"等，举不胜举。尼采这样评价字字珠玑的五千言："它像一个永不枯竭的井泉，满载宝藏，放下汲桶，唾手可得。"真乃"玄之又玄，众妙之门"。

楼观台，中国道教最早的重要圣地，位于秦岭北麓中部陕西省西安市周至县境内，东距西安70公里，西距周至县城15公里，号为道家七十二福地之首。楼观台创始于春秋，鼎盛于唐，衰落于宋金，毁于宋末，振兴于今。楼观分为东西楼观，东为授经台、老子祠，西楼观有吾老洞、老子墓。传老子在此筑台授经，又名说经台。授经台前，有一碑亭，亭子守着一眼泉，一池水，碑上有赵孟頫隶书的"上善池"，字体大器厚重，苍劲有力。相传元代发生瘟疫，以此泉水医好无数百姓。老子炼丹也是取此之水。进入老子祠，大门内两侧有两组道德经碑石：东侧一组为唐代以楷书镌刻的"楼观正本《道德经》"；西侧一组为元朝高文举古篆书（梅花篆字）"古老子"，这些遗存的一级文物碑石，具有很高的历史和艺术价值。

在老子祠后院，有一八角形石盘，击之如磬，我曾一个人上前击了几声，并未顾及祈福顺序，只是想在这磬的清越之声中领悟几分"大音希声"的境界。这块并不起眼的石叫"响石"，传说是女娲炼石补天留下的，赠给了老子，老子用来碾药。传说是美妙的，而我在想，老子一生不是也在补天吗？他补的是人们精神上缺失的天。他的学说涵盖宇宙，却像这块响石一样，纯而不噪，有极强的穿透力。响而不鸣，"光而不耀"，是一般凡人难以企及的通明之境。

楼观作为道教祖庭，和全国其他道教宫观相比，自有其独特高超的一面。这里重视老子以道为宇宙万物根本的学说，建筑也是以老子祠为中心，并专门建有四子堂，庄子、列子、文子、谭子等道家诸子在这里全部被奉入道观，还有祭祀尹喜的文始殿。在楼观，你能感到中国传统文化思想智慧的哲理之光。

楼观台极顶为老子祠，凭栏远眺，心旷神怡。天宽，一只鸟追着云飞；地阔，一缕炊烟淡远了地平线。而苏东坡在这里留诗一首，读之异常舒心："剑舞有人通草圣，海山无事化琴工。此台一览秦川小，不待传经意已空。"好一个"此台一览秦川小，不待传经意已空。"沐浴在这博大精深的老子文化的空气中，胸中块垒，早已消解，唯有独享这灵空之境的悠哉乐哉了。

楼观台下的宗圣宫，南北朝时创建，迄今已有约1600年的历史，曾辉煌一时。元中统四年（公元1263年）《重建宗圣宫记碑》载："原系春秋函谷关令尹喜故宅，后因老子于此讲学而闻名。" 从宋代章子厚的诗句"初入山门气象幽，春风先到紫云楼，雪消碧瓦六花尽，烟绕丹楹五色浮"中可以想象其当年之盛景。虽然有些殿门被毁，但还存有唐武德年间欧阳询书《大唐宗圣观记》碑，以及据说为老子手植的千年银杏树。这颗古银杏树，可能曾迎击过雷霆，树身裂为四杈，历尽磨难仍新枝嫩叶郁郁葱葱。其树冠蓬大，使斜出的那一枝有难于重负之感，好在用支架撑护住了这一片繁茂。苍凉与生机和谐地存在于这3000年的长寿树上，似乎也象征着宗圣宫的荣与衰。这里遗存的古木古石无不自含仙气，自有一分清奇潇洒，仙风道骨。

在宗圣宫遗址上，有卧在草丛中的青牛石雕，这当是3000年前老子出函谷关时骑的青牛了。不知是缰绳早已朽腐，还是那棵系牛的柏树已垂暮，这青牛该是一个自由身了。望着这通灵之神物怡然自得的神情，我猜想着，它肯定也得道了，全身似乎笼罩在一团祥瑞之气中。

那棵有"死而不亡者寿"之誉的三鹰柏，无枝无叶亦无树皮，裸着一身遒劲的筋骨，老枝虬结曲伸，似乎是仍各自保持着欲飞姿态的三只鹰随时准备着去搏击风云。这自然天成的树雕，给你一种精神永存的感慨，让每个参观者仰望之后都能自心底生发出一种激励。

大陵山为老子修真羽化登仙的地方。老子墓在就峪河西岸，大陵山脚下。北魏郦道元所著《水经注》之《渭水篇》中记载：就水出南山就谷，北迳大陵西，世谓老子墓。

中国台湾地区邮政部门于1975年发行《人物图古画邮票》，其中一枚图案是"老子骑牛图"，为宋代晁补之所绘，原画藏于台北故宫博物院。而2004年国务院新闻办公室向世界宣传的五大圣贤之一就是老子。老子因其深邃的哲学思想而被尊为"中国哲学之父"。据联合国教科文组织统计，在世界文化名著中，译成外国文字出版发行量最大的是《圣经》，其次就是《道德经》。在世界上老子被尊奉为"东方巨人""世界十大思想家"。所以苏联汉学家李谢维奇说："老子是国际的。"

老子因在秦岭终南山下的楼观授经台讲授《道德经》而名满世界，楼观也因老子在此修身养性、羽化登仙，成为"天下第一福地"的道教祖庭而不朽！

中国古代医学家扁鹊

文 / 朱文杰

临潼之东的代王镇南陈村有扁鹊纪念馆和扁鹊墓。

司马迁《史记·扁鹊仓公列传》记载:"扁鹊名闻天下。过邯郸,闻贵妇人,即为带下医;过洛阳,闻周人爱老人,即为耳目痹医;来入咸阳,闻秦人爱小儿,即为小儿医;随俗为变。秦太医令李醯自知伎不如扁鹊也,使人刺杀之。"详细的故事是,扁鹊入秦,到了咸阳,正遇秦武王有病,召请他来治。太医令李醯赶忙出来阻止,说大王的病处于耳朵之前,眼睛之下,扁鹊未必能除。万一出了差错,将使耳不聪,目不明。扁鹊听了气得把治病用的砭石一摔,义正词严对秦武王说:"大王同我商量好了除病,却又允许一班蠢人从中捣乱;假使你也这样来治理国政,那你一举就会亡国!"秦武王还算个明白人,同意扁鹊为他治病。结果太医令李醯治不好的病,到了扁鹊手里,却很快痊愈。李醯自知"不如扁鹊",害怕扁鹊威胁到他太医令的地位,嫉妒成恨,遂起杀心,使人暗下毒手,就在这咸阳之东的临潼害了扁鹊。

扁鹊,齐国渤海莫(今河北任丘)人。真名秦越人,战国时期的名医。由于其医德高尚,医术妙绝,成了人们心目中的神医,而世人皆以"扁鹊"尊称之。"扁鹊"是对医术高明、医德高超,医济天下的苍生大医的称谓。自从太史公司马迁在《史记》中把秦越人称为扁鹊,从此再无人敢称扁鹊了。

扁鹊的医学理论和实践,是中华传统医学的基石,被后人整理成一部医书《难经》,有"世之医书,惟扁鹊之言为深"的评价。扁鹊在诊视疾病中,已经应用了中医全面的诊断技术,即后来中医总结的望诊、闻诊、问诊和切诊。当时扁鹊称其为望色、听声、写影和切脉。扁鹊的切脉诊断法很突出,是我国历史上最早应用脉诊来判断疾病的医生,并提出了相应的脉诊理论。司马迁赞曰:"至今天下言脉者,由扁鹊也。"近代史学家范文澜也说扁鹊"是切脉治病的创始人"。

而在"望"上,扁鹊也神奇如仙。"望"即察言观色。司马迁在《史记·扁鹊仓公列传》中记载道:"扁鹊过齐,齐桓侯客之。入朝见,曰:'君有疾在腠理,不治将深。'桓侯曰:'寡人无疾。'扁鹊出,桓侯谓左右曰:'医之好利也,欲以不疾者为功。'后五日,扁鹊复见,曰:'君有疾在血脉,不治恐深。'桓侯曰:'寡人无疾。'扁鹊出,桓侯不悦。后五日,扁鹊复见,曰:'君有疾在肠胃间,不治将深。'桓侯不应。扁鹊出,桓侯不悦。后五日,扁鹊复见,望见桓侯而退走。桓侯使人问其故,扁鹊曰:'疾之居腠理也,汤熨之所及也;在血脉,针石之所及也;其在肠胃,酒醪之所及也;其在骨髓,虽司命无奈之何。今在骨髓,臣是以无请也。'后五日,桓侯体病,使人召扁鹊,扁鹊已逃去。桓侯遂死。"

汉代著名医学家张仲景在《伤寒杂病论》序言中称颂扁鹊说:"余每览越人入虢之诊,望齐侯之色,未尝不慨然叹其才秀也。"扁鹊见齐桓侯之医案,无疑是传颂千古的望诊典范名篇。

扁鹊入秦,而遭横祸,始终让我心中难抑悲痛之情。令人欣慰的是,国家邮政部门在 2002 年 8 月 20 日发行的《中国古代科学家(第四组)》邮票中,第一枚就是《扁鹊》,为中国邮票博大精深的文化内蕴而增了色,添了彩。因为一位伟大医者的生命是永恒的!他的精神也是不朽的!

扁鹊

史圣司马迁

文 / 朱文杰

一部《史记》，光照日月，千秋不朽。中华文明五千年，它记载了3000年。

《史记》记载了从上古传说中的黄帝时期到汉武帝元狩元年长达3000多年的历史，文气深沉浩瀚，历百世而无可比拟。鲁迅先生称其为"史家之绝唱，无韵之《离骚》"。而《史记》的创作者也被尊为中国历史第一人之"史圣"，他就是出生黄河边，"耕牧河山之阳"的陕西韩城人司马迁。

他历尽磨难，忍辱负重，花费近10年之功，"究天人之际，通古今之变，成一家之言"，写出了中国第一部纪传体通史《史记》。在中国的文学史上，唯有他以出神入化，诗性的如椽之笔，造型塑人，以达至美之诗境，而吟咏出享誉千载的史家绝唱。

1994年6月25日，国家邮政部门发行了《中国古代文学家（第二组）》邮票，其中第三枚为《司马迁》。

司马迁年少时随父到长安，见证亲历西汉文景之治后的盛世风光。司马迁20岁时追寻着秦始皇南巡舜禹传说的踪迹，访古问今。后又出使巴蜀，到过今天昆明一带大西南地区。司马迁读万卷书，行万里路，奠定了他以后完成《史记》的厚实基础。

司马迁

但正当他开始潜心修史，以承父业之时，天汉三年（公元前98年），却突遭李陵之祸。因为他给与匈奴作战失败被俘的李陵辩解，惹恼了汉武帝，以"诬上"罪被下狱。诬上欺君当判死刑，可选择以宫刑换取生命和时间。司马迁想到曾"俯首流涕"答应要完成父亲的遗愿，完成一部像《春秋》一样的著作，遂忍辱著书。

因而，司马迁修史就必然会与自己的遭遇、爱憎相联系，许多人物列传都蕴含着作者的寄托，赋予了《史记》这部书丰厚的内涵：它既是一部纪传体通史，又是作者带着心灵肉体创伤所做的倾诉。他在自序中提出"发愤著书"说，实际就是自我写照。

"昔西伯拘羑里，演《周易》；孔子厄陈、蔡，作《春秋》；屈原放逐，著《离骚》；左丘失明，厥有《国语》；孙子膑脚，而论兵法……大抵贤圣发愤之所为作也。"令人慨叹的是，与他们蒙受的一切相比，司马迁精神上受到的屈辱更甚，更前所未有。想着太史公所受如此之奇耻大辱，偷生以著史记，才明白什么叫真正的忍辱负重。我曾赋诗《黄河魂》曰：

一部《史记》裹悲愤一泻／蘸尽黄河一千里水泽／怒而泼墨写意／怆然泣下／闪光的是／蒙耻的抗争

面对通向司马祠的坡道上竖立的一块写有"高山仰止"四个大字的牌坊，我刹那间感到胸中如黄河之浊浪翻卷，不可遏止，泪眼模糊中仿佛泰山降临，那重重压在我心口的神圣，让我的敬仰有了一种颤栗着的敬畏。

郭沫若说司马迁"功业追尼父"，而我认为是"功业盖尼父"。因为孔圣被历代帝王推崇到至尊而无以复加之地位，他的学说的中心或者大部分，是为帝王统治服务的；而太史公从未被中国皇帝推崇，从未被追封名号。因为他们忌讳司马迁秉笔直书，不为尊者隐的史家风骨。

东汉时，《史记》曾被王允视为"谤书"，连他的乡党班固也评价《史记》："其是非颇谬于圣人，论大道而先黄老而后六经，序游侠则退处士而进奸雄，述货殖则崇势利而羞贱贫，此其所蔽也。"班固的这一评价，应该是出于无奈。司马迁自称的"成一家之言"，已经和为皇权作国书有了天壤之别。试想，谁敢在史书中将《项羽本纪》排列在《高祖本纪》之前，揭露吕后残虐戚夫人，以致她亲生的儿子汉惠帝都指斥她"此非人所为"呢？

当然，班固也曾借别人之口肯定《史记》，认为其书"然自刘向、扬雄博览群书，皆称迁有良史之才，服其善序事理，辨而不华，质而不俚，其文直，其事核，不虚美，不隐恶，故谓之实录"。

《史记》问世肯定经过一番不为人知的艰难，什么"有怨言，下狱死"，或为"巫蛊之狱"所累及，虽存有争论，但在民间有传说，否则他的故乡韩城，就不会有司马后代隐姓为同为冯之传说。《史记》问世之初，就备受冷落，从汉晋至隋末的400多年里"传者甚微"。入唐以后，才为史学家和文学家所看重和推崇。

据考证，《史记》是残缺的，班固就在《汉书·司马迁传》中提到《史记》缺少十篇。据传说西汉皇室为太史公在《史记》中的出格文字恼火，正本曾被删节。而副本在流传中一些犯忌和出格的章节文字也是会流失的。可以说《史记》的完整原版已不可能再现了。

我从《史记》认识了中国，也认识了一位风骨傲世、卓然屹立的文化巨人。

国家名片上的丝绸之路

张骞出使西域

文 / 朱文杰

1992年9月15日,国家邮政部门发行的《敦煌壁画(第四组)》邮票第四枚《唐·出使西域》,反映的是西汉张骞出使西域,临行时汉武帝送别的场景。选自敦煌莫高窟323窟北壁右半部壁画,此画分为三个部分,即"汉武帝甘泉宫拜祭金人""汉武帝送别张骞""张骞到大夏国"。

唐·出使西域

这一壁画以全景式连环画详细描绘了张骞西域闻佛名的故事。《魏书·释老志》记载,汉武帝元狩年间(公元前122年—公元前117年)派遣大将军霍去病讨伐匈奴,战利品中有两尊金像。汉武帝以为是大神,便将其陈设于甘泉宫中,常率群臣拜祭。开通西域之时,武帝派张骞出使西域赴大夏国问金像名号。张骞归还后告诉武帝大夏国旁边有一天竺,那里有佛陀。从此中国有佛陀之教。唐代著作中有佛教于汉武帝时期传入、匈奴祭天金人即是佛像的看法。邮票画面表现的是这一壁画的局部:一王骑于马上,左右属臣八人,后有侍者执曲柄伞盖。王者对面,一人手持笏,跪拜辞行。后有二侍从,持双节,牵四马。遗憾的是,跪拜辞行的张骞并未出现在邮票画面上。

这给人们留下了无限的想象空间,仿佛张骞出使西域,正跋涉在大漠朔风之中。

令人欣喜的是,2012年8月1日国家邮政部门发行的《丝绸之路》邮票小型张上,又选用了这幅壁画,让张骞的形象出现在了邮票画面上。

交流

《汉书·张骞传》记载:"张骞,汉中城固人也。"是我国西汉时期著名的外交家、旅行家和探险家。公元前2世纪,张骞历经20年,凿空万里,两使西域,开辟了著名的丝绸之路,与西域各国建立了友好关系,为中外政治、经济、文化交流做出了前无古人的伟大贡献。

张骞第一次出使西域,是建元二年(公元前139年)。张骞"以郎应募,使月氏"。郎,为皇帝的侍从官,没有固定职务,又随时可能被选授重任。张骞出使西域是为贯彻汉武帝联合大月氏共同抗击匈奴之战略意图。他率队从长安出发,至陇西一带被匈奴截住,被拘禁10年之久。但张骞始终保持汉朝特使符节,匈奴单于硬逼他娶当地女子作妻,还生了儿子,可这也丝毫没动摇他出使达月氏的决心,终于找到机会率部属逃离匈奴,向西急行,越葱岭,经大宛(今乌兹别克斯坦共和国),过康居(今巴尔喀什湖和咸海之间),抵大夏(今阿姆河流域),最后来到大月氏国。但却得不到大月氏国联合抗击匈奴的响应，只好归国。谁知又被匈奴截住。被拘禁了一年多后，张骞在元朔三年（公元前126年），乘匈奴内乱脱身，历经千辛万苦返回长安。他出使时率100多人，返回时只剩下他和堂邑父两人。

这一次出使西域，虽未达目的，但对西域各国的地理、物产、风俗习惯有了比较详细的了解，为汉朝开辟通往中亚的交通要道提供了宝贵的经验。

元朔六年（公元前123年），张骞随大将军卫青出征匈奴。由于他熟悉沙漠的地理环境，"知水草处，军得以不乏"，立下大功。汉武帝取"博广瞻望"之意，封其为"博望侯"。

元狩二年（公元前121年），骠骑将军霍去病直捣匈奴老巢，大败匈奴，形势发生了大的变化。此时张骞向汉武帝提出"联络乌孙，再抑匈奴"的建议。遂被封为中郎将，第二次出使西域。他率300名随员，每人备双马，带牛羊万头，金帛货物价值"数千巨万"，成功与乌孙取得联络，又遣副使持节到大宛、康居、月氏、大夏等国，扩大了西汉王朝的政治影响。元鼎二年（公元前115年），乌孙王派数十人护送张骞回到长安，被朝廷拜为大行令。

可第二年，即元鼎三年（公元前114年），张骞就在长安被病魔夺去生命，葬回他的故乡陕西省汉中市城固县。现在城固有张骞墓。于2014年6月22日在卡塔尔多哈召开的联合国教科文组织第38届世界遗产委员会会议上，张骞墓作为中国、哈萨克斯坦和吉尔吉斯斯坦三国联合申遗的"丝绸之路：长安—天山廊道的路网"中的一处遗址点被列入《世界遗产名录》。墓前有三通石碑，正中墓碑隶书"汉博望侯张公骞墓"，还有二尊石虎，经千年风雨，虽剥蚀严重，但仍雄奇威武，虔诚地卫护着这位开辟了丝绸之路的千古第一人。

在丝绸之路的起点，当年张骞出使西域的出发地长安（今陕西省西安市），很多地方都有关于"丝绸之路""张骞出使西域"的壁画、绘画、雕塑作品，以纪念这位开辟丝绸之路、烛照千秋的不朽人物。最为经典的是西安古城玉祥门外耸立的一组张骞出使西域的大型青铜群雕。张骞手执符节，威风凛凛骑在高头大马之上，风霜裹身，旌旗猎猎，严峻的脸庞上双目炯炯，闪射出坚毅的目光，仿佛依然在凝望着西域的"大漠孤烟""长河落日"。

昭君出塞

文 / 朱文杰

王昭君是中国古代著名的四大美女之一,是"羞花、闭月、沉鱼、落雁"中的落雁。这四大美女中有三位,"羞花"的杨玉环、"闭月"的貂蝉、"落雁"的王昭君,都在汉唐皇都长安城生活过。

"落雁"是一个美丽的传说,说的是,昭君出塞,去一个完全陌生荒凉的地方。前途难卜,心绪难平的她,在坐骑之上,拨动琴弦,奏起悲壮的离别之曲。南飞的雁听到这悦耳而悲切的琴声,望见了坐在马上的这个美丽无比、清纯如水的女子,为她的倾国倾城之绝色美貌惊呆了,一瞬间,竟然忘记了摆动翅膀,纷纷扑落于平沙之上,遂成"平沙落雁"旷世绝唱。从此,昭君就得到了"落雁"的美称。

昭君出塞是我国历史上的一个真实故事。和"羞花"的杨玉环、"闭月"的貂蝉不同的是,昭君以一个普通宫女之出身使汉匈两家保持了友好和睦关系。她毅然请命,即使要嫁给一个垂老的呼韩邪单于,远徙人人畏惧、荒凉困苦的大漠塞北,也要冲破如同囚禁的汉宫牢笼,不甘花尽残红,青春凋谢,青丝变白发。昭君的这种选择,有着对自由的渴望,也有牺牲自己、奉献国家的大义,这无疑是一种伟大的选择。

历史让一个柔弱女子担当起"宁胡"和亲匈奴的责任。正如东汉班固《汉书·匈奴传赞》记载:昭君出塞60年,"边城宴闭,牛马布野,三世无犬吠之警,黎庶亡(无)干戈之役"。昭君出塞,无疑也是开辟北方草原丝绸之路的一次应当载入史册的壮举。

昭君死后的青冢墓碑文有："一身归朔漠，数代靖兵戎；若以功名论，几与卫霍同。"她的功绩，几乎与汉武帝时天下闻名的大将军卫青、霍去病相同。如此高的评价确实是有一定道理的。

"昭君入宫数岁，不得见御"的原因何在？《西京杂记》云："元帝后宫既多，不得常见。乃使画工图形，案图召幸。诸宫人皆赂画工，多者十万，少者亦不减五万。独王嫱不肯。遂不得见。匈奴入朝求美人为阏氏，于是上案图，以昭君行。及去召见，貌为后宫第一。善应对，举止娴雅。帝悔之。而名籍已定，帝重信于外国，故不复更人。乃穷案其事，画工皆弃市。"原来是小人作祟，加上昭君品格高洁不肯贿赂画工，才发生了她一出场"丰容靓饰，光明汉宫，顾景徘徊，竦动左右。帝见大惊，意欲留之"的尴尬场面。最后，画工毛延寿弃市（意被斩）。当然，这一切都是命运使然，否则哪有这千古传颂的昭君出塞？

昭君和亲出塞，肯定是当年举国轰动的大事。你看，和亲规格高到要由汉元帝亲自来主持，并因此而改年号"建昭"为"竟宁"。这在西汉王朝的历史上仅有一次。呼韩邪单于对这次和亲更为重视，史载："元帝遂以良家子王嫱，字昭君，配他为妻。""单于喜欢"并返回匈奴单于庭后封昭君为"宁胡阏氏"。"宁胡"指和平安宁，"阏氏"指王后，即为匈奴带来和平安宁的王后。

所以昭君的"自愿请行"，肯定明白自己担负的汉家史命。虽然她曾积有哀怨，虽然她出塞，明知前路艰辛，异域寒苦，背井离乡，远别父母。她在《怨词》一诗中倾吐道："父兮母兮，道且悠长。呜呼哀哉，忧心恻伤。"但她此一去却义无反顾，不愧为中华第一奇女子。

你可以想象，一个孤苦的弱女子，心怀思乡之忧苦伤悲，还要担承君国大任。在匈奴期间，她参与政事，对汉匈沟通与和睦起着举足轻重的调和作用：她多次劝说单于应明廷纲，清君侧，修明法度，多行善政，举贤授能，奖励功臣，以得民心，取汉室之优，补匈奴之短。她还带去中原先进的文明，教化愚蛮，传播友谊。

据在敦煌发现的唐代《王昭君变文》记载，昭君逝世后，埋葬仪式按匈奴习俗进行，其规格之高、隆重程度堪称国葬："棺椁穹窿，更别方圆；酝五百瓮酒，杀十万口羊，退犊燖驰，饮食盈川，人伦若海……五百里铺金银胡瓶，下脚无处。单于亲降，部落皆来，倾国成仪，乃葬昭君。"汉哀帝（公元前6年—公元前1年在位）也差使杨少征前往单于处吊唁。如此隆重的葬仪，反映了匈奴对昭君的怀念和对汉匈和亲的拥护。因而，她被匈奴人奉为神明，视作仙女下凡，受到匈奴人民的爱戴。

昭君之墓为青冢，但除青冢外，大青山南麓还有十几个昭君墓。历史学家翦伯赞说："王昭君埋葬在哪里，这件事并不重要，重要的是为什么会出现这么多昭君墓。显然，这些昭君墓的出现，反映了蒙古各族人民对王昭君这个人物有好感，他们都希望王昭君埋葬在自己的家乡。"

呼韩邪单于归汉和昭君出塞，也反映了当时各族劳动人民的共同愿望和要求。在呼和浩特市附近的汉城和包头市附近的西汉晚期墓葬中出土的"单于和亲""千秋万岁""长乐未央""单于天降"等瓦当和"单于和亲"4字砖，以及"单于和亲""千秋万岁""安乐未央"12字砖，说明长城沿线各族人民对和亲及昭君出塞热情颂扬。昭君出塞和亲，播下了汉匈和平睦邻的种子，这颗种子生根、发芽、开花、结果，对以后汉族与北方各兄弟民族的团结友好，产生了深远的影响。

昭君以平民身份出塞，以及她在汉宫所遭遇的一切，引起很多诗人的同情。李白在《王昭君》一诗中就说："汉家秦地月，流影照明妃。一上玉关道，天涯去不归。汉月还从东海出，明妃西嫁无来日，燕支长寒雪作花，蛾眉憔悴没胡沙。生乏黄金枉图画，死留青冢使人嗟。"杜甫诗《咏怀古迹》则说："群山万壑赴荆门，生长明妃尚有村。一去紫台连朔漠，独留青冢向黄昏。画图省识春风面，环佩空归月夜魂。千载琵琶作胡语，分明怨恨曲中论。"

在历代文人笔下，昭君大抵是一位深可哀矜的悲剧人物。多数写昭君出塞的诗词，强调了昭君弹奏琵琶曲的幽怨，出塞的苦楚，思乡之令人肝肠寸断的哀愁，在无限的同情和怜惜中，表现的是昭君人生悲剧的一面。但笔者以为，昭君的一生，绝对是喜大于悲的一生。是的，她的一生，有幽愤有悲怨有苦涩有忧伤，但更多的是坚韧和不屈，聪慧和善良，她识大体明大义，是一位具有神圣使命感和社会责任感的伟大女性。

呼韩邪单于称臣后，为了表明自己的诚意，于竟宁元年（公元前33年）春正月来汉朝觐见，提出"愿婿汉氏以自亲"。汉元帝因其不忘恩德，乡慕礼义，复修朝贺之礼，才决定把昭君赐给单于的。此举，进一步消除了汉匈之间的戒备心理，乃化干戈为玉帛的造福汉匈老百姓的千秋大计。当时西域各国听到匈奴和汉朝和好了，也都争先恐后地同汉朝修好来往，一时间边境和睦、贸易发展、百姓幸福、安居乐业。虽只延续60年，但也是于民于社稷，功莫大焉。

汉元帝延续了他父亲汉宣帝的国策。据史料记载，呼韩邪是第一个到中原来朝见的单于，汉宣帝像招待贵宾一样招待他，亲自到长安郊外去迎接他，为他举行了盛大的宴会。呼韩邪单于在长安住了一个多月，他要求汉宣帝帮助他回去。汉宣帝答应了，派了两个将军带领一万名骑兵护送他到了漠南。这时候，匈奴正缺少粮食，汉朝还送去三万四千斛（古时候十斗为一斛）粮食。

国家邮政部门于1994年8月25日发行了《昭君出塞》邮票一套两枚和一枚小型张。第一枚《昭君》，表现的就是王昭君在长安汉宫中弹奏琵琶的情景。画得很美，画面也囊括了不少昭君传说的有关元素。第二枚《出塞》，表现的是昭君与呼韩邪单于同骑骆驼出塞边关的场景。而小型张《和亲》，表现的是昭君和呼韩邪单于的盛大婚宴，也是本套邮票中最为感人的情景。

昭君

出塞

和亲

"昭君出塞"题材,不但历代诗文有所反映,如元杂剧中关汉卿的《哭昭君》、马致远的《汉宫秋月》等,而且还是剪纸、年画、皮影、庙画等民间艺术表现的对象。国家邮政部门于 2007 年 1 月 31 日发行了《石湾陶瓷》邮票,其中第二枚就是陶塑人物"昭君出塞"。

在民间传说中,王昭君有"皓月"之称,集山水阴柔和天地温和之气,与山间溪流、空壑皓月同色。昭君虽然早已离我们而去,但她灿如皓月的光辉,照亮了中国历史,也给中国四大美女四射的艳光中,增添了一道最亮丽、最清纯的光,永远亮在极天处。

赋圣司马相如与长安

文 / 朱文杰

司马相如

汉赋四大家，约定俗成的是指汉代的司马相如、扬雄、班固、张衡四人。国家邮政部门2013年9月15日发行的《中国古代文学家（第三组）》邮票，第二枚是《司马相如》。司马相如赋才天纵，文思萧散，控引天地，错综古今，旷世莫比。司马相如与汉之京都长安有着非常重要的联系，可以说，是长安成就了他。

司马相如第一次进长安，在长安仅任俸禄六百石的武骑常侍。因得不到重视，他毅然称病辞职，离开长安，客游梁地去了。他第二次进长安，是在汉武帝建元六年（公元前135年）才遂心愿。他以在梁园写的一篇《子虚赋》惊动了汉武帝，风风光光被天子请入长安。这次入长安，他长居18年之久，一直到元狩五年（公元前118年）病逝于家居的茂陵。

茂陵始建于汉武帝建元二年（公元前139年），是武帝为自己修的陵寝。而司马迁也于元朔二年（公元前127年）前后，家徙茂陵，因而两司马同居一地约10年，当为乡邻。

在长安，司马相如创作了《上林赋》，是在修改《子虚赋》基础上加写的，因而两赋合一，也被称作《天子游猎赋》。汉武帝迷恋游猎，司马相如即写了

《谏猎疏》，委婉予以规劝；还作《哀二世赋》，含蓄劝谏汉武帝汲取秦朝教训。他还抒写反映被冷落、枯槁独居的陈皇后悲惨命运的《长门赋》。晚年的司马相如在茂陵府中闲居，见汉武帝幻想长生不老成神成仙，又写了《大人赋》。司马相如的作品不仅歌颂盛世，也隐含讽喻君王，惩奢劝俭，"微言讽谏""明天子之义"，他把思想的深刻性寓于极尽华丽的辞藻之中。

司马相如是汉代大赋的奠基者和成就最高的代表作家。《文选》所载《子虚》《上林》两赋是他的代表作。成语"子虚乌有"的典故即出自于此。司马相如极写上林苑囿的广阔，天子畋猎声势的浩大，离宫别馆声色的淫靡。在这里，关于上林苑的文学描写占据了作品的绝大部分篇幅，它以浓墨重彩，生动地描绘出庞大帝国统治中心前所未有的富庶、繁荣，气势充溢；又通过畋猎这一侧面，写出汉帝国中央王朝坚实丰厚的物质基础。《上林赋》中写道"荡荡乎八川分流"，这才有了"八水绕长安"之说。八水是指渭、泾、沣、涝、潏、滈、浐、灞八条河流。

汉武帝读完《上林赋》，立即下令：从今以后，尚书负责为司马相如提供写赋的"笔札"，任命司马相如为郎（侍从）。汉武帝时期的尚书是皇帝的专任秘书，职责是为皇帝服务。但汉武帝竟然特许自己的秘书负责为司马相如提供"笔札"，如此礼遇可见一斑。

司马相如初仕是因为才华横溢的《子虚赋》《上林赋》受到武帝赏识，但却从来不把献赋当作向最高统治者献媚取宠的手段，也从来不与那些善于逢迎、寡廉鲜耻之人为伍。

另外，司马相如与卓文君的爱情故事千古流传，脍炙人口。司马相如与卓文君追求自由婚姻的果敢行为，演绎了自由恋爱的爱情经典，被誉为"世界十大经典爱情之首"。两人的爱情故事，被谱为琴曲《凤求凰》流传至今。

司马相如的赋作呈现出的大汉气象，丰富了汉之帝京长安文化广博闳丽的内涵，而长安文化的主流精神也滋养、陶冶、塑造了司马相如，给了他雄视八极、傲睨天下的精气神，奠定了司马相如汉代赋圣、赋学大师的地位。

潜隐的一代大儒扬雄

文 / 朱文杰

认识西汉赋学大家扬雄,始于唐代诗人刘禹锡的《陋室铭》。其开篇"山不在高,有仙则名;水不在深,有龙则灵。斯是陋室,惟吾德馨",被我奉为第一等好文章。而后边联句"南阳诸葛庐,西蜀子云亭"中,与"诸葛大名垂宇宙"的诸葛孔明并列的"西蜀子云"扬雄,曾引起我强烈的好奇。

2013年9月15日,国家邮政部门发行了《中国古代文学家(第三组)》邮票,其中第三枚为《扬雄》。

扬雄

扬雄在长安生活了30多年,曾入汉长安城校书于天禄阁。他的代表作《甘泉赋》《羽猎赋》《长杨赋》《解嘲》《逐贫赋》,都是反映西汉皇都长安生活的。他在长安成名,在长安辞世,一生最辉煌的成就都是在长安创造的。

扬雄不仅是汉赋"四大家"之一,还身兼文学家、思想家两种身份。《三字经》将他列为"五子"之一,是司马相如之后西汉最著名的辞赋家,"歇马独来寻故事,文章两汉愧扬雄",说的就是他们。

扬雄最是服膺司马相如,《汉书·扬雄传》载:"每作赋,常拟之以为式。"他的《甘泉》《羽猎》诸赋,就是模仿司马相如的《子虚》《上林》,其内容为铺写汉家天子祭祀之隆、苑囿之大、田猎之盛，结尾兼寓讽谏之意。其用辞构思亦华丽壮阔，与司马相如之赋比肩相类。他写《甘泉》《羽猎》，文采焕然、气势磅礴，最是弘丽温雅。

扬雄的《解嘲》是一篇散体赋，纵横论辩，善为排比。写他不愿趋炎附势，而自甘淡泊，揭露了当时朝廷大臣擅权、倾轧的黑暗局面："当涂者升青云，失路者委沟渠；旦握权则为卿相，夕失势则为匹夫"，并对奇才异行之士不能见容的状况深表愤慨。

《逐贫赋》是扬雄晚年的作品。此赋描述了作者想摆脱"贫儿"却根本甩不掉的无可奈何之情。入长安前的扬雄极贫，"家产不过十金,乏无儋石之储"，因此他抱怨"贫"何以老是跟着他。这篇赋发泄了他对贫困生活的怨怼，新颖奇趣且笔调诙谐，文中蕴含一股深沉不平之气。

扬雄以奇丽的诗赋文章丰富了中国文学。他对文学的另一重大贡献，是创造了一种后来被称为"连珠"的文体。西晋傅玄《连珠叙》认为："所谓连珠者……其文体辞丽而言约，不指说事情，必假喻以达其旨，而贤者彻悟，合于古诗劝兴之义。欲使历历如贯珠，易睹而可悦，故谓之连珠。"《文心雕龙·杂文篇》载："扬雄覃思文阁，业深综述。碎文琐语，肇为《连珠》。"仅此功绩，也当垂名文学史矣。

扬雄早年以辞赋闻名，晚年却一改初衷，甚至认为作赋乃"童子雕虫篆刻"，而轻贱到"壮夫不为"的地步，提出"诗人之赋丽以则，辞人之赋丽以淫"。其对辞赋看法变化之大，有他历经四朝，遭遇王莽篡权专政等世事巨变，波折坎坷不绝，带给他巨大心灵创伤的烙印，反映了他对辞赋粉饰太平、歌功颂德的厌倦，仅是"欲讽反劝"而已。其中有他的反思，以及世界观的转变带给他的清醒。

后来，扬雄转而研究哲学。他主张文学应当宗经、征圣，以儒家经书为典范，并刻意模仿《论语》创作《法言》，在文学技巧上继承了先秦诸子的一些优点，语约义丰，对唐代以后的古文家产生了积极影响。如韩愈言自己："所敬者，司马迁、扬雄。"他还模仿《易经》作《太玄》，提出以"玄"作为宇宙万物根源之学说。东汉张衡赞曰："吾观《太玄》，方知子云妙极道数，乃与《五经》相拟，非徒传记之属，使人难论阴阳之事，汉家得天下二百岁之书也。"有专家认为《太玄》是伏羲画卦以后唯一一个根本改变八卦理论的大著。

《太玄》《法言》二书，尽管是对《周易》《论语》的模仿，但其中不乏新见，自有独创之工和独特体系，对《周易》与《论语》有一定的超越。

扬雄曾著《方言》，全称为《輶轩使者绝代语释别国方言》，不仅是中国语言学史上第一部对方言词汇进行比较研究的专著，在世界语言学史上也是一部开辟语言研究新领域、独创个人实际调查的语言研究新方法的经典性著作。他是当时的奇字专家，是国家整编规范汉语言文字的组织者。当时国家有两部汉语言文字的范本，就相当于今天的字典辞源文本，据说一是秦李斯等编纂的《仓颉篇》，二是扬雄编辑的《训纂》。非常遗憾的是，这两部汉语言文字典籍现在都已经佚失。而《方言》却传存下来，这是中国乃至世界上最早的语言文字学著作，也是今天人们研究汉语言必不可少的典籍。而扬雄，殚精竭虑，把他的后半生几乎全都奉献给了方言调查研究工作。

扬雄关于人性论的观点，令人赞赏。他于《法言·修身》中说："人之性也善恶混，修其善则为善人，修其恶则为恶人。"

扬雄是一位知识十分渊博的学者。他说："通天地人曰儒，通天地而不通人曰伎。"上通天文，下明地理，中习人事，正是他自身的写照。他一生著述，宗孔孟，倡儒学，纯道统，从本体论上丰富了儒学思想，可以说当年独步儒林。北宋孙复说："自汉至唐，以文垂世者众矣，然多杨、墨、佛、老虚无报应之事，沈、谢、徐、庾妖艳邪侈之辞。始终仁义不叛不杂者，唯董仲舒、扬雄、王通、韩愈。"说他在反对今文杂说、黄老余论，捍卫孔子儒学的纯洁性这一点上，可与董仲舒、王通、韩愈齐名。

根据唐代刘知几《史通·正史篇》记载，扬雄是续司马迁《史记》的第一人。这就是说，我们现在看到的《史记》，很可能是经过扬雄编撰的作品。扬雄堪称半个史学家。

天禄阁在汉未央宫北部，是西汉时期存放国家文史档案和重要图书的典籍之府。据《隋书·经籍志》记载，汉成帝曾命刘向等许多学者在这里对前代图书进行过一次大规模的整理和校勘。辞赋家扬雄也是在天禄阁上开拓了他的专业领域，而成为著名的哲学家和语言学家的。天禄阁成就了扬雄，也见证了他晚年的苦闷、徘徊、失意和绝望。王莽专权时，一桩献符命事件，牵扯到了扬雄，当狱吏来抓他时，不愿受辱的他从天禄阁上跳了下去，几乎摔死。事后才弄清楚，扬雄对此事并不知情，王莽便有诏勿问。扬雄逃过此劫，反又被召为大夫，但从此口不言世事。

扬雄跳阁事件，早已成为历史，但天禄阁遗址尚存。至今在西安市未央区未央宫乡小刘寨村，依然留存着高达 10 米的夯土台基。可是这里没有任何纪念一代大儒扬雄的祠堂、纪念馆和标识。正如 1000 多年前初唐卢照邻在《长安古意》中说的："寂寂寥寥扬子居，年年岁岁一床书"，令人惋惜痛惜。杜甫有诗《醉时歌》也感叹："相如逸才亲涤器，子云识字终投阁。"

失意，以穷居著书的扬雄，实为一位不可多得的文化大家。他在哲学、语言文字学、文学等方面对中国文化所做的贡献甚巨。虽然去世多年后，其名终显，但其后渐被人淡忘。可以说，他是以较为潜隐的形式影响着后世中国文化。

因而，扬雄属于中国潜隐的一代大儒。

文史大家班固

文 / 朱文杰

陕西韩城人司马迁著《史记》，陕西扶风人班固修《汉书》，他们都是在继承父志基础上完成的。联想到黄帝时代的史官陕西白水人"文字之祖"仓颉，看来，编史修志，陕西是有传统的。在中国的二十四史中，《史记》和《汉书》排名一、二，无疑地位至尊。

班固是东汉著名史学家、文学家，是史学家班彪之子。班氏两代，一门四杰，他的弟弟就是那位投笔从戎、重开丝路、万里封侯的班超，妹妹班昭更是继承其父班彪和其兄班固之志，最后修成了《汉书》。

首先从班固私撰《汉书》，因祸得福而受诏修史，被授兰台令史说起。

班固自幼聪慧，在父祖的熏陶下，9岁能文诵赋，13岁便得到当时学者王充的赏识。为进一步深造，他于16岁进入洛阳太学学习，博览群书，穷究九流百家之言，终于贯通各种经书典籍，为他今后发展打下良好基础。

可惜，由于父亲班彪去世，班固只好从京城迁回扶风安陵老家。从京城官宦之家一下子降到乡里平民的地位，这对志存高远的班固无疑是一次沉重打击。在老家，班固决心在父亲已经撰成《史记后传》的文字基础之上，完成父亲未竟之业。他利用家藏的丰富图书和自己积累的经史知识，以及多年刻苦积淀的著述能力，开始了撰写《汉书》的艰难生涯。

汉明帝永平五年（公元62年），有人向朝廷上书告发班固"私修国史"。皇帝下诏收捕，班固被抓，面临大祸，有被砍头的可能。素有大将风度且临危不乱的班超，为营救哥哥，立即快马加鞭从扶风安陵老家奔赴京城洛阳，向汉明帝上书申诉。此事引起汉明帝对这一案件的重视，特旨破例召见班超。班超将父兄两代人几十年艰难修史的辛劳以及宣扬"汉德"的意向全部告诉汉明帝。扶风郡守也将查抄的所谓私撰的"国书"送至京师。汉明帝一读书稿，就发现才华出众的班固写的是一部奇书。惊异之余，明帝起了爱才之心。于是下令立即释放班固，并对其加以劝慰。明帝赞赏班固的志向，器重他的才能。于是，班固反而因祸得福，被召到京都皇家校书部供职，拜为"兰台令史"。

班固

2013年9月15日，国家邮政部门发行的《中国古代文学家（第三组）》邮票上就有班固的形象。班固先是因在编撰东汉光武帝的《世祖本纪》时所展现的卓越才华和出色努力，被晋升为"校书郎"。"校书郎"官阶虽低，但与皇帝见面的机会增多，加以班固文才尽显，逐渐得到汉明帝的宠信、赏识。汉明帝鉴于班固贯通各种经书典籍的出众才学，具有独立修撰汉史的良好条件，也希望通过班固进一步宣扬"汉德"，特下诏，让他继续完成所著史书。班固从私撰《汉书》到受诏修史，是他人生的一个重大转折。从此，班固"潜精研思"25年，基本撰成《汉书》。

由于编撰《汉书》的工程浩大，长期难以脱稿，因而社会影响甚微。班固不甘在默默无闻中生活，他也想通过戍边立功，博取功名。

和帝永元元年（公元89年），班固年届58岁，投附大将军窦宪，随大军北征匈奴。但他未能意识到自己所投附的窦宪，是一个专权祸国，专横跋扈之徒。上了贼船的他，建功不成，反而"迎"来大祸。

永元四年（公元92年），窦宪密谋叛乱，事败后被迫自杀。班固本与窦宪案件无关，但其撰有《窦将军北征颂》一文，对窦宪北征匈奴大加歌颂，因而被免职，以后又被冤枉关进监狱。在狱吏的拷打折磨下，班固冤死狱中，卒年61岁。事后，和帝将害死班固的狱吏处死抵罪。

班固所著《汉书》，八"表"及"天文志"未完成而卒。和帝命其妹班昭就东观藏书阁（东汉皇家图书馆）所存资料，续写班固之遗作，然尚未毕便卒。同郡马续，乃昭之门人，博览古今，皇帝乃召其补成八"表"及"天文志"。确实，修《汉书》之难，让人感慨。

班固尊奉汉家的传统儒学，爱用古字和骈句，他的文章典雅华丽，与《史记》口语化的干练通畅文字形成鲜明对照。范晔评价说："司马迁、班固父子，其言史官载籍之作，大义粲然著矣。议者咸称二子有良史之才。迁文直而事核，固文赡而事详。"范晔又说："固之序事，不激诡、不抑抗、赡而不秽、详而有体，使读之者亹亹而不厌。信哉其能成名也。"

司马迁与班固，常常被联系在一起。班固《汉书》是继《史记》之后又一部重要的史书，与《史记》合称《史》《汉》，堪称中国史学著作的双璧。如此高度评价，主要是班固撰《汉书》有所出新，体裁变以断代史，开创了断代史的先河。正如国学大师钱穆所言："史书开有纪传体，是司马迁的大功。而换了朝代立刻来写一部历史，这是班固的贡献。以后正史都学的是班固《汉书》。这就无怪乎要'迁固''《史》《汉》'并称了。"近2000年以来，司马迁与班固受到历代文人的追捧。

正史中专列《地理志》是从班固的《汉书·地理志》开始的。这一做法为后世大部分正史及大量地方志所遵奉，为后世保留了丰富的地理资料，也为研究中国古代地理学史及封建时代的社会、文化史提供了重要基础。

班固也是位列汉赋四大家的东汉著名辞赋家之一，著有《两都赋》《答宾戏》《幽通赋》等。班固《两都赋》影响深远，由于萧统《文选》把《两都赋》列于卷首，而受到后世的普遍重视。因为这部编于南北朝梁代的《文选》，是中国现存最早的一部汉族诗文总集，代表了汉魏两晋南北朝文学最重要成就。后来张衡写《二京赋》，左思写《三都赋》，都受《两都赋》的影响。班固《两都赋》和张衡《二京赋》也都是汉赋中的宏篇巨制，在汉赋中地位显赫。

班固还是研究赋体文学的第一人。他编修的《汉书·艺文志·诗赋略》把赋分为四类，"杂赋"十二家是总集。班固认为汉赋在思想内容上是"润色鸿业"，在艺术上是"雍容揄扬"，既庄重典雅，又铺张扬厉，体现了一代文风时尚，具有"抒下情而通讽渝""宣上德而尽忠孝"的巨大社会作用。在他心目中，汉赋貌似歌颂帝王，其实是以兴废继绝，润色鸿业，颂扬大汉帝国的统一强大、文明昌盛。汉赋尽情歌颂祖国的山川河流，对国土的广阔、水陆物产的丰盛，宫苑建筑的华美、都市的繁荣以及汉帝国的文治武功的描写和颂扬，实际上也是在歌颂历史和人民的力量。

国家名片上的丝绸之路

蔡伦造纸

文 / 朱文杰

蔡伦一生，风雨坷坎，毁誉参半，仍后世留名，极为特殊。根据蔡伦后人的传说，蔡伦是在 18 岁之后才进宫做了宦官。他从小黄门起步，身居列侯，位尊九卿，却以自杀告终。

蔡伦由中常侍兼任尚方令时，"监作秘剑及诸器械，莫不精工坚密，为后世法"，"有蔡太仆之弩，及龙亭九年之剑，至今擅名天下"，被称为东汉时期的科学家。尤其是他成为中国四大发明之一的造纸术的发明者，或称改良者，得到史学家的首肯。蔡伦造纸，随丝绸之路传到西域及世界各国，大大促进了世界科学文化的传播和交流，深刻地影响着世界历史的进程，对人类文明的发展与传播做出了巨大的贡献。后世遂尊他为"纸圣"。

国家邮政部门于 1962 年 12 月 1 日发行的《中国古代科学家（第二组）》邮票，其中第一枚是《蔡伦像》，第二枚是蔡伦督工的造纸场面和汉代造纸工艺的各个流程，以纪念中国古代科学家——造纸术的发明者蔡伦。因为蔡伦生年难以考证，故邮票上写为"蔡伦（公元？——一二一）汉"，而邮票设计家却在设计图稿上写成了"蔡伦（公元前？——一二一）汉"，这个错误直到印刷打样时才被发现。印刷工人只好在印版上将

蔡伦像

造纸

"前"字一个一个改掉。因一时疏忽，有一个"前"字漏改，使全张第16号票位形成错体。出售时被一些幸运的集邮者意外发现。邮票发行部门将错体票收回，约有数千枚流出，成为新中国邮票史上仅有的几枚错体票，十分珍罕。

蔡伦身居列侯，位尊九卿，被封为"龙亭侯"，封地就在今陕西省洋县。而他死后就被埋在封地，甚至他生命最后一刻，也有一说是在这里度过的。

建光元年（公元121年），蔡伦噩运来临，因他当初受窦太后指使迫害汉安帝皇祖母宋贵人致死，剥夺刘庆的皇位继承权而被审讯查办，后被遣禁回封地龙亭。蔡伦自知死罪难免，于是自尽而亡。

蔡伦死后30年，汉恒帝元嘉元年（公元151年），恒帝诏令为蔡伦立传，载入国史，还下旨在他的封地今陕西洋县的龙亭镇建祠修墓。唐代大书法家柳公权曾书匾额一面，还在祠内保存。蔡伦墓祠经过历代的屡毁屡修，风雨飘摇，依然存在，现为省级重点文物保护单位。正殿大门上高悬唐代德宗皇帝的御书"蔡侯祠"匾额，殿中有蔡伦塑像，右侧壁上绘有"蔡侯纸"制作工艺流程图，左侧壁上绘有蔡伦公元114年被封龙亭侯的谢恩图壁画。祠内古柏参天、殿宇栉比、碑石林立、青竹吐翠、丹桂飘香，环境异常幽静，蔡伦就长眠在这里。蔡伦墓西侧有蔡侯纸文化博物馆。

1957年，陕西西安灞桥发现了西汉纸，引起轩然大波。随后甘肃、陕西又相继出土了金关纸、中颜纸、马圈湾纸等西汉古纸。每次考古新发现，都引发出一场更为激烈的争论。1986年在甘肃天水放马滩的一个汉墓里，出土了"又薄又软"的纸。放马滩纸的出土年代为西汉初年文景二帝时期，出土的古纸质量较好，纸面平整光滑，质地薄而软，上面还有用墨线绘制的地图。放马滩纸的发现，证明早在西汉初期，纸已经开始用于书写了。1987年，甘肃敦煌悬泉置遗址共出土古纸 550 张，其中西汉纸 297 张，7 张西汉纸上有字，成为目前我国考古发掘中发现古纸最多的地方。

《中国考古学·秦汉卷》指出："早在蔡伦之前的西汉时期，中国已创造出了麻质植物纤维纸。随着西北丝绸之路沿线考古工作的不断进展，在陕西、甘肃、新疆等地许多西汉遗址和墓葬中发现西汉不同时期制造的古纸……"这本中国考古界最权威的著作，最后得出结论："西汉有纸毫无疑问"，"早在公元前 2 世纪西汉初期我国已经有造纸技术，而且应用于包装、书写和绘图等领域，比东汉蔡伦造纸早两三百年"。

关于蔡伦造纸，笔者以为，他是在前人基础上改良、完美、总结，造出了更漂亮的便于实用推广的"蔡侯纸"。蔡伦位高权重，兼任尚方令，长期主管御用器具的制造，掌握着充足的人力和物力，有条件汇聚各种经验，博采众长，并组织推广造纸技术研究和造纸术，最终做出独有的伟大贡献。这种"蔡侯纸"，用树皮做造纸原料，是比麻纸工艺改进更重大的创造发明，开创了近代木浆纸的先河，为造纸业的发展开辟了广阔的途径。麻纸和木浆纸是汉代以来 2200 年间中国纸的两大支柱，中国文化有赖这两大纸种的供应而得以迅速发展。

"普及万邦，莫非伦纸。"造纸术的发明极大地推进了人类文明的进程。欧洲人在蔡伦之后 1000 年才开始造纸，美国《芝加哥论坛报》曾载文称："中国为发明造纸所做的探索，可以同美国把人类送上月球相提并论。"苏联教授苏赫曼在所著的《造纸学》中这样评价：中国在 1800 年前发明了纸，其他任何发明，对文化发展的促进，都不能和纸相提并论。

"经天纬地"僧一行

文 / 朱文杰

僧一行是我国唐代著名的天文学家和佛学家。作为天文学家，他在制造天文仪器、观测天象、主持天文大地测量、编制历法方面有颇多贡献。1000多年后，国际小行星组织为纪念这位出色的中国古代天文学家，将一颗星星命名为"一行小行星"。

一行主张在实测的基础上编订历法。为此，他制造了黄道游仪。铜铸的圆球形，上面标有星宿、赤道及周天的度数，用来观测日、月、星辰的位置和运行情况。制作非常精密，堪称奇妙神功。还有水运浑天仪，据《旧唐书·天文志上》记载："立二木人于地平之上，前置钟鼓以候辰刻，每一刻则自然击鼓，每一辰则自然撞钟。"堪称有史以来最早的一座自动计时器，比公元1370年西方出现的威克钟要早6个世纪。一行组织发起了一次大规模的天文大地测量工作。这次测量，用实测数据彻底否定了历史上"日影一寸，地差千里"的错误理论，提供了相当精确的地球子午线一度弧的长度。一行是最早测量子午线长度的人。

僧一行不但在中国科技史上具有非常重要的地位，他还是一位佛门高僧。他传承胎藏和金刚两大部密法，被密宗奉为祖师之一。

一行大师集天文学家与佛学家于一身，说明了佛法和科学技术在一定条件下的相融性。"一行现象"让我认识到佛门的博大精深和佛法的包容性，也明白了在中国为什么佛、道、儒能三教合一。

僧一行的曾祖是唐太宗李世民的亲信，即唐代开国元勋、凌烟阁二十四功臣之一、被封为郯国公的张公谨。他的祖父是户部侍郎张大象。他的父亲张擅，任过武功令。僧一行四代居长安，与陕西有着不解之缘。而一行更是在长安创造了自己一生的辉煌。

一行早年在长安度过，此时家道已经衰落。他自幼聪敏，有过目不忘之能。20岁左右便博览经史，尤对天文、历象和阴阳五行之学有独特感悟，以学识渊博闻名。《旧唐书》有记载："一行少聪敏，博览经史，尤精历象。"

在长安，他曾向长安玄都观道士尹崇借阅扬雄的《太玄经》，不几天便去还书。尹崇大惑不解，对一行说："此书意义深奥，我钻研几年还不很了解，你正可细加研求，何必急着还书呢？"没想到一行竟回答："我已究其义理。"说着，一行便拿出他新写成的《大衍玄图》和《义诀》。经过一番交谈讨论，尹崇终于相信一行果然已得《太玄经》之奥秘，称赞他是颜回再世。从此一行在长安声名大振。

一行以学识渊博闻名于长安，招来武则天的侄子武三思的仰慕拉拢，而一行秉性耿直，耻于与武三思结交。为避小人，他远赴河南嵩山，拜普寂为师，出家当了和尚。他拜普寂为师，也主要是为从普寂大师学禅和钻研天文、数学。经苦学勤练，一行在数学上有了较深的造诣。此后，他又投奔湖北当阳的玉泉山寻师访友，钻研天文历法。

这时的一行，名气之大，震动朝野，朝廷有意邀他参政，但他以健康欠佳为由婉辞。后求贤若渴的唐玄宗派遣一行的族叔张洽前往玉泉寺，劝一行进京。开元五年（公元717年），一行终于上京，玄宗亲予接见，一行便驻锡华严寺。在长安的十年中，他主要致力于历法改革，组织了著名的天文大地测量。同时，又于开元九年（公元721年）率府兵曹参军梁令瓒设计了黄道游仪、水运浑天仪等大型天文仪器，并于开元十三年（公元725年）起开始编订后被朝廷定为官方历法的《大衍历》。后经宰相张说和历官陈玄景等人整理成书。从开元十七年（公元729年）起，根据《大衍历》编纂成的每年的历书颁行全国。经过检验，《大衍历》比唐代存世使用的其他历法都更精密，因而更具权威性。

开元二十一年（公元733年），《大衍历》传入日本，影响海内外，成为近百年普遍行用的历法。就是300年后的宋代，大科学家沈括对一行的《大衍历》仍竭力推崇，不敢藐视。

传说玄宗皇帝问一行有何才能，他说："只一点点记忆力而已。"玄宗随手拿出一本名册给他看，他略一翻阅，便合上本子，按序呼名而出，不少一人，不错一字。玄宗听了，不觉走下龙床，向他合十施礼赞叹道："禅师真是一位大圣人啊！"

一行曾在唐秘书省的太史局司天监任职，太史局在长安皇城"承天门街之西，第六横街之北"。今西安市西大街桥梓口路北立有唐秘书省遗址纪念石碑。

一行在长安，与多座名寺关系密切，如大兴善寺、华严寺、罔极寺、大荐福寺、西明寺、青龙寺等。

开元年间三位印度僧人善无畏、金刚智和不空先后来到中国传教，并创立中国佛教密宗，佛教史上称这三位僧人为"开元三大士"。一行曾经跟随善无畏和金刚智在大荐福寺、大兴善寺学密法，传承胎藏和金刚两部密法。他协助善无畏翻译《大日经》，尤其是他作《大日经疏》二十卷，系统阐述了密宗教理。此《大日经疏》是善无畏阐释《大日经》义，一行记录并发挥而成的，结合了佛教各宗如华严、天台、净土、唯识及儒家的观点，把《大日经》中一些隐含的意义都解释出来了，这部《大日经疏》体现出一行和善无畏两人的思想。

一行从不空学得密教，他们两人结了亦师亦友之交，由一行协助翻译经典。不空的一位弟子惠果为长安青龙寺住持。日本的真言宗为弘法大师所创，他入唐求法，在长安青龙寺受戒时法名空海，师事住持惠果。所以一行与善无畏、金刚智和不空不但成为我国佛教密宗的领袖，并和善无畏、不空、金刚智和弘法几位高僧一起在日本真言宗里也具有崇高的地位。日本高野山真言宗圣地供奉有中土传入的一行大师绘像。

开元十五年（公元727年），一行在华严寺病逝。去世时年仅45岁。玄宗对一行的去世深感痛惜，他下令将一行的灵柩停放罔极寺，诏令葬在陕西长安灞桥铜人原。唐玄宗亲自撰写碑文，赞扬一行"深道极阴阳之妙，属辞尽春秋之美",赠谥号"大慧禅师"。《旧唐书·一行传》载:"上为一行制碑文,亲书于石,出内库钱五十万,为起塔于铜人之原。明年,幸温汤,过其塔前,又驻骑徘徊,令品官就塔以告其出豫之意;更赐绢五十匹,以莳塔前松柏焉。"可见唐玄宗对一行的尊仰和怀念。

国家邮政部门于1955年8月25日发行了一套《中国古代科学家(第一组)》纪念邮票,第三枚为《僧一行像》。

可惜的是,对于这位有"经天纬地之才"的密宗祖师和天文学家,西安却没有他的重要

僧一行像

纪念之地,而埋葬他的铜人原也不见他的墓地和纪念馆,叫人深感遗憾。我以为:考虑到一行在天文学方面的特殊贡献,有关部门应在铜人原建"僧一行纪念馆",竖一行铜像,并在西安城中唐秘书省的太史局司天监遗址设纪念碑,复建僧一行观察天象的黄道游仪、水运浑天仪等大型天文仪器,以供后人瞻仰。让人们知道僧一行在长安所创造的举世闻名的功绩,以显示长安不光是帝王之都,还是一座科学之城。

作为天文学家的僧一行,在《唐才子传》上是没有名字的,但其成就一点也不比那些吟诗作赋的儒学文士逊色。所以,为僧一行竖碑所传递的信息更具现实意义。

一行的名字,寓意深远,出自《涅盘经》:"一行者,如来所行之行也。行以进趣为义,能行此行,则能趣向佛果。虽名一行而具足五行。"

就这样,一行走过长安,走向世界科技之巅,走向佛门通明之圣境,成为长安1000多年来集世界级科学家和高僧大师于一身的唯一。

李白与长安

文 / 朱文杰

李白

唐代帝都长安,作为1000多年前人口就达百万以上的世界独一无二的国际化大都市,当然是人们向往的中心,也是诗人向往的圣地。因此,长安也可以说是一座诗城。当年较有名望的诗人十之八九都到长安生活过,而其中声名最响亮的是被誉为"诗仙"的李白。国家邮政部门于1983年8月10日发行的《中国古代文学家(第一组)》邮票上就有李白的身影。

李白于天宝初至长安,去见贺知章。80余岁的贺老当时已是三品官衔的"太子宾客",读了他的《乌栖曲》和《蜀道难》,击节叹曰:"子,谪仙人也!"从不会掩饰自己的李白,之后也写诗自我夸耀了一番:"四明有狂客,风流贺季真。长安一相见,呼我谪仙人。"让人不禁为他的率真而开怀。

李白也是一位酒仙。杜甫《饮中八仙歌》中说:"李白斗酒诗百篇,长安市上酒家眠,天子呼来不上船,自称臣是酒中仙。"李白与当时文坛泰斗贺知章金龟换酒的故事被后世传为佳话。

李白具有远离凡尘的仙人气质,你读他的诗,写庐山瀑布"飞流直下三千尺，疑是银河落九天"；写太白山"太白与我语，为我开天关"，胸括万殊，与天呼应；写黄河"黄河之水天上来，奔流到海不复回"。如此妙悟妙语，岂是凡俗之人可以道出！

他羡慕神仙的潇洒浪漫，欣赏"三杯吐然诺，五岳倒为轻"的义薄云天；喜纵横，喜游侠击剑，轻财好施，是人们对他少年时光的总结。

李白第一次入长安，目的是向皇帝献赋，希图以他的《大猎赋》"大道匡君，示物周博"，博得唐玄宗的赏识。另外，也趁此领略一下长安，游览这座"万国朝拜"的帝京风光。李白是自视甚高之人，遭遇无人赏识，献赋无门，有志难伸，只能徘徊魏阙之下，和长安的市井少年厮混到一起。他说自己是"误与五陵豪"交往，险些遭人毒手，因此心灰意冷，遂"行路难，归去来"失望而归。

李白第二次入长安，时年42岁。这次是奉诏入京，自然风光无限。唐玄宗降辇步迎，且对李白说："卿是布衣，名为朕知，非素蓄道义，焉能致此。"就是说，你虽然是一介布衣，但你的大名我早有耳闻，如果不是你平素积蓄了这么高的声名成就和影响，你怎么会得到我今天召见的殊遇呢？于是，玄宗皇帝赐给他七宝床，御手调羹，即亲自为李白调制羹汤，当时叫皇恩浩荡，确实是一种极为稀罕难得的待遇。接着李白入翰林，开始了他在长安的应诏写点诗文、起草几篇诏告文书的御用文人生活。尤其是在奉诏兴庆宫为杨贵妃写下了那首当时就轰动长安，使他名声大震，以后又影响千年的《清平调》："云想衣裳花想容，春风拂槛露华浓。若非群玉山头见，会向瑶台月下逢。""一枝红艳露凝香，云雨巫山枉断肠。借问汉宫谁得似，可怜飞燕倚新妆。""名花倾国两相欢，常得君王带笑看。解释春风无限恨，沉香亭北倚阑干。"

他曾得意地说："幸陪鸾辇出鸿都，身骑飞龙天马驹。王公大人借颜色，金章紫绶来相趋。""激赏摇天笔，承恩赐御衣。"这是何等的荣耀风光呀！但没过多久，李白弄清楚了自己只不过是一个点缀太平的帮闲文人，像是养在唐玄宗身边的一个倡优，与他力图"大济苍生"的政治抱负大相径庭。于是，因厌倦而郁闷，不开心的李白，开始"浪迹纵酒，以自昏秽"，放浪形骸，借酒浇愁，与一帮文朋诗友整日醉饮，和他们一起"与尔同销万古愁"。这才有"天子呼来不上船"，借酒装疯，拒绝奉诏的逸事。一次，传说玄宗要李白给一个外来进贡的番国写诏书，而他沉醉在大殿上，借着酒兴，耍蒙卖呆，加之有唐玄宗的纵容，让高力士为他把靴子脱了，让杨贵妃亲自为他研墨，他才来写这封诏书。这是何等风流洒脱，开心解颐。

在长安、离长安、忆长安，构成了李白的长安三部曲。长安因李白而光彩，李白也因长安而风光。李白人生的顶峰在长安，不得志也在长安，他的得意沮丧、放纵落寞，都在长安。对李白来说，爱也长安，怨也长安。虽然他两次到长安，也就仅仅三四年时间，但他一生最闪亮的日子，恰恰在长安。

李白是一个我行我素、胸襟坦荡、浑身透亮得不知虚假为何物、喜怒哀乐全表露在脸上的人，也是一个天真单纯、轻财好施、见义勇为的人。他可以"仰天大笑出门去，我辈岂是蓬蒿人"，也可能"拔剑四顾心茫然"。

通长安之路的《蜀道难》，到了长安《行路难》，这里并非全是美酒金樽、莺歌燕舞、神仙居住的地方。虽"大道如青天"，然"我独不得出"。这都是李白骨子里透出的性格使然。他"戏万乘为僚友，视俦列为草芥"，恃才傲物，遂遭谗谤。他也自知不为朝廷所容，而且壮志难酬，理想邈远，只做了一个供皇帝诗文娱乐的翰林待诏，让他的长安梦破灭了，"忽魂悸以魄动，恍惊起而长嗟"。长安此时成了他郁闷憋屈的伤心之地，就像他在《梦游天姥吟留别》所言："安能摧眉折腰事权贵，使我不得开心颜。"便在天宝三年（公元744年）写了一首《翰林读书言怀呈集贤诸学士》表示有意归山。谁料就在此时，倒被玄宗以其"非廊庙器"赐金放还。皇帝和诗人曾经的缘分尽了，成了互不待见之人。玄宗还算可以，客气而体面地把李白贬出了千年帝京长安。

另外，笔者以为李白的安能事权贵，是不包括唐玄宗的，他眼中的权贵应是高力士、杨国忠、李林甫之流导致唐王朝腐败的王侯权臣。因为李白也写过"长揖蒙垂国士恩，壮士剖心酬知己"这样的诗感恩唐玄宗。我们不能脱离历史看待李白，当时的读书人谁不想把自己的才学"货与帝王家"呢？

李白落寞地离开了长安，但他与长安情愫已化千千结，解不开了。他在《长相思》中倾诉着这种魂牵梦萦的相思："长相思，在长安。络纬秋啼金井阑，微霜凄凄簟色寒。孤灯不明思欲绝,卷帷望月空长叹。美人如花隔云端,上有青冥之长天,下有渌水之波澜。天长地远魂飞苦,梦魂不到关山难。长相思,摧心肝。"

他离开长安,但仍以长安人自居,写下了"客自长安来,还归长安去。狂风吹我心,西挂咸阳树。"还有那句脍炙人口的名句"总为浮云能蔽日,长安不见使人愁"。一个"愁"字尽显诗人眷恋长安百般无奈之复杂心情。

我愿意以余光中的《怀李白》作为此文结束语:

  酒入豪肠 / 酿成了月光 / 剩下的三分啸成了剑气 / 绣口一吐 / 就是半个盛唐

杜甫故里少陵原及其他

文 / 朱文杰

杜甫的名号中有"少陵野老"和"杜陵布衣"。"少陵野老"来自于他的《哀江头》"少陵野老吞声哭";"杜陵布衣"则来自于他的《自京赴奉先县咏怀五百字》一诗"杜陵有布衣"。少陵和杜陵,指的是唐代长安城南,即今陕西省西安市长安区的少陵原。少陵原最初是汉宣帝刘询杜陵所在地,所以叫杜陵原。后来宣帝的许皇后葬在了杜陵南,因陵寝较小,便称少陵。因此,此原又被习惯叫作少陵原。

杜甫诗《九日五首》之四"故里樊川菊,登高素浐原"中的"故里樊川",在少陵原畔。晚年"漂泊西南天地间"时,在《立春》一诗慨叹"巫峡寒江那对眼,杜陵远客不胜悲";在成都草堂闲居的七八年,他更想念自己的家乡,在《奉送严公入朝十韵》一诗中沉痛地表示"此生那老蜀,不死会归秦",可见他对秦地家乡怀念之深。

杜甫的十三世祖为西晋著名的大将军兼大学者杜预,官居镇南大将军,开府仪同三司,坐镇襄阳,《晋书·杜预传》中明确记载"杜预字元凯,京兆杜陵人"。祖父杜审言有诗"桑梓忆秦川"。《唐才子全传》中记载:"审言、字必简,京兆人。"父亲杜闲也长期在京城长安附近做官,曾任武功县尉。以此看来,杜甫三代及远祖都是京兆人,都将陕西,以及长安少陵原当作自己的故里。

少陵原畔有始建于明代的杜公祠,祠内所立《唐工部员外郎杜子美祠堂记》碑文,明确记载诗圣故里就在这里。清康熙六年(公元 1667 年),时任咸宁知县的黄家鼎在《重修杜祠自记》中记载,这次重修时请来了杜甫的后世子孙,"延子美裔孙,移桂于居,莳广内地,奉时祭焉"。看来,少陵原作为故里,杜甫的后裔是认可的。少陵原畔的杜公祠,珍藏有杜甫写的《俯太中严公九日南山寺》石碑的墨拓本,这是现今存世唯一的杜甫墨宝。

杜甫客居长安10年,又在关中各地颠沛流离四年多。43岁那年,他把全家接到长安少陵原,秋末,霖雨下了60余日,庐舍墙垣,颓毁殆尽,无法再维持,只好到离长安120多公里的奉先(今陕西蒲城县)投奔妻子杨氏的亲族。天宝十四年(公元755年),在左相韦见素帮助下,杜甫得到一个八品官职,十一月从长安回奉先探亲,适逢震惊朝野的安史之乱爆发,前一个月沿途所见种种社会动乱苗头,令其无限忧愤,写下《自京赴奉先县咏怀八百字》长篇律诗,其中的"朱门酒肉臭,路有冻死骨",成为杜诗中最耀眼的千古不朽名句。

杜甫的诗,全方位反映了唐由盛至衰的过程,因之被称为"诗史"而独尊于世。"诗史"是对一个诗人诗作的最高称誉,最常用的意思是"以诗为史"。杜甫亲历了让唐王朝由盛至衰的安史之乱,他诗中重量级的代表作如《兵车行》《丽人行》《贫交行》《前出塞九首》《后出塞五首》《饮中八仙歌》等,就真实记录了这一过程,成为千古传咏的经典诗歌。

天宝十五载(公元756年)六月,安史叛军攻进潼关,杜甫携妻儿逃到鄜州(今陕西富县),寄居羌村。杜甫于八月北上,企图赶到肃宗即位的灵武,为平叛效力。但不幸被叛军捉住,押送回沦陷后的长安。他于此时接连写下了《月夜》《悲陈陶》《对雪》《哀江头》等名篇,其中《春望》"国破山河在,城春草木深。感时花溅泪,恨别鸟惊心。烽火连三月,家书抵万金。白头搔更短,浑欲不胜簪",抒发了杜甫忧国、伤时、念家、悲己的情感,以及对亲人的思念之情,成为杜诗艺术与政治完美结合最具代表性的经典。在寄居羌村前后,杜甫还创作了《北征》《羌村三首》等在杜诗中占有重要地位的作品。

杜甫在从洛阳返回华州的途中,见到战乱给百姓带来的无穷灾难和人民忍辱负重参军参战的爱国行为,感慨万千,便奋笔创作了"三吏"(《新安吏》《石壕吏》《潼关吏》)和"三别"(《新婚别》《垂老别》《无家别》),

并在回华州后,将其修订脱稿。乾元二年(公元 759 年)夏天,华州及关中大旱,杜甫写下《夏日叹》和《夏夜叹》,忧时伤乱,咏叹国难民苦。这年立秋后,杜甫因对污浊的时政痛心疾首,而放弃了华州司功参军的职务。杜甫在华州司功任内,共作诗 30 多首。杜甫一生创作了 1400 多首诗,其中在陕西创作了"三吏""三别"和"三行"(《兵车行》《丽人行》《贫交行》),以及《自京赴奉先县咏怀八百字》《春望》等,成为杜甫诗歌巅峰最具诗史意义、最经典、千古不朽的史诗性作品。

杜甫是我国唐代伟大的现实主义诗人、世界文化名人,被后人尊称为"诗圣",与"诗仙"李白并称"李杜"。

有鉴于此,杜甫被多次搬上邮票,国家邮政部门于 1962 年 5 月 25 日发行了《杜甫诞生一二五〇周年》邮票一套,分别是《杜甫草堂碑亭(成都)》《杜甫像》。

杜甫草堂碑亭(成都)　　　　杜甫像

在这几枚邮票中,让我印象深刻的是《杜甫诞生一二五〇周年》邮票"杜甫像"两边的一副楹联,"世上疮痍诗中圣哲,民间疾苦笔底波澜",高度概括了杜甫忧国忧民的高尚品格。真可谓诗圣著千秋,英名传万代。写到这里,我们怎能不为有这样一位号"少陵野老""杜少陵"的长安乡党而深感骄傲自豪呢!

长安人柳宗元

文 / 朱文杰

最近一件事情彻底震惊了我。从来都以为唐代诗人，位列唐宋八大家之一的柳宗元和陕西关系不大，谁知柳氏宗亲后代寻根寻到了长安，连续发出呼吁，让我一个老西安人感到了汗颜和羞惭。

柳宗元出生于长安，归葬长安，墓在长安。在《陕西省志》《西安府志》等书中都发现有柳宗元葬于西安的记载。其实柳宗元的堂高伯祖柳奭曾官居高宗朝宰相，其外甥女王氏为皇后。唐初柳氏是权贵兼外戚，在朝廷上下势力显赫，高宗时居官尚书省的就达20多人。可以说柳氏几代都与京城长安有千丝万缕的关系。

从柳宗元的《与浩初上人同看山寄京华亲故》诗中读到"若为化作身千亿，散向峰头望故乡"，联系到诗题中的"寄京华亲故"，京华指唐之京城长安，这里是他的出生地，亲故自然多在长安，看来这个所望的故乡一定是指长安了。

国家邮政部门1983年8月10日发行的了《中国古代文学家（第一组）》邮票，其中第四枚就是《柳宗元》。可见柳宗元在中国古代文学家、唐代诗人中之地位。

柳宗元

苏东坡评说柳宗元的诗"外枯而中膏，似淡而实美"，并将柳和韦应物的诗相提并论，指出他们的诗："发纤秾于简古，寄至味于澹泊。"清代王士禛也说过"风怀澄澹推韦柳"。

柳宗元的绝句《江雪》："千山鸟飞绝，万径人踪灭。孤舟蓑笠翁，独钓寒江雪。"在唐人绝句中属不可多得之上上佳作，为我最欣赏。曾以其中"独钓寒江雪"为名，写过一首新诗，特录于下，以表达对柳宗元的崇敬：

  钓出寒江雪／钓出寒江中人生的倒影／千山万径，灭与绝的背景／突出一个戴着蓑笠的老翁／似乎摆脱了世俗，超然物外／旁若无人，无孤无独　／有一种凛然不可犯的气场／忽然，有鸟从万古鸿蒙　／越千重山，翩翩飞来／那一对翅翼驮着暖风／将为你吹走一江寒气／抖落雪花／披一天的霞霓

柳宗元堪称文学史上的全才，在诗歌、辞赋、散文、游记、寓言、小说、杂文以及文学理论诸方面都做出了杰出的贡献。但在中国文学史上，柳宗元辞赋、散文的成就大于诗，已有定评。游记有《永州八记》，寓言有《黔之驴》，散文有《捕蛇者说》，皆为传世之作。与韩愈共同倡导唐代古文运动，并称为"韩柳"。与唐代的韩愈，宋代的欧阳修、苏洵、苏轼、苏辙、王安石和曾巩，并称为"唐宋八大家"，以及被誉为"千古文章四大家"之一。

柳氏宗亲后代寻根寻到了长安，我们再不能无动于衷了。随着有关方面的重视，恢复重建柳氏故居、墓园及纪念馆，柳宗元这位中国文学史上的巨匠，一定会辉映故都长安，为西安的文化建设增添一缕亮丽的色彩。

长安人"和仙寒山"

文 / 朱文杰

说"和仙"就得先说"和合二仙"。

"和合二仙"由"和仙寒山"和"合仙拾得"这两位组成。

寒山与拾得两位大师是佛教史上著名的诗僧。相传两位大师是文殊菩萨与普贤菩萨的化身。这两位大师给人印象最深的是他们特别有名的一次玄妙对话,昔日寒山问拾得曰:"世间有人谤我、欺我、辱我、笑我、轻我、贱我、恶我、骗我,如何处置乎?"拾得曰:"只是忍他、让他、由他、避他、耐他、敬他、不要理他,再待几年,你且看他。"拾得的回答令人慨叹,只觉得莫测高深,意味无穷。传说两人爱笑,笑时爽朗无邪,听他们的笑声会让你除迷解惑,转染成净,而感天地宽广。

和合二仙

我先是从邮票上认识"和合二仙"的,国家邮政部门于1996年11月5日发行了《天津民间彩塑》邮票,第一枚就是《和合二仙》。 再就是到江苏苏州拜谒的千年古刹寒山寺,是以"和合二仙"中的"和仙寒山"而命名的。

寒山,为京兆长安(今陕西西安)人。严振非《寒山子身世考》中以《北史》《隋书》等大量史料与寒山诗相印证，指出寒山乃为隋皇室后裔杨瓒之子杨温，因遭皇室内的妒忌与排挤及佛教思想影响而遁入空门，隐于天台山。还说他在唐代累试不第，原因却是因他身材矮小，相貌不端，"嫌身不得官"。无奈离开长安，流落乡野，成为一个浪迹天涯的贫困书生，隐居荒山，被迫出家。他诗中有自己"浪行朱雀街，踏破皮鞋底"和"哀哉百年内，肠断忆咸京"等描写，"朱雀街""咸京"都是唐代长安的地名。

后来寒山入浙江天台山，隐居于天台山的寒岩，因名寒山。寒山曾在天台国清寺当过厨僧，与寺中的拾得和尚相见如故，情同手足。而拾得命运凄苦，刚出世便被父母遗弃在荒郊，幸亏天台山的高僧丰干和尚化缘经过，慈悲为怀，将其带至寺中抚养，并起名"拾得"，在国清寺中为他受戒为僧。拾得受戒后，被派至厨房干杂活，传说当时从长安流落到此的寒山还没有进入国清寺，但拾得常将一些剩余饭菜给寒山吃。国清寺的丰干和尚见他们如此相惜相怜，便让寒山进寺和拾得一起当国清寺的厨僧。在寺中他们朝夕相处，两个贫贱之交关系更加亲密。寒山和拾得在佛学、文学上的造诣都很深，他俩常一起吟诗作对，后人曾将他们的诗汇编成《寒山子集》三卷。这两位唐代高僧，后由天台山至苏州妙利普明塔院，此院遂改名为闻名中外的苏州寒山寺。我国民间珍视他俩情同手足的情谊，便把他俩尊奉为和睦友爱的民间"爱神""喜神"。不仅如此，传说寒山享寿120岁，他也是一位寿星。

苏州寒山寺的大雄宝殿后壁，嵌有清代名画家罗聘所绘寒山、拾得写意画石刻。大殿旁堂屋供奉寒山、拾得两位"和合喜神"的木雕金身塑像，一人手持一荷，另一人手捧一盒，造型古朴，表情生动，笔迹遒劲，形貌如真。

清人翟灏《通俗编》云："今和合以二神并祀。"清雍正十一年（公元1733年）时，雍正皇帝封天台寒山大士为"和圣"、拾得大士为"合圣"，于是，寒山、拾得这"和合二仙"（又作"和合二圣"）才最终得以确认。旧时常有悬挂和合二仙图于中堂者，取和睦吉利之意；又常于婚时悬挂，象征着夫妻相爱，天作之合，百年好合。

寒山是一位诗僧，过去并不被重视。新文化运动时期，倡导白话文。胡适在《白话文学史》中将寒山、王梵志、王绩三人并列为唐代三位白话大诗人。由此,寒山开始受到国人的青睐,大陆及台湾学术界纷纷撰文评议寒山,新中国成立后到二十世纪八九十年代,寒山研究更呈现出繁盛之态势。

从 20 世纪 50 年代起,寒山诗远涉重洋传入美国,美国"垮掉的一代"将寒山奉为偶像,嬉皮士运动中他被封为祖师爷。墙里开花墙外香,其诗一时之间风靡欧美。寒山诗被翻译成英语和法语,为众多的读者所接受,在欧洲,令人匪夷所思的是他赢得了比李白、杜甫还要高的声誉。

身前寂寂无名,身后却声誉日隆,中国文学史上那些如寒山一样,没有引起普遍关注,影响不大的诗人,能够在千年之后被追捧,为不同文化背景下的人们所接纳而推崇,并竞相研究,引出国际"寒山热",这本身就是一个神话。应当引起当代人更多的重视、研究,尤其是引起寒山的故乡陕西西安文化界、佛教界与诗歌理论界的特别重视和深入研究。不要让这位京兆长安人的寒山仅仅是以佛教高僧,吉祥文化中被神化的"和圣""和仙"而高高在上,而是让他回归一个肉胎凡骨的平民诗人的本来面目,傲然屹立于世界文化之林。

第四辑
翰墨华章　大美陕西

神品秀逸《曹全碑》

文 / 朱文杰

　　《曹全碑》全称《汉郃阳令曹全碑》，碑高 253 厘米，宽 123 厘米，是汉代隶书四大名碑中独树一帜的"石中至宝"。其结体扁平匀称而舒展超逸，神采华丽而风致翩翩，清秀俊美、工整精细中蕴骨力遒劲，属秀逸类神品之作。正如清万经评云："秀美飞动，不束缚，不驰骤，洵神品也。"为后世推崇，书家所重，辉映古今。

　　隶书由篆书发展演变而成，始于秦而兴于汉，尤其到了东汉，碑刻最为发达，留下了不少书法艺术的精品，其中《曹全碑》可以说是隶书发展中技法最为成熟的代表作品之一。人们赞誉它有"回眸一笑百媚生"之态，是汉隶中用圆笔的典型。该碑于 1956 年移立西安碑林博物馆，1996 年被评为国宝级文物。

　　此碑刻字分阳刻、阴刻。碑阳凡二十行，每行四十五字；碑阴五列，上列一行，二列二十六行，三列五行，四列十七行，五列四行。碑阳书法最显著的审美特征是典雅逸静。与其同时代朴拙的汉碑相比，《曹全碑》若一位翩翩君子，具有极高的修养。其个性不激不励，中正平和，既符合规范，又飘然逸出，遒丽紧密，虚和雍雅，笔意飞动，字里金生，行间玉润，柔中带刚，细筋入骨。而碑阴书法质朴自然、灵动多变，线条没有刻意装饰的迹象，亦没有任何刻意的顿挫点划，充分表现了蚕头燕尾波动起伏的汉隶特征。

　　2004 年 12 月 5 日，国家邮政部门发行了《中国古代书法——隶书》邮票，属中国古代书法系列邮票第二组。图选汉隶四大名碑《乙瑛碑》《张迁碑》《曹全碑》《石门颂》,其中出土于陕西的有《曹全碑》和《石门颂》,占据了汉隶四大名碑的"半壁江山",令人瞩目。在邮票设计上,边缘的残破表现碑拓的感觉不怎么好,尤其是对相对清晰的《曹全碑》,容易让不太懂文物书法的人理解为残碑,造成误解,对整体效果有所影响。

东汉·曹全碑

第三枚《东汉·曹全碑》,东汉中平二年(公元185年)十月,由王敞等人镌立。明万历初出土于陕西郃阳(今陕西合阳)莘里村。说到合阳,就不得不提《诗经·国风·周南》的第一篇:"关关雎鸠,在河之洲;窈窕淑女,君子好逑。"这"河之洲"即合阳黄河湿地,而"窈窕淑女"则是西周开国君主周文王之妻太姒。

合阳文化渊源深厚,《曹全碑》更为之增色。碑文颂扬合阳县令曹全的德政,记载了曹全之生平、功绩、世系外,尤其记载了东汉末年以张角为首的农民起义波及陕西的情况,也反映了当时农民军的声势和合阳县民郭家起义等情况,为研究东汉末年社会动荡、农民起义斗争史提供了十分重要的历史资料。

《曹全碑》透露出楷承隶变的信息。确实,《曹全碑》属于历经岁月淘汰,而可以留下来的碑刻中万里挑一的经典,其个性风格独异,且深渊如海,易学难工,让很多临摹者很难把握,难以上手。极少人能从它的"秀逸"中化出来,往往稍有差池便咫尺万里,全然不解其从佳妙细微处得精神的法门秘诀。所以有书家慨叹:"取法《曹全碑》,得其秀易,得其逸难。"

似乎"此碑只有天上有",这当然也是神品秀逸书法超凡入圣,俗人难以驾驭的必然了。

"隶中草书"《石门颂》

文 / 朱文杰

《石门颂》是隶书成熟时期的名作，为"汉隶四大名碑"之一，又是摩崖石刻的代表作之一。与陕西略阳《郙阁颂》、甘肃成县《西狭颂》并称为"汉三颂"。而"汉三颂"陕西独占两颂，让人自豪之中，深感陕西5000年文明的博大精深。

此摩崖书法古拙自然，富于变化。每笔起处以毫端逆锋，含蓄蕴藉；中间运行遒缓，肃穆敦厚；收笔复以回锋，圆劲流畅。通篇字势挥洒自如，奇趣逸宕，有"隶中草书"之称。

关于"隶中草书"之说，笔者以为，隶书与草书虽是两种差异较大的书体，但可以从西汉竹木简牍上看到汉字字体从古隶逐渐演变，以及汉隶草书同时初创形成的过程，两种书体自然有了相互渗透影响，触类旁通，你中有我，我中有你的现象。这才有了"隶中草书"破方正端庄，损规矩严谨，进而展现出纵任奔逸，赴速急就，笔势草创，率意超旷的意境与格调。其中虽有变化时随心所欲之运笔，但却不失隶书主体之特征。

所以，《石门颂》不但既有汉简帛书行笔自由的特点和生动的意趣，又有碑碣刻石的雄健茂美和宏大的本色，为汉隶中奇纵恣肆一路的代表。而且更以纵横劲拔，奔放洒脱见长。风格卓然，笔势简约，时而内敛，时而奔放，有山林高士之气，世人推为汉隶"野逸派"。杨守敬《平碑记》说："其行笔真如野鹤闲鸥，飘飘欲仙，六朝疏秀一派皆从此出。"《石门颂》呈现出这种驰骋八极，吞吐六合之大巧若拙的格调，那种磅礴的造化之功，足以让每一位真正书家感到心灵震撼，而五体投地。

《石门颂》是东汉建和二年（公元148年）汉中太守王升撰文，为顺帝初年的司隶校尉杨孟文所写的一篇颂词，全称《汉司隶校尉犍为杨君颂》，又称《杨孟文颂》，刻在陕西褒城褒斜道南端石门隧道西壁之上，通高261厘米，宽205厘米，书体为汉隶，刻书22行，满行31字。

国家邮政部门于2004年12月5日发行了《中国古代书法——隶书》邮票，其中第四枚是原在陕西汉中褒谷石门内的石门颂，后因1971年修水库，要淹掉《石门颂》以及其他汉魏刻石为主的十三款摩崖石刻，才被迫凿取切割下来，移置于汉中市博物馆。这就是大名鼎鼎的、被清代书法名家罗秀书评价为"其飘逸也，如凤舞晴空而其羽毛鲜丽"的"石门十三品"，《石门颂》为其中第五品。

东汉·石门颂

我们只能用回忆的办法来评说"石门十三品"，当然包括《石门颂》在内的摩崖石刻的诞生地了。

这里，有一条跨越秦岭天险，贯通南北的蜀道中最具影响的褒斜栈道，而《石门颂》就记载了修复褒斜道的一些史实。在这条古道上曾发生过多少美妙的传奇故事，有西周第一美女之称的褒姒，就是从这里被周幽王掳入长安的，可千金难买一笑，因烽火戏诸侯，导致幽王反被犬戎人掳走而灭国；有楚汉相争时，刘邦退守汉中烧绝栈道，出汉中时"明修栈道，暗度陈仓"，都是为了迷惑敌人，而所谓栈道就是褒斜栈道；再有三国时曹操征张鲁，三次经褒斜道，见褒谷中水激如白雪翻滚，遂题写"衮雪"二字，留下魏武遗墨的千古佳话；让人印象深刻的则是诸葛亮六出祁山，就曾经取道褒斜道，后在五丈原扎营，诸葛"出师未捷身先死"巨星陨落，他的灵车也是从褒斜道而返南郑的。

石门就在它的南口褒谷之中，一处在世界交通史上享有盛名的、人类用最原始工艺"火烧水激法"开凿的第一处人工隧道，堪称"世界隧道之父"的石门隧道。石门隧道开凿于东汉明帝永平六年至九年（公元63—公元66年），与幼发拉底河河底隧道、那不勒斯婆西里勃道路隧道相比，是最早具备车辆通行条件的人工隧道。

另外，还有汉初丞相萧何倡修的山河堰水利工程，皆汇集在褒谷。石门的开通和摩崖先例，激发了过往的仕官商贾、文人墨客，在饱览胜迹之余，记事咏物，抒怀为文，镌刻于石门内外的崖壁上，世代不绝，形成了蔚为壮观的石门摩崖石刻。可除了国宝级的"十三品"，其他摩崖石刻，大部分都被放弃，淹在了水底。那"十三品"没了自己同类的照应陪伴，就是再神奇，也未免孤单得减色不少。让后来书家、文物研究者如陷五里雾中，只知其一，难知其二、其三了！

以《石门颂》为首的大型隶书摩崖石刻"石门十三品"，结字大小不一，洒落自然，极为放纵舒展，体势瘦劲开张，意态飘逸自然。多用圆笔，起笔逆锋，收笔回锋，中间运笔道劲沉着，故笔画古厚含蓄而富有弹性。通篇看来，字随石势，参差错落，纵横开阖，洒脱自如，意趣横生。《石门颂》对后世产生的影响不可估量。

有关《石门颂》在历史上的最早记载，为北魏郦道元《水经注·沔水》云："褒水又东南历小石门，门穿山通道，六丈有余。刻石，言汉明帝永平中，司隶校尉……"

清代张祖翼评说："三百年来习汉碑者不知凡几，竟无人学《石门颂》者，盖其雄厚奔放之气，胆怯者不敢学也，力弱者不能学也。"无怪乎于右任先生曾有"朝临石门铭，暮写二十品。辛苦集成联，夜夜泪湿枕"的诗句。1949年前商务印书馆出版的《辞海》封面"辞海"二字，就取自于《石门颂》。

《石门颂》以其质朴随意、不拘一格的奔放品格，灌注其中的人文情怀，以及阔大的自然气象，接近生命本真的大美，成为东汉隶书的极品，而独步天下。

欧阳询与《九成宫醴泉铭》

文 / 朱文杰

欧阳询，生于陈武帝永定元年（公元557年），是一位经历三个朝代的大书法家。欧阳询在隋时官至太常博士，书法已甚有名气，已经"尺牍所传，人以为法"了。唐高祖李渊未做皇帝前曾和他是好友，后来李渊登位后，欧阳询曾任银青光禄大夫、给事中、太子率更令、弘文馆学士，故也称为"欧阳率更"。

欧阳询自幼聪明过人，及长，更是"博览经史，尤精三史"。曾和裴矩等撰《艺文类聚》一百卷。欧阳询书艺兼容南北书体，博采众长，有北方书风的"戈戟森然"，又具南方书派的"秀骨清相"，卓然大成。书法熔铸汉隶、魏晋楷书的特点，吸取王羲之书法的神髓，融会贯通，创出自家独特的风貌，世称为"欧体"。居楷书四大家"欧颜柳赵"之首，是一位公认的"翰墨之冠""八体尽能"的书坛宗师。

《新唐书·欧阳询传》中记载："询初学王羲之，后险劲过之，因自名其体。"《唐人书评》说欧体书："若草里惊蛇，云间电发。又如金刚瞋目、大士挥拳。"赵孟頫说："信本书清劲秀健，古今一人。"岑宗旦说："询得其正，故如庙堂衣冠，不失动静。"清王澍认为："率更风骨内柔，神明外朗，清和秀润，风韵绝人，自右军来，未有骨秀神清如率更者。"莫云卿云："欧之正书，秾纤得度，刚劲不挠，点画工妙，意态精密。"张怀瓘在《书断》中说："询八体尽能，笔力险劲，篆体尤精，飞白冠绝，峻于古人，犹龙蛇战斗之象，云雾轻拢之势，风旋雷激，操举若神。真行之书，出于大令，别成一体，森森焉若武库矛戟。"历史上如此众多誉美高评，让人深感欧书影响的广泛远阔。

确实，欧体书法将南北派书风熔于一炉，同时也反映了汉字形体变迁过程中，隶楷阶段即将完结而楷体进入成熟定型阶段的一种书体现象。从楷书的历史看，真正成熟的楷书到唐初才正式形成，而逐渐臻于极致，欧阳询的楷书正是这个时期的经典。欧阳询对字的结构体势尤其讲究，笔墨间精研穿插避让，点墨安排至细小处见匠心。后人从他的楷书中归纳出"欧阳询结体三十六法"的结字规律。

2007年11月5日，国家邮政部门发行了《中国古代书法——楷书》邮票，其中第三枚就是欧阳询所书《九成宫醴泉铭》。值得一提的是，一套六枚楷书邮票有四枚都是取自于陕西所藏的文物书法名碑。另外三枚分别是褚遂良的《雁塔圣教序》、颜真卿的《颜勤礼碑》、柳公权的《玄秘塔碑》，他们亦可称唐时楷书四大家。由此可以看出，陕西是中国书法历史渊源首屈一指的肇始之地。

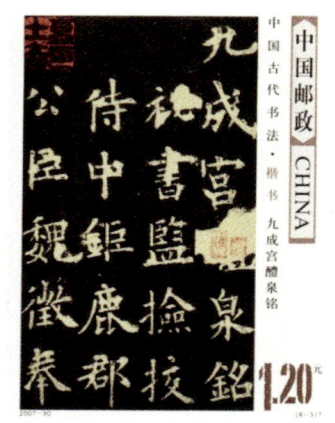

九成宫醴泉铭

《九成宫醴泉铭》为国宝级文物，现存于陕西省麟游县九成宫遗址，唐贞观六年（公元632年）立，由魏徵撰文，欧阳询书。碑文记载唐太宗在九成宫避暑时发现醴泉的事，是欧阳询晚年奉敕之作，历来为学书者所推崇。此碑书法结构搭配平正而险绝，笔力刚劲，纤秾得中，腴润有致，点画工妙，意态精密，气象万千，浑穆高华，为唐楷冠冕，可以说是初唐时期楷书作品中划时代的坐标性杰作。从风格构成上讲，既有篆、隶的笔意，又有晋、魏的遗风。它的出现，对后世楷书的发展产生了极大的影响。此碑结体较欧阳询其他碑写得开张，能擒能纵，转弯处一提一按，随势抽锋，又写得似方非方似圆非圆，大有《黄庭经》《乐毅论》的遗意，古来就有"楷法之极则"的评价。邮票票面采用故宫博物院所收藏的北宋时拓本，笔墨丰腴，锋颖如新，为后世学欧体之范本。《新唐书·欧阳询传》曾说欧阳询的书法是"尺牍所传，人以为法。高丽尝遣使求之"。就是说，欧阳询当时所写的书信都被人拿来作为字帖去临摹、去学习，高丽国还曾派人来向他求字。

《九成宫醴泉铭》可谓欧体楷书登峰造极之作。法度之严谨，笔力之险峻，世无所匹，被称之为唐人楷书第一。

本文最后就用欧阳询《用笔论》中两段话作结尾吧：

刚则铁画，媚若银钩，壮则崛吻而嵼岮，丽则绮靡而清道。若枯松之卧高岭，类巨石之偃鸿沟，同鸾凤之鼓舞，等鸳鹭之沉浮。仿佛兮若神仙来往，宛转兮似兽伏龙游……隐隐轸轸，譬河汉之出众星，昆冈之出珍宝，既错落而灿烂，复跷连而堁撩。方圆上下而相副，绎络盘桓而围绕。观寥廓兮似察，始登岸而逾好。用笔之趣，信然可珍，窃谓合乎古道。

让我们在"观寥廓"的宇宙自然中获取广泛的体察，领悟书法深邃而美妙的真谛，"始登"艺术之彼岸，而一睹其堂奥。

褚遂良与《雁塔圣教序》

文 / 朱文杰

褚遂良，唐代英才，久居长安，博涉经史，工于隶楷，贞观年间曾任谏议大夫、中书令，与长孙无忌在太宗临终时同被召为顾命大臣。高宗朝任过吏部尚书、尚书右仆射，是唐代一位宰相级的大书法家。因唐太宗时封上柱国、河南郡开国公，世称"褚河南"。褚遂良上接二王，下开颜鲁公，是二王传统在初唐的典范。与欧阳询、虞世南、薛稷并称"初唐四大书法家"。

《唐人书评》中把褚遂良的字誉为："字里金生，行间玉润，法则温雅，美丽多方。"尤其是苏东坡在《题唐六家书后》一文中评价褚遂良："清远萧散。"表明了褚遂良书法中与前人截然不同的审美倾向，以生命意识融入，追求意境之美，从"妍美功用"而趋向以"风神骨气"为美的纯艺术转变。从笔法上看"清远萧散"，不衫不履中尤见率真性情，可谓极尽风流。刘熙载在《书概》中对褚遂良评价甚高："褚河南书为唐之广大教化主。""广大教化主"5个字，确实够广够大，可证褚遂良在中国书法史上继传统而能创格，尊贵地位的举足轻重。

虞世南逝世后，唐太宗叹息："虞世南没后，无人可与论书者矣！"魏徵就推荐褚遂良，并说："遂良下笔遒劲，甚得王逸少体。"太宗至爱王羲之书法，以金帛悬赏征购。一时天下王书争送至京，难辨真伪。唯遂良能品评鉴别，并编目藏入内府。其书法继承王羲之传统，外柔内刚，笔致圆通，见重于世。传世墨迹有《倪宽赞》《阴符经》，碑刻有《雁塔圣教序》《伊阙佛龛碑》《房玄龄碑》等。

《雁塔圣教序记》也称《慈恩圣教序记》，是褚遂良书法艺术的最高成就，是褚书的经典标准，也是中国书法史上楷书发展的里程碑式作品。该碑刻于唐永徽四年（公元653年）刻，分两石刻，分别嵌入唐慈恩寺大雁塔南门左右龛内。左龛内系唐太宗李世民为玄奘法师翻译佛经所撰之序，右龛内系太子李治所撰玄奘取经过程的记，二者均由褚遂良书。碑高148厘米，宽69厘米。序碑额刻隶书"大唐三藏圣教之序"两行8个大字，碑文楷书21行，行42字。额题与碑文均由左向右写；记碑额刻篆书"大唐三藏圣教序记"两行8个大字，碑文楷书20行，行40字。额题与碑文均由右向左写，两碑相对而立。圣教序的文字稍小，较为端正。碑冠下部刻有造型优美的佛、菩萨和四天王像，碑底刻有飞天舞乐图，碑两侧为富有变化的阴刻蔓草图案花纹。刻石者为万文韶。此碑保存完好无缺，字迹清晰，纹饰优美，字体瘦劲秀丽而时兼行草，间用分隶，具有丰神，是褚遂良晚年杰作。此碑一出，褚书成为一时风尚，甚为世人重视。现仍嵌存于西安慈恩寺大雁塔内。杜甫有诗："书贵瘦硬方通神。"《雁塔圣教序》表现的正是这种"瘦硬通神"的审美趣味。郭尚先在《芳坚馆题跋》中说："《慈恩圣教序记》及此最其用意书，飞动沉着，看似离纸一寸，实乃入木七分，而此碑构法尤精熟。"好一个"离纸一寸，实乃入木七分"，如此笔力倾注，世所罕见。

2007年11月5日，国家邮政部门发行了《中国古代书法——楷书》邮票，其中第四枚就展示了《雁塔圣教序》碑刻。笔者曾有幸受陕西省邮政部门委托，前往大雁塔文管所商议推荐选用《雁塔圣教序记》上《中国古代书法——楷书》邮票事宜。并仔细观摩了这件保存完好的珍贵文物。

藏于台北故宫博物院的褚遂良的另一

雁塔圣教序

传世墨迹《倪宽赞》，与碑在陕西礼泉昭陵的《房碑记序》，碑在西安慈恩寺大雁塔的《雁塔圣教序记》，都属褚遂良书艺最成熟时的晚年所书。

唐和晋书法所具备那种典雅、华贵、雄浑、博大、玄妙和情韵的成熟美，以及其完整性与典型性，被后人称为"晋唐传统"。其代表人物是钟繇、王羲之、王献之、智永、虞世南、欧阳询、褚遂良、颜真卿、柳公权等。因褚书继传统而能创格，所以在这个传统之中，褚遂良占着异常重要的位置。

在清乾隆皇帝所珍爱的8本《兰亭序》摹本中，至少有两件是归于褚遂良名下的。这曾经引起了宋代大书画家米芾的极大兴趣，以至于在摹本上作跋："虽临王书，全是褚法。其状若岩岩奇峰之峻，英英秾秀之华。翩翩自得，如飞举之仙；爽爽孤鹜，类逸群之鹤；蕙若振和风之丽，雾露擢秋干之鲜。萧萧庆云之映霄，矫矫龙章之动彩；九奏万舞，鹓鹭充庭，锵玉鸣珰，窈窕合度，宜其拜章帝所，留赏群仙也。"如此评价古代书家，在桀骜不驯，对欧、颜、柳几位书法都颇有微词的米芾眼里，除了褚遂良，没有第二人。褚遂良不但是一位具有唯美气息的大师，也是一位"线条大师"。他的线条充满生命，书家的生命意识也融入结构之中，鲜明地体现出一种飞动之美。

从政经历上看，褚遂良深得唐太宗李世民宠信，李世民曾对长孙无忌说过："褚遂良耿直，有学术，竭诚亲于朕，若飞鸟依人，自加怜爱。"但褚遂良对太宗皇帝绝不是靠巴结献媚而受重用，而是以其正直行世处事。贞观十年（公元636年），曾为秘书郎的褚遂良出任起居郎一职，专门记载皇帝的一言一行。史料记载，有一次李世民问褚遂良："你记的那些东西，皇帝本人可以看吗？"褚遂良回答说："今天所以设立起居之职，就是古时的左右史官，善恶必记，以使皇帝不犯过错。我是没有听过做皇帝的自己要看这些东西。"李世民又问："我如果有不好的地方，你一定要记下来吗？"褚遂良回答说："守道不如守官，臣职当载笔，君举必记。"可见褚遂良的忠贞和耿直。

但褚遂良也因了自己的耿直，而惹祸上身。

贞观二十三年（公元649年），病重的太宗在弥留之际，将长孙无忌与褚遂良召入卧室，对二人说："卿等忠烈，简在朕心。昔汉武寄霍光，刘备托诸葛，朕之后事，一以委卿。太子仁孝，卿之所悉，必须尽诚辅佐，永保宗社。"后来他与长孙无忌扶持唐高宗李治登基。永徽四年（公元653年），升为尚书右仆射，执掌朝政大权。可正是他处于政治生涯中的顶峰之时的永徽六年（公元655年），在是否立武昭仪为皇后的斗争中，褚遂良与长孙无忌强烈反对任何废黜王皇后的企图。根据新旧唐书中褚遂良的传记记载，褚遂良进宫商议废后立后之事时，发了一通反对的议论："皇后出自名家，先朝所娶，伏事先帝……皇后自此未闻有愆，恐不可废。臣今不敢曲从，上违先帝之命，特愿再三思审。愚臣上忤圣颜，罪合万死，但愿不负先朝厚恩，何顾性命？"给唐高宗当头泼了一瓢冷水。而后他更是"致笏于殿陛，曰：'还陛下此笏。'仍解巾叩头流血。帝大怒，令引出"。

反对立武昭仪即武则天为皇后失败后，褚遂良先后被贬，又被诬告谋反，左迁遂良潭州都督。显庆二年（公元657年），转桂州都督。未几，又贬为爱州刺史。桂州位于广西，是离京师极远的僻壤之地，而爱州更是在中国本土以外的河内西南（今越南清化）一带蛮荒之地。显庆四年（公元659年），褚遂良在流放之中死去，时年63岁。在他死后的两年多时间里，武则天等人还没有放过他，一方面把他的官爵削掉，另一方面把他的子孙后代也流放到他死的地方。

褚遂良死后46年，他才得到平反。天宝六载（公元747年），他作为功臣，得以配祀于高宗庙中。德宗贞元五年（公元789年），皇帝下诏，将褚遂良等人画于凌烟阁之上，以示他与唐初的开国英雄们有同样的功劳。

书坛亚圣颜真卿

文 / 朱文杰

颜真卿，唐代大书法家，京兆万年（今陕西西安）人。曾任平原太守，世称"颜平原"。官至吏部尚书，太子太师，封鲁郡公，人们又称之为"颜鲁公"。在中国文坛享有盛誉的唐宋八大家之一的苏东坡曾说："诗至于杜子美，文至于韩退之，画至于吴道子，书至于颜鲁公。"其中"书至于颜鲁公"，则把颜真卿推向书坛至尊地位。

颜真卿在书坛，是继王羲之之后成就最高、影响最大的书法家。后代习书之人甚至有"学书当学颜"的说法。中国书法界尊王羲之为书圣，笔者以为尊颜真卿为亚圣，应该是实至名归。因为颜真卿在中国书法史上占有特殊地位，是唯一能和大书法家王羲之互相抗衡，先后辉映历史的一代宗师。

首先颜真卿是中国楷书四大家之一，书体被称为"颜体"。他的楷书，向以博厚雄强著称，"锋绝剑摧，惊飞逸势"，以《颜氏家庙碑》为代表，再有被称为颜书第一篇的《多宝塔碑》和"书法峭拔奋张，固是鲁公得意笔也"的《东方画赞碑》，以及标志颜真卿的书艺进入了完全成熟的重要典型作品的《颜勤礼碑》。

颜真卿传世墨迹有行书《争座位贴》《祭侄文稿》等。《争座位贴》被后世评为可以与王羲之《兰亭序》媲美的"双璧"，而《祭侄文稿》则被公认为仅次于《兰亭序》的"天下第二行书"。

从2003年开始，国家邮政部门发行《中国古代书法》系列邮票，到2011年，总计已发行了《篆书》《隶书》《楷书》《行书》《草书》五套邮票。而颜真卿书法有两套,一是2007年11月5日国家邮政部门发行的《中国古代书法——楷书》中的第五枚《颜勤礼碑》,二是2010年5月15日发行的《中国古代书法——行书》中的第五枚和第六枚,两枚连票的《祭侄文稿》。这在中国古代书法邮票以极少枚数反映瀚海般书法经典作品和书坛大家的极紧张和珍奇情景下创造了唯一。

《颜勤礼碑》,颜真卿楷书,唐大历十四年(公元779年)刻,19—20行,行38字。为颜真卿60岁时所作,书法刚健、整肃、雄厚,为颜真卿书艺成熟的标志性作品。加之出土年代很晚,字口如新,是保存颜书最佳的刻石,最能反映颜体原来面貌的最经典的作品。遂成为学习颜体的最好范本之一,亦被称为"颜碑第一"。现藏西安碑林博物馆。与《多宝塔碑》同为国宝级珍贵文物。

颜勤礼碑

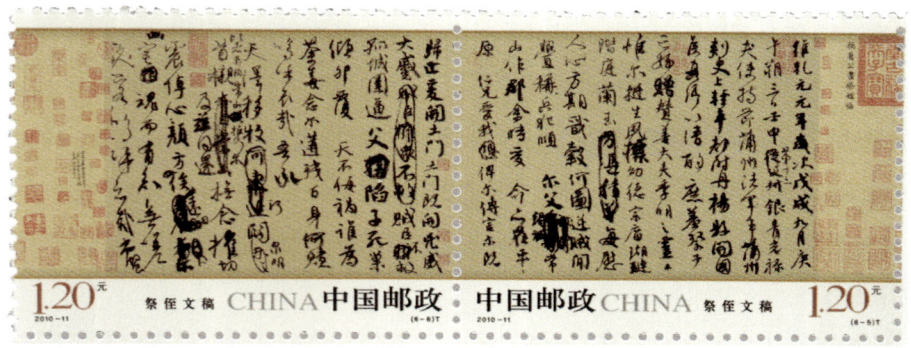

祭侄文稿

《祭侄文稿》,行书纸本,纵28.20厘米,横75.5厘米,23行,共234字。是颜真卿为祭奠在安史之乱中英勇牺牲的侄子季明而作,书家心怀哀痛和悲凄,愤而运笔,英风烈气,倾见于笔端,字里行间似有岩浆奔涌,不着意而有自然生动之妙。大量使用渴笔、枯墨，笔势飞动，姿态横生，超凡入圣，真情流露，具有撼人心魄的强烈艺术冲击力。原迹现藏台北故宫博物院。

气贯长虹

另外，1998年1月5日国家邮政部门发行的《戊寅年》生肖邮票的第二枚《气贯长虹》，还选用了颜真卿书写的"虎"字，此"虎"字选自《裴将军碑》。此碑书法，非正非行，非篆非隶，开创了破体书法的先河。首行刻着"裴将军"3个字，末尾刻有颜真卿名款，中间刻着气势雄浑，词句险绝的五言律诗《裴将军诗》。邮票上的"虎"字，正是此诗中"战马若龙虎"中的"虎"。

颜真卿为琅琊氏后裔，家学渊博，六世祖颜之推是北齐著名学者，著有《颜氏家训》。颜真卿少时家贫缺纸笔，用笔蘸黄泥水在墙上练字。他初学晋王羲之书法，又学褚遂良，后师从张旭得笔法，并汲取初唐四家特点，兼收篆隶和北魏笔意，完成了雄健、宽博的颜体楷书的创作，树立了唐代的楷书典范。颜体化瘦硬为丰腴雄浑，结体宽博而大气磅礴，骨力遒劲而气概凛然，体合天成，一笔有千钧之力。其风格尽显大唐帝国盛世之气度，创造了新的时代书风。并与他高尚的人格契合，是书法美与人格美完美结合的典例。

颜真卿不仅仅是一位书法大家，还是一位卓越的政治家。他高风亮节，敦厚朴实，秉性耿介，刚直不阿。四朝为官，前后为五位奸邪的宰相所不容。20多年间，五位宰相把颜真卿贬来贬去，使他受尽诬陷打击。第一个就是臭名昭著的杨国忠，把颜真卿排挤贬黜到平原（今属山东陵县）任太守。可这一贬，谁知反而成就了颜真卿的忠勇抗贼、救国救民之大名。

当安史之乱暴发危难之时，在河北二十四郡中，第一个站出来，举起平定叛乱旗号的就是颜真卿。他凑集的二十万军队，横扫燕赵，截断了安禄山和老窝之间的联系，竟然率领着这一支没受过多少训练的"乌合之众"，跟安禄山打了一场惨烈的硬战，杀死叛军一万多人，打赢安史之乱爆发后的第一场大胜仗。

卢杞，是被颜真卿开罪的最后一个宰相。据说此人模样极丑，长得像鬼，可行事极阴险，是个睚眦必报，神鬼都害怕的恶人。连赫赫有名、威镇三军的大唐中兴名将郭子仪都怕这种恶人。传说一次当卢杞去看望病中的郭子仪，郭子仪吓得赶紧让家里人全部回避。人家问他为什么。郭子仪说，卢杞长得神头鬼脸，家人看见了必定忍不住要笑，这一笑不要紧，卢杞记恨在心，全家老小都必得遭殃了。

面对这种位高权重，让人一见如恶鬼的阴狠角色，颜真卿却从来不惧，并敢于当面顶撞，其性之烈可谓惊天动地。就凭这份凛然正气，当时的颜真卿，威名远扬，万人景仰，世人谁个不敬颜鲁公。

奸相卢杞当然不会放过颜真卿。建中四年（公元783年），颜真卿遭卢杞陷害，被遣往叛将李希烈部劝降，后为李希烈缢杀，享年77岁。在叛军中，颜真卿面对威逼利诱，铁骨铮铮，绝不屈服，他写下遗书、遗表，自为墓志、祭文，决心慷慨赴死，尽显秦人之血性，刚强之风骨。他以死明志，大义凛然，可以说死得惊天地而泣鬼神。

颜真卿虽一介文士，但他视刀光剑影为无物，出入百万军中如履平地，是一条铁骨铮铮的热血汉子。他的生命就终结在烽烟之中，死得轰轰烈烈。唐德宗诏文曰："才优匡国，忠至灭身""器质天资，公忠杰出，出入四朝，坚贞一志。"南宋诗人文天祥特别推崇颜真卿，一句"忠精赫赫雷行天"让人感慨，中华民族有多少如此光照日月的忠烈之士呢？！

颜真卿的一生，是与笔墨为伍的一生，更是刀光剑影的一生。他是中国书法史上命运最为悲壮、德高望重、功勋盖世、高风亮节、忠臣烈士的书家第一人，是一位书如其人，影响深远，大师级的书法巨匠，无愧为书坛"亚圣"之誉。他的书法中凝聚的独有的中国精神，人格高境，必将千古流芳，光照日月。

心正笔正话柳公

文 / 朱文杰

柳公权,京兆华原(今陕西铜川耀州区)人。官至太子少师,故世称"柳少师"。他有"神童"之誉,12岁时就能吟诗作赋。他的书法作品当时就轰动朝野,备受文人墨客盛赞,乃至通过丝绸之路交流传播名扬海外,外国使臣皆以重金购得其书为荣。

一般世人皆知的"颜筋柳骨",就是指颜真卿、柳公权。"颜筋柳骨"是说他们的风格像筋、骨那样劲挺有力。颜真卿为京兆万年(今陕西西安)人,中国古代书法史上著名的楷书四大家,他二人占据一半,这真是陕西人的大骄傲了。

柳公权为后世典范,其"心正则笔正"的"笔谏",为世人欣赏和羡佩。据《旧唐书》载:"穆宗政僻,尝问公权笔何尽善,对曰:'用笔在心,心正则笔正。'上改容,知其笔谏也。"以书喻政,巧妙进谏。从此"心正笔正"之说,光耀千秋,百世流芳。

柳公权学颜真卿,且能出新。他的字取匀衡瘦硬,追魏碑斩钉截铁势,点画爽利挺秀,骨力遒劲,结体严整,法度森严,自成一体。王世贞云:"柳法遒媚劲健,与颜司徒媲美。"宋代大书家"苏黄米蔡"中的苏轼云:"柳少师书本出于颜,而能自出新意。"米芾对柳书评价甚高:"公权如深山道士,修养已成,神气清健,无一点俗气。"

柳公权传世书迹很多,影响较为突出的有《玄秘塔碑》《神策军碑》《金刚经碑》等。2007年11月5日国家邮政部门发行的《中国古代书法——楷书》

邮票第六枚就选用了柳公权的《玄秘塔碑》。

此碑全称《大达法师玄秘塔碑》,现藏西安碑林博物馆,1996年被评为国宝级珍贵文物。邮票图稿书法则选用收藏在故宫的宋拓本。此碑为"柳体"最为著名的传世书迹。王澍《虚舟题跋》说此书是"诚悬极矜练之作"。也是历来影响最大的楷书范本之一。

柳公权仕途通达,一生侍奉过七位皇帝,享尽恩宠。但这种宠幸,并不能给柳

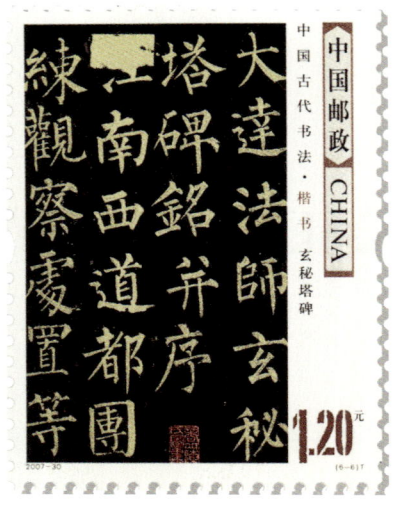

玄秘塔碑

公权带来欢乐,他内心有着无法排遣的苦闷与隐隐的羞愧,搏动在胸间是大丈夫青史留名、建功立业的勃勃雄心。因此其兄柳公绰曾写信给宰相李宗闵,云:"家弟苦心辞艺,先朝以侍书见用,颇偕工祝,心实耻之,乞换一散秩。"意思是他的兄弟,不想做相当于工祝(古时在祭祀时专司祝告)的侍书,并"心实耻之",要求换个职务。而且长期待在宫庭之内,颇像一只关在禁笼中的金丝雀,也影响到柳公权在书法艺术上更上一层楼的视野气度和境界。苛刻一点说,与颜真卿奔腾咆哮的恣肆汪洋相比,柳公权却似流于深山老林中一泓停滞的洞水。

但柳公权毕竟是中国书法史上不可多得的大师级人物,不会为表面上的荣耀所蔽。他"博贯经术,于《诗》《书》《左氏春秋》《国语》《庄周》书尤邃"。同时从儒、佛、道中汲取心灵之滋养,求得互补与平衡,求得某种超脱。他还"性晓音律",积累了多方面的丰厚的学识素养,因而由其心灵滋养而出的书艺也是金玉之质、浑厚华滋。其刚毅正直和超凡拔群的大师风范,都熔铸于柳书的风骨之中。

柳公权成功的桂冠是冲破樊篱,由长年不息、辛勤刻苦的荆棘编成的。他的作品开拓出属于自己时代的书风,奏响了声振千年、辉煌万世的盛唐之音。

阎立本与《步辇图》

文 / 朱文杰

国家邮政部门 2002 年 3 月 16 日发行的《步辇图》邮票小型张，给我留下了强烈的印象，这幅画丰厚的内涵，连续不断地刺激着我，竟让我有应接不暇之感。

步辇图

此画涉及众多的陕西元素。一是作者阎立本为雍州万年（今陕西西安临潼区）人。二是所绘主要人物唐太宗李世民出生于武功的李家别馆，在长安登上皇位，创造了中国历史上著名的贞观之治，死后葬于陕西礼泉九嵕山的昭陵。三是画中所绘故事发生在唐长安宫城的太极殿内，说的是贞观十四年（公元 640 年），吐蕃赞普松赞干布派禄东赞到长安求亲，唐太宗接见时的场景。这是 1949 年中华人民共和国建立以来，第一次把一位封建帝王搬上了邮票。

作者阎立本以绘人物驰名天下，作品有《秦王府十八学士》《凌烟阁二十四功臣》《历代帝王图》等，曾奉诏画唐太宗御像。以此来看，此作是最接近李世民本人的帝王像了。

阎立本《步辇图》再现了唐太宗接见吐蕃赞普松赞干布委派到长安的和亲使者禄东赞的场面。《步辇图》现藏于北京故宫博物院，画面右侧唐太宗坐步辇，由9个宫女抬护拥随，左侧典礼官引禄东赞谒见。太宗随和、喜悦，没了平日朝议时的威严，显得仪态雍容、温文尔雅。而禄东赞则恭敬谨慎，面现对唐太宗的敬仰之情。几个人物的描绘都符合各自的身份地位，表现极为自然有致、真实得体。画面线条细劲流畅，色彩沉稳艳丽，人物神态毕肖，有着早期肖像画之特征。全画不设背景，简洁素朴，生动记录了汉藏两个民族友好关系史上的"文成公主下嫁和亲"这一盛举的关键瞬间。不愧为"丹青神化绘史迹"。

阎立本以画家身份，后官居宰相，他的画被《唐朝名画录》列入"神品"，获此殊荣的，在他之前仅有吴道子与周昉，确实不易。但阎立本内心其实更看重官位仕途，一次太宗召立本作画，左右人误呼为"宣画师"，让他大感耻辱。《唐朝名画录》中有"立本大耻之，遂绝笔，诫诸子弟，不令学画"的记载。后来阎立本担任宰相，当时朝中有左右宰相，阎为右相，左相姜恪，立有边功，时人曰："左相宣威沙漠，右相驰誉丹青。"我以为，右相阎立本听在耳中，肯定不是滋味。

而《步辇图》的背后隐藏着十分有趣的故事，其中最脍炙人口的就是过四关了。求亲使者禄东赞，是一位机敏睿智之人。据传他是过了四关才将文成公主迎娶入藏的。第一关是分辨百匹马驹和百匹母马之间的关系，禄东赞先令将它们分别关一天，第二天在广场上相会时，小马驹们又饥又渴、盼望母亲，自然各自找到了自己母亲。第二关辨认百根同粗细檀香木的根和梢。禄东赞令把木头放进水中，并指出：沉下一头就是根。第三关是让他将一根线穿过有九曲之孔的宝珠。禄东赞将线拴在蚂蚁身上，让蚂蚁引线从九曲小孔中而出。第四关相对简单，要从众宫女中辨认出文成公主，禄东赞早从公主奶娘处得到信息，毫不费力认出了仪态万方的公主。这当然是双方一力促成的圆满喜庆之结局了。

此画以唐太宗所坐步辇为名，显然是以唐太宗为中心人物。而为了突出唐太宗，围拥的9个宫女被画得相对娇小玲珑、苗条轻盈、婀娜多姿，少了唐时风尚的浓丽肥颐的丰腴。另外，为何画中选择9个宫女，让我联想到永泰公主墓的壁画《宫女图》也是9个宫女，选数字"9"，可能有达到极致的吉祥数字的意味吧！

这幅《步辇图》是现存神品画家阎立本的重要作品，"可以仰观帝王的神武英威"，具有高度的历史价值和艺术价值，确实是一幅辉映古今的"神气飘然在烟霄之上"的传世之作。

周昉与《挥扇仕女图》

文 / 朱文杰

唐代京兆长安人的画家周昉，被誉为"画仕女为古今冠绝"的神品画家。2015年3月22日国家邮政部门发行的中国古代名画邮票——《挥扇仕女图》是继《中国绘画·唐·簪花仕女图》邮票后，周昉的又一幅作品被搬上方寸邮票。此画现藏于故宫博物院。周昉这两幅画表现的都是盛唐末期宫廷妇女生活的场景。从时间上推算，创作地、发生地都应在唐长安城和唐长安城中的大明宫。

《挥扇仕女图》邮票一套三枚，小型张一枚。该套邮票采用连票形式设计，描绘了13位头挽高髻、细目圆面、长裙曳地、有丰颐厚体之态的妃嫔和侍女、内监执扇慵坐、解囊抽琴、对镜理妆、绣案做工、挥扇闲憩的形态。

第一枚邮票表现的是一位手持纨扇慵坐于宫椅上的贵妇，若有所思的一张脸向着画面，睡眼惺忪，神情懒散。手中一把小纨扇垂在肚腹间，右边有一宫人为她轻挥着一把长柄宫扇，左边还有两位侍女捧着梳洗用具侍立于旁。如此排场，以及长柄宫扇上绘的凤凰，

挥扇仕女图

都说明这贵妇地位之高，应是皇帝的嫔妃，同时也是这幅图的主角。

第二枚邮票表现的是妃嫔解囊抽琴时瞬间形体动作的细微变化，抽琴者目不转睛地紧盯着正在全神贯注解囊的女子，化动为静，整个场景定格在这静止的瞬间。琴未现，却因无见有，那紧裹着的琴似乎呼之欲出，让你感觉画家描摹状物艺术功力的超逸，想象力的丰富。那年轻贵妇

挥扇仕女图

对镜而照和双手理妆时的优雅，一低头一抬手的温柔，都让你感到闲暇生活中充溢的那种美好无处不在。持镜伺候的宫人那种小心翼翼的恭敬，显示了身份低微。宫人着红色衣裙，小主子却一袭淡彩衣装，这位年轻贵妇的淡雅，反显其清丽绝俗，丰姿绰约。

第三枚邮票描绘的是3位贵妇围绣案做工以及挥扇小憩的贵妇的场面。做工的贵妇各居一方，有已开始缝纫的，有持针准备的，还有陷入沉思状的。虽共同劳作，却各有不同，处于一个互相并无肢体接触，或眼神顾盼交流的妙绝的氛围之中。而沉思的贵妇似

挥扇仕女图

乎心思很重，以手中一柄纨扇支颐，那种百无聊赖，无所用心情景，昭然若现。妃嫔做工是当时皇家一种传统，周朝就有"宫蚕"传统。连后宫至尊的皇后都要身体力行，参加劳作，率宫中贵妇亲事养蚕取丝、织绢捣练、刺绣制衣，一是彰显自己母仪天下的威严，一是倡导勤劳贤良的妇德。

而那挥扇小憩的贵妇，背身而坐，让你颇感意料之外却看到画面协调之中的丰富。轻挥纨扇的那种悠闲，显出的自得神态，有一种颐指气使的傲慢劲。

而倚着梧桐树的一位妃嫔好像正听她的唠叨。人物刻画如此入神，凭一背身已达到。周昉的画无愧得"兼移其神气，得情性笑言之姿"的赞誉。

这幅《挥扇仕女图》画中人物衣着华丽，体态丰腴有富贵气，但都流露出惆怅落寞的失意、郁郁寡欢的精神状态，真实地反映了盛唐末期宫廷贵族的奢侈生活和宫中妇女那种养尊处优却如同被囚禁的鸟儿，个个都含着难以排遣的忧郁和美好理想破灭的无动于衷。

全幅画以横向排列的形式展示了人物的各种活动。画面横向疏密有致的韵律变化，纵向高低错落的层次变化，使得画面结构避免了构图上的呆板单调。加之色彩浓丽而丰富，红色为主，青、灰、紫、绿等各色为辅，冷暖色调相互映衬，显现出人物肌肤的细嫩和衣料的华贵。衣纹线条畅达，细劲圆活，极尽工巧中显现柔韧之韵味，栩栩如生地勾画出了人物的种种体态，堪称中国古代名画中的上佳之作。

《挥扇仕女图》又名《纨扇仕女图》，一幅画中出现大小四把扇子，自然名实相符了。纨扇，也叫团扇。在古人眼中，团扇似乎也成为红颜薄命、佳人失势的象征。如唐代王建的词："团扇，团扇，美人并来遮面。玉颜憔悴三年，谁复商量管弦？弦管，弦管，春草昭阳路断。"这还得从汉代的班婕妤说起。班婕妤是汉成帝妃子，很是受宠，被封仅次于皇后的"婕妤"，后因赵飞燕进宫而失宠。于是班婕妤"悯繁华之不滋，藉秋扇以自伤"，作《团扇诗》，又称《怨歌行》："新制齐纨素，皎洁如霜雪。裁作合欢扇，团圆似明月。出入君怀袖，动摇微风发。常恐秋节至，凉飚夺炎热。弃捐箧笥中，恩情中道绝。"后世便以"秋凉团扇"作为女子失宠的典故，又称"班女扇"。

而《挥扇仕女图》是否想表现红颜薄命的主题？笔者以为那些生活在禁宫之中的妃嫔和宫女们，其惆怅落寞、失意愁忧、慵懒无聊、无精打采、郁郁寡欢的精神状态，不正是周昉"藉秋扇以自伤"来映衬其命运的吗？

《捣练图》

文 / 朱文杰

诗仙李白的"长安一片月,万户捣衣声",是我特别喜欢的诗句。"万户捣衣声",我先是理解为洗衣服时用棒槌在石上槌衣,长大了才知,这是唐代妇女为前线戍边丈夫缝制征衣做准备的"捣衣"。制衣的布帛须先置砧上,用杵捣平捣软,是谓"捣衣"。

2013年4月13日,国家邮政部门发行了唐代绘画《捣练图》邮票一套三枚和一枚小型张。

捣练图

这套邮票让我大致分清了"捣衣"和"捣练"的区别。"捣衣"所捣之衣应该包括已缝制好的衣物。而捣准备缝制的衣料,则是"捣练"。"练"是一种丝织品,刚刚织成时质地坚硬,必须经过草木灰碱性溶液沸煮、日晒氧化漂白,再用杵捣,加强草木灰水对丝胶的渗透能力,使脱胶均匀彻底,才能使丝绸变得柔软洁白。

《捣练图》的作者张萱，京兆（今陕西西安）人，唐代仕女画的代表人物。《捣练图》是张萱继《虢国夫人游春图》后第二幅被搬上方寸邮票的仕女画，是一幅工笔重彩画。这幅长卷式的画面上共刻画了 12 个人物形象，按劳动工序分成捣练、织线、熨烫三组场面。第一组描绘 4 个人以木杵捣练的情景；第二组画两人，一人坐在地毯上理线，一人坐于凳上缝纫，组成了织线的情景；第三组是几人熨烫的场景。

在结构上，熨烫部分非常重要。一条长绢展开，横向连贯画面，使《捣练图》整体显得谐调而富有张力。尤其是左侧妇女扯练时微微着力的勾首后仰，中间熨烫妇女一丝不苟神态的专注，还有一个淘气的小女童，从绢底下窜行，好奇地探头、嬉戏玩耍，弯腰、侧身、遮首的动作惟妙惟肖，以及烧熨斗炭火炉的煽火女童，为避热而回首的瞬间神态，都生动引人，使得满绢华彩滋生，生机盎然，平添几分情趣，达到"粉为造化，笔写天真"的艺术高境，成为整个画面令人注目的聚焦点。

其次就是表现第一主题的捣练部分。捣练这种劳作显然十分辛苦，画面上 4 个人，两人屈身执杵下捣，一人握杵稍事休息，左边那位倚杵而立的妇女传神的挽袖动态，虽已累得微汗涔涔，但少顷歇息之后欲再次接班操杵捣练，把捣练的艰辛，表现得淋漓尽致且又不露声色。

画作中间是织线部分，一人理丝，一人缝制新练。理丝者背身侧面坐于碧毯之上，眼随手动，认真而专注。其对面而坐的贵妇正手捏金针聚精会神地缝制新练，两人一高一低搭配，使得整个画面有张有弛，动中有静，节奏变化，尽精微而有韵致。画者独运之匠心跃然纸上。

张萱之前，以妇女为专题的绘画不多，专画妇女现实生活的很少见，劳作场面的就更为稀罕。像顾恺之《女史箴图》《洛神赋图》一类的画，大都是与神仙人物和封建道德戒规相联系的。从这一角度看，张萱画现实生活中的妇女题材，其进步意义就非同一般了，尤其对风俗画的提升与发展做出了卓越贡献。

但张萱的《捣练图》反映的不是下层平民妇女"万户捣衣"的劳动生活，确切地说表现的是宫廷中贵族妇女捣练缝衣的工作场面。因为，中国古代宫廷自周朝始就有宫蚕传统。每年春季，皇后率宫中贵妇亲事养蚕取丝、织绢制衣的劳作，以彰显自己母仪天下，虽位居至尊，仍不忘立国之本的桑织，倡导勤劳贤良的妇德。此长卷线条细腻均匀，重彩渲染，鲜亮绚丽，节奏起伏，极富弹性，将宫廷妇人加工白练的劳动场景描绘得精妙绝伦、多彩多姿。画者以形写神、迁想妙得，令人叹为观止。

捣练图并不是唐代才有的，汉魏六朝的"捣衣诗"就带动了捣衣图绘画的出现。根据张彦远《历代名画记》记载，早在唐代张萱之前数百年，东晋南朝画家张墨、陆探微、刘瑱都画过捣衣图或捣练图。张萱曾以王昌龄"金井梧桐秋叶黄"之乐府而绘《长门怨》，以杜甫《丽人行》而创作《虢国夫人游春图》。多以宫廷生活题材和乐府诗句作为创作来源。《捣练图》也极有可能是从李太白之诗句"长安一片月，万户捣衣声"所得灵感而挥毫，将捣练声绘在画卷之上的。

捣练须经过帛在浸泡脱胶晾干，但在这幅《捣练图》上，画者没有画浣洗，因而元人程钜夫题《张萱唐宫〈捣练图〉》诗说："月杵轻挥快似飞，霜纨熨帖净辉辉。诗人不识画师意，微咏《周南》浣濯衣。"这说明元人程钜夫不解张萱的《捣练图》为何省略了浣洗。

我国古代的捣衣诗、捣练诗的内容，大都包含捣帛、缝制、缄封、寄远，诗中很少直接描绘捣衣的动作，不如绘画形象可以给人以鲜明的形体印象，因而李白的诗句"长安一片月，万户捣衣声"，从开元盛世遥远传来，诗与画作的《捣练图》，成为那个传奇年代的见证。

2000年11月13日，文物考古工作者在陕西长安兴教寺一石槽上发现两幅唐代石刻线画"捣练图"。

据报道称，第一幅线刻"捣练图"画面上共有9人，其中8位妇女，1名男子。4名妇女头挽高髻，身穿拖地长裙，上身外套半臂，两两相对，站在放着练帛的砧石前，双手握持细腰杵，舂捣练帛。左侧两位妇女，一人左手拿团扇，头挽高髻，肩披帛巾，回首注视着另一妇女。右侧两位妇女，一人头挽反绾髻，身着拖地长裙，脚穿方头履，拱手持帛巾，另一妇女，头挽高髻，上身穿翻领紧袖衣，下穿长袍，脚穿尖足履，双手袖笼，右肩扛一细腰杵。头戴双脚幞头帽，身穿圆领长袍，脚穿尖足靴，双手袖笼的男子站在最右端，神态安详，目视前方。画面上还有小叶乔木树三棵，阔叶乔木树两棵，修竹三竿，竹笋一根。天空中飞翔有绶带鸟、鹊、雀、鸳鸯鸟八只。山石两处。线刻捣练图的构图布局疏密有致，人物左右顾盼有情。

第二幅线刻"捣练图"画面上有六位妇女。四位捣练的妇女，都是高髻，身穿紧袖拖地长裙，上身外套半臂，一人坐于砧石前，以手翻动练帛，其余两个手持细腰杵，舂捣练帛；左侧手持小团扇，肩披帛巾，长裙拖地。脚穿云头履的妇女，脚前有一狮子狗，应是庭院的主妇，悠闲自得，赏花观流泉，宠物紧跟随。最右边站立的妇女，头饰莲花冠，身穿拖地长裙，肩披帛巾，拱手持披巾于胸前，脚穿方形云头履，神态端庄，目视前方，亦应是庭院里的贵妇。画面上还有小叶乔木树两棵，阔叶乔木树一棵，芭蕉树一棵，枯树一棵，盛开的花卉两株，其他小花草数株；又有亭子一座，山石两处，其中一处山石上，流泉淙淙，藤花垂吊；天空中有绶带鸟、戴胜鸟及鹊、雀鸟儿自由飞翔。

这两幅石刻的《捣练图》明显反映的是长安城坊里贵族富户的捣练生活，与张萱的画作《捣练图》互为补充，相得益彰，反映出不同阶层捣练的真实生活场景。

据说张萱《捣练图》的原作早已失传，现在这幅是宋徽宗赵佶所临的摹作，原存徽宗内府，靖康之难中随诸多书画珍宝被掳至金国国都会宁。因金章宗题签"天水摹张萱捣练图"，故名。1860年八国联军"火烧圆明园"后，《捣练图》被掠夺并流失海外，现藏美国波士顿博物馆。

国家邮政部门把这幅《捣练图》搬上邮票，我想，其意义不外乎两点：一是把这幅冠绝古今，垂范千秋，在中国古代美术史上有重要地位的国宝级传世经典画作介绍给人们；二就是让中国人民永远记住，这一幅画中饱含着的中华民族百年的屈辱史。

《元曲》邮票上的陕西元素

文 / 朱文杰

2014年12月1日,国家邮政部门发行了《元曲》邮票,其中的元散曲《山坡羊·潼关怀古》、元杂剧《赵氏孤儿》都属于陕西题材。

潼关怀古　　　　　　　　　赵氏孤儿

在笔者心目中,陕西文化辉煌在1000多年前,而宋元以后,中国政治文化中心东移,宋词、元曲、明清小说和陕西关系就不大了。但《元曲》邮票一出,陕西题材竟占三分之一,还是给了我一种意外的惊喜。

我欣赏元代文学家张养浩的散曲《山坡羊·潼关怀古》:"峰峦如聚,波涛如怒,山河表里潼关路。望西都,意踌躇。伤心秦汉经行处,宫阙万间都做了土。兴,百姓苦!亡,百姓苦!"特别是"兴,百姓苦!亡,百姓苦"一句,几成千古绝唱。作者沉痛地告诉我们:历史上无论哪一个朝代,它们兴盛也罢,败亡也罢,老百姓总是遭殃受苦的。一个朝代兴起了,必定大兴土木,修建奢华的宫殿,从而给老百姓带来巨大的灾难;一个朝代灭亡了,战乱中惨遭涂炭、流离失所、哀鸿遍野的还是百姓。张养浩这种心系老百姓之疾苦的呐喊,真正是感天动地。

张养浩为官清廉,关心民瘼。隐居后,决意不再涉仕途,但听说重召他是为了赈济陕西饥民,就不顾年事已高,毅然应命。《元史·张养浩传》记载:"天历二年,关中大旱,饥民相食,特拜张养浩为陕西行台中丞。登车就道,遇饥者则赈之,死者则葬之。"张养浩奉命西秦赈济饥民过程中,亲睹人民的深重灾难,感慨叹喟,愤愤不平,遂散尽家财,尽心尽力去救灾,终因过分操劳而以身殉职。史载他死后,"关中之人,哀之如先父母"。

元杂剧《赵氏孤儿》,全名《冤报冤赵氏孤儿》,又名《赵氏孤儿大报仇》,为元人纪君祥创作,是一部历史剧。相关的历史事件记载最早见于《左传》,情节较略;到司马迁《史记·赵世家》、刘向《新序》《说苑》才有详细记载。

《赵氏孤儿》影响深远,有着巨大文学价值,王国维称《赵氏孤儿》"列之于世界大悲剧中,亦无愧色也"。这部伟大著作对东西方的戏剧艺术都产生了重要影响。18世纪以后,随着中西文化的交流,《赵氏孤儿》的巨大声誉远播海外,1735年,由法国人莱玛尔节译成法文。当时,法国启蒙思想家、作家伏尔泰读了法文节译本后,深为剧中人物的道德风尚和处世准则所感动,便根据其对中国的理解,写了一部五幕诗剧,名为《中国孤儿》。德国诗人、剧作家歌德高度评价说,《赵氏孤儿》这部作品深含着"结了晶的人性"。

《赵氏孤儿》这部戏的主人公程婴也是陕西韩城人。韩城市西南10公里巍东镇堡安村东南的古寨内,埋葬着春秋时晋国赵武、程婴、公孙杵臼的"三义墓",是《赵氏孤儿》的历史故事见证地,现属省级文物保护单位。墓地有明万历三十六年(公元1608年)和清乾隆四十一年(公元1776年)重修碑文三通。墓前均有碑楼，稍偏北一座墓碑上刻有"晋卿赵文子墓"六个隶书大字；偏东南处两墓并列，分别刻着"晋公孙义士杵臼墓""晋程义士婴墓"。碑的上款刻着"清进士兵部侍郎陕西抚巡毕沅题"字样。

春秋时韩城曾为晋国地，称少梁。程婴为少梁附近程庄人，赵武后裔居少梁，少梁村中赵姓与程姓为其后裔。程婴救出赵武后，携孤潜回韩武子封地韩原，藏匿在韩原深处梁山峻峰韩山之中。韩山即巍山，韩城俗称救郎山，山脚下有个车厢壕，村边有一条沟，叫"救郎沟"，相传是程婴携孤儿隐身藏匿之处。明代苏进所撰《韩原杂咏》诗有"山泽灵瑞，钟在英流，春秋程杵，楚汉逆侯"之句。明代邓山，曾任陕西学政，所撰《韩原咏古》诗有"程婴杵臼时义士，苏卿张昇世孤忠"之句，皆为赞颂程婴、公孙杵臼的。

在另一版本的救孤的三义士之一韩厥，就是韩武子，其封地在韩城。《史记·韩世家》有记载："程婴、公孙杵臼之藏赵孤赵武也，厥知之。"西汉刘向《说苑》一书，亦载其事。又记，昔赵盾对韩厥有举荐之功："晋赵盾举韩厥，晋君为中军尉。"屠诛灭赵氏，"朔不趣亡"，是相信韩厥会"不绝赵祀"。"朔妻成公姊有遗腹，走公宫匿，后生男，乳。朔客程婴持亡匿山中。居十五年。晋景公患疾，卜之，曰：'大业之后，不遂者为祟'""韩厥知赵孤在"，据实告诉景公。于是景公与韩厥谋立赵孤，"攻屠岸贾，灭其族"。故而感言："人不可以无恩，夫有恩于此，攻复于此。非程婴则赵氏不全，非韩厥则赵后不复。"

明清以后，不少剧种都曾改编演出过《赵氏孤儿》这部作品，其中尤以秦腔与京剧的影响较大。赵氏孤儿何时进入秦腔已不可考，戏剧家马健翎有改编本《赵氏孤儿》。秦腔传统剧目有赵氏孤儿故事的《八义图》，晚清以来已是盛演不衰，声名远播，清末须生李云亭、近现代易俗社的刘立杰、刘毓中父子，以及三意社苏育民以须生主演剧中人物程婴，可以说享誉三秦，影响全国。

长安石榴甲天下

文 / 朱文杰

汉长安城上林苑栽种石榴的历史已逾 2000 年。据记载，石榴是汉武帝时张骞出使西域从安石国（今伊朗附近）引入的。丝绸之路输出了中国的丝绸、瓷器、纸张，也引入了西域的奇珍异宝青金石、和田玉，还有号称"天马"的伊犁马、胡人乐舞、箜篌、琵琶等等，这当中也包括石榴、葡萄、葫芦在内。

晋人潘岳在《河阳庭前安石榴赋》中有："似琉璃之栖邓林，若珊瑚之映绿水。光明磷烂，含丹耀紫。味滋芳神，色丽琼蕊。遥而望之，焕若随珠耀重渊；详而察之，灼若列宿出云间……其华可玩，其实可珍。"尤其是"其华可玩，其实可珍"，可是赞到家了。这里的"华"就是"花"。晋代陕西铜川耀州人傅玄也有《安石榴赋》："鸟宿中而纤条结，龙辰升而丹华繁。其在晨也，灼若旭日栖扶桑；其在昏也，奭若烛龙吐潜光，苞玄黄之烈辉，缘炜晔而焜煌。发朱荣于绿叶，时从风儿飘扬。"写得也风格独具。

先说石榴花，唐代诗人韩愈有"五月榴花照眼明"的千古佳句，宋金时代诗人元格有"庭中忽见安石榴，叹息花中有真色"。

"榴花似火，凝红欲滴"的石榴花曾风靡长安。石榴栽培在唐代最盛，曾出现石榴"非十金不可得"和"榴花遍近郊"盛况。

石榴是石榴科的落叶小乔木，又名安石榴、丹若、金罂、天浆。张华《博物志》："汉张骞出使西域，得涂林安石国榴种以归，故名安石榴。"宋代诗人王义山有《石榴花》："不因博望来西域，安得名花出安石。"这些历代流传的诗句都反映了"石榴来自西域"这一史实。"博望"指张骞被封博望侯。

榴花红得鲜艳，当时流行"石榴裙"可能也泛指红裙子，是年轻女性最喜爱的服饰，"石榴裙"也就成了女性的代名词。武则天《如意娘诗》有"开箱验取石榴裙"；李白诗有"行酒石榴裙"；白居易诗有"眉欺杨柳叶，裙妒石榴花"；唐人万楚诗有"眉黛夺将萱草色，红裙妒杀石榴花"。

"石榴裙"引出"拜倒在石榴裙下"的典故。话说唐玄宗天宝年间，杨贵妃得宠，唐玄宗喜欢贵妃醉酒后的妩媚之态，因石榴可以醒酒，故唐明皇常剥石榴喂到杨贵妃口中。朝中大臣对此侧目以视，加之"君王从此不早朝"，引出群臣迁怒于杨贵妃，对她很轻蔑，经常冷眼观之，杨贵妃为此生下闷气。一天，唐明皇在华清宫邀群臣宴会，杨贵妃弹琵琶助兴。杨贵妃在曲子奏到华彩乐段之时，故意弄断了一根弦，使曲子中断。唐明皇忙问，杨贵妃乘机说，因为听曲的臣子对她不恭敬，司曲之神为她鸣不平，故而弦断。于是唐明皇降下圣旨：以后无论将相大臣，凡见贵妃均须行跪拜礼，否则以欺君之罪惩罚。从此，大臣们见到杨贵妃都只能拜倒在地。因为杨贵妃穿石榴裙，所以那些大臣私下都用"拜倒在石榴裙下"的话来相互调侃。

石榴还被当作多子多福的象征，这主要源自石榴果实的特点，即一个大果子中又有难以计数的小颗粒，而且有薄膜整齐地隔成几部分，古人所谓"千房同膜，千子如一"，是对石榴这种特点的精确概括。

有关石榴花花神还有不同的传说。农历的五月，是石榴花开最艳的季节，因此五月又雅称"榴月"，因之石榴花成为五月的"花盟主"，即花神。由于五月五日端午这一天是钟馗的生日，此时榴花盛开，但民间认为这一天为恶日，也是毒虫滋生、疾病流行的季节，而钟馗被民间奉为"赐福镇宅圣君"，功在驱鬼除恶、避邪除瘟，故民俗有端午贴钟馗像以"镇恶"。加之石榴花早在唐代就被人们作为端午节之吉祥物，《帝京景物略》记载，"五月一日至五日，家家妍饰小闺女，簪以榴花"以避邪。而钟馗性格刚烈，恰如榴花似火，人们尊称钟馗为石榴花神。再有张骞得石榴种，从丝绸之路传入内地，民间为了纪念这位劳苦功高的丝绸之路开拓者，也把张骞称为石榴花神。

民间婚嫁之时，常在新房的案头或其他地方摆上自然裂开露籽的石榴，这种石榴也称"笑石榴"，寓意"榴开百子"。如没有自然裂开的石榴，也可切开一角，使果皮裂开，露出果粒的石榴，以图祥瑞。

"榴开百子"作为吉祥图案经常出现在陕西的剪纸、刺绣、年画等工艺美术作品之中。例如旬邑剪纸窗花有《石榴百子》，当地民谚有："一个石榴分两半，中间夹个宝贝蛋，光着屁股不嫌怪。"临潼石榴剪纸代表作就更为丰富多样，有"石榴仙子图""贵子石榴图""贵妃石榴图"等。另外，安塞、洛川剪纸和延川布贴画有"石榴赛牡丹""石榴坐牡丹"，民间吉语也有"石榴坐牡丹，身下生个胖娃娃"之说。看来在陕西民俗文化中，石榴地位比牡丹要高。

再说石榴的果实，也属上品珍果，诗人形容它"丹葩结秀""朱实星悬""水晶珠玉"。唐代诗人李商隐有"榴枝婀娜榴实繁，榴膜轻明榴子鲜"；明代沈周有"累累枝上实，满腹饱珠玑"；元代朱德润有"秋深荐红实，天上得先味"。

当年长安石榴甲天下，如今历经2000年，最负盛名的唯有临潼石榴了，它集全国石榴之优，以色泽艳丽、果大皮薄、汁多味甜、核软鲜美、籽肥渣少、品质优良等特点而著称于世，名居全国五大名榴之冠，被列为果中珍品。西安临潼是唐华清宫遗址，杨贵妃喜吃石榴以石榴解酒，还有"拜倒在石榴裙下"的传说，让中国四大美女之一"羞花"的杨贵妃，成了临潼石榴的形象代言人。

总而言之，石榴不单是一种美丽的观赏花卉，还是珍贵的果树，不愧为"花实并丽"的"天下之奇树，九州之名果"。

国家邮政部门2014年7月15日发行的《水果（一）》邮票，其中第三枚就是《石榴》。令人称奇的是这套邮票为香味邮票，即根据水果特有果香添加了香味油墨。当你欣赏邮票上的水果时，能闻到这种水果独有的香味，那该是多么令人欣喜！

石榴

其实早在 2011 年 4 月 28 日的西安世界园艺博览会开幕时，国家邮政部门就专门发行了《2011 西安世界园艺博览会》邮票，其中一枚图案是吉祥物"长安花"，就是西安市市花——"石榴花"。

作为丝绸之路唯一起点的长安（今陕西西安），选择丝绸之路中外交流的最佳象征物之一的石榴花作为自己的市花，有了一种特殊的意义在内，反映一座开放性的国际化大都市对外来优秀文化必须具备的海纳百川的博大胸怀。

吉祥物

秦岭南北桂花香

文 / 朱文杰

位居我国十大传统名花之一的桂花,开花时馨香扑鼻,芬芳馥郁,沁人心脾,且香中带甜,优雅怡人,又香气四溢,弥漫数里,深为老百姓喜爱。宋代诗人洪适诗说桂花"共道幽香闻十里,绝知芳誉亘千乡"。桂花因此也被人们称为"十里香"。初唐诗人宋之问在《灵隐寺》诗中有"桂子月中落,天香云外飘"的诗句,故人们亦称桂花为"天香"。宋代婉约词派女词人李清照更是高调称桂花"自是花中第一流"。看来,桂花之香,冠绝天下。

桂花,谐音"贵花",如有歌唱道:"桂花开在桂石岩,桂花要等贵人来,桂花要等贵客到,贵客来到花才开……"桂花花不大,花形也一般。但人们因其之香而赋予了它深邃的内涵,让它生活在寄托着人们无数美好遐想的月亮上,称它为月桂,让美丽得不食人间烟火的嫦娥仙子陪伴着它,成为仙树。而且任吴刚日夜用斧子砍伐,就是立而不倒,极具象征意义。

桂花主要有四种,除过不太香的四季桂,有丹桂、金桂、银桂。宋代与苏轼交游唱和的僧仲殊有词赞美桂花曰:"花则一名,种分三色,嫩红、妖白、娇黄。"人们以此三桂,对应中榜的三甲,状元是红(丹桂)、榜眼为黄(金桂)、探花郎白(银桂)。另外,对获得大成就者则被誉为戴上了"桂冠",尤其是诗人,不是当今诗界还在评选"桂冠诗人"吗!

国家邮政部门于 1995 年 4 月 14 日发行了一套《桂花》邮票,是艳如黄金的金桂、洁白无瑕的银桂、黄里透红的丹桂、四季盛开的四季桂。同年 9 月

14日又专门发行了《国际邮票钱币博览会·北京·1995》邮票小全张，内含这四枚桂花邮票。

国际邮票钱币博览会·北京·1995

　　桂花，是中国木樨属众多树木的习称。原产我国西南、华南及华东地区，现四川、陕西、云南、贵州、广东、广西、湖南、湖北、浙江等地有野生资源。桂花适合生长于我国北亚热带和中亚热带地区，耐高温，不甚耐寒。笔者也以为这南方树木的桂花，不适宜秦岭以北。可2006年春天，西安市却在整修北大街的绿化中，把桂花作为行道树，东西两行，广植五里之长。这些娇贵的桂花树，已在西安露地越冬度过六季。加上环城西苑公园、丰庆公园等园林中的桂花树，每到八月十五前后满城满街飘香，才打破了我的这一偏颇认识。

　　后来一查历史，方知早在西汉时桂花就已成功引种汉之长安城了。桂花又名汉桂，可能就和自汉代开始栽培、引种、移植有关。西汉刘歆《西京杂记》记载：汉武帝初修上林苑，群臣皆献名果异树奇花两千余种，其中有桂十株。元鼎六年（公元前111年），武帝破南越，接着在上林苑中兴建扶荔宫，广植奇花异木，其中有桂一百株。当时栽种的植物，如甘蕉、蜜香、指甲花、龙眼、荔枝、橄榄、柑橘等，大多枯死，而桂花有幸活了下来。诗仙李白还有诗"安知南山桂，绿叶垂芳根"。看来早在西汉时期桂花引种宫苑就已初获成功，并形成一定规模。晋代，桂花的栽培得到进一步推广和发展。唐宋时期，引种桂花十分普遍。自汉代至魏晋南北朝时期，桂花成为名贵的花卉与贡品，并成为美好事物的象征。

地处秦岭之南的汉中地区，是最适宜桂花树生长的地方。不但秦巴山中生存有野生品种，而且各地都广为栽种。记得2009年8月30日我去留坝紫柏山采风，在留坝县城见到沿河堤植有数十株桂花树，正逢花期，花开得烂漫恣肆，香气袭人，闻之欲醉。金桂、丹桂、银桂、四季桂竞相吐芳，眼前展现出"一树银花一树金，还有丹桂在前面"的迷人美景。

在众多名花中，桂花是一种长寿植物。陕西省汉中市城东南7公里的南郑县圣水寺内有一棵存世之中最古老的桂花树，经科学测定，树龄在1840 ± 350年。这棵桂花树，花色金黄，每年开两次花，主花期在农历七八月份，第二次在农历十月份。开花5—7瓣，比普通桂花多2—3瓣，花径大，花期长，以秋季为盛。每次花期20—30天，甚为殊异。相传这棵桂花树，是西汉初年（公元前206年），汉高祖刘邦的大臣萧何亲手栽植，故称"汉桂"。因而汉水、汉朝、汉字、汉语、汉族发源之地的汉中市就理所当然地把桂花树定为了市树。

而在我国古代传说中，唐明皇游月宫，就借助了桂花树。据《唐逸史》记载，天宝初年的一个中秋之夜，玄宗与道士罗公远在唐长安的宫中赏月。罗公远说："陛下愿意跟臣一道到月宫中游玩吗？"玄宗听了十分高兴，罗公远折取一枝桂树，向空中掷去，桂树化为一座绿色的长桥，罗公远与玄宗一同登上长桥，步入一座巍峨的城阙，这就是月宫。在月宫，玄宗见数百个穿着白色羽衣的仙女，翩翩起舞，舞曲曼妙，舞姿婀娜。舞毕，玄宗上前询问这是什么舞，仙女回答说这叫《霓裳羽衣舞》。随后，唐玄宗与罗公远沿着桂树化作的长桥返回。第二天，玄宗根据自己的记忆，创作出著名的《霓裳羽衣曲》。

桂花和陕西渊源深厚，秦岭南北皆能生长。从汉武帝上林苑中引种的桂林、李白诗中的"南山桂"、南郑圣水寺"萧何手植桂花树"、汉中的市树桂花树，以及汉桂之名的来源、桂花树化长桥助唐明皇游月宫、留坝河堤上品种齐全的桂花树、西安北大街桂花行道树，让我在恍惚中感到了惊喜，原来桂花与我们距离如此之近，真乃是待到八月秋风来，秦岭南北桂花香了。

《二十四节气》与古长安

文 / 朱文杰

2015年2月4日,也是立春之日,国家邮政部门发行《二十四节气》系列邮票第一组,分别为《立春》《雨水》《惊蛰》《春分》《清明》《谷雨》,表现了春季的六个节气。

《二十四节气(一)》立春、雨水、惊蛰、春分、清明、谷雨

二十四节气是中国传统农业文化中的精华,是中国传统农学中天时与农耕之间形成的符合自然规律的指时体系中最重要的组成部分,至今已沿用了2000多年,依然指导和影响着我们的衣食住行,与我们日常生活息息相关。二十四节气也是我国劳动人民独创的文化遗产,与中国古代哲学体系有密切关系。2006年,"二十四节气"入选国家级非物质文化遗产名录。2016年,"二十四节气"被正式列入联合国教科文组织人类非物质文化遗产代表作名录。

古人根据太阳一年内的位置变化以及所引起的地面气候的演变次序，把一年三百六十五又四分之一的天数分成二十四段，分列在十二个月中以反映四季、气温、物候等情况，这就是二十四节气。二十四节气又分为十二节气（节）与十二中气（气），每月有一"节"与一"气"区分，"节"为月之始，"气"的最后一日为月之终。现在人们已经把"节气"和"中气"统称为"节气"。

二十四节气的命名反映季节的是立春、春分、立夏、夏至、立秋、秋分、立冬、冬至，又称八位；反映物候现象的是惊蛰、清明；反映有关作物的成熟和收成状况的是小满、芒种；反映气候变化的有雨水、谷雨、小暑、大暑、处暑、白露、寒露、霜降、小雪、大雪、小寒、大寒。

二十四节气起源于黄河流域，反映了北方气候的典型特点。从历史背景来看，其反映北方黄河流域中心区域应为陕西关中地区，因为历史上中国最鼎盛的周秦汉唐就建都于此，这里无疑是当时经济活动中心，二十四节气也就是以这一带的气候、物候为依据建立起来的。再就是到了今天，这里依然还是中国的大地原点（泾阳）和国家授时中心（临潼）。

远在春秋时期，中国就已经能用土圭（在平面上竖一根杆子）来测量正午太阳影子的长短，以确定冬至、夏至、春分、秋分四个节气。一年中，土圭在正午时分影子最短的一天为夏至，最长的一天为冬至，影子长度适中的为春分或秋分。《尚书·尧典》中的仲春、仲夏、仲秋、仲冬就指春分、夏至、秋分、冬至四气，已经对节气有初始的记述；《左传·昭公》中有"春分、秋分""夏至、冬至"的两分、两至，还有"立春、立夏、立秋、立冬"四立，形成二十四节气中最为重要的"八气"；西汉刘安《淮南子》一书里则有完整的二十四节气记载。

汉武帝太初元年（公元前104年），由落下闳、邓平等制订的《太初历》正式把二十四节气定于历法，明确了二十四节气的天文位置。《太初历》编制地就在汉长安城（今西安）。西汉初年，沿用秦朝的《颛顼历》，但此历有一定的误差。元封六年（公元前105年），经司马迁等人提议，汉武帝下令改定历法。并责成邓平、唐都、落下闳等人议造《汉历》，汉武帝元封七年（公元前104年）历成，是年五月改年号为太初（即为太初元年），并颁布实施这套《汉历》，后人以此颁布年号称呼此历为《太初历》。

需说明的是，被誉为"史圣"的司马迁，不但是改定历法的提议者，也是参与者。据西北大学历史系教授张永禄先生所主编的《汉代长安词典》载："司马迁对该历的贡献：一是把朔望和节气，各朝前推移了一段时间，确定了新的纪元；二是与同僚一起重新测定了冬至点的位置；三是为该历测定了有关恒星和行星的一些基本数据；四是以月食周期和行星逆行规律的发现，指导了该历的修订；五是参加了为制定该历而进行的仪器安装、测量等工作。"

《史记·封禅书》载：元封七年（公元前104年）"夏，汉改历，以正月为岁首，而色上黄，官名更印章以五字，为太初元年"。但《史记·太史公自序》却载："太初元年，十一月甲子朔旦冬至，天历始改，建于明堂，诸神受纪。"同一人同一本书中出现两种说法，一说"夏，汉改历"，一说"十一月甲子朔旦冬至，天历始改"，让人颇费思量。笔者即想，第一，这起码证明元封七年夏改年号为太初元年，新历因在太初元年完成，而被称《太初历》；第二，新历应该在五月已实行。那么到十一月冬至颁布，是否应视为后补呢？否则就说不过去了。

其中的"建于明堂"是指"上令奉高作明堂汶上"，奉高，即今山东泰安市岱岳区，但这事发生时间应在天子封禅的初年，即元封元年。明堂，即古代帝王宣明政教的地方。即汉武帝在明堂，举行实施新历法的仪式。西汉明堂遗址有两处，一处在山东泰安，一处在长安（今西安）城南。

《史记·封禅书》载：汉武帝初即位时"欲议古立明堂城南，以朝诸侯"。意思是"打算按古制在城南建立明堂，以朝见诸侯"。城南即汉长安城之南。而在今西安市任家口村东与大土门西北处，汉长安城安门外之南七里杜门（覆盎门）之西，是一座台榭建筑。根据它的外环水道的布局推定是西汉的明堂遗址，但何时创建有几种说法。《三辅黄图》："武帝初即位，向儒术，以文学为本，议立明堂于城南，以朝诸侯。"应劭注："汉武帝造明堂，王莽修饰令大。"确实，按汉武帝好大喜功、强悍多欲的性格，历史记载他的"大起宫室，内竭府库""奢侈无限,穷兵极武,百姓空竭",不可能不在皇都建"帝王宣明政教的"明堂,也不可能遇到国政大事都要跑到山东泰安去宣明。因之,可以认为《太初历》法理实行时间应在长安。从时间顺序上说,《太初历》也可能在长安城南明堂夏五月已颁行过一次。

说到《二十四节气》邮票最佳原地,应是多处。例如《淮南子》一书的安徽淮南、山东泰安明堂遗址,但正式把二十四节气定于历法的《太初历》,其创制地和颁发地在西汉皇都长安,这一点毋庸置疑。

凤翔木版年画

文 / 朱文杰

凤翔古称雍，华夏"九州"之一。相传秦穆公之女弄玉喜欢吹笛，结识了善于吹箫的华山隐士萧史，音乐让俩人相恋。为冲破障碍，萧史吹箫引凤，俩人乘凤而翔，最后有情人终成眷属，演绎了一段感天动地的爱情喜剧。到唐代，就根据这个美丽神话传说将雍更名为凤翔。

木版年画是中国历史悠久的汉族传统民间艺术形式。说它是瑰宝，是明珠，是奇葩，都当之无愧。其人文蕴涵之深厚，信息承载之密集，民族心理表现之鲜明与深切，更是其他民间美术无法与之攀比的。

陕西是木版年画重要发源地。1973年，西安碑林博物馆在整修《石台孝经》时，发现南宋（公元1127—公元1279年）年间的套色版画实物《东方朔盗桃图》，线条洗练，造型精绝，风格超逸。该画托名吴道子之笔，实为民间画师所作，内容和形式都具备年画要素特点，应为世界上最早木版年画史料实物。

陕西凤翔是我国木版年画四大重镇之一。凤翔木版年画，与天津杨柳青、苏州桃花坞、河南朱仙镇并称"中国年画四大家"。古版代表作大门神"方弼、方相""秦琼敬德""雄鹰镇宅""钟馗"等"古、大、雅、卓"的作品，被誉为"东方智慧的结晶"。2006年，凤翔木版年画被批准列入第一批国家级非物质文化遗产名录。

凤翔木版年画主要产于陕西凤翔县田家庄镇南小里村、北小里村和陈村镇上营村一带。据陕西省群众艺术馆、凤翔县文化馆所收藏，艺人家藏古版和家谱及《凤翔县志》记载推断，凤翔木版年画始于宋，最迟也始创于明正德初年，兴于明清。历经数百年，其风格独特成熟，艺术品位极高，是中国内地，特别是西北地区不可多得的民间风俗画卷。

2011年1月10日国家邮政部门发行《凤翔木版年画》邮票，这是继2002年生肖邮票《泥塑马》、2003年生肖邮票《泥塑羊》之后，凤翔县民间工艺美术品第三次荣登"国家名片"。以一县之艺术品三次上邮票，这在全国都少见。

《凤翔木版年画》虽然被安排在中国木版年画系列邮票的第九位发行，但我以为这也是"老鼠拉木锨，大头在后头"，成为中国木版年画系列邮票发行高潮的压轴之作、扛鼎之作。

四枚票分别是《执鞭敬德》《纳祥童子》《佳人爱菊》《富贵花瓶》。《执鞭敬德》邮票左侧印有一行字："凤翔木版年画里最受欢迎的形象之一，其夸

执鞭敬德　　　　　　　　纳祥童子

佳人爱菊　　　　　　　　富贵花瓶

张、威武的造型是人们理想中镇压一切邪魔的代表。"《纳祥童子》左侧印有："造型夸张，头大身小，面容俊秀，扭动身肢挥舞胖胖的小手，形象十分招人喜爱。"《佳人爱菊》印有："凤翔木版年画中仕女画的佳作之一，造型独特，色彩艳丽，人物姿态优雅大方。"《富贵花瓶》印有："瓶饰如意纹及冰裂纹，插以双荷及莲蓬，两旁配以书籍、茶壶、印章、石榴、酒坛、蝙蝠，象征平安富贵。"这一行字可以理解为对《凤翔木版年画》邮票的权威注释。《佳人爱菊》《执鞭敬德》都选自陕西省艺术馆所藏古版画。《纳祥童子》整体面貌不错，线条显得老练，气韵因而生动。

凤翔木版年画因地处西北偏僻小县，受外部各种美术潮流影响小，基本上保持了原始古版年画的艺术风貌和朴厚的传统风格，反而成为"笑傲华夏"年画群的木版年画重镇之一。

凤翔民间木版年画以其独异的风格影响全国，继承周秦汉唐文化渊源，从五千年前的彩陶、西周青铜器、秦砖汉瓦、汉代画像石，以及凤翔其他民间艺术，如泥塑、脸谱、剪纸、皮影、布艺等吸收营养，因而更为粗犷夸张、构图饱满、浑厚质朴，门神画造型威猛，风俗画贴近生活，色彩大红大绿的强烈冲击力，套金套银的富丽堂皇，都非同凡响，而独树一帜。

京剧艺术大师陕西人马连良

文 / 朱文杰

2009年11月28日是马连良从艺100周年纪念日，国家邮政部门发行了《马连良舞台艺术》邮票一套两枚。邮票在设计上独出机杼，巧妙地将中国传统艺术的书法、印章诸元素融汇于方寸之间。右上方的图题采用少见的楷体字和马连良篆刻印章，左边用马连良大师的手迹墨宝，左下方的票眉"海、云、山"图饰点缀，和谐博雅，神韵尽显，富含中国传统文化精华。以此彰显国粹，弥漫着浓郁的书卷之气，而令人击节赞叹。而两枚邮票主图，一枚选《借东风》，为马连良早年享誉梨园的成名作，另一枚选《赵氏孤儿》，是他晚年巅峰期的扛鼎之作。

借东风

赵氏孤儿

马连良在《借东风》中饰演诸葛亮，在《赵氏孤儿》中饰演程婴。这是继1962年发行《梅兰芳舞台艺术》邮票后第二位京剧大师舞台艺术邮票。马连良是和梅兰芳齐名的京剧艺术大师。早在民国年间，已位居当代最有影响的"四大须生"之首，开创了"马派"艺术。1930年马连良23岁时自行组班扶风社，张君秋、叶盛兰、刘连荣、袁世海、马富禄等当年京剧界的精英大牌汇聚在扶风社，使扶风社成为民国时期京剧三大家之一，京剧界最耀眼名牌大社。

就是这个扶风社，引起我的好奇，为什么马连良把他组的社称为"扶风社"呢？一查才惊奇地发现，原来马连良的祖籍是陕西扶风，一时间为自己孤陋寡闻而自惭，竟不知如此声名显赫的京剧艺术大师是陕西人。更让我想不到的是，马连良作为回族人，竟然成了汉族传统戏的京剧大师。后来家住西安市香米园的回族山水画家何海霞的高足程连凯先生告诉我：香米园的回民公墓就有马连良父辈或祖父辈的墓。

马连良，1901年2月28日生于北京。1909年入京剧科班"富连成"，1917年出科，1922年在上海一炮而红，百代唱片公司为其一次灌制六张唱片。再二年《京报》主编邵飘萍为他题字，称誉马连良为"须生泰斗、独树一帜"。新中国成立后，马连良先后任北京京剧团团长、北京戏剧专科学校校长。他在京剧界大胆革新，是一位泰斗级的里程碑式大师。著名书法家欧阳中石先生说："马连良的艺术不是跟上时代，而是开创了一个时代。"

马连良因演过京剧《海瑞罢官》中的海瑞，在"文化大革命"中受到严厉批判，于"文革"开始后不久的1966年12月16日逝世。

在京剧《赵氏孤儿》中，马连良扮演自己的乡党——程婴，演绎的壮怀激烈、慷慨悲壮的舞台形象更是光彩照人。这些都让我感动，让我为家乡厚重的历史文化氛围感到无比自豪和骄傲。

第五辑

丝路辉煌　时代新貌

电力机车奔驰在丝绸之路上

文 / 商子秦

公元前138年,汉武帝派遣张骞出使西域,开启了一个划时代的伟大梦想。这些大无畏的开拓者带着使命,越雄关,穿大漠,用一个个向西的脚印,写下了丝绸之路最初的诗行。一条大道在他们身后延伸铺展,威加海内兮地久天长。

20世纪50年代,就在张骞当年凿空的古丝绸之路上,开始出现了一种崭新的交通工具,那就是电力机车。国家邮政部门在1979年10月30日发行的《铁路建设》邮票,第一枚为《电力机车》,记载了丝路交通发展史上的重要里程碑。

电力机车

自从铁路出现,蒸汽机车曾长期作为火车头,为铁路列车提供强大的动力。1866年,世界上第一列电力机车诞生于德国。电力机车靠接收接触网送来的电流作为能源,由牵引电动机驱动机车的车轮,具有功率大、热效率高、速度快、过载能力强、爬坡能力强、牵引力大和运行可靠等主要优点,而且不污染环境,特别适用于运输繁忙的铁路干线和隧道多、坡度大的山区铁路。

我国第一条电气化铁路就是位于陕西境内的宝(鸡)成(都)线的宝鸡至凤州段,全长93公里。它在陕西的起点就是丝绸之路陕西段的重要城市宝鸡。

1954年1月宝成铁路宝鸡段开始施工,1958年1月1日正式通车运营。宝成铁路跨越秦岭,地势险要,铁路进入秦岭山区后沿清姜河盘旋迂回,在任家湾和杨家湾之间的线路以千分之三十的大坡度急速爬升。为了克服地势差,过杨家湾站后就以 3 个马蹄形和 1 个螺旋形（"8"字形）的迂回展线上升，线路层叠 3 层，高度相差达 817 米，即为著名的观音山展线。在观音山站就可以看到三层铁路重叠的场面。再经 2364 米长的秦岭大隧道穿过秦岭垭口，即进入嘉陵江流域并到达秦岭站。越过秦岭后，线路即用千分之十二的下坡道沿嘉陵江而下。宝成铁路许多线路路段坡度大、坡长、弯道多，因此宝成铁路是中国最早列入电气化计划的铁路。

从 1958 年 6 月起，宝成铁路开始进行电气化改造工程，1960 年 6 月建成宝鸡至凤州段工程，1975 年 7 月 1 日全线完成电气化改造，成为中国第一条电气化铁路，实现宝成铁路全线使用电力机车运行。

进入 20 世纪 70 年代后期，丝绸之路起点西安到兰州的铁路，分段实施电气化铁路改造，实现电气化铁路全线贯通。20 世纪 80 年代实现陇海铁路郑州到兰州段的全线贯通。

1978 年末，笔者曾在宝天电气化工程的河马口隧道（坪头车站至固川车站区间）深入生活，有幸参加了宝鸡到天水段的电气化改造工程。

宝天铁路全长 154 公里，因为宝鸡到天水之间山谷河流密布，地理环境极为复杂，加之地质原因，塌方事故不断发生，被称为陇海铁路的"盲肠"。

这条铁路的电气化改造工程包括隧道、桥梁和线路的改扩建，接触网的铺架和电气系统的安装等。笔者所参加建设的河马口隧道长达 1400 米，由当时的西安铁路局一段二队和四队分别从坪头方向和固川方向双向施工，其间曾多次创造当时隧道开掘月成洞百米的先进纪录。数百名铁路建设者用两年多的时间，建成这条隧道。

记得当时笔者就住在搭建在铁路边的帐篷中，寒冬腊月，滴水成冰，帐篷中有一个大煤炉，到处都是灰。夜晚躺在简陋的床上，列车驶过时，带起的风把帐篷刮得起伏不停，声音震耳。小床就会随着车轮哐当当的节奏摇动，我们开玩笑称之为"睡摇篮"。刚开始不习惯，被吵得睡不着。到后来习惯了，回到城里没有了这个声音反倒睡不安生了。当时工人们三班倒施工，工期紧，任务重，工地上经常开展劳动竞赛。

在隧道工地，笔者曾写下总标题为《电气化铁路工地速写》的组诗，真实记录了工程的艰辛和建设者的风采，摘录两首如下：

其一·草地

山腹，电灯睁着发黄的眼睛／道坑，梁柱把身体站得笔挺／石头板着苍老而又威严的面孔／发绿的咸泪流个不停……

在这儿，走，一步一片哗哗水声／摸，一把一片透心冰冷／呼吸，一口气一股呛人的炸药味／山体的巨大压力包围着每一个生命

啊，莫非这就是草地／四个现代化在泥泞中前行／一步一个艰险，一步一场恶战／要不，为什么叫作新的长征

电铃响了，出击的命令响了／空压机在喊，电瓶车在冲，风钻在进攻／打穿隧道，打穿那通向胜利的路径／让电机列车向着未来高速驰骋

其二·开钻，钻向明天

开钻，隧道伸进又一座大山／风枪钻进又一个漫长的夜晚……

山腹，好一块凝固的黑暗／隧道，一步步伸进夜的心田／工作面的电灯像一颗颗星星／一天二十四小时从不眨眼

啊，一声呼啸，精神抖擞／风枪挺进在漆黑的夜晚／醒醒吧，开山炮一声声呼喊／漫长的夜，已经在这里打颤

任硝烟熏，任碎石崩，任泉水漫／钻啊，夜在风枪前一分分缩短

隧道，一程程伸向黎明／铁路，一程程穿越关山……

钻啊，早日打穿这黎明前的黑暗／让列车风驰电掣地奔向明天

这两首小诗，分别发表在20世纪80年代初的《陕西日报》和《陕西工人报》，距今已经有30多年。

1980年，宝天铁路完成了电气化改造。西安铁路局于1980年12月举行宝天铁路电气化通车典礼，首列由电力机车牵引的列车由宝鸡首次驶入了天水火车站。到1984年，天水至兰州段铁路也完成了电气化改造。

20世纪80年代，兰州至武威段铁路进行了电气化改造。从2008年起，兰新铁路新疆段电气化改造拉开序幕，4年后全线通车运营，货运能力提升一倍，新疆铁路全面跨入电气化时代。电力机车从此在古老的丝绸之路上飞驰，它的雄姿定格在国家名片上，成为历史的见证。

丝路舞气龙

文 / 商子秦

在中国大地上,有一条巨大的输送天然气的管道,横贯东西,延绵万里,穿越沙漠、高山、河流,犹如巨龙逶迤,气势磅礴。这就是"西气东输"工程。

西气东输工程,是党中央实施西部大开发战略的重大建设项目。这一工程和南水北调、青藏铁路、西电东输并称为新世纪中国"水、气、路、电"四大基础设施建设工程。西气东输是指西部地区天然气资源向东部地区输送。工程整体包括陕西靖边天然气向北京、天津输送,青海涩北天然气向西宁、兰州输送,川渝地区忠县天然气向武汉输送。特别重要的是新疆天然气向长江三角洲地区输送,这是西气东输的主流。

2005年1月8日,国家邮政部门发行《西气东输工程竣工》邮票,分别为《气源开发》《管道建设》。

为了展示西气东输工程的雄伟,邮票设计者特意用"宽银幕"的形式,将

气源开发　　　　　　　　　　管道建设

两枚邮票设计为连票，并用一条抢眼的红线标示管道的走向，反映西气东输概况，突出了工程腾跃八千里、浩荡贯神州的宏伟气概。

这套邮票的图案，就是新疆塔里木盆地轮南至上海的天然气管道建设。这项工程西起新疆轮南，东至上海市白鹤镇，横贯新疆、甘肃、宁夏、陕西、山西、河南、安徽、江苏、浙江、上海 10 个省、区、市，全长 4000 公里，投资 1400 多亿元，是一条史无前例的能源输送的大动脉。

非常有趣的是，在这项工程的新疆至陕西段，绵延的管道几乎是和古老的丝绸之路相向而行，仅仅在丝绸之路途经的西部大地，西气东输主干管道穿过的地形区有塔里木盆地、河西走廊、黄土高原等，一路串起的主要城市有库尔勒、吐鲁番、鄯善、哈密、柳园、酒泉、张掖、武威、兰州、定西、西安、洛阳等，这些都是大家所熟知的丝绸之路上的重镇。望着这张精心设计的"宽银幕"邮票，人们仿佛看到，古老的丝绸之路正在舞动着这条巨大的气龙，飞腾于辽阔的西部大地。

西气东输是西部大开发的标志性工程，也是我国目前距离最长、管径最大、投资最多、输气量最大、施工条件最复杂的天然气管道。这项工程横贯中国东西，被形象地比喻为中国版图上和长江、黄河、长城并列的第四条"彩带"。

2000 年 8 月 23 日，国务院总理办公会议正式批准了西气东输工程立项；2001 年 12 月批准可行性研究报告，并在部分区段开工；2002 年 7 月 4 日全线开工。管道建设分为两个阶段：2003 年年底建成陕西靖边至上海段，长 1516 公里，先利用陕、甘、宁天然气输往长江三角洲地区。2004 年建成新疆轮南至靖边段，长 2484 公里，管道全线贯通，2005 年开始供气。全线采取自动化控制，供气范围覆盖中原、华东、长江三角洲地区。管道经过了戈壁沙漠、黄土高原、太行山脉，三次穿过黄河、一次穿过长江，创造了陆上管道穿越规模的新纪录。

西气东输工程的建成，把清洁绿色的天然气源源不断地输送至东部广大地区的寻常百姓家庭，人们在家只要手指轻轻拧一下开关，燃气灶上淡蓝色的火苗应声而起，热水器马上喷射出源源不断的热水。安全而充足的天然气供应，让城市的能源结构发生了巨大变化。许多城市的公交车、出租车也以天然气作为动力，减少了城市雾霾，改善了生态环境。这一重大工程的建成，有力地促进了中国能源结构和产业结构调整，带动了钢铁、建材、石油化工、电力等相关行业的发展，促进了东部地区经济社会的全面发展。

"西气东输"的天然气，来自西部地区的各个气田。这些气田大都远离城市，地处荒原和戈壁深处。因为工作关系，笔者曾多次到位于陕西榆林的靖边气田和内蒙古鄂尔多斯苏里格气田采访，见到了他们扎根荒原艰苦创业的情形：建设数字化气田，推进气田信息化、数字化、智能化建设，建成无人值守的数字化集气站，成功投运数字化集气橇，形成"电子巡井巡站、远程监视调控、区域集中值守、应急处置联动"的生产组织模式，极大改善职工工作环境，降低劳动强度，逐年扩大生产规模，连年实现天然气产量跨越式增长。

在每一个气田，我都见到许许多多的建设者，他们大都非常年轻，在这远离城市、远离亲人的环境中坚持工作，把自己宝贵的青春年华献给了共和国的能源建设事业，用优质高产的清洁能源，让更多人的生活更加美好，也让祖国的天更蓝，云更白，抒写美丽中国的蔚蓝礼赞。我由衷地为他们点赞，为他们写下了真情诗篇。下面的这首《放飞蔚蓝》就是其中一篇：

　　晨风吹过了浩瀚油田，我的歌把白云追赶。
　　钻机轰鸣着和声，道路拨动了琴弦。
　　朝阳辉耀银色罐塔，管道伸向一片蔚蓝。
　　蔚蓝啊蔚蓝，我心中最美的礼赞。
　　默默输送那清洁能源，我和我的歌放飞蔚蓝。

　　星光闪烁在油田夜晚，我的歌月色中弥漫。
　　吉他诉说着思念，歌声把寂寞驱散。
　　头顶夜空星移斗转，梦中天河涌动蔚蓝。
　　蔚蓝啊蔚蓝，我心中诚挚的祝愿。
　　气流化作那蓝色火焰，让祖国的天空永远蔚蓝。

今天，党和国家正在实施"丝绸之路经济带"和"21世纪海上丝绸之路"的宏伟战略。"一带一路"跨越时空，承接古今，连接中外，再次绵延升华了丝绸之路的时代梦想。"一带一路""东出海""西挺进"，使我国与周边国家形成政策沟通、道路联通、贸易畅通、货币流通、民心相通的"五通"，必将迎来一个共创共享的新时代。西气东输工程也将迎来一个新的大发展。

2009年，中国—中亚天然气管道项目建成，这是中国与丝绸之路沿线的土库曼斯坦、乌兹别克斯坦、哈萨克斯坦精诚团结、互利合作的典范，承载着丝绸之路沿线中亚四国人民世代友好、互利共赢的良好愿望，也是四国本着互补互惠、平等互利、合作共赢的原则，积极开展能源合作，取得的丰硕成果。

古老丝路将中国和欧亚大陆联系在一起，促进了不同文明的交流和发展。今天，沿着这条古丝绸之路，天然气成为新的友谊象征。2013年，丝绸之路经济带相关国家合计生产天然气10744亿立方米，约占世界总产量的三分之一；对华天然气出口达到274亿立方米，超过中国天然气进口总量的一半。

2014年9月13日，满载重托的中国—中亚天然气管道D线在塔吉克斯坦首都杜尚别开工。D线的开工建设，为中亚天然气管道这条丝绸之路经济带上的能源动脉注入强劲动力。D线线路及后续设施建成后，输气量将达到每年300亿立方米，将进一步缓解我国日益紧张的供气需求，改善我国能源消费结构。更多的绿色洁净能源进入中国后，将沿着"西气东输"的线路源源输送到中国东部地区，促进经济社会腾飞发展，实现中华民族的中国梦。

丝路舞气龙，腾飞新时代。

丝路起点飞天情

文 / 商子秦

古老的丝绸之路，不但是一条沟通东西方往来交流的交通大动脉，而且是一条流光溢彩的文化大运河。飞天，就是丝路文明中最为美丽、最具想象力的艺术创造之一。

丝绸之路的敦煌壁画中，处处可见优美的飞天形象。在敦煌莫高窟492个洞窟中，几乎窟窟画有飞天，总计4500余身。而丝路重镇天水的麦积山石窟中的"薄肉塑"飞天，其脸部和肌体部分均为薄薄一层优质细泥塑出，其他如衣着、飘带、饰物以及周围的流云、花饰等，均彩画而成，既生动又极富立体感，生动优美。这些飞天都是古代中国艺术家最天才的创作，是世界美术史上的奇迹。

飞天，意为飞舞的天人，也是宗教文化中飞翔的神仙。一个个飞天轻盈地飞舞在苍穹之中，寄托着我们的先祖飞向太空，探秘宇宙的美好心愿。

在世纪之交的中国，凝聚着新时代中华民族飞天梦想的长征火箭，一次次把神舟飞船、"神舟五号"载人飞船送上茫茫太空，它们就是新时代的飞天，正在实现着中华民族伟大梦想。

国家邮政部门在世纪之交，曾经连续发行有关长征火箭和神舟飞船、"神舟五号"载人飞船发射成功题材的纪念邮票，用国家名片这一特殊载体，记录了这辉煌的光荣和梦想。

1996年10月7日，为纪念第四十七届国际宇航联合会年会在我国北京举办，国家邮政部门发行了一套《国际宇航联大会第四十七届年会》纪念邮票。其中第一枚为《中国长征运载火箭》。1999 年 11 月 20 日，我国载人航天工程第一艘试验飞船发射成功，时任中共中央总书记、国家主席的江泽民同志为飞船题名"神舟"号，这是中国实施载人航天工程的首飞试验，是我国航天史上的又一里程碑。2000 年 11 月 20 日，在中国"神舟"飞船首飞成功一周年之际，国家邮政部门特发行《中国"神舟"飞船首飞成功纪念》邮票。第一枚名为《火箭腾飞》，邮票画面是运载火箭脱离发射架直冲云天的瞬间，展示"神舟"飞船由长征二号 F 运载火箭点火发射时的雄姿。第二枚名为《飞船遨游》，邮票画面上方是"神舟"飞船在广袤无际的太空遨游，"巡天遥看一千河"，下方是人类生存的地球。这是自 1951 年发行《保卫世界和平》邮票以来，相隔半个世纪后我国发行的第二套三角形邮票。

2003 年 10 月 15 日，我国自行研制的"神舟五号"载人飞船，在酒泉卫星发射中心发射升空后，准确进入预定轨道，把中国首位航天员杨利伟顺利送上太空。2003 年 10 月 16 日，"神舟五号"飞船安全成功着陆，杨利伟平安走出返回舱，我国首次载人航天飞行获得圆满成功，开创了我国科学技术发展的新纪元。国家邮政部门为此发行了《中国首次载人航天飞行成功》邮票一套两枚。第一枚名为《英姿》，第二枚名为《凯旋》。

英姿

凯旋

丝绸之路的起点西安，是中国航天事业的重要基地之一。

位于西安南郊的中国航天推进技术研究院（中国航天科技集团公司第六研究院），承担着为我国运载火箭和导弹武器提供液体火箭发动机的重任，被誉为"中国航天动力之乡"。中国航天推进技术研究院的前身为第七机械工业部067基地，1965年始建于丝路重镇宝鸡的秦岭山腹凤县，1993年顺利搬迁到西安。2001年，经国务院批准，更名为航天推进技术研究院。

数十年来，由中国航天推进技术研究院研制的发动机，为长征火箭的200多次发射提供了动力支撑。据说未来两年，我国还将有三种型号的长征火箭实现首飞，其动力也都将来自中国航天推进技术研究院最新研制的新一代大推力火箭发动机，陕西航天动力正在迈向新的"长征"。

中国航天推进技术研究院曾长期建功立业于大秦岭山腹，至今仍在秦岭中建有大型实验基地，笔者曾在2005年写下题为《航天圣地》的歌词：

巍峨秦岭，气象万千，这一方热土风光无限。

山铭登攀志，水流创业史，岁月年轮写就英雄诗篇。

走在大秦岭，走在中国航天的骄傲；

走在大秦岭，走不出永远的眷恋。

航天根系，动力摇篮，这一方热土辉煌灿烂。

青山化丰碑，太空记功勋，长征火箭腾飞世界震撼。

走在大秦岭，走在中国航天的传奇；

走在大秦岭，走不出永远的眷恋。

中国西安卫星测控中心是中国卫星测控网的信息管理、指挥、控制机构。总部位于西安市。航天测控是航天工程的重要组成部分。它通过测控网，对航天器进行跟踪、测量和控制。航天测控是反映一个国家综合科技实力的重要标志之一。西安卫星测控中心由中心计算机系统、监控显示系统、综合通信网、时间统一勤务系统及相应的研究室组成，具有能对多个卫星同时进行实时跟踪测量和控制的能力，并且具有任务后分析和软件开发的能力。

中心组建40多年来，从第一颗"东方红"卫星的测量到圆满完成第一颗返回式卫星的回收，从距地球36000公里的赤道上空实现卫星同步定点到确保神舟飞船的回收搜救，从具有中国特色的多星管理到成功抢救故障卫星，实现了我国航天测控"飞向太空、返回地面、同步定点、飞船回收、多星管理"的五大跨越，成功执行了包括"神舟一号"和"神舟五号"飞船在内的我国百余颗卫星的航天测控任务，航天测控综合能力跨入世界前列。

特别是2003年10月16日，"神舟五号"飞船返回中进入"黑障区"。这时，飞船与大气层剧烈摩擦产生电磁屏蔽，与地面通信暂时中断。飞船出"黑障区"时，回波信号剧烈起伏，前置雷达站跟踪目标不稳。关键时刻，西安卫星测控中心果断实施"光学引导"，使雷达及时锁定了目标，并测下了飞船每个瞬间的方位、姿态和速度。返回舱打开降落伞，空中搜救人员与飞船返回舱几乎同时着陆。在"神舟五号"飞船返回过程中，西安卫星测控中心创下了预报落点和实际落点仅差1公里、空中搜救分队50秒到达返回舱落点两项世界航天奇迹。

同样，笔者曾写下《飞天情》的赞歌，为我们的航天群英点赞：

告别地球，飞向宇宙，长征腾空壮神舟。

带着五星红旗的祝福，浩瀚太空看中华风流。

千年飞天梦，豪迈银河游。

披洒星光，携手北斗，航天丹心写春秋。

冲进轨道，奔向月球，九天嫦娥舒广袖。

带着五星红旗的歌声，浩瀚太空把凯歌高奏。

叩开广寒宫，举杯桂花酒。

揽月九天，辉煌铸就，中华民族天长地久。

北京时间从丝路起点开始

文 / 商子秦

丝绸之路是举世公认的大自然和人类文明的瑰宝，也是一道连接蓝色星球东西方的神奇彩虹。众所周知，千年古都西安是丝绸之路的起点。但许多人却不知道，这座丝绸之路的起点城市，竟然还是中华人民共和国标准的"北京时间"起始播报之地，具体地点就在位于陕西省西安市临潼区的中国科学院国家授时中心。

国家邮政部门曾在2001年元旦，发行过一套包括记录世纪交替这一重要时刻的纪念邮票《世纪交替，千年更始——迈入21世纪》，邮票分别以"世纪交替""和平发展""保护自然""科技之光""中华复兴"为主题，寄托着中华民族对迈入新世纪的豪迈情怀。其中第一枚《迈入21世纪——世纪交替》邮票图案以浩瀚深邃的太空为背景，喻意着地球在宇宙中不停地运行，新世纪的旭日冉冉升起，照耀着地球。图案下方为北京为迎接21世纪建造的中华世纪坛。邮票画面铭记着标志时空转换的历史时刻：2001 01 01 00：00：00。这一精确时间，在陕西发播。

迈入21世纪——世纪交替

世界标准时间是经度零度即本初子午线的时间。由于子午线穿越英国伦敦格林尼治天文台原址，故称格林尼治时间。我国采用北京所在的东八时区的区时作为标准时间，称为北京时间。北京时间来自陕西省西安市临潼区境内的国家授时中心。这是因为陕西地处大陆腹地，发射的时间信号便于覆盖全国；当地地质构造稳定，授时中心因地震等自然灾难被毁坏的系数极小；由于其重要性，建立在内陆地区比较安全。

国家授时中心前身是陕西天文台，1966年经国家科委批准筹建，1970年经周恩来总理批准短波授时台试播，人们第一次从收音机里听到日后耳熟能详的"……嘀，刚才最后一响，是北京时间×点整"。1981年经国务院批准正式发播标准时间和频率信号。

20世纪70年代初，为适应我国战略武器发射、测控和空间技术发展的需要，经国务院和中央军委批准，在陕西天文台增建长波授时台（BPL），1986年通过由国家科委组织的国家级技术鉴定后正式发播标准时间、标准频率信号。授时台位于陕西蒲城，主要有短波和长波专用无线电标准时间标准频率发播台。

国家授时中心负责确定和保持的我国原子时系统TA(CSAO)和协调世界时UTC（CSAO）处于国际先进水平，并代表我国参加国际原子时合作。它是由一组高精度铯原子钟通过精密比对和计算实现，并通过GPS共视比对、卫星双向法（TWSTFT）比对等手段与国际原子时间标准相联系，对国际原子时的保持做出贡献，目前的稳定度为10—14，准确度为10—13。

短波授时台（BPM）每天24小时连续不断地以四种频率（2.5M，5M，10M，15M，同时保证3频率）交替发播标准时间、标准频率信号，覆盖半径超过3000公里，授时精度为毫秒（千分之一秒）量级；长波授时台（BPL）每天定时发播载频为100KHz的高精度长波时频信号，地波作用距离1000—2000公里，天地波结合，覆盖全国陆地和近海海域，授时精度为微秒（百万分之一秒）量级。BPL长波授时系统的建立，将我国授时精度由毫秒量级提高至微秒量级，使我国授时技术迈入世界先进行列，该项目1988年荣获国家科技进步一等奖。

国家授时中心多年来为国防试验、空间技术、测绘、地震、交通、通信、气象、地质等诸多行业和部门提供了可靠的高精度授时服务，为国家星箭发射、战略武器试验提供了准确可靠的时间频率信号，保证了百余次重大任务的顺利完成，多次受到国务院、中央军委、总装备部贺电嘉奖。同时大力开展时间频率科研攻关，在守时理论与方法、时间频率测量与控制、时间传递与同步、新的授时手段拓展、国际间远距离高精度时间传递与比对、时间尺度与频率标准、用户时间系统终端研制与开发等方面取得了多项理论与技术成果，带动了我国该领域的进步与发展，逐渐形成了具有自身优势和国际影响的时间频率研究、服务、发展中心。

介绍了位于西安的国家授时中心后，让我们再次瞩目国家邮政部门发行的《世纪交替，千年更始——迈入21世纪》这套邮票。第一枚《世纪交替》，永远珍藏了那个"百年等一回"的瞬间。为了迎接这个时刻的到来，当时我也曾写下了题为《世纪祝福》的散文诗，发表于当时的相关报刊。现在摘录两段，作为这篇小文的结尾：

  晨钟暮鼓，声声惜别。我们告别了一个波澜壮阔的千年。

  让曾经的血火精魂，金戈铁马不朽于历史，把所有的拼搏、开拓和胜利都镌刻在丰碑；用人类百年的进步、文明和创造铸成祈祝，铸成未来世纪的梦幻。

  再见，二十世纪；再见，沧桑百年。

  时光隧道，岁月峰峦。我们祝福这千年一遇、百年一回的瞬间。

  让星光祝福曙光，长城祝福天坛；让年轮祝福日晷，北海祝福南天。祝福一个神圣的时辰，祝福一个憧憬的开端；祝福一个幸运之神的惠赠，祝福一个永远的回忆和眷恋。

  祝福你，二十一世纪；祝福你，崭新百年！

  ……

丝路高铁奏和谐

文 / 商子秦

在丝绸之路的起点西安,有许多古丝路题材的雕塑,像开远门遗址上的丝绸之路群雕、玉祥门外的张骞像等等。这些雕塑,让我们想象古代丝绸之路上的驼铃叮咚,胡马嘶鸣。在漫长的岁月中,骆驼和马匹就是人们行走丝路时的主要交通工具,人们正是依靠着它们往返穿行,促成了东西方世界经济和文化的大交流……

随着近现代社会文明和科学技术的进步发展,行走于古老的丝绸之路上的交通工具,开始了历史的变迁,从驼队、马车到汽车、火车甚至飞机,昔日的艰险一去不复返,代之的是交通越来越便捷,越来越通畅。

2007年4月18日,丝绸之路的交通史掀开崭新的一页,一列乳白色的流线型的火车从丝绸之路起点西安火车站开出,风驰电掣向西一路疾行,奔向173公里外的终点城市宝鸡,列车仅仅用了72分钟就跑完了全程。运行时间较原特快列车缩短了24分钟,较快速旅客列车缩短了60分钟,较普通客车缩短了80分钟。运行速度最高可达每小时204.6公里,被称为西部铁路列车的"第一速"。这种被人们习惯称之为"子弹头"的火车,就是中国铁路在古丝路段首开的"和谐号"动车组。

就在这一天,"和谐号"动车组同时出现在我国的京哈、京沪、京广、武九、浙赣、胶济、广深等干线,陕西成为西部唯一开行动车组的省份。时速200公里的具有世界先进水平的国产化动车组,标志着我国铁路进入高速时代,跻身世界先进行列。这在中国铁路发展史上是一个重要的里程碑，对推进我国铁路现代化建设、促进国民经济又好又快发展产生了积极的影响。这次提速也被称之为中国铁路第六次大提速。

首次在我国铁路既有线上开行上线运行的动车组名称为"和谐号"，原名CRH 系列，CRH 是 China Railway High-speed（中国铁路高速）的缩写。传统的旅客列车是由机车和若干辆没有动力的客车组成的。动车组属于动力分散型电动车组，是自带动力可以双向驾驶的旅客列车，具有技术先进、安全可靠、乘坐舒适、经济环保等优点。西安铁路局配备的CRH2型动车组，由8辆车组成，其中4辆具备自有动力，首尾车辆设有司机室，可双向驾驶，全列定员610人。

在"和谐号"CRH动车组列车上，随处可见高科技与人性化服务的结合体。列车车厢之间的自动感应门，人来门开，人过门合；盥洗室里的洗脸盆可自动完成出水、出洗手液、干燥风等功能；在卫生间里设有紧急按钮，乘客在卫生间里发生紧急情况时，可按下紧急按钮报警；在7号车厢设有一个残疾人专用卫生间，在加宽了卫生间门方便轮椅进出的同时，坐便器四周还设有扶手，方便使用；为了给患病旅客、哺乳妇女提供一个相对宽松、封闭的环境，动车组列车的7号车厢还有一个多功能室，不但有可供乘客平躺的沙发床，还有专门的婴儿料理台。同时，每个车厢都有自动饮水机。乘客们乘坐火车却有了坐飞机的感觉。

介绍了丝路起点西安首开的高速铁路和谐号动车组，下面向大家介绍近年来国家邮政部门发行的关于高速铁路的邮票。

2006年12月28日，国家邮政部门发行了《和谐铁路建设》邮票和小型张一枚。其中小型张印有"铁路第六次大提速"的字样，而小型张的主图就是一列飞驰于祖国大地的和谐号高铁列车。这枚小型张的设计和印刷也非常特别，邮票设计者用两重画面的印刷手法把铁路飞速发展表现了出来。在人们肉眼直观小型张图形时，只简洁看到朝霞映红的天空中，一列奔驰的高速列车和远处呈现的城市建筑楼群。但是，在紫光灯照射下，奇迹出现了，小型张上又突现出一幅荧光画面的中国地图，地图国界线及海岸线左边和下边画有较粗的阴影

和谐铁路建设

线,看起来有立体感。图上标明"中长期铁路网规划图"。在这幅图上注明,到 2020 年全国铁路营业里程达到 10 万公里,用长方框分别标出各主要繁忙干线的复线和客货分运线、电气化线的建设规划。此图印刷非常精美,33 项规划说明整齐排列,图中文字需用 5—10 倍放大镜才可清晰辨认。此规划图不是小型张的背景图,它是由无色荧光油墨喷绘印制的另一幅画面,一枚邮票用肉眼和借助工具可看到两幅画面,这在我国邮票印刷史上第一次出现,用另一种方式把铁路建设成就完整地展现在人们眼前。

之后,2010 年 12 月 7 日,国家邮政部门发行了一枚《中国高速铁路》邮票,主图是一列"和谐号"CRH380A 新一代高速动车组列车。

中国高速铁路

2010 年 12 月 12 日,国家邮政部门发行了《中国资本市场》邮票,其中一枚邮票上的图案是现代化建筑群下面有一列飞速行驶的"和谐号"动车组列车。

伴随着国家"一带一路"战略的实施，丝绸之路上的高速铁路建设也捷报频传。2014年12月26日，经过5年艰苦奋战，兰新高铁全线通车运营，从兰州至乌鲁木齐最快仅需11小时50分钟。

兰新高铁自兰州铁路枢纽兰州西站引出，经青海省西宁，甘肃省张掖、酒泉、嘉峪关，新疆维吾尔自治区哈密、吐鲁番，引入乌鲁木齐南站，全长1777公里，设兰州西、西宁、张掖西、嘉峪关南、哈密、吐鲁番北、乌鲁木齐南等21个客运车站。建设标准为双线电气化国家I级铁路，设计最高运营时速250公里。兰新高铁于2010年1月开工建设，2014年6月开始联调联试，2014年11月16日乌鲁木齐至哈密段开通运营。2014年12月底兰新高铁全线开通。

兰新高铁是国家西部大开发重点工程。作为目前世界上一次建设里程最长的高速铁路，它的建成通车，将在甘肃省、青海省、新疆维吾尔自治区三省区间形成一条新的大能力快速铁路通道。它的建成，不仅将进一步完善我国西部铁路网结构，增进西部地区与华北、华东和西南地区的经济文化交流，为促进沿线新型城镇化建设和区域协调发展创造条件，而且将大大提升亚欧大陆桥铁路通道运输能力，对打造我国向西开放的桥头堡，促进新丝绸之路经济带建设具有重要意义。

在这条高速铁路建设期间，笔者曾经和作家莫伸一起赴张掖采访。在河西走廊、祁连山下，目睹了中铁电化局宝鸡电化段的建设者们，斗酷暑，战高温，在莽莽荒原描绘宏图，让高速铁路穿越祁连山，飞驰古丝路。一首《丝路畅想》的歌词，凝聚了我的情思。歌词如下：

大风起兮云飞扬／旌旗猎猎天苍苍／壮士西行向天涯／战马嘶鸣，驼铃叮当／越雄关，穿大漠，别长安，远故乡／带着使命、带着信念、带着期望／写下开拓的壮丽诗章／丝绸之路七彩虹／沟通西域，牵手东方

丝路花雨洒吉祥／反弹琵琶醉月光／瀚海青天岁月久／商旅跋涉，穿越沧桑／腾胡旋，舞霓裳，炫珠宝，飘茶香／连接文明、连接友谊、连接梦想／架起神奇的开放桥梁／丝绸之路金飘带／系着绚丽，系着辉煌

珍藏着丝路瑰宝的华夏宝库

文 / 商子秦

在丝绸之路的起点西安,有一座被誉为"古都明珠,华夏宝库"的著名博物馆,这就是陕西历史博物馆。在这座巨大的文物宝库中,珍藏着多达 37 万余件的宝贵文物,藏品丰富珍奇,造型工艺精良,价值堪称国宝,浓缩了中华民族五千年历史的精华,是展示中国古代文明和陕西历史文化的艺术殿堂。同时,作为丝路起点城市规模最大、档次最高的历史博物馆,其中珍藏着众多有关丝绸之路的文物瑰宝。

博物馆是征集、典藏、陈列和研究代表自然和人类文化遗产实物的场所,并对那些有科学性、历史性或者艺术价值的物品进行分类,为公众提供知识、教育和欣赏的文化教育的机构、建筑物、地点或者社会公共机构。博物馆是人类文明进步的重要标志,是一个国家、一个民族、一个地区历史文化和现代文明的形象代表。世界各国高度重视博物馆的建设和发挥博物馆独特的功能和作用。1977 年,国际博物馆协会把每年的 5 月 18 日确定为"国际博物馆日"。

我国 1905 年创办第一所博物馆。新中国成立以来,尤其在改革开放之后,我国各类博物馆呈现出前所未有的生机,门类丰富,分布广泛,形成了比较完整的体系,是我国社会主义科学文化事业的重要组成部分。

党和政府高度重视博物馆建设,国家邮政部门于 2002 年 11 月 9 日发行了《博物馆建设》邮票,邮票图案中展示的是改革开放以来由国家建造开办的最具代表性的五所博物馆,其中第一枚的图案就是"陕西历史博物馆"。

陕西历史博物馆位于陕西省西安市南郊大雁塔西侧,建筑面积 5.56 万平方米,是中国第一座大型现代化国家级博物馆,也是首批中国 AAAA 级旅游

陕西历史博物馆

景区。这座由中国工程院院士、著名建筑大师张锦秋设计的建筑,为"中央殿堂、四隅崇楼"的唐风建筑群,主次井然有序,高低错落有致,气势雄浑庄重,反映一个博大、辉煌的时代风貌,既体现了十三朝古都的帝王气势,又兼收并蓄传统园林设计手法。主题建筑整体采用黑、白、灰等淡雅的色调,创造了一个庄严、质朴、宏伟,具有浓郁传统文化气氛的现代空间环境。

陕西历史博物馆收藏近800件国家一级文物,18件国宝一级文物,这些极为罕见的"镇馆之宝"凝聚着陕西历史的辉煌,也见证着中华文明的灿烂。

陕西是中华民族的发祥地之一,西安是中国历史上建都朝代最多、时间最长的文明古都,具有丰富的文化遗存和深厚的文化积淀。陕西历史博物馆馆藏文物时间跨度长达100多万年。展出的3000多件文物,都是馆藏文物中的精品。商周青铜器精美绝伦,历代陶俑千姿百态,汉唐金银器独步全国,唐墓壁画举世无双。陕西历史博物馆文物藏品中关于丝绸之路的文物,更是琳琅满目、精品荟萃。

丝绸之路开创于中国西汉时期。公元前138年,汉武帝派遣张骞从长安出发,出使西域,经过千辛万苦,开辟出一条通往西域的道路,成为连接世界东西方往来交流的交通大动脉,从而使绚丽的丝绸、清雅的茶香、晶莹的瓷器、洁净的纸张成为走向世界的中国标志。而西域客商带进中原的琉璃盘盏,盛满了璀璨珠宝和两河流域的文明,淡紫的苜蓿花染浓了东方的春色,珍珠般的石榴甜蜜了长安的梦境。19世纪末,德国地质学家李希霍芬将这条大道誉为"丝绸之路",得到了举世公认。这条用丝绸命名的道路,拥有着丝绸一样的神奇和闻名,闪耀着丝绸一样绚丽的光芒。

在陕西历史博物馆中,就珍藏着一件通身鎏金的铜蚕,这件文物1984年出土于陕西省安康市石泉县前池河的河沙里。据《石泉县志》记载,此地古代养蚕业就很兴盛。由于当时养蚕之风盛行，加之鎏金工艺的发展，因而，有条件制作鎏金铜蚕，俗称为"金蚕"。

汉代的养蚕缫丝业达到高峰，大的作坊，均为官府经营，织工多达数千人，丝织品颜色鲜艳，花纹多样，做工极为精致。西汉丝织品不仅畅销国内，而且能途经西亚行销中亚和欧洲，使得中国通往西域的商路，以"丝绸之路"驰名于世界。

金蚕是汉代养蚕缫丝业兴盛的代表性文物。此种鎏金铜蚕是迄今国内首次发现的，仅此一件，被定为国家一级文物。1970年，西安出土了何家村金银器窖藏文物，可以说这是丝绸之路上的一个文物宝库，集中展示了丝绸之路的很多亮点。

何家村窖藏文物共计1000多件，仅钱币就达39种之多，既有唐土流行的开元通宝，又有西域高昌国的高昌吉利、日本元明天皇铸造的和同开珎，还有波斯的萨珊银币、东罗马金币等，时代跨度达千余年，涉及面东至日本海、西至地中海，横跨数千公里，是我国钱币收藏史上一次空前的大发现。

何家村窖藏珍宝还呈现出浓重的异国文化因素，有西亚的镶金兽首玛瑙杯，现已成为国家不允许出境的国宝级文物，还有由粟特输入的素面罐形带把银杯、罗马风格的狩猎纹高足银杯、仿照波斯多曲长杯制作的白玉忍冬纹八曲长杯等等。这些都是丝绸之路文化交流的历史见证。

陕西历史博物馆中还有众多的唐三彩骆驼，胡人和黑人的俑像。在章怀太子、懿德太子和永泰公主墓室中的壁画中，也有很多来自西域各国的使臣造像，这些都是古代丝绸之路上的西域各国和唐王朝往来交流的历史见证。

在国家实施"一带一路"战略构想的新形势下，陕西历史博物馆举办"丝绸之路：起始段和天山廊道的路网"专题展览，让更多珍贵的丝绸之路文物一展风采，为"一带一路"建设再添异彩。

丝绸之路像一匹绚丽的锦帛，一头系着古老，一头连着希望。

陕西历史博物馆像一座荟萃丝绸之路文物的殿堂，见证着历史的璀璨，荣耀着今天的辉煌。

从丝路起点起飞

文 / 商子秦

在丝绸之路的起点西安，有一个国家航空工业的重要基地，这就是位于西安市阎良区的中国航空城。

这里是我国唯一、亚洲最大的集飞机设计研究、生产制造、试飞鉴定和科研教学为一体的体系最为完整的重要航空工业基地，区内有全国最大的飞机制造企业——中航工业西安飞机工业（集团）有限责任公司；全国唯一的大中型飞机设计研究院——中国航空第一集团公司第一飞机设计研究院；全国唯一的飞行试验研究鉴定中心——中国飞行试验研究院和西安航空职业技术学院、西安阎良航空科技馆。此外，区内还有100多个航空制造研究分支机构。"轰六""运七""飞豹""新舟60""新舟600""预警机"等30多种军民用型号飞机在这里研制生产，从这里起飞翱翔长空。

在这些从西安阎良航空城起飞的机群中，有两种飞机曾光荣地走上国家名片，成为国家邮政部门发行的纪念邮票和特种邮票的主图。1996年4月17日，国家邮政部门发行了《中国飞机》邮票，其中第三枚为"运七"飞机图案；2003年8月9日，国家邮政部门发行了《飞机发明一百周年》邮票，其中第二枚《中国篇》为"飞豹"战机图案。

"运七"型客机是一种多用途的中、短程运输机，由西安飞机工业公司制造，它的翼展宽度为29.2米，机身长23.7米，停机高度为8.6米。它装有两台国产2900马力的涡轮螺旋桨发动机，最大载重量21.8吨，航速每小时478

第五辑　丝路辉煌　时代新貌

中国飞机——运七

飞机发明一百周年·中国篇

公里，可连续航行 5 小时 47 分，飞行高度达 8300 米。座舱采用气密封装置，舒适宽敞，可乘坐 48 至 52 人；如果需要，还可以快速地拆除座椅，移动隔板，改为货机或客货混合机型。

　　1986 年 4 月 29 日，"运七"飞机第一次载客飞行成功，完成了从合肥到上海航线的飞行，结束了我国民航客运全部使用外国飞机的历史。在此之前，中国广阔的客运市场和商业货运，都被外国飞机占据。改革开放后，中国民用飞机制造业快速发展。1982 年"运七"飞机定型生产，先后交付上海和武汉进行货运航行。两年中，货运 1000 多飞行小时，经受了雷雨、结冰、高温等复杂气象考验，一直保持安全飞行记录。1986 年民航合肥管理局率先把它编入客运航班，"运七"客机曾安全飞行几十万小时，以它的适航性、可靠性、舒适性、可维护性、经济性等许多优点，赢得了国内外用户的欢迎，证明了国产飞机的优良特性，为中国民用航空做出了巨大贡献。

　　随着时代的发展，2006 年 10 月 26 日，中国东方航空公司所有的一架退役"运七"-100 型飞机，被中国航空博物馆收藏，中国自行研制的第一代小型客机全面退出民用航空市场。由"运七"飞机改进改型研制生产的新一代双发涡桨支线客机"运七"-200A，定名为"新舟"60。

　　FBC-1"飞豹"，是由中航工业第一飞机设计研究院（原西安飞机研究所）和西安飞机工业（集团）有限责任公司自主研发制造的双发双座超音速全天候歼击轰炸机，它的学名为"歼轰 7"。它的主要作战设计性能是进行战役纵深攻击、海上和地面目标攻击。我国自 1973 年就开始研究"飞豹"战机，该机的原型机于 1988 年 12 月 14 日首飞，在 1998 年 11 月的珠海航展上，"飞豹"首次公开亮相，引起国内外媒体高度关注。当时有外电评价道："它的外形一扫中国战机传统模式，具备了第三代战机的特点，预示着中国航空向 21 世纪起飞。"

该机主要装备海军航空兵，"飞豹"战机集歼击机与轰炸机的功能于一身，比轰炸机更灵活，比歼击机的战斗力更强。"飞豹"的现代化程度高，科技含量高，机载设备多，操作复杂，执行任务等级高，大大改善和加强了我军的对敌对海作战能力，是解放军作战飞机中耀眼的新星。

1999 年 10 月 1 日，在北京天安门广场的国庆 50 周年阅兵大典上，6 架成箭形编队的"飞豹"战机飞过广场上空，英姿勃发、雷霆万钧，接受了祖国和人民的检阅。

2007 年 7 月，8 架新"飞豹"战机首度飞出国门，代表中国参加在俄罗斯举行的上海合作组织"和平使命——2007"联合反恐军演，这也是中国自主研制的战机首次飞出国门。8 架新"飞豹"战机远程奔赴国外，冒雨起飞、冒雨降落，表现出良好的性能。在军演中，中国空军创下了首次在异国与外国战机协同训演、与外军联合飞行指挥、实施远程跨国机动等多项第一。超低空双机跟进齐射，对地攻击发发命中。参加联合军演的各国官兵对新飞豹"投弹精度高、准时到达好、编队好"的出色表现给予了高度评价。

2008 年 11 月，新一代"飞豹"歼击轰炸机在中国空军和航空工业集团公司联合举办的"中国航空日"上亮相，装备了新型国产航电系统，实现了脱胎换骨的变化，成为目前我国载弹能力最强、航程最远、作战半径最大的歼击轰炸机，可挂载多种精确制导武器和非制导武器，实施敌防区外远程精确打击。新"飞豹"研制成功并批量装备部队，标志着我国拥有了一型具有完全自主知识产权、具备空中立体精确打击能力的主战机种。新"飞豹"以其优良的性能，成为中国空军目前战机中外挂武器最多、火力最强的攻击力量。

新"飞豹"具有五大特点：一是作战半径大；二是载弹量大，挂载能力强；

三是武器品种多，具有强大的打击威力和作战效能；四是技术起点高，先进的综合航空电子火控系统提高了系统的整体效能；五是技术状态复杂，具有良好的中低空飞行作战性能，具备中远距防区外精确打击和昼夜间全天候攻击能力。

"飞豹"战机的设计者为中国科学院院士、被誉为"飞豹之父"的陈一坚和中航第一飞机设计研究院总设计师、副院长唐长红。由试飞英雄黄炳新试飞成功。"飞豹"战机曾荣获国家科技进步特等奖，我国对"飞豹"战机拥有完全知识产权。

"飞豹"战机和"运七"飞机走上国家名片，成为中国航空工业和中国飞机的杰出代表，是这两种飞机以及所有诞生于阎良航空城的飞机的巨大荣耀，也是位于丝绸之路起点的西安市阎良中国航空城的巨大荣耀。

飞机城大地像一张崭新光盘，刻录下无数银燕起飞的音频和画面。"运七"的身影和"飞豹"的英姿，辐射着无数感动和震撼。

这就是中航工业的时代壮歌，丰功伟绩写在祖国的蓝天；这就是西安阎良航空城的骄傲，峥嵘岁月化作壮丽的诗篇。

丝路起点涛声起

文 / 商子秦

说起丝绸之路，人们立刻想到的大多都是陆上丝绸之路，也就是最早开拓于西汉时期、以陕西省西安市为起点，连接西域各国的丝绸之路。其实，和这条陆上丝路齐名的，还有著名的海上丝绸之路。我们的先祖在汪洋大海中"云帆高张，昼夜星驰"，开拓出中国与世界其他地区之间的航线。海上丝路同样是一条开创、探索、互利互惠的和平与文化之路。

海上丝绸之路是古代中国与外国交通贸易和文化交往的海上通道，它主要有东海起航线和南海起航线，是古代海道交通大动脉。自汉朝开始，中国与日本、马来半岛就已有接触。尤其是唐代之后，来往更加密切，往来的途径当然是航海。而中西贸易也利用此航道，海上通道在隋唐时运送的主要大宗货物是丝绸，所以大家都把这条连接东西方的海道叫作海上丝绸之路。到了宋元时期，瓷器的出口渐渐成为主要货物，因此，人们也把它叫作"海上陶瓷之路"。同时，还由于输入的商品历来主要是香料，因此也把它称作"海上香料之路"。

古代的丝绸之路，是中国历史上开放和包容的见证。2013 年，习近平总书记提出了构建"丝绸之路经济带"和"21 世纪海上丝绸之路"的倡议。"一带一路"跨越时空、承接古今、连接中外，再次绵延升华了丝绸之路的时代梦想。

"一带一路""东出海""西挺进"，使我国与周边国家形成政策沟通、道路联通、贸易畅通、货币流通、民心相通的"五通"，必将迎来一个共创共享的新时代。"一带一路"传承以团结互信、平等互利、包容互鉴、合作共赢为核心的古丝绸之路精神,又顺应和平、发展、合作、共赢的 21 世纪时代潮流,这是 21 世纪的"丝路梦",丝路梦连接中国梦,实现中华民族伟大复兴。

众所周知,西安是陆上丝绸之路的起点,但海上丝绸之路的涛声,同样在古长安城这座丝绸之路的起点城市中回荡。

南海丝路最初由汉武帝开辟。汉武帝很重视航海活动,为了控制海上航线,他派遣严助、朱买臣等人建立水军,北起渤海,南迄今越南沿岸的海上航线都通行无阻。通过南海和今日的东南亚及印度洋沿岸国家建立了联系,开辟了我国古代第一条由中国至印度的远洋航线,即初期的海上丝绸之路南洋航线和西洋航线。

《汉书·地理志》记载:"自日南障塞、徐闻、合浦船行可五月,有都元国;又船行可四月,有邑卢没国;又船行可二十余日,有谌离国;步行可十余日,有夫甘都卢国;自夫甘都卢国船行可二月余,有黄支国,民俗略与珠崖相类。其州广大,户口多,多异物,自汉武以来皆献见。有译长,属黄门,与应募者俱入海市明珠,璧流离,奇石异物,赍黄金杂缯而往。所至国皆禀食为耦。蛮夷贾船,转送致之。亦利交易,剽杀人。又苦逢风波溺死,不者数年来还。大珠至围二寸以下。平帝元始中,王莽辅政,欲耀威德,厚遗黄支王,令遣使献生犀牛。自黄支船行可八月到皮宗;船行可〔二月〕,到日南、象林界云。黄支之南,有已程不国,汉之译使自此还矣。"这是古代海上丝绸之路的最早记载,也是最具权威性的史籍记载。

据史书所载,1400 多年前,日本国的第一位遣隋使小野妹子,受日本推古女皇和摄政圣德太子派遣,于公元 607 年到达隋朝的国都大兴城,也就是我们今天的西安,首开了中日两国友好往来之先河。

大唐盛世,许多日本留学生来到中国求学,甚至在中国为官,像日本著名遣唐留学生、曾任唐左散骑常侍安南都护、中日文化交流杰出的使者阿倍仲麻吕。许多日本僧人也从海上丝路来到中国长安,如最澄、空海、常晓、圆行、圆仁、惠运、圆珍、宗睿等人。他们从中国携回大量的经典、佛像、法器,且各编有一部《请来目录》,为日本佛学界研究唐代佛教提供了很多重要的资料。

今天，在丝绸之路的起点西安，依旧回荡着大海的滚滚涛声。

2005年2月5日，在西安的著名风景名胜区曲江新区，建成了西安曲江海洋世界，占地90亩，主要由海洋馆、海韵广场、海洋商务会所三部分组成。主体建筑面积18600平方米，是国家AAAA级景区。

海洋馆是曲江海洋世界项目的核心工程。馆内水体总量约为6000吨，设计养殖的淡水、海水生物300余种，数量12000余尾（只）。馆内主要由海豚表演馆、海洋科普馆、热带雨林馆、海底隧道、水下大观园五部分及配套的餐饮、海洋礼品零售、互动娱乐项目等服务设施组成，其规模及展示水平可跻身国内海洋馆前五位。

海洋科普馆中陈列着2000余种海洋生物标本，并配有详细的文字说明、插画解释，知识性与趣味性完美地结合在一起。科普馆的镇馆之宝是一条长达13.5米，重达20多吨的布氏鲸标本，骨架完整、体态优雅，堪称国内难得一见的国宝级生物标本。在这里除了看标本，还可以看3D电影、听科普讲座、查鱼群和洋流资料，还可以动手制作海洋生物标本。

8米高的海景缸如擎天柱一般从三层高的楼顶贯通整个海洋馆，构成了80米长、弧度为270度的海底隧道，这里是欣赏动态海洋生物的最佳地点。海底隧道有着来自世界各地的90多种、数量超过5000尾的海水鱼类、兽类，还有部分淡水观赏鱼类，馆内总计有约300种，数量12000多尾的水生野生动物在这里展示。透过亚克力展示窗，游客犹如置身海底，色彩斑斓的鱼群在头顶游过，酷酷的大海龟对游客视而不见。

热带雨林区大型的绿色蕨类植物环绕馆内，吊桥、木屋、野兽、恐龙、丛林、火山以及种种动物音效营造出了热带雨林的神秘气息。

海洋剧场每天三个时段进行精彩表演，童话中的美人鱼摇曳眼前，凶猛的巨鲨与人共舞，海底水晶宫的幻想全部成为现实。

海豚表演馆可容纳1300人，蔚蓝的色调勾勒出大海的雄姿，聪明的海豚和可爱的海豹会用它们精彩的表演赢得人们阵阵掌声，激发人类对海洋生物的喜爱和珍惜之情。

2006年9月20日,国家邮政部门发行了《西安曲江海洋世界》普通邮资明信片一枚,明信片的左上角印着曲江海洋世界的图案,不但有恢宏的建筑,而且有跃起的海豚。图案整体呈浅蓝色,让人想起大海的色彩。

丝路起点涛声起,海洋世界荡雄风。

西安曲江海洋世界

芙蓉胜景映丝路

文 / 商子秦

　　进曲江，走进大唐芙蓉园 / 就像是走进了诗，走进了梦
　　夕阳镀金了璀璨的殿堂 / 灯火神奇着溢彩的迷宫 / 喷泉舞动着梦幻的彩练 / 廊桥牵手着卧波的长虹 / 乐舞显影了霓裳的风采 / 碧水辉映着紫云楼的梦境……

　　这些诗行，摘自多年前笔者写下的一首朗诵诗，这首诗就是写给大唐芙蓉园的。这是在西安唐代皇家园林曲江遗址上，建起的一座荟萃了湖光山色、亭台楼阁，唐风唐韵，展现盛唐文化风采的大型园林建筑，也被称作是中国第一个全方位展示盛唐风貌的大型皇家园林式文化主题公园。

　　2005年4月11日，国家邮政部门发行了《西安大唐芙蓉园》普通邮资明信片一枚，明信片上印有大唐芙蓉园紫云楼的图案。据史书记载，唐代曲江的紫云楼建于唐开元十四年（公元726年），每逢曲江大会，唐明皇必登临此楼，在欣赏歌舞、赐宴群臣之际，常凭栏观望园外万民游曲江之盛况，与民同乐。现在的紫云楼是参考史料建造的，紫云楼分为四层及南北广场，是全园最主要的仿唐建筑组群之一，它也是国内最大的仿唐阁楼建筑群，

西安大唐芙蓉园

雍容华贵，唐风唐韵。

大唐芙蓉园位于西安市曲江新区的大雁塔东南侧，建于原唐代芙蓉园遗址上，占地 1000 亩，其中水面 300 亩，总建筑面积近 10 万平米，亭、台、楼、阁、榭、桥、廊，一应俱全，是全国最大的仿唐皇家建筑群。全园景观分为十二个文化主题区域，从帝王、诗歌、民间、饮食、女性、茶文化、宗教、科技、外交、科举、歌舞、大门特色等方面全方位再现了大唐盛世的灿烂文明。园中的紫云楼、仕女馆、御宴宫、芳林苑、凤鸣九天剧院、杏园、陆羽茶社、唐市、曲江流饮等众多景点，集中园林及建筑艺术之大成。紫云楼上的大唐芙蓉园艺术博物馆展出珍贵历史文物，园中唐诗峡荟萃唐代诗歌经典之作和书法艺术精品。每晚上演的全球最大水幕电影，集音乐喷泉、激光、火焰、水雷、水雾为一体，带给游客震撼的立体感。园区主题演出大型梦幻诗乐舞剧《梦回大唐》，恢宏大气，如梦亦幻，曾应邀赴新加坡演出，受到了各界高度评价。大唐芙蓉园以它独特的魅力，成为中国唯一的盛唐文化之旅。

特别是大唐芙蓉园艺术博物馆，赋予了大唐芙蓉园新的生命张力以及更加真实厚重的历史感。馆中展出的"盛世吉金""华金妙瓷""流光溢彩"三大部分文物精品，荟萃了出土于西安地区的周秦汉唐王朝的精品文物。青铜器中包括饮食、礼乐、车马、度量衡等器具和兵器、工具、货币，各种鼎、鬲、爵、壶、盉、洗、镜等造型凝重大气、工艺精巧细致、纹饰精美瑰丽。金、银和瓷器更是神工鬼斧，巧夺天工。而彩绘的兵俑更是西安城市最具象征意义的文物。各种陶器、唐三彩更是古代西安的社会生活面面观，从丝绸之路的商队到大唐王朝的官仪，在这里都化作形象化的展示，洋洋大观，让人大开眼界。

大唐芙蓉园和丝绸之路，有着紧密的联系。

芙蓉园所在的曲江，是唐代的繁华游乐之地，无论帝王之家的郊游行乐、宰相百官的曲江筵席，还是贵家子弟的春日游宴及新科进士的春日放榜和御赐宴集，皆在此地活动。因此，来到长安的西域各国官员和客商，一定是这里的贵宾和常客。曲江近邻的佛教寺院，同样是来自西域各国佛僧的修行之地。

今天的曲江和大唐芙蓉园，有着许多和丝绸之路相关的景观和活动。在大唐芙蓉园西面不远处的大唐不夜城广场，巨大的万国来朝雕塑吸引着人们的目光：经过贞观之治、开元盛世，大唐王朝成为当时世界上最为强盛的国家，成为世界各国普遍向往的东方乐土。都城长安更是众望所归的圣地，云集着数量惊人的西域胡人。唐朝文化远播东西，中华文明影响世界，万国来朝雕塑表现的就是大唐王朝四海威服、万国来朝的盛世景象。

另一座"开元盛世"主题雕塑总高12.95米，最高一层基座上是4.59米高的"唐玄宗李隆基"。4.59米取意为九五之尊，李隆基站立在巨大的圆形龙壁前，帝王风范尽显。第二层是唐玄宗最器重的6位重臣及20个番邦使节。第三层是42个乐俑手持各种乐器尽情演奏，壮美恢宏。整个雕塑群由78个人物组成，营造出一种大唐盛世百姓安居乐业的欢乐气氛。其中番邦使节就是丝绸之路的标志。

大唐芙蓉园在2012年曾举办盛大的丝绸之路文化节，活动包括"丝绸之路美食周""丝绸之路摄影图片展""丝绸之路旅游纪念品展销"和"唐市街区'丝路风情'异域文化体验之旅"，为广大游客亲情奉献一场独具异域风情的文化盛宴。独特的异域风情、繁华的唐市风貌，让人们品味原汁原味的异域经典民俗，重温丝路的千年风华。

2014年大唐芙蓉园的新春灯会中，有这样一个壮志激荡的动人篇章：声势浩大的大唐商队由唐王送行，向着神秘的丝绸之路进发。跳动的红缨，飞扬的唐旗渐行渐远，大唐国度继续着他充满魅力的盛世繁华。岁月更替，西行商队带着丝路各国的祝福满载而归，古老的丝绸之路此时焕发出了更辉煌的光彩。

这场融合盛唐文化主题的演出《丝路西行》，体现"中国梦·丝路情"的主题，通过还原丝绸之路贸易历史，再现昔年大唐盛景。整场演出通过不同国家的音乐与舞蹈，以及威武雄壮的马阵表演，完美再现了昔日大唐商队行走在丝绸之路上进行东西方贸易的盛世风貌，神秘的埃及、妖娆的土耳其、热情的俄罗斯……都让游客沉醉在这丝绸之路的唯美风情和盛唐的繁荣昌盛中。

灯会还特地制作出以"丝路花雨""宝石之路""骆驼俑""海上丝绸之路"等一系列彩灯构成的"丝绸之路"大型水陆灯组，通过还原古代中西方在海上与陆上丝路进行贸易的场景,细致地讲述了丝路沿途的地域特征、民俗风情,为游客展现出一幅别开生面的画卷。

如果说大唐芙蓉园是一条金碧辉煌的云中之龙,这里关于丝绸之路的景观和活动,犹如浓重的点睛之笔,让大唐芙蓉园更加华贵、更加壮丽、更加博大、更加恢宏。所以,我也不禁又一次为大唐芙蓉园献上自己的心声:

春的盛典,梦中彩虹,神奇的园林剪辑了岁月时空。千秋华夏魂,万里丝路风,盛唐魅力聚焦世界的眼睛。春满曲江,盛世好风景;春满丝路,腾飞东方龙……

铺展电力丝绸之路

文 / 商子秦

电力工业是一个国家的经济命脉。电网则是由电力系统中各种电压的变电所及输配电线路组成的整体，也叫电力网。电网通过变电、输电、配电，承担着输送与分配电能，改变电压的任务，从而把巨大的电能源源不断地输送到广大城乡。

近年来，伴随着中国电力发展步伐不断加快，中国电网也得到迅速发展，电网系统运行电压等级不断提高，网络规模也不断扩大，全国已经形成了东北电网、华北电网、华中电网、华东电网、西北电网和南方电网六个跨省的大型区域电网，并基本形成了完整的长距离输电电网网架。

正是由于电网的重要作用，新中国成立以来，国家邮政部门发行的有关电力的邮票中，多次出现关于电网的图案。如1955年2月25日发行的《新建二十二万伏超高压送电线路（1954）》邮票，画面就是一座高耸的输电铁塔；1955年10月1日发行的《努力完成第一个五年建设计划》邮票中的《电力》一枚，图案也是输电铁塔。2009年2月24日发行的《电网建设》邮票，分别为《科技强电》《坚强电网》《户户通电》，专门为国家电网1000千伏特高压交流特

电力

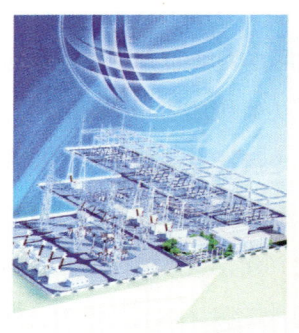  

科技强电　　　　　　　　坚强电网　　　　　　　　户户通电

高压试验示范工程（简称特高压）竣工投运而发行。

而在古老的丝绸之路上，也有着一个重要的电网工程，曾走上了国家名片，它就是20世纪70年代建成的从甘肃兰州刘家峡水电站到陕西关中的330千伏输变电工程。

1980年夏天，笔者曾随陕西省作家协会青年作家读书班赴兰州采访参观，来到了黄河上的刘家峡水电站。在参观巨大的发电机组时，讲解员知道我们是来自陕西的青年作家，特地把我们带到一组机组旁，告诉我们就是这个机组发出的电能，沿着330千伏输变电网送往陕西，为三秦大地提供了强大的电能。通过讲解我们得知：330KV输变电工程，也叫330KV刘天关输变电工程。该工程从刘家峡水电站，经甘肃天水的秦安变电站至陕西省眉县汤峪变电站，线路全长534公里，工程1969年10月开工，1972年6月建成投产。

当时笔者尚在宝鸡工作，听着讲解，思想就开了小差，不禁想起在宝鸡大地曾多次见到过的屹立于高山之巅、幽峡深谷、辽阔原野中的高大铁塔，一座铁塔像一只举起的手臂，高高托举着巨大的电网；一座座铁塔又像一个个桥墩，高高架起了一道输送电力的虹桥。这道电网原来就连着眼前的这台发电机组，也许，此时此刻机组所发出的电能，就飞速地输送到我所工作的城市，化作了万家灯火和机声轰鸣……

当时的刘家峡水电站是国内已建水电站中装机容量最大的电站，该水电站于 1958 年 9 月开工，1961 年停建，1964 年复工，1968 年 10 月蓄水，1969 年 4 月 1 日首台机组发电，1974 年 12 月竣工。它以黄河水为动力，年发电量达 57 亿千瓦时，是当时我国最大的水电站，也是西北电力系统的骨干，起联网、调峰、调频、调压等作用。刘家峡水电站发出的强大电流通过 4 条 220 千伏和一条 330 千伏超高压输电线路送往甘肃兰州和天水、陕西关中、青海西宁地区。刘家峡至关中的 330 千伏超高压输电线路是国内首次兴建。这条输电线路正是沿着古丝绸之路的走向连接陕甘两省，是名副其实的古丝绸之路上的电力大动脉，可以说也是一条"电力丝绸之路"。

1976 年 2 月 20 日，为了庆祝国民经济建设第四个五年计划胜利完成，国家邮政部门发行了一套《胜利完成第四个五年计划》邮票，其中《水电》一枚的图案，就是刘家峡水电站。尽管雄伟的大坝占据了画面的主要位置，但是在画面的一侧，却醒目地矗立着一座输电铁塔，标志着输电网工程。

岁月荏苒，从 1980 年到现在，已经是 30 多年。据相关资料介绍，经过多年的发展，西北电网 330 千伏线路已达 10 701 公里，已有的电网已趋于饱和，不能满足西北电网长距离、大容量的电力输送和交换要求，西北电网迫切需要发展高一级电压等级的电网。因此，西北电网建设 750 千伏输变电示范工程被提上了发展议程。一条 750 千伏线路的输送能力是 330 千伏线路的 4 倍，在送电过程中线损还会明显降低，适应西北地区典型的长距离、大容量输电要求。西北电网发展 750 千伏电压，成为实施"西电东送"和推进"全国联网"的迫切需要。

2005 年 9 月 26 日，西北电网第一条 750 千伏输变电示范工程正式投运。2010 年 11 月 3 日，新疆与西北 750 千伏电网联网、甘肃千万千瓦级风电一期外送工程正式投运，被誉为"21 世纪的电力丝绸之路"。

今天，随着国家"一带一路"战略的全面实施，我们相信，一条崭新的"电力丝绸之路"将会出现在西部大地，迅速地延伸扩展，为国家的建设和发展提供更加强大和更加充裕的电力能源，描绘"丝路梦"，实现"中国梦"，开创中国电力大业的崭新辉煌。

绿色长城牵手丝绸之路

文 / 商子秦

在我们国家的北方,有一项被誉为"绿色长城"的巨大工程,这就是逶迤延绵于西北、华北和东北地区的"三北"防护林。

"三北"防护林工程是指在中国三北地区(西北、华北和东北)建设的大型人工林业生态工程。中国政府为改善生态环境,于1979年决定把这项工程列为国家经济建设的重要项目。工程规划期限为70年,分七期工程进行。总体规划要求,在保护好现有森林草原植被基础上,采取人工造林、飞机播种造林、封山封沙育林育草等方法,营造防风固沙林、水土保持林、农田防护林、牧场防护林以及薪炭林和经济林等,形成乔、灌、草植物相结合,林带、林网、林片相结合,多种林、多种树合理配置,农、林、牧协调发展的防护林体系。

三北防护林工程,在陕西省境内主要分布在黄土高原和渭北台塬地区,进而向西延绵到包括甘肃、宁夏、青海、新疆各省区,大致和古老的丝绸之路保持着平行。

党和国家高度重视植树造林、美化环境工作,邓小平同志曾为三北防护林工程题字"绿色长城",国家邮政部门也曾先后发行过关于"绿色长城"的邮票。1990年3月12日,国家邮政部门发行《绿化祖国》邮票,这是新中国第二套以"造林绿化"为专题的邮票,其中第三枚为《建设绿色长城》。图案上有三条由深到浅、起伏连绵的绿带,隐约现出万里长城的形象,票图前方是一片土黄色的沙漠。

全民义务植树

城市绿化美化

建设绿色长城

林茂粮丰

新中国成立以来，国家邮政部门曾多次发行有关植树造林的邮票，主要有：1957年12月30日发行的《农业合作化》邮票第三枚《造林》；1958年12月15日发行的《林业建设》邮票，其中第四枚《绿化祖国》就是直接反映植树造林；1964年9月26日发行的《知识青年在农村》邮票中第二枚《种树》；1979年8月10日发行的《人民公社五业兴旺》邮票第二枚《植树造林》；1980年植树节发行的《植树造林 绿化祖国》邮票一套四枚。

这一张张聚焦植树造林的国家名片，成为新中国邮票家族中一道最为亮丽的绿色风景线。

作为丝绸之路起点的陕西省，是植树造林和国家三北防护林建设的重点省份之一。早在1956年3月，在陕西延安召开了"西北五省区植树造林大会"，并由此在全国青年中掀起了一次声势浩大的植树造林高潮。而持续30多年的三北防护林建设，为陕西构筑了绿色屏障。陕北毛乌素沙漠实现了由"沙逼人退"向"人逼沙退"的历史性转变，黄土高原40%的水土流失面积得到初步控制，大幅度减少了流入黄河的泥沙。同时增强了农业防灾减灾能力，为确保粮食安全提供了保障。通过大力营造生态经济型防护林，使生态建设与经济发展形成良性互动，成为农民增收的支柱产业。

在三北防护林工程建设中，陕西广大群众不等不靠，用心血和汗水浇灌荒漠，用智慧和力量播撒绿色，在荒漠高原树起了一座万众一心、重建家园的绿色丰碑。在三北防护林建设中，涌现出了以治沙英雄石光银、治沙女杰牛玉琴、优秀党员郭秀明、新时期治沙造林的先进典型神木县张应龙、陈仓区新街镇官村村民李伟等模范典型。正是由于这种持续的努力奋斗，今天的陕西境内，无论是历史上通往西域的传统丝绸之路，还是从古都长安北上通往蒙地的"草原丝路"，都呈现出一片郁郁葱葱。

2012年11月1日，陕西省三北防护林工程建设暨全面治理荒沙工作大会在榆林召开。会议描绘出陕西省三北防护林建设新的宏伟蓝图，全省三北防护林五期工程计划总投资68.7亿元，在8市（区）68个县（市、区）共营造林2300万亩，到2020年将使工程区森林覆盖率达到40%。同时启动全面治理荒沙工程，计划用3年时间，在榆林、延安和渭南3市9个县（区）全面治理300万亩荒沙，改造150万亩半固定沙地，巩固100万亩固定沙地。

会议强调："生态美"是陕西建设西部强省的重要目标之一，三北防护林工程区则是建设生态美的重点和难点区域。为实现这一区域的生态美，一是在工程建设质量和效果上下功夫，加快推进陕北高原大绿化、关中大地园林化进程，尽快让大绿色、大森林、大园林展现出来；二是要将流动沙地和严重水土流失区作为治理的重点，大力营造防风固沙林、水土保持林，不断提高植被覆盖度和林分质量，构筑绿色生态大屏障；三是要注重民生林业建设，在美化环境和农民增收上下功夫，更新传统林业建设观念，加强生态经济型和景观型防护林建设，丰富防护林建设内涵，增加农民收入，增进百姓福祉；四是要围绕各区域发展布局，在基地建设上下功夫，建设长城沿线风沙区重点建设百万亩樟子松、百万亩长柄扁桃基地，陕北黄土丘陵沟壑区重点建设百万亩松柏林、百万亩优质红枣基地，渭北高原及关中平原区重点建设百万亩干杂果基地、百万亩农田防护林基地。陕西的三北防护林建设，正在为"美丽陕西"再添异彩。

作为一名陕西作家，多年来，笔者有幸多次深入林业建设第一线体验生活，也曾来到三北防护林建设的第一线参观学习。1980年夏天，在著名作家贺抒玉的带领下，我们一批青年作家来到榆林，到植树造林的先进典型蟒坑村采访。尽管当时的榆林绿化程度还很差，但蟒坑村却是树木成林，满眼绿翠，给我留下了深刻印象。笔者在宝鸡工作期间，也曾跟随当地的林业局领导，多次到秦岭深处的码头滩林场、辛家山林场以及位于西山的香泉林场采访，目睹了林业建设的巨大成就。近年来更是多次参与全省林业和环保方面的大型演出策划和创作，讴歌和礼赞陕西的绿色长城建设。下面的一首《和绿色同行》，就是呈献给陕西绿色长城建设者的由衷赞颂和美好祝愿：

我们和绿色同行，我们和春天同行，

我们的身影，就是耸立的绿色长城。

唱着绿色的歌，携手绿色的风，

创意绿色的时空，灿烂绿色的星。

我们建设美好的绿色家园，拥抱绿色的光荣。

我们和绿色同行，我们和希望同行，

我们的心中，铺展永远的绿色风景。

镌刻绿色的碑，编织绿色的虹，

联网绿色的未来，描绘绿色的梦。

我们珍爱美好的绿色家园，永恒绿色的生命。

"南水北调"连接丝绸之路

文 / 商子秦

众所周知，陕西是丝绸之路的起点。而丝绸之路，则有着广泛的包容，其中既有历史上从长安连接西域的传统的丝绸之路，也包括从长安北上连接内蒙古草原的丝绸之路，还有从长安连接西北地区的陕甘茶马古道。而这条茶马丝绸之路就南接陕西南部的安康、汉中地区。

据史书记载，早在1300多年前的唐贞元末年，朝廷用茶叶与西北少数民族换马，开了茶马交易之先河。《新唐书·隐逸列传·陆羽传》载："（中唐）时回纥入朝，始驱马市茶。"产于汉中、安康的陕南茶成了朝廷以茶易马的首选，为唐王朝换回纥马。曾长期风行西北、成为西北部少数民族重要的生活必需品的泾阳茯茶，其制作原料就是湖南的黑茶，也是沿着这条古老的茶马道运到关中，再行加工，最后畅销边疆的。

说明了这一点，丝绸之路自然和陕南安康、汉中密切相关。那么，这篇文章的标题，就不会再引起疑义。下面请看我所撰写的《瀛湖赋》中的一段文字：

苍茫秦巴，绿色陕南，安康名城，丹青天然。此处土为福地，江若天汉；更有水聚瀛湖，蔚为大观。瀛者为海，瀛洲聚仙，以瀛名湖，碧海仙山。大美瀛湖，气象万千，灵秀瀛湖，如梦如幻。金州捧金瓯，盛西北最大之淡水湖泊；紫阳生紫烟，蓄南水北调之中线水源。融三秦深情，清水润泽首善之都；汇长江洪波，乳汁哺育万里山川。

熟悉瀛湖这一风景名胜的朋友都知道，瀛湖位于陕西省安康市，是在汉江上修建安康水电站筑坝形成的人工湖，周长540公里，总面积102.8平方公里，其中水域面积77.8平方公里，被誉为"陕西千岛湖"，这就是文中的"西北最大之淡水湖"的来由。

而我着重想要说的是，在《瀛湖赋》中我写道："蓄南水北调之中线水源。融三秦深情，清水润泽首善之都；汇长江洪波，乳汁哺育万里山川。"这是因为汉江是长江最大的支流，又是南水北调中线水源地丹江口水库的重要水源，在业已通水的国家南水北调中线工程中，有着陕西人民的一份特殊贡献。

国家南水北调中线工程从位于鄂、豫两省交界处的丹江口水库引水北上，年均可向河南、河北、天津、北京等四省市的20多座城市调水95亿立方米，有效缓解北方水资源严重短缺局面。而丹江口水库来水90%源于汉江，10%来源于汉江支流——丹江。这两条江河都是发源于陕西，并流经陕西省陕南地区的汉中、安康和商洛三市。据陕西省水土保持局提供的数据显示，陕南三市境内汉、丹江多年平均入库水量290亿立方米，占丹江口水库多年平均入库水量的70%。所以说，处于丹江口水库上游的汉中、安康、商洛三市，是南水北调中线工程重要的水源区。

2003年，在丹江口水库加高工程开工之时，国家邮政部门于当年9月26日发行了《南水北调工程开工纪念》邮票小型张一枚。这是我国第一套反映南

南水北调工程开工纪念

水北调工程的纪念邮票，反映了国家对这项工程的高度重视。

这枚小型张图案以篆书汉字"水"为主图。"水"是象形字，且正好南北走向（上北下南），与南水北调工程的东线、中线、西线三条调水线路恰恰形成一个"水"字的结构相吻合，通过色彩渐变的方法表现出水的走向、动感。邮票下方边纸上的古典水纹，使"水调于南"的主题更加准确；而背景画面则为南水北调的工程地图。

非常遗憾的是，图案和相关介绍文字中，都忽略了陕西作为重要水源区对南水北调这一工程所做出的巨大贡献。

2014年初，在国务院新闻办公室举行的新闻发布会上，陕西省省长娄勤俭曾宣布：陕西省陕南3个市28个县处于水源地，丹江口上游是南水北调主要的水源地，流域面积和水库、水量占丹江口水库的70%。南水北调中线水量的70%由陕西提供。要保证清洁就必须按照国家规划要求，生态保护要跟上，水质要安全。

为保护南水北调中线水源区水质，确保"一江清水送北京"，陕西省在汉江、丹江水源地累计关闭污染企业241家，治理小流域348条，有效控制了环境污染和水土流失。陕西还实施耗资188亿元的汉江综合整治工程，将水源区水质稳定在Ⅱ类水质标准。自2007年丹江治理一期工程以来，陕西围绕水源地保护，开展了改善生态、防灾减灾、支持经济、服务民生等工作，累计治理348个小流域，完成水土流失治理面积达7681平方公里，新修基本农田两万多公顷，造林27万公顷，确保一江清水送北京。

多年来，陕西省先后出台了《陕西省汉江丹江流域水污染防治条例》，颁布了《陕西秦岭生态环境保护条例》，将汉江、丹江流域水污染综合防治和生态建设纳入《陕西省秦岭生态功能区规划》。2012年陕西省全面启动了汉江陕西段综合整治工程，之后还出台了《陕西省汉江丹江流域水质保护行动方案（2014—2017年）》，要求径流量16亿立方的丹江，至2017年底，也像径流量达273亿立方的汉江一样，出省断面水质达到国家Ⅱ类标准。2013年出台的《陕西省水土保持条例》，更有力地促进了丹江口水库上游水源区生态环境的进一步改善。

要确保"一江清水供北京",陕南三市人民付出了巨大的努力和辛劳,他们既要保护环境,还要忍受为维护良好环境所损失的发展机会。如陕西省石泉县当地农民有种植黄姜的传统,但黄姜加工会造成水质污染。为了保护水质,不得不停掉这个产业。水源区三市关、停、并、转、迁了数百家不符合国家产业政策、污染严重的企业和矿产资源开发项目,全面实施污染物总量控制和排污许可证制度。同时,加强城镇污水、垃圾处理设施建设,完善建制镇及工业园区、移民集中居住区环保设施。

从以上所述可以看出,我们的陕南三市实实在在用自己的巨大付出,保障了"一江清水"的洁净水质。中国有一句古话,叫作"吃水不忘挖井人"。那么,今天的南水北调中线工程所润泽的京、津等省市,是不是在源源不断地享用"一江清水"的时刻,也应该"吃水不忘水源地人"?而国家邮政部门今后如果还发行新的南水北调相关邮票和邮品,是不是也应该对付出巨大的水源地,在图案或文字上有所表示?

丝路唐城陕茶香

文 / 商子秦

中国是茶的故乡。丝绸之路的起点陕西,是古代中国重要的茶叶产地之一,又是中国茶文化的一方胜地。色香味俱全的陕茶,自古以来就进贡宫廷皇家,运送京城长安,成为深受皇家贵族以及京师社会各阶层喜好的饮品。而陕茶的清香也曾飘逸于丝绸之路,陕茶和丝绸一样,是风靡西部少数民族地区和西域各国的重要商品,被称之为"宁可三日无粮,不可一日无茶"的重要生活必需品。

1997年4月8日,国家邮政部门发行了一套《茶》邮票,其中第三枚是《茶器》。画面选取陕西法门寺地宫出土的一套唐代的金银茶具——鎏金银茶碾,茶具的奢华说明大唐盛世茶饮的兴旺发达。

茶器

根据与法门寺唐代茶具同时出土的《物账碑》记载:"茶槽子、碾子、茶罗子、匙子一副七事,共八十两。"从部分器具上的铭文看,这些器物制作于唐咸通九年至十二年(公元868—公元871年),又有"文思院造"的字样说明,这些都是专造金银犀玉巧工之物的宫廷手工工场专为宫廷制作。茶罗子等茶具上还刻画有"五哥"字样。据查,"五哥"是唐僖宗李儇的小名,证明这些茶具乃由唐僖宗供奉。另外,从法门寺地宫出土的器具来看,属于饮茶器具的还有盐台、笼子、秘色瓷茶碗、琉璃茶碗、茶托等物，这也是世界上发现的时代最早、等级最高、种类最齐全的宫廷茶具。唐代皇帝如玄宗李隆基、代宗李豫、德宗李适、文宗李昂等，都在史书中留下了他们和茶有关的记载。唐代著名的茶学专家、被誉为"茶仙、茶圣"的陆羽，在他所著的《茶经》中记载了唐式茶礼的繁多程序，分为礼佛、净手、焚香、备器、放盐、置料、投茶、煮茶、分茶、敬茶、闻茶、吃茶、谢茶等13个步骤，着实讲究。

唐长安荟萃文人雅士，他们办茶会、写茶诗、著茶文、品茶论道、以茶会友。但唐人吃的是"饼团茶"，先把生叶蒸青、捣碎，做成茶饼，焙干收藏，吃时再把茶饼碾成茶粉，入开水锅烹煮，汤中加盐，煮成舀入碗内，然后连汤带茶粉趁热一道吃下，谓之"吃茶"。

从唐宋至清，陕南盛产的紫阳茶年年入贡，遂成天下名茶。《新唐书》记载的金州土贡有麸金、茶芽、椒、干漆、麝香、杜仲等。国家档案馆珍藏的《大清征茶令》是记录紫阳贡茶的历史物证。

唐代长安，通往西域各国的传统丝绸之路驼队客商往返跋涉，十分发达。通往西部和北部各个少数民族地区和国家的茶马古道，也畅通无阻。产于汉中、安康的陕南茶成了朝廷以茶易马的首选，为唐王朝换回纥马。明朝初年，茶马贸易达到全盛。陕甘茶马古道主要路线为：紫阳、汉阴、石泉到西乡，再过洋县、城固、汉中、略阳，进入甘肃徽县，然后到古河州临夏，这条道路也被誉为中国的第一条茶马古道。

曾长期享誉西北地区的陕西茯茶，更是陕茶的骄傲。茯茶大约出现在公元1368年前后，是陕西咸阳人发明的一种经过特殊工艺加工而成的茶叶品种，因为它的效用类似土茯苓，形状好似砖块，所以也叫"茯砖茶"。因在伏天加工，故又称"伏茶"。由于系用官引制造，交给官府销售，又叫"官茶""府茶"。

茯茶乃陕西重要的传统特色和历史文化名牌，素有离了泾渭之水、关中气候、秦人技艺而"三不能制"之说。茯茶被叫作"开金花的茶"。所谓"金花"，其实是一种益生菌，国家定名为"冠突散囊菌"，对人体有着很独特的保健功效。它能够消食解腻和顺肠，降脂免疫，效用突出。泾渭茯茶富含人体必需的氨基酸等微量元素，并能阻断人体致癌性亚硝基化合物形成，非常适合现代人对茶叶保健功效的需要，被西北地区各民族誉为"生命之茶"。据茶界专家介绍，陕西泾渭茯茶"金花茂盛，菌花香浓"，金花颗粒饱满度、密度较其他产区高出40%，因而陕西泾渭茯茶具有更高的消食、降脂、减肥、降血糖、抗氧化、抗衰老、增强免疫力等功效。茶汤橙红透亮，滋味甘醇浓厚，顺滑绵长。

自茯茶面世后，作为丝路之主要商品远销欧亚，茯茶曾辉煌数百年之久。陕商藉此鼎立华夏商帮。新中国成立后，由于茯茶深受欢迎，咸阳一度成为中国最大的茶叶集散地和加工地。一直到1958年，缘于"在陕西加工茯砖茶，存在原料二次运输，不符合多快好省原则"，中央政府下令将公私合营后组建的大型茶叶加工企业——陕西咸阳人民茯茶厂关闭，陕西拥有600年辉煌历史的茯砖茶加工业就此终结。直到50年后，陕西苍山茶业公司挖掘茯砖茶的传统文化，使这一具有600多年悠久历史的茶叶加工项目重新得以恢复，陕西茯茶枯木逢春。陕西苍山茶业公司董事长纪晓明先生撰有《陕西茯茶赋》，特转录如下：

巍巍昆仑，绵绵华夏，道儒同宗于尧舜，人文始祖于三皇。茶之为饮，发乎神农氏，闻于鲁周公。故都咸阳，龙脉之地，依九嵕嵯峨之皇天厚土，偎泾涧渭泉之福地宽泽，仗秦人文治武功，凭关中天府富腴，归天下茶茗于秦川。赖以天赐之玄机，执以精绝之技艺，立茯茶之源于中国，启中华商业文明以先河，成秦商大贾伟业于鳌头，以移地筑制皆不可为。纵横西域三万里，铭香各族六百年，长盛不衰。

泾渭茯茶铁面金腹，凝重刚正，大气横秋，胸满金花。如经纶如秦人，敦外厚表，秀内惠中，雄才大略，披肝沥胆，隽酽甘醇，见秦茯韵味于天育，留芳于齿颊，挹爽于胸臆。从唯精唯一，允执厥中箴言，匡格物致知，博学笃行儒训，于淡定平和之间逸养，以朴实无华之际永年。慢啜以修心性，豪饮以消烦渴，解毒腻，顺腹肠，助诗兴，倍清谈，探虚玄而参造化，清心神而出尘表，饮则难舍须臾。

茯砖古茶，秦人创制，金花璀璨，香韵天成，古往今来以结民族情愫。

虽壶中之物，藉睦邻不以金镈，控驭不以师旅，以市微物，寄疆场大权，唯其茶乎，而重名官茶。斗转星移，世事沧桑，秦之绝技，戊戌移湘，陕人扼腕长叹，险失薪火相传。逾近甲子，兴运之秋，符彩千里，官贤如姬旦夷吾，众勤当禹帝愚公。今建章之侧，泾渭茯茶复兴于盛世，立于长乐未央之畔，造茗农长乐未央之福，志光大陆翁茗饮之事合，承弘先人伟业于天地。

水润长安靓丝路

文 / 商子秦

写下这样的一个标题，首先要讲一讲 2013 年的几件相关事件。

2013 年 3 月 22 日，国家邮政部门发行了《世界水日》邮票，以进一步唤起公众对水资源的重视和提高对水资源的保护意识。

2013 年，西安积极实施五项重点工程，其中之一就是"八水润西安"。在市委、市政府通过的《"八水润西安"规划》中，提出用 8 年时间把西安建成"城在水中、水在城中、水韵长安"的现代化生态型大都市。

2013 年，国家主席习近平提出建设"丝绸之路经济带"和"21 世纪海上丝绸之路"，西安闻风而动，掀起建设"一带一路"新起点的新高潮。

这三件大事相互联系和相互交织，其共同之点就在于"水"。

1993 年 1 月 18 日，第四十七届联合国大会做出决议，确定每年的 3 月 22 日为"世界水日"。这是人类在 20 世纪末确定的又一个节日，以推动对水资源进行综合性统筹规划和管理，加强水资源保护，解决日益严峻的缺水问题。同时，通过开展广泛的宣传教育活动，增强公众对开发和保护水资源的意识。让我们节约用水，不要让最后一滴水成为我们的眼泪！

我国纪念 2013 年"世界水日"和"中国水周"活动的宣传主题为"节约保护水资源，大力建设生态文明"。国家邮政部门发行的邮票以蓝色为主色调，图案以三滴水珠下落至水面后泛起的波纹为画面。三滴水珠正好

世界水日

突出了汉字偏旁部首"氵",是"水"的象形字,创意独特,寓意深刻。

而西安市的五项重点工程之一的"八水润西安",在2013年也轰轰烈烈地全面启动。

丝绸之路的起点西安,自古就有着"八水绕长安"的美誉。西汉时司马相如在《上林赋》中写道:"终始灞浐,出入泾渭。沣滈潦潏,纡馀委蛇,经营乎其内。荡荡乎八川分流,相背而异态。"

水是城市的血脉。自古以来人们就临水而居,都市也大都建造于大河大湖之滨。水丰则城兴,水衰则城败,这已是人类社会的共识。

自古以来,碧水长流的八条河流哺育着西安这座都市,孕育出西安深厚的人文历史积淀,孕育了西安曾经的辉煌。周、秦、汉、唐等13个王朝在此建都,皆因这里河流众多、沃野千里,是名副其实的"金城千里,天府之国"(司马迁《史记》)。

西周王朝都城丰镐遗址,位于陕西省西安市长安区沣河两岸。

秦都咸阳位于渭水南北两岸,规模宏大的阿房宫修建在渭河以南。"二川溶溶,流入宫墙"描述了当时阿房宫内水景。

汉长安城北濒渭水,西临滈水,东近浐、灞,一方面解决了城市日常饮用水问题,另一方面利用渭河漕运功能,沟通了黄河流域乃至南方的重要水道。

隋唐时期,长安城是关中地区生态环境最为优越的城市,占据了关中平原最有利的地势,组建了完整的交织水网,形成"八水五渠"水系系统,构建了"八水绕长安"的美景和繁华富庶,使唐长安成为当时世界上最大的国际化大都会。

往事越千年,今天,西安市委、市政府通过的《"八水润西安"规划》,规划范围涵盖西安市行政辖区,规划总面积10108平方公里。重点区域以"泾、渭、浐、灞、滈、滈、沣、涝"等长安"八水"和黑河,共计9条河流为基本轮廓,西起黑河,东至灞河,南起秦岭北麓峪口,北至渭河、泾河。规划以实施"保水、引水、治水"方略为重点,按照"保护利用建成的、改造提升原有的、科学规划未来的"工作思路,规划建设"5引水、7湿地、10河系、28湖池",即实施"571028"工程。

"5引水"分别为灞(浐)河、荆峪沟、大峪水库、浑河及沣河生态引水体系，可保障全市生产、生活用水，补充生态景观用水。

"7 湿地"为灞河灞桥湿地、灞渭湿地、泾渭湿地、沣渭湿地、黑渭湿地、涝渭湿地、渭人工湿地，开展生态建设修复工程，可新增湿地面积 5304 公顷。

"10 河系"是指"长安八水"及黑河、引汉济渭水系的综合治理与利用，规划治理堤防长度 792 公里，防洪保安全、生态促发展。

"28 湖池"是指保护利用、改造提升护城河、汉城湖等 13 座已建成湖池，生态水面 7696 亩；新建昆明池、汉护城河等 15 座湖池，生态水面 23 354 亩。总面积达到 31050 亩。

从 2013 年以来，"八水润西安"规划的实施和建设，极大地改善人居环境，为西安人民提供更多休憩、娱乐和富有浓厚文化气息的场所；改善了西安的生态环境，营造优美景观，促进西安早日实现国际化、生态化和人文化，恢复历史上的盛世景象，为丝绸之路起点西安这座世界旅游名城，增添了美丽的风景和发展的实力。

笔者曾有机会和西安市水务局的两位专家一起参观了汉城湖景区和渭河西安段综合整治工程。汉城湖拥有水面 850 亩，集防洪安澜、园林景观、水域生态、文物保护和商贸居住、农业灌溉为一体，以展示水文化和汉文化为主题，是保护汉长安城遗址、改善区域生态环境的重要工程。在汉城湖景区大风阁上的丝绸之路博物馆中，笔者参观了丝绸之路微缩景观展。通过精致的沙盘和雕塑，把漫长的丝绸之路浓缩于展室之中，高度概括又形象鲜明。临栏遥望，一湖清水延绵逶迤，虹桥飞架，风景秀丽。高大的汉武帝雕塑气势恢宏。就在雕塑下的封禅广场，端午节期间，笔者还参加了未央端午诗会，带队登台斗诗，成为一大文化盛事。

在宽阔的渭河大堤上，通过两位专家的介绍，了解到这是西安有史以来投资最大、规模最大、历时最长的河流综合治理工程，具有抗击 300 年一遇洪水的功能。我们一行从渭、灞交汇处的巨大廊桥，一路西行到沣、渭交汇处，观赏了水面开阔的西安湖、雄浑的渭河安澜石牛、水草茂盛的渭河湿地、巨大的治理渭河雕塑、美丽的绿地荷塘，以及玫瑰园等等。仅笔者所参观的西安城市段22公里内，西安水利人就栽植灌木地被面积6300亩，建成人工湖14个，形成生态水面1600亩，新增湿地4000亩，使之成为西安又一处绿色亲水的标志性休闲场所，让人真是不胜感慨。

2015年，西安市水务局负责兴建的李家河水库也已经开始向西安供水。西安东部地区的洪庆组团、纺织城、航天航空基地和蓝田县、灞桥区、阎良区及白鹿原五个乡镇200多万人，喝上了优质洁净的秦岭山泉水，对于改善人居环境、促进经济社会又好又快发展、建设国际化大都市、实现八水润西安，都有着重大的意义。而新中国成立以来西安市最大的水利工程黑河供水系统，包括黑河金盆水库、田峪、甘峪水库、沣峪、石砭峪水库、引乾济石、引湑济黑和石头河水库等，到2020年每年可向西安市供水5.8615亿立方米，可为西安的社会和经济发展提供宝贵的水资源。

"八水润西安"只是西安近年巨大发展的一个缩影，源源的碧水滋润了丝绸之路起点的西安。近年来，西安立足地理区位、文化、旅游、科教和交通等优势，抢抓机遇，积极作为，高标准打造丝绸之路经济带的新起点，靓丽形象频频吸引世界的目光。

2015年是国家旅游局确定的"美丽中国——丝绸之路旅游年"，国家旅游局在西安举办"美丽中国——丝绸之路旅游年"启动仪式，聚焦丝路风采，引领丝路旅游。

2015年6月，"丝绸之路旅游部长会议暨第七届联合国世界旅游组织丝绸之路旅游国际大会"在西安正式举行。丝绸之路沿线国家旅游部长及联合国世界旅游组织代表相聚一堂，就加强丝绸之路旅游市场一体化等相关议题，广泛深入地交换了意见。会议讨论通过了《丝绸之路国家旅游部长会议西安倡议（草案）》。丝绸之路沿线国家将共同打造"丝绸之路"旅游品牌，推进"畅游丝绸之路"活动，将沿线国家作为整体旅游目的地对外推介，吸引更多区域外游客到沿线国家旅游。

一位作家写道：世界上所有的水都是相通的。"一带一路"，千山万水，世纪宏图铺展，古城涛声回荡。水润西安，必将让丝路起点的古都西安更加滋润、更加美丽、更加繁荣昌盛，也让丝绸之路更加多彩靓丽，连接世界。

陕西出版资金资助项目

朱文杰 商子秦 主编

国家名片上的丝绸之路

下卷

陕西师范大学出版总社

[目 录]

第六辑　河南省（洛阳市、三门峡市）

253　邮票上的洛阳

257　雨中的白马寺

260　鬼斧神工说龙门

263　洛阳牡丹丝路香

266　孔子拜见老子的洛阳之会

268　紫气东来函谷关

270　西域建功之班超梦

273　班固激情修《汉书》

275　张衡与地动仪

278　蔡伦书写丝路文明

281　关羽与关公文化

284　悲情文学家曹植

286　三分归晋

289　韩愈与洛阳

292　彩陶之梦

294　洛阳的唐三彩

296　邮票绝品《洛神赋图》

300　隐逸文化与《香山九老图》

contents

303 司马光在洛阳

306 偃师之"闻鸡起舞"

308 人间仙境花果山

311 万里黄河第一坝

314 小浪底水利枢纽

316 洛阳第一拖拉机厂与玻璃厂

第七辑　甘肃省

321 邮票上的甘肃

326 丝路与长城在这里握手

329 阳关与玉门关

332 嘉峪关漫笔

334 鸣沙山与月牙泉

337 傅介子刺楼兰

340 雄伟挺拔的祁连山

343 《西游记》邮票与甘肃

346 国宝彩陶人面鲵鱼瓶

349 "彩陶王"

352 丝路重镇看敦煌

356 中国邮票上的"飞天"

360　美丽的乘龙天人

362　天下黄河第一桥

364　黄河水车丝路长

366　聚焦甘南拉卜楞寺

369　麦积山：一座连接丝路的神山

372　丝路西行第一山：崆峒山

376　丝路万里铜奔马

379　甘肃省少数民族

382　驿使图：中国邮政的标志

385　甘肃省少数民族服装

389　为有空城诸葛来

391　《柳毅传书》在泾河

394　鲁提辖拳打镇关西

397　丝路古道经济大动脉：兰新铁路复线

400　走上邮票的铁人王进喜

403　天兰铁路壮行丝路

405　黄河明珠刘家峡

407　中国的地下运河

410　东风航天城

contents

第八辑　宁夏回族自治区

415　《丝绸之路》邮票上的宁夏元素

418　西夏：一个曾被深深埋葬的王朝

421　贺兰山太阳神岩画

424　游须弥山

427　陇山·关山·六盘山

430　银川城防"四险"之一：三关口

433　宁夏花马池长城

435　宁夏一百零八塔

438　长河大漠　鸣沙如歌

440　同心清真寺与银川南关清真寺

442　远古飞来金凤凰：银川民族团结碑

444　塞上江南：宁夏回族自治区

447　幸福的宁夏人

450　漫说回族服饰

453　"花儿"盛开唱回乡

456　丝路明珠：青铜峡水利枢纽

458　宁夏黄河灌区富塞上

460　宁夏民居印象

462 诱人的"宁夏山区田园"

464 宁夏枸杞甲天下

467 贺兰山红尾鸲

第九辑 青海省

471 珍邮上的大河之源

474 美丽神秘的长江源

476 澜沧江源头

478 千山之宗说青海

481 《丝绸之路》邮票中的青海元素

485 《黄河》邮票上的青海

488 藏传佛教圣地塔尔寺

490 美幻青海湖

493 赤岭日月千古情

495 柴达木雅丹林

497 梦中的各拉丹冬

499 新石器时代的马厂类型彩陶

501 青海民居：灵魂归属的地方

504 丝路上的彩虹故乡

contents

507　黄河水浇灌出的"花儿"

510　撒拉族服饰一朵花

513　土族服饰的意味

516　"世界屋脊"飞彩虹：康藏青藏公路

519　"世界屋脊"展"天路"：青藏铁路

522　丝路明珠：龙羊峡与李家峡

527　盐湖夕照映丝路

530　气象为丝路腾飞护航

532　青藏高原的牦牛

535　祁连红绢蝶入珍邮

第十辑　新疆维吾尔自治区

539　《西游记》邮票与新疆

542　宛若仙境的喀纳斯

545　遥远的天山天池

548　清风一缕吐鲁番

550　丝路枢纽高昌故城

553　塔什库尔干的石头城

556　多情的伊犁河

559	开都河：精神上的故乡
562	克孜尔千佛洞与"龟兹石窟壁画"
565	圣洁的雪山
567	玉中之王和田玉
570	美丽的新疆
575	绚丽多彩的新疆舞蹈
584	美丽亲切的维吾尔族服饰
587	草原上的七彩长虹
593	在银色的月光下
595	柯尔克孜人的舞步
597	新疆民族乐器
603	马蹄声声说赛马
605	天山牧场化方寸
607	冰山上的雪莲
610	沙冬青及新疆沙漠植物
613	方寸中的新疆生产建设兵团
616	克拉玛依：一个动人的神话
619	乌鲁木齐石化总厂

contents

621　塔里木油田西气东输展宏图

623　丝路话骆驼

626　昆仑雪豹跃方寸

629　新疆：天鹅的故乡

632　帕米尔高原与葱岭铜灰蝶

第六辑

河南省(洛阳市、三门峡市)

邮票上的洛阳

文 / 刘新中

翻阅一大堆和洛阳有关的邮票,这些花花绿绿的纸片儿,背后隐藏的是厚重的大乾坤。突然,脑子里就蹦出一个词:洛阳纸贵。

"洛阳纸贵"是中国古代成语,说的是晋朝人左思写《三都赋》,字字珠玑,大受欢迎,一时间洛阳人争相传抄,而令洛阳纸贵。

名字能够进入成语,当然说明这个城市的古老。翻开洛阳史籍,记载得很清楚,从公元前21世纪的夏朝开始,先后有13个王朝在此建都,王侯将相,文人墨客,豪商巨富,不仅联合打造了洛阳政治、经济、文化的中心地位,也为它留下了丰厚的历史记忆。

东汉时期,洛阳是和罗马并称的世界两大古都,有着东洛阳西罗马之说。罗马帝国时期正是我国的东汉时期,东汉京师在洛阳。当时洛阳和罗马同是世界上最强大国家的两个首都。东汉皇帝派大臣班超出使西域,打通了荒废已久的丝绸之路,首次将丝绸之路延伸到了罗马。而罗马亦派使臣沿着丝绸之路首次来到了中国,并在东汉京师洛阳觐见了大汉皇帝。

2012年8月1日,国家邮政部门发行了《丝绸之路》邮票一套,其中第一枚名为《千年帝京》,邮票图案上有洛阳的白马寺。新中国成立以来,地级市中,国家邮政部门先后发行了约20套洛阳题材或与洛阳有关的邮票。这个数字在全国地级市中实属凤毛麟角。这些邮票涵盖了洛阳工业、农业、人文、科技、历史等方面的内容。

洛阳是名人辈出、人文荟萃之地。上过邮票，在洛阳生活过的名人中有周公、老子、孔子、苏秦、贾谊、班固、班超、张衡、蔡伦、曹植、关羽、韩愈、白居易、司马光等。

牡丹花城是说牡丹从隋代落户洛阳后，因地脉适宜，故开得缤纷美丽、艳冠天下，一时"洛阳牡丹甲天下"。牡丹是我国传统名花，花朵硕大，色泽艳丽，国色天香，自古就有富贵吉祥、繁荣昌盛的寓意，代表着中华民族泱泱大国之风范。国花牡丹因洛阳而闻名于世。

国家邮政部门于1958年9月25日发行《花卉》普通邮票，1964年8月5日发行《牡丹》邮票，都展示了九大色系名品牡丹的风采，还包括了洛阳独有的姚黄、魏紫、豆绿和葛巾紫等牡丹品种。

魏紫

国家邮政部门于2009年4月10日发行了《中国2009世界集邮展览》邮票一套两枚，小型张一枚。第一枚是《清·胭脂红彩龙凤穿牡丹纹罐》，第二枚是《清·掐丝珐琅缠枝牡丹纹藏草瓶》，小型张是《国色天香图》。

国家邮政部门于1973年11月20日发行了《"文化大革命"期间出土文物》邮票中的黑彩马图案。1980年8月8日，中国台湾邮政部门以台北历史博物馆推荐的该馆所藏唐三彩，发行了相关邮票，表现了唐三彩悠久的历史和精湛的工艺。

国家邮政部门1998年8月26日发行的《中国古典文学名著——〈三国演义〉》（第五组）邮票，最后一枚为《三分归晋》，魏、晋均建都洛阳。

国家邮政部门1977年3月15日发行的《工农业建设图案》普通邮票中面值为50分的图案，就是洛阳中国一拖集团公司当时的拖拉机成品装运停放场。1991年9月20日发行的《社会主义建设新成就（四）》邮票，第一枚图案就是洛阳玻璃集团的浮法生产线。

国家邮政部门1993年9月5日发行的《龙门石窟》邮票小型张,包括卢舍那大佛、释迦牟尼和天王足踏药叉等;1988年发行的《中国石窟艺术》邮票共四枚,第二枚是《龙门石窟·唐代·力士》;都反映了龙门石窟厚重的历史文化。

国家邮政部门2002年6月8日发行的《黄河水利水电工程》邮票,再现了洛阳孟津境内黄河小浪底水库的宏伟。

国家邮政部门2004年6月1日发行的《司马光砸缸》邮票,展现了洛阳历史名人司马光急中生智救人的故事。2010年4月18日发行的《成语典故(二)》邮票中的《闻鸡起舞》,故事发生地在洛阳偃师。2006年9月10日发行的《文房四宝》邮票中的《纸》也属于偃师文化题材。

纸

国家邮政部门2005年9月28日发行的《洛神赋图》邮票,取材于东晋著名画家顾恺之的《洛神赋图》,并配以大书法家王羲之的小楷《洛神赋》,相得益彰,表现了大家作品的神韵。

2008年6月6日,中国、印度两国邮政部门联合发行了《白马寺与大菩提寺》邮票,是中外联合发行的第一套河南题材的邮票,极具纪念意义。

如果再扩大一点,说历史上广义上的洛阳,发行的邮票则更多。因为以洛阳城为中心的河洛地区,一直是周边广大区域的政治中心。沿丝绸之路西行至三门峡,2002年6月8日国家邮政部门发行的《黄河水利水电工程》邮票,其中一枚是《三门峡水利枢纽》,这是中国黄河上第一座大型水利工程,气势雄伟,极具影响;1990年4月10日发行的《彩陶》邮票共四枚,其第二枚是陕县《庙底沟类型》;1983年11月18日发行了《天鹅》邮票,而黄河三门峡,就是美丽的天鹅城。

飞翔

2013年5月20日,中国与加纳共和国制作发行了《紫气东来》邮票。这是三门峡题材邮票首次在国外发行。相传,春秋末期中国文化先贤老子骑青牛自东而来,关令尹喜在函谷关看到有紫气东来,果然老子骑青牛而来此。被后人喻为吉祥的征兆。这枚邮票主体就是中国著名历史人文景观函谷关和老子像,边饰部分为《道德经》竹简、云纹等文化元素。

洛阳是一本大书,读不尽,读不完,邮票上的洛阳,仅仅是一部分。虽豹窥一斑,也足以让人动心。

用形象的、诗意的语言来说,小小的邮票是窗口,透出的是洛阳五光十色的伟岸身姿;往实际的说,小小的邮票是纸片,轻盈的纸片。但洛阳纸贵,贵在洛阳沉甸甸的历史,贵在洛阳沉甸甸的现实。

雨中的白马寺

文 / 刘新中

《白马寺与大菩提寺》邮票是 2008 年 6 月 6 日中国和印度两国邮政部门联合发行的。第一枚为《白马寺》，邮票画面上白马沉静，红墙肃穆。另外《白马寺》全张票中间还设计了一个"过桥"图案，表现祥云苍松下的白马寺院层层殿阁，与邮票"山门"递进辉映，丰富了邮票内涵。

距今已长达 1900 多年历史的白马寺是我国最负盛名的第一座官办寺院，有中国"释源"和"祖庭"之誉，号称"中国第一古刹"。因之，白马寺也成为古都洛阳的标志。

白马寺

和白马寺结缘，应该追溯到 50 年前，那时，我上小学。一天上体育课，突然下起了雨，同学们一窝蜂跑回了教室，不知什么缘由，说话间东扯西扯就谈起了家乡的寺庙，有的说他老家有法门寺，有的说他老家有大相国寺，有的说他老家的寺庙很是灵验。总之，关于寺庙，哪个记载长，哪个来历短，哪个沾了仙气，衍生出许多故事。十几岁的孩子认识有限，但大家讨论热烈，说个不停。

最后说话的是一位老家在洛阳的同学，他绘声绘色地说："你们知道我们老家的白马寺吗？唐僧取经时骑的白龙马死了，就埋在那儿，所以叫白马寺。白马每年都要显灵，老远就能听见它的嘶叫声。白马寺全世界都有名。《西游记》的故事我们大家都知道，尤其佩服上天入地七十二变无所不能的孙悟空以及和它本事相差无几的同伴们，能在空中翱翔的白龙马当然也包括在内，它们是我们心中的英雄。"

故事深入少年的心，以后的很长时间，白马寺深深地扎根在了我的心里。恰恰我又属马，总觉得和白马寺有一种天然的亲近。我的故乡在郑州，和洛阳近在咫尺，我渴望有机会到白马寺走一走，看一看埋葬白龙马的地方。当然，随着年岁增长，我知道了白马寺真正的来历，并非洛阳那位同学所说。但第一次深刻的印象，以及它带来并形成的情结，始终不可磨灭。

终于有了一次机会，20世纪80年代我参加一次去洛阳的文艺采风活动，终于踏上了去白马寺的道路。坐在车上，我话题直奔目的地，讲了《西游记》版的白马寺来历。一车人认认真真地听着，一位老夫子纠正我的说法，从头到尾详述了白马寺：那是约2000年前的汉朝，汉明帝刘庄睡觉梦见了金人，根据大臣们的解梦建议，派遣使臣到西域拜求佛法，一路倍受磨难，终于请来了印度的两位高僧，用白马驮回了佛经。并于次年下令在洛阳建起了一座寺院，为铭记白马驮经之功，曰"白马寺"。老夫子最后用文绉绉的一句话结束了讲述：此白马非彼白马也。一车人大笑。

我坚持我的观点，汉代的白马驮来了佛经，《西游记》的白马也驮来了佛经，关山迢递，征途漫漫，都经历了无数坎坷，就其追求与实践精神上应当是一致的。固然佛教的传入对中国的本土文化产生了重要影响，但那是一种渐进式的，是一种潜移默化，除了专门的学者和研究者，老百姓不关心这些东西的来龙去脉。我的那位洛阳同学当然不会自己杜撰故事，肯定是从父辈那里听来的，而他们的父辈也是从父辈那里听来的。汉代的皇帝离老百姓太远，枯燥的缺乏神奇色彩的求取佛经故事离老百姓也太远，倒是孙悟空们离老百姓很近，很亲切，老百姓们宁愿为白马寺的出处创造一个属于自己的故事，这又有什么不可以的呢！故事的多元性为白马寺的来历增添了诸多趣味，正是白马寺的魅力所在。多一些传说，只会给白马寺增光添彩。我博得了一阵掌声。

白马寺到了，不是旅游的季节，人略微有些稀疏，一阵细雨拂来，轻极了的呢喃声，似乎在诉说着什么。映入眼帘的是一幅图画，似乎梦里来过，陌生却又熟悉：红墙青瓦，古朴庄重；厚脊飞檐，层层叠叠；宝塔高耸，洪钟远扬。两匹白马，分站寺门，仪态安详，岁月的风雨，已洗去当年的昂扬蓬勃，唯有永远的沉着与凝静。

50年了，我神往的白马寺，急切切往里走。门口，一个算命的先生叫住了我，说我脸圆，有福相，最后，他做了十分肯定的结论："你和白马寺有缘。"

那一天，在雨中的白马寺，我找了一块很有些年头的青石坐下，静静地沉思了许久，任雨水打湿了衣裳……

《白马寺与大菩提寺》邮票发行那天，也下了小雨，朦朦胧胧，极像童年的那节体育课，更像唯一的那回拜谒白马寺。

鬼斧神工说龙门

文 / 刘新中

凡名胜古迹，总有些美丽的传说，著名的洛阳龙门也不例外。

相传远古时期，洛阳南面是一池湖水，周围草木葱茏。村里有个牧童，放牧时常常听到从地下传出"开不开"的奇怪声音，听得久了，有一天他大着胆子回答："开！"声音刚落，天崩地裂，龙门山顷刻从中间裂开，汹涌的洪水从裂口处喷出，奔腾咆哮，流向大海。水流之后，无数清泉从山崖石缝中迸出，低矮的化为清泉，高处的泻为飞瀑。这牧童是神人所托。

当然，故事仅仅如此，美则美却略显平和，妙在它制造了龙门石窟的来历，水流之后龙门两山的崖壁上出现了无数蜂窝似的窟窿，窟窿内石像尽显，千姿百态，蔚为大观。从此，龙门石窟名扬天下。

神话终归是神话，龙门石窟的产生当然有其自身发展的必然逻辑。从历史发展来看，北魏、隋、唐时统治者崇佛拜佛，热衷建造石窟，佛教发展迅速，这个时期洛阳是全国政治、经济、文化中心，自然而然也是佛事活动的中心，所以，龙门造像应运而生。从地理条件来看，龙门东西两山为石灰岩，石质坚硬，不易风化，宜于精雕细刻，且交通便利，来往通达。

龙门石窟距今已 1000 余年，它开创于北魏（约公元 386 年），历经东魏、西魏、北齐、北周、隋、唐、北宋诸朝，其开凿时间达 400 余年。据不完全统计，龙门石窟现有佛龛 2300 多个，佛像 11 余万尊，塔 70 余座，碑刻题记 2800 余品。

龙门石窟佛像由大到小，依次排开，最大最高者达 17.14 米，最小最微者仅 2 厘米。佛像有的粗犷豪放，雄健有势；有的体态圆润，丰满优雅；有的仪表堂皇，和善开朗；这些大小不一形象逼真的佛龛佛像如蜂巢一般，密布在东西两山的崖壁上，南北绵延达 1000 多米。

龙门石窟艺术表现出了印度文化与中国文化相融合的特点，它是北魏迁都洛阳实行汉化后与魏晋文化及南朝文化相融合相碰撞的产物，与敦煌石窟、云冈石窟并称为中国三大石窟，1961 年国务院公布为国家重点文物保护单位，2000 年 11 月 30 日被列入联合国教科文组织《世界遗产名录》。

为了弘扬中华民族悠久的艺术文化传统，1993 年 9 月 5 日，国家邮政部门发行了一套《龙门石窟》邮票。第一枚邮票图案选用了唐代营造的奉先寺主像卢舍那大佛头部特写像。第二枚邮票图案选用了北魏时期营造的宾阳中洞正面主像释迦牟尼头像。宾阳中洞是北魏宣武帝为孝文帝和文昭皇太后做功德所营造的洞窟之一，开凿于公元 500 年，呈马蹄形平面，穹窿形顶。

唐·奉先寺卢舍那大佛　　　　　　北魏·宾阳中洞释迦牟尼

第三枚邮票图案选用了唐代营造的奉先寺天王全身立像，天王侍立释迦牟尼造像一侧，高 10.5 米。第四枚邮票图案选用了北魏时期营造的古阳洞中左胁侍菩萨全身立像。古阳洞多为北魏王室、贵族发愿开凿之龛，是龙门石窟历史最久、保存造像最多的一个洞窟，高约 11 米，宽约 6.9 米，进深约 13.5 米。

2009 年 4 月 8 日，中国澳门地区邮政部门也发行《中国内地景观（三）》系列邮票小型张一枚，图案就为洛阳龙门石窟奉先寺卢舍那大佛及二弟子。

唐·奉先寺天王足踏药叉　　　北魏·古阳洞左胁侍菩萨

两套邮票都选入的奉先寺主像卢舍那大佛雕像，既是龙门石窟中规模最大的，也是唐代雕塑艺术的代表。奉先寺是龙门唐代石窟中最大的一个石窟，长宽各 30 余米。据碑文记载，此窟开凿于唐高宗李治和武则天在位时期，于公元 675 年建成。洞中佛像明显体现了唐代佛像艺术特点，面形丰肥、两耳下垂，形态圆满、安详、温存、亲切，极为动人。石窟正中卢舍那佛坐像为龙门石窟最大佛像，身高 17.14 米，头高 4 米，当地人传说她是武则天的化身。佛像丰腴饱满，修眉细长，眉若新月，眼睑下垂，嘴角微翘，含笑不露，头部稍低略作俯视状，安详、温存、亲切，庄重而温雅，睿智而明朗，散发出巨大的令人着迷的艺术魅力。

凡到洛阳的游客，没有不到龙门石窟一观的。未拜谒洛阳龙门时，我先听到的是美丽悠远的传说故事。待到了龙门，山势雄浑，如阅千米长卷，顿觉神话传说不虚，此景此势，只能归于上苍染手，鬼斧神工。

世界上许多民族文化得以传承，其载体大都为石头，龙门石窟就是以石刻的形式记下了中华民族历史上那段足以称道的文明。

为祖先骄傲。

第六辑　河南省（洛阳市、三门峡市）

洛阳牡丹丝路香

文 / 商子秦

"唯有牡丹真国色"，这是唐代诗人刘禹锡为牡丹写下的流传千古的名句。

牡丹花雍容华贵、富丽端庄，被誉为"国色天香，花中之王"。在中国，自古以来无论是皇室贵胄，或是寻常百姓，都把牡丹当作富贵吉祥、繁荣兴旺的象征，牡丹也因之深受国人的喜爱。

在新中国的集邮史中，牡丹有着重要的地位，曾多次被入选邮票图案，惊艳于集邮天地。1964 年 8 月 15 日，国家邮政部门发行了一组《牡丹》邮票，共十五枚，另发行牡丹小型张一枚。整套邮票犹如牡丹家族大团聚，斑斓多彩，富贵美艳。该套邮票在 1980 年被评为新中国成立 30 年"最佳邮票"。

姚黄

除此之外，《花卉》邮票第一枚中有一朵剪纸牡丹花；《中日和平友好条约缔结十周年》邮票第一枚图案也是两朵绽放的牡丹花。名人绘画作品邮票如《齐白石作品选》第一枚是《牡丹》；《吴昌硕作品选》第五枚也是《牡丹》；2009 年 4 月 10 日，国家邮政部门发行《中国 2009 世纪集邮展览》小型张，其图案也是牡丹花图案《国色天香图》。

洛阳是国务院首批公布的历史文化名城，也是中国最负盛名的牡丹花都，种植牡丹已有1500多年的历史。据史书所载，洛阳牡丹始于隋，盛于唐，而"甲天下"于宋，一直延绵至今。

相传隋朝时期，隋炀帝在洛阳建西苑广植牡丹。西苑是隋代皇家御苑，北至邙山，南至洛河，其中凿迎阳、翠光等五湖，湖中积土为山，苑中还有景明、迎晖、晨光等16院，建有豪华宫殿，种植奇花异卉，养殖珍禽异兽。史书上留下了"周二百里为西苑……易州进二十箱牡丹"的记载。

到了唐朝，洛阳作为大唐东都，牡丹的种植更加广泛，品种更加丰富，并有栽培牡丹的专业人员。史书载："洛人宋单父，善种牡丹，凡牡丹变异千种，红白斗色，人不能知其术。"

关于洛阳牡丹，历史上流传有武则天怒贬牡丹的传说。相传，有一年隆冬季节，在长安皇宫中的武则天忽而想游览上苑，便专门宣诏上苑，"明朝游上苑，火急报春知。花须连夜发，莫待晓风吹"。第二天，武则天游览花园时，看到园内众花竞开，却独有一片花圃中不见花开。细问后得知是牡丹违命。武则天一怒之下便命人点火焚烧花木，并将牡丹从长安贬到洛阳。谁知，这些已烧成焦木的花枝到了洛阳，竟然落地生根，重新开出艳丽的花朵，众花仙对敢于抗命犯上的牡丹佩服不已，便尊牡丹为"百花之首"。因此有了"焦骨牡丹"这个品种，也就是今天的"洛阳红"。

洛阳牡丹在北宋时达到鼎盛时期，当时这里不仅是牡丹栽培中心，也是牡丹学术研究重镇。北宋欧阳修著有《洛阳牡丹记》，列举牡丹名品24种，总结了牡丹栽培、育种经验，记述了洛阳人种花、赏花习俗。这是世界上最早的关于牡丹的专著。他还写下了"洛阳地脉花最宜，牡丹尤为天下奇"的诗句。其后周师厚《洛阳牡丹记》《洛阳花木记》，列举牡丹109种。张峋撰《洛阳花谱》，列举牡丹119种。这些专著留下了关于洛阳牡丹的珍贵资料。

千百年来，一代代洛阳花师培育出数以百计的牡丹新品种，花色奇绝，有红、白、粉、黄、紫、蓝、绿、黑及复色9大色系、10种花型、1000多个品种。每个品种差异分明，各具特色，对牡丹的品种培育和提升做出了重大贡献。

洛阳是丝绸之路重要城市之一。洛阳牡丹，也曾吸引来自西域各国使臣、客商的目光，甚至随着丝路文化经济的大交流而带往世界各地，香飘海外。据史料记载，公元 724 年，中国牡丹传入日本；公元 1330 至 1850 年引入法国；公元 1656 年荷兰开始引种；公元 1789 年英国引进中国牡丹，培育出 100 多个园艺品种；美国在公元 1826 至 1830 年也开始引进牡丹。洛阳牡丹曾为古老的丝绸之路增光添彩，那飘飘洒洒的"丝路花雨"中，有着洛阳牡丹弥漫的花香，飘飞的花瓣。

改革开放，国逢盛世，洛阳高度重视弘扬牡丹文化，打造中华牡丹名城。1982 年洛阳市定牡丹为洛阳"市花"，每年 4 月 15—25 日举办洛阳牡丹花会。三十多年来，洛阳牡丹花会年年举办，在规模、层次、内容和形式上不断提高，显示出旺盛的生命力，成为誉满中华、名扬世界的盛大节庆。

当每年春天花会开幕之际，洛阳全城牡丹盛开，各个牡丹观赏景点流光溢彩，馨香氤氲，人潮涌动，嘉宾如云。今天的洛阳已成为世界性的黄金旅游城市。借助花会平台，多年来洛阳举办经济技术交流暨贸易洽谈会等大型经贸活动，成果丰硕，为洛阳经济社会的全面发展做出了巨大贡献，提升了洛阳在国内外的知名度，洛阳牡丹再次誉满天下，吸引世界的目光。在当前"一带一路"战略实施的崭新岁月中，洛阳牡丹大放异彩，再添锦绣。

孔子拜见老子的洛阳之会

文 / 韩怀仁

2000年11月11日，国家邮政部门发行了《古代思想家》邮票，老子、孔子位列其中。老子和孔子是中国传统文化最典型的两个代表，是被西方哲学家雅斯贝尔斯称为世界"轴心时代"东方文化最为夺目的两颗亮星。

孔子　　　　　　　老子

老子和孔子同处于春秋时期，老子比孔子年长。孔子的品德、学识与才华，在当时已相当有名气，但是他仍然觉得自己知识不足，想要进一步提高，于是就想到了要去拜见老子。据史书记载，公元前538年的一天，孔子对弟子南宫敬叔说："周之守藏室史老聃，博古通今，知礼乐之源，明道德之要。今吾欲去周求教，汝愿同去否？"南宫敬叔欣然同意，随即报请鲁君。鲁君准行。遣一车二马一童一御，由南宫敬叔陪孔子前往。这就产生了具有历史意义的"两颗亮星相会洛阳"的故事。

司马迁在《史记·老子韩非列传》中对这一事件这样记载：

> 老子者，楚苦县厉乡曲仁里人也，姓李氏，名耳，字聃，周守藏室之史也。孔子适周，将问礼于老子。老子曰："子所言者，其人与骨皆已朽矣，独其言在耳。且君子得其时则驾，不得其时则蓬累而行。吾闻之，良贾深藏若虚，君子盛德，容貌若愚。去子之骄气与多欲，态色与淫志，是皆无益于子之身。吾所以告子，若是而已。"孔子去，谓弟子曰："鸟，吾知其能飞；鱼，吾知其能游；兽，吾知其能走。走者可以为罔，游者可以为纶，飞者可以为矰。至于龙，吾不能知其乘风云而上天。吾今日见老子，其犹龙邪！"

孔子对老子的崇拜敬仰之情溢于言表，而老子对孔子的诚恳指导，对孔子后来能够成为"世界级"的伟人，无疑起了非常巨大的作用。

孔子拜老子为师的事件发生在洛阳。在出土的汉墓画像中，多有孔子见老子的图画。洛阳至今还保留着一块写有"孔子问礼处"的石碑。2000多年前两颗文化亮星在洛阳的这一次具有伟大历史意义的会晤，足可让洛阳这座古城荣耀中国。

紫气东来函谷关

文 / 东川

老子

2000年11月11日国家邮政部门发行《古代思想家》邮票，第三枚为《老子》。中国台湾地区邮政部门于1975年6月18日发行了《人物图古画》邮票，其中一枚是《老子骑牛图》，2013年中国乌加纳共和国发行了紫气东来邮票，《紫气东来》采用小型张版式，整体运用紫色渐变色带，以虚实结合手法，将"函谷关"和"老子像"予以跨时空展现，这使历史上丝绸之路的重要关塞"函谷关"首次出现在了方寸之上。

函谷关位于河南省灵宝市北15公里处的王垛村。这里丘峦起伏，东自崤山，西至潼津，有一道山谷，谷深50-70米，谷底宽10米左右，窄处只有两三米，谷岸坡度40-80度，谷底有蜿蜒道路相通，崎岖狭窄，空谷幽深，关道两侧，绝壁陡起，峰岩林立，地势险恶，地貌森然。谷底深陷如函，其窄处仅能容一辆马车通行，成为这里唯一东西向平坦的通道，故名函谷，号称天险。

函谷关，春秋战国时代由秦国所建。不仅是一处军事重地，而且是古代中原腹地与西北地区文化、经济交流的要冲。

函谷关是我国建置最早的雄关要塞之一，西据高原，东临绝涧，南接秦岭，北塞黄河，紧扼东去洛阳、西达长安的咽喉，素有"天开函谷壮关中，万谷惊尘向北空""双峰高耸大河旁，自古函谷一战场"之说，为兵家必争之地。

周慎靓王三年（公元前318年），楚怀王举六国之师伐秦，秦依函谷天险，使六国军队"伏尸百万，流血漂橹"。秦王政六年（公元前241年），楚、赵、卫等五国军队犯秦，"至函谷，皆败走"。西汉贾谊的政论名篇《过秦论》写道："于是六国之士……尝以什倍之地，百万之众，叩关而攻秦，秦人开关延敌，九国之师，逡巡而不敢进。"这里的"关"就是指函谷关。

由于函谷关易守难攻，秦朝末年各地起义抗秦后，新立的楚怀王为尽快平息战乱，宣告谁先入关中，得为关中王，此处所提的关亦是指函谷关。

"紫气东来"是道教的一个著名典故，它的出处就在函谷关。

周昭王时期，有一位驻守函谷关的关令名叫尹喜，他精通天象，擅长望气。一天，他登楼远望，只见东边的天空紫气升腾，祥云缭绕，一轮红日喷薄而出，万道霞光辉映山川。这紫气弥漫开来，笼罩了原野和城楼，尹喜惊喜地叫道："紫气东来，必有异人来到。"于是吩咐守关的部下清扫庭院，迎接贵人。

不久，果然见老子骑着青牛飘然而来。尹喜欣喜万分，恳请老子留下著书。老子为尹喜的盛情所感动，又见他管理有方，于是留在此写成《道德经》五千言。这部书后来被奉为道教经典，举世闻名。

后人为纪念尹喜，便将他登高望远的土山起名为望气台。唐时在上面修建了三丈多高的"瞻紫楼"。此楼民国年间毁于兵火燹。现在所能看到的是近年修建的仿古建筑。

太初宫位于函谷关东城门右侧，传说老子在此写下了《道德经》五千言。太初宫为殿宇式古典建筑，殿脊和山墙檐边上塑有麒麟、狮、虎、鸡、狗等珍禽异兽，神形兼备。殿顶飞梁纵横，椽檩参差，虽然屋架复杂，但却自成规矩，殿宇宽阔，中无撑柱。

西域建功之班超梦

文 / 张书省

在当今"一带一路"的宏伟蓝图造福于中国和世界人民之际,欣赏邮票上班超的辉煌伟岸形象,不禁让人油然而生感慨:班超老祖,你的丝绸之路的梦想,今日已臻于现实并得以发扬光大!

班超啊,你从小就勤勉孝敬,志存高远。你的父亲班彪曾任徐令,因病免官后又著《史记后传》,你兄班固和妹妹班昭也继承父业完成《汉书》编订,你却因"家贫,常为官佣书以供养",即以受雇官府抄书养家。终于,你愤然掷笔欲立大业!同事取笑,你昂然曰"安知壮士之志哉"!你在这时候的梦,就是域外建立功业,博取封侯之赏啊!

胞兄班固本来专心修史,却以"私修国史"遭陷下狱。正是你,以过人的胆识和辩才,远赴京都洛阳,面觐明帝力谏,不仅为兄雪清罪名,兄长还被任命为校书郎。随后你便投身军旅,以实现自己投笔从戎夙愿。你的梦,这一刻就是报效国家,博取功名啊!

你勇武识文,勇敢杀敌,极受器重,遂被派遣出使西域。你大智大勇,明察秋毫,又身先士卒,奋不顾身,在鄯善国受到北匈奴使者逼迫的不利环境下,奋然和同行的36位兄弟夜袭敌巢,"顺风纵火,前后鼓噪",斩酋30多人,烧死100多人,以其奇志奇勇,让鄯善举国震动,同东汉朝廷重归于好。这时候,你的梦就是兴盛大汉,友结邻邦啊!

之后,汉明帝诏你出使西域各国,不是以武力,而是以外交手段维护和西域各国的友谊,说服那些臣服北匈奴的西域各国幡然悔悟。你第一个剪除谣言惑众的神巫，安抚了于阗国，又匡扶起了疏勒国的君主，再惩办释放了篡位的伪国王，辄服了邪恶，收服了民心。一时间大汉和班超的威名远播，各国纷纷远离北匈奴，投向汉王朝。这是西域各国在张骞出使缔结友谊开通丝绸之路后中断了65年，又重新建立起了联系，丝绸之路的通道又一次打开了。

此刻的班超啊，你一定十分欣慰，但同时又夜以继日殚精竭虑。你的梦，是民族和解、大汉富强、丝绸之路永远畅通无阻啊！

天有不测风云，果然事出不测，明帝派去自西汉以来管理西域36国事务的都护陆睦在乌垒城西域都护府被杀！处于疏勒国的班超被作为攻击目标，他们又实力单薄力量衰弱，班超只好和疏勒王一起，克难守艰，坚守顽抗。随后，在境况更为严重的情况下，他以少胜多，出奇制胜，以夷制夷，又在汉章帝派来的仅两千军队的配合下，终于，平定叛乱，逼降附庸，粉碎强敌干预，维护了西域稳定，丝绸之路大通道又得以平安畅通。"东汉"随之复置西域都护府，班超被任命为都护。三年后，又被册封为定远侯。

几年后，视野更加开阔、眼光更加遥远的班超派遣副使甘英出使数千里之遥的大秦，即罗马帝国。大汉使团直抵今天波斯湾的安息条支海东岸。虽因某些原因这次探险未能成功，但它终究搭起东西方之间的一座便桥，为后来罗马皇帝派使节来到洛阳开辟了道路。班超之梦，已不是当年的建功立业的弹丸之梦了！

到公元100年班超69岁时，他感到老病衰困，请求返回国内，便写信给皇帝恳求"愿生入玉门关"，但朝廷却没有理睬他的奏章。直到第二年其妹班昭知道了情况立即上书，其情真意切大大触动了汉和帝，和帝立即批准班超返回洛阳。第二年八月，回京刚被封为射声校尉的班超，一个月后就重病不起，猝然辞世，享年71岁。他的墓，在今河南省孟津县朝阳镇张阳村，墓碑"东汉定远侯班超墓"千古赫然！

班超直到古稀之年也没有给他的理想之梦掺入丝毫的琐屑不洁，当皇帝没有同意他的返国之奏章，他就毫无怨言地以殃殃病残和垂垂老暮恪尽职守，尽忠报国。1978年8月16日，中国台湾地区邮政部门发行了《中国民间故事》

投笔从戎

邮票,其中有一枚为《投笔从戎》,说的就是班超。

当我今天在丝绸之路起点古长安城的土地上写下这段怀念班超的简略文字时,面对方寸邮票上的这位伟岸英武的民族英雄,中华人杰,我真是五体投地,敬仰有加!从打通西域的张骞,到守护丝绸之路的班超,其功勋卓著,那是用文字可以展示得了的吗?两千年了,斗转星移,风云际会,多少代中华民族的祖祖辈辈子子孙孙,都在为强盛于世界民族之林的中国梦而前赴后继奋斗不息啊!当今天13亿中国人终于可以昂首挺胸地向世界展示"一带一路"的宏伟蓝图时,在九天之灵的班超老祖,你看见了吗?你听见了吗?你一定欣喜而泣了吧!

班固激情修《汉书》

文 / 张书省

史称中国典籍双璧的《史记》和《汉书》，其成书的过程却是艰辛乃至付出血的代价。只说《汉书》吧，这部班家三杰倾尽全力之作，由其父班彪创意开篇，其妹班昭最后完成，真正起中坚作用的却是班固，我们可以从 2013 年 9 月 15 日国家邮政部门发行的《中国古代文学家（三）》邮票上一睹他的英姿。

班固家学渊源深厚，9 岁即"属文颂诗赋"，13 岁时博闻强记就让大学者王充惊讶，以至远瞩说，"此儿必记汉事"。16 岁入洛阳太学，与当时的文史大家切磋学问，父亲班彪去世时中断学业，回扶风老家"居忧"三年，给了他苦读深思的机会。27 岁起即探撰前记，缀集所闻，另辟蹊径，继承父业。他在整理父亲《史记后传》书稿时发现疏漏很多，文章亦显匆促，即重新开始了《汉书》的撰著工程。

班固

就在班固开始他的浩大工程不久，却遭告发"私修国史"，图谋不轨，被捕关押。此时多亏他的弟弟班超以超人的胆识和辩才告御状申冤，汉明帝在调阅了班固书作原稿后，不仅平其冤案，且至朝廷作兰台令史，后又直接明令其续写《汉书》。"潜精积思二十余年"，班固终于在汉明帝和汉章帝两代明君的支持下让《汉书》基本成形。

也难怪有人告发，《汉书》中对西汉帝王的宫廷之弊，帝王之失确是直言不讳，淋漓尽致，以至我们今天读来也不得不佩服其胆量学识。书中叙述武帝，并未以其文治武功而掩其不体恤民生空耗国力，"武帝虽有攘四夷广土斥境之功，然多杀士众，竭民财力，奢泰亡度，天下虚耗，百姓流离，物故者过半"。著者甚至借书中人物之口直言："亡德泽于民，不宜为立庙乐。"

汉武帝强行营建上林苑确实让士人百姓愤怒。那年正是农作物即将收获的深秋，汉武帝突然兴起要到长安郊外打猎，官兵为了皇帝围猎方便，前一天晚上就把各种野兽从秦岭南山上赶到山下田间，天亮后汉武帝带着大批随员，在即将成熟或已经成熟的庄稼地里纵马驰骋，鹿豕狐兔四野奔逃，士兵又横冲直撞，致使丰收在望的庄稼毁于一旦，农民一年的辛苦颗粒不收，弄得老百姓愤怒至极"号呼骂詈"，汉武帝却置若罔闻，毫不理睬，甚至下令把"鳌屋以东，宜春以西"的长安城南的大片土地划做皇家游猎的场所，当地大量农民被迫迁徙，流离失所。这就是上林苑的形成。

班固还揭露了皇室宫闱的肮脏残忍。汉成帝宠幸的昭仪赵和德，得知许美人已怀身孕，顿时妒火中烧，歇斯底里得以头撞柱，寻死觅活，逼得汉成帝发誓赌咒，绝不立许氏。汉成帝还竟指派宦官连偷带骗把许美人刚生产不久的婴儿弄来，置于苇筐之内活活害死。确实令人发指！

以上鞭挞邪恶、揭露阴暗、同情劳苦大众、伸张正义的篇章在《汉书》中极多，这是班固和班彪、班昭的班氏三杰对中华文明的历史贡献，而没有汉明帝、汉章帝两位明君的关爱，这些内容是很难问世的。

班固之死亦是一出悲剧，时年方 61 岁。由于全部身心投入了《汉书》撰著大业，无暇对家室家族管理教化，致使其多子不肖，家奴凶顽，以至为非作歹，成为京城祸害，就连京都洛阳令的车队，也敢寻衅滋事。洛阳令遂怀恨在心。当班家世代之好，又与班固过从甚密的大将军窦宪被以专权谋反罪名迫令自杀时，洛阳令即命拘捕班固下狱。当汉和帝得知斥其鲁莽之时，班固已惨死狱中，汉和帝极为悲伤。后来，班昭受命继承父兄之业，遂使《汉书》得以完成！

《汉书》成为中国历史的旷世经典，也是中国文化的光辉典范，其在中华民族史册上不仅光照千秋，还将耀耀万世，也正缘于此。我们今天看到班固的光辉形象时，也充满了对班彪、班固、班昭这班氏三杰的崇敬之情。

张衡与地动仪

文 / 庞进

张衡像

1956年1月1日，国家邮政部门发行了《中国古代科学家（第一组）》邮票小型张，其中第一枚图案是天文学家张衡。张衡，东汉科学家、文学家，河南南阳西鄂（今河南南阳市石桥镇）人。他精通天文历算，创制了世界上最早利用水力转动的浑天仪和测定地震的地动仪，并成功地记录了公元138年在甘肃发生的一次强烈地震。他第一次解释了月食的成因，天文学著作有《灵宪》。他曾先后两次担任执管天文的太史令，汉魏故城南郊，今河南省偃师市佃庄镇岗上村与大郊寨之间，有东汉灵台遗址。灵台是东汉最大的天文台，是太史令的下属机构。张衡在这里亲自领导、主持和参与了灵台的天象观测和天文研究，并将自己发明的地动仪安放在灵台之上。

1953年12月4日，国家邮政部门发行了《伟大的祖国（第四组）古代发明》邮票一套四枚，其中第二枚为《地动仪·东汉》。因张衡当年创制的地动仪原物及图样均已无存，时任文化部文物局博物馆处处长的王振铎就根据《后汉书·张衡传》关于地动仪的描述，设计复原了一个地动仪模型。这枚邮票上的图案，虽然标示为"地动仪·东汉"，但其实是王振铎复原的地动仪模型。

地动仪·东汉

在中国历代名人中，张衡是一个文学家兼科学家的两栖人才。中国文化传统，往往将杰出人才比龙称龙，而张衡，显然堪称"人间杰龙"。那么，从龙文化的角度，将张衡简要地考察一番，就是一件有意思的事情。

张衡与司马相如、扬雄、班固并称汉赋四大家，其代表作是《二京赋》《思玄赋》《归田赋》。《二京赋》，即《西京赋》《东京赋》。《西京赋》写的西汉国都长安，其中涉"龙"的句子，有"疏龙首以抗殿""麒麟朱鸟，龙兴含章""想升龙于鼎湖""千乘雷动，万骑龙趋""白虎鼓瑟，苍龙吹篪""海鳞变而成龙，状婉婉以昷昷"等。《东京赋》写的东汉国都洛阳，其中涉"龙"的句子，有"龙图授羲，龟书畀姒""龙飞白水，凤翔参墟""飞云龙于春路""濯龙芳林，九谷八溪""九龙之内，实曰嘉德""龙雀蟠蜿，天马半汉""龙辂充庭，云旗拂霓""火龙黼黻""乘銮辂而驾苍龙""天子乃抚玉辂，时乘六龙"等。

张衡既然喜爱龙文化，又对龙文化有比较深入的研究，那么，在其发明世界上第一架地动仪时，采用龙文化元素就顺理成章了。据《后汉书·张衡传》记载，汉顺帝阳嘉元年，张衡在京城洛阳用精铜铸造出了地动仪。直径有八尺，盖子中央隆起，样子像个大酒樽，外面装饰着篆体文字和山、龟、鸟、兽的图案，里面有一根粗大的铜柱，铜柱周围伸出八条滑道，装置着发动的机关。外面有八条铜龙，龙口各含一枚铜丸，每条龙下面都对应着一只蛤蟆，蛤蟆张着嘴巴，准备接住龙口吐出的铜丸。其制造巧妙的枢纽机关，都隐藏在酒樽形的仪器中，且覆盖严密没有一点缝隙。如果发生地震，仪器外面的龙就震动起来，使机关发动，龙口吐出铜丸，下面的蛤蟆就用嘴把它接住。铜丸落下的声音清脆响亮，守候仪器的人便知道有地震发生。地震发生时只有一条龙的机关发动，另外七个龙头不动，于是顺着动的那条龙昭示的方向，就能知道地震发生的方位。有一次，一条龙的机关发动了，可是京城洛阳并没有感到地震，学者们都惊异这地动仪怎么不灵验了。几天后，驿站上传送文书的人来了，果然在陇西地区发生了地震，于是大家都叹服地动仪的神妙。从此以后，朝廷就责成史官根据地动仪，记载每次地震发生的方位。

候风地动仪只能在地震发生后测知地震的大概方位，不能预报地震。尽管如此，它也堪称世界上地震仪的祖先，在此领域领先世界 1800 多年。因为用仪器来观测地震，在国外还是 19 世纪以后才有的事。

为了纪念张衡的功绩，后世的人们将月球背面的一环形山命名为"张衡环形山"，将小行星 1802 命名为"张衡小行星"。

蔡伦书写丝路文明

文 / 骆延峰

1962年12月1日,国家邮政部门发行了一套《中国古代科学家(第二组)》邮票,第一枚是《蔡伦像》,图案上他手拿造出的新纸而满脸微笑,第二枚则详细介绍了蔡伦造纸技术的全过程,以纪念中国古代科学家中造纸术的发明者蔡伦。

蔡伦像　　　　　　　造纸

蔡伦发明的纸,改变了人类社会进步的步伐。中国纸的发明,也沿着古丝绸之路传播开来,让世界为之一振。麦克·哈特的《影响人类历史进程的100名人排行榜》中,蔡伦排在第七位。美国《时代》周刊公布的"有史以来的最佳发明家"中,蔡伦上榜。

蔡伦出身于东汉初年一个铁匠世家，18岁时进洛阳皇宫做了宦官。这一年，是汉明帝永平十八年（公元75年）。后蔡伦参政，协助汉和帝清除了窦氏专权，巩固了皇权。永元九年（公元97年），蔡伦由中常侍"加位尚方令"，专门负责为皇帝制造御用的宝剑、器物等。

当时的皇宫作坊，集中了天下的能工巧匠，制作的刀剑等器物，"莫不精工坚密，为后世法"。崔寔《政论》中写道："有蔡太仆之弩，及龙亭九年之剑，至今擅名天下。"这些创造为蔡伦发明纸张提供了机会。

他看皇上每天要批阅的公文都是成捆的竹简，必须要用人抬到书案上，费时费力；而且那个时代人们用丝绸当书写载体，也是相当浪费。《庄子·天下》载："惠施多方，其书五车。" 惠施，战国中期宋国（今河南商丘）人，战国时期著名的政治家、辩客和哲学家。他每次出去讲学，都要带五大牛车的书简，可见，竹简是多么不方便。"学富五车"这一成语也源于此。

于是蔡伦就想，能否找出一种书写方便的代替物。传说蔡伦外出时，发现河边的枯枝干草上悬挂着一些丝状东西，光滑而有韧劲，在上面似乎能写上字。受此启发，蔡伦挑选出树皮、破麻布、旧渔网等，让工匠们把它们切碎剪断，放在水池中浸泡一段时间，再把浸泡过的原料捞起，放入石臼中，搅拌成浆状，然后再用竹篾把这糨糊状的东西挑起来，等干燥后再揭下来，就形成了薄薄的一层纸。

元兴元年（公元105年），蔡伦把造纸的方法写成奏折，连同纸张呈献皇帝，皇帝非常赞赏，就诏令天下使用并推广。蔡伦也因此被封为"龙亭侯"。人们也把这种纸称为"蔡侯纸"。

建光元年（公元121年），邓太后卒，安帝亲政。蔡伦因为当初受窦太后指使迫害安帝皇祖母宋贵人致死、剥夺刘庆的皇位继承权而被审讯查办，后被遣禁回封地龙亭，最后被赐自尽。蔡伦一生在内廷为官，先后侍奉四个幼帝，投靠两个皇后，身居列侯，位尊九卿，却以惨死告终。但他在兼管尚方时，推动了手工业工艺的发展，被称为东汉时期的科学家。

不仅因为蔡伦造纸术的发明轰动世界，而且这套邮票的发行也轰动了世界。

因为邮票设计者在介绍文字中多了一个"前"字，只好让工人在印版上把这个"前"字剔掉。谁知，因为疏忽，有一个"前"字漏改了，导致每版第16号票位上的那枚邮票仍旧带"前"字。正式发行后被发现。邮电部立刻要求将错票收回，但是已有数千枚流出，因而也形成了中国邮票中的一枚珍品。

蔡伦发明的中国纸，7世纪时传到朝鲜、日本；8世纪时传到了阿拉伯、欧洲，以至美洲。而那时，欧洲人还在使用它们制作的笨重昂贵的"羊皮纸"。正因为有了丝绸之路，有了蔡伦发明的纸，通过丝绸之路的传播，掀起了一场文艺革命。新兴的资产阶级中的一些先进的知识分子借助研究古希腊、古罗马的艺术文化，通过文艺创作来宣传人文精神。这就是欧洲的文艺复兴。

蔡伦发明的纸张，一直是丝绸之路上连接世界的纽带。即使在当今高科技时代，纸张仍旧是我们生活中不可缺少的东西。而在今天推动的"一带一路"新丝路国家战略建设中，纸张，仍旧在推动着世界文明发展的步伐。

关羽与关公文化

文 / 刘新中

走洛阳，游关林，对称颂关羽的两副对联感了兴趣。觉得很能说明本文主题，遂记之。

第一副对联：

儒称圣，释称佛，道称天尊，三教尽皈依，式瞻庙貌长新，无人不肃然起敬；

汉封侯，宋封王，明封大帝，历朝加尊号，矧是神功卓著，真所谓荡乎难名。

第二副对联：

赤面秉赤心，骑赤兔马追风，驰驱无忘赤帝；

青灯观青史，使青龙偃月，隐微处不愧青天。

关羽的故事在中国流传甚广，《桃园三结义》《千里走单骑》《过五关斩六将》《夜读春秋》等，古往今来妇孺老幼谁都能说出一两段来。

其实，历史上并无诸如桃园结义一类的传奇故事，关羽本名也不叫关羽，他姓冯名贤，字寿长，山西运城人，因打抱不平杀死了家乡的恶霸，逃命到潼关。为逃避追捕用鼻血涂面，变成了赤红脸，别人问他姓名，抬眼看到关口急中生智报自己姓关。史书上只是称他与刘备、张飞"恩若兄弟"，并无特别之处。由于长期以来戏曲舞台及评书等的渲染，加之《三国演义》的加工虚构，关羽终于成了忠义的化身，庙宇渐次在全国多了起来，封号一代高于一代。唐五代时尊他为历史英雄，宋元追封为王，明代由"壮缪义勇武安显灵英济王"升为"护国大帝"，清代又封为"忠义神武灵佑仁勇关圣大帝"。文人有孔夫子，关羽作为武将，就被尊为关夫子。与孔子的墓地山东曲阜孔林对应，河南洛阳埋葬关羽头颅的墓地就被称为关林。上述第一副对联说的就是关羽从人变成神的过程。

从此，赤红脸、赤兔马和青龙偃月刀就成了关羽永远不变的形象，忠义仁勇悬在关羽的头顶如太阳一般闪耀着光芒。

前些年，有一种观点认为，关羽之所以被抬举到至高无上的神位上是统治阶级的需要。实际上，神话了的关羽是靠一系列故事打造成的："身在曹营心在汉"反映的是忠义，"千里走单骑"反映的是信誉，"过五关斩六将"反映的是勇猛，"月夜读春秋"反映的是修身，这一切的一切都蕴涵着中国传统文化的伦理、道德、理想，渗透着儒学的精义。关羽被视为中国文化的化身，是千万民众的道德楷模和精神寄托，是广泛一致的民族心理认同。

全国各地关帝庙很多，最著名的当属洛阳的关林庙、湖北的关陵和山西的关帝庙。这三个庙分别代表了逝去的关羽"头枕洛阳、身在当阳、魂归故里"。三者比较，关林作为"头"有许多值得称道的地方，它是中国唯一集"冢""庙""林"三祀合一的古代经典建筑群；"文化大革命"时期发行了一套出土文物邮票，总共12枚，关林唐墓出土的黑彩马便占了一枚。

千百年来，无论民间还是官方，纪念关羽方式有许多，如供奉的牌位，相关的祭祀，关林朝圣大典，年节中的剪纸、张贴画，日常生活中的故事讲述及表演说唱等。

自从有了现代邮政以来，邮票也成了最重要的一种纪念形式。新中国成立以来，涉及关羽以及三国的邮票，就有近十种。《三国演义》系列邮票，基本囊括了三国时期重要的人物和事件。2011年9月12日，国家邮政部门发行了《关公》邮票，分别是《千里单骑》与《夜读春秋》，邮票上的这两个故事应当说是最能表现关羽精神特质的了。

千里单骑　　　　　　　夜读春秋

关羽以及由他种种事迹衍生的关公文化，千年来影响广泛，还在不断丰富和发展，并且已融入当代社会，在当今仍然具有现实价值和意义。

悲情文学家曹植

文 / 丁晨

"黯淡了刀光剑影,远去了鼓角争鸣",在我国辽阔的历史天空中,闪动着许许多多璀璨耀眼的明星。国家邮政部门1994年6月25日发行的《中国古代文学家(第二组)》邮票,第二枚是文学家《曹植》。

曹植是曹操第三子,曹丕的同母弟弟,封陈王,谥号"思",世称陈思王。是三国时期曹魏著名文学家,建安文学的代表人物。代表作有《洛神赋》《白马篇》《七哀诗》等。后人因其文学上的造诣而将他与曹操、

曹植

曹丕合称为"三曹"。其诗以笔力雄健和词采华美见长,留有集30卷,已佚,今存《曹子建集》为宋人所编。曹植的散文同样也具有"情兼雅怨,体被文质"的特色,加上其品种的丰富多样,使他在这方面也取得了卓越的成就。

曹植自小非常聪慧,10岁就能诵读《诗经》《论语》及先秦两汉辞赋,诸子百家也曾广泛涉猎。他思路迅捷,谈锋健锐,见曹操时每被提问常常应声而对,脱口成章。曹操曾经看了曹植写的文章,惊喜地问他:"你请人代写的吧?"曹植答道:"话说出口就是论,下笔就成文章,只要当面考试就知道了,何必请人代作呢!"

黄初三年(公元222年)四月,31岁的曹植被封为鄄城王,邑二千五百户,

也就是在这次被封王之后回鄄城的途中，他写下了《洛神赋》。在《洛神赋》中，他描摹了一位美丽多情的女神形象，将其作为自己美好理想的象征，寄托了自己对美好理想的倾心仰慕和热爱；又虚构了向洛神求爱的故事，象征了自己对美好理想不辍的热烈追求；最后通过恋爱失败的描写，以此表现自己对理想追求的破灭。

曹植的创作以建安二十五年（公元220年）为界，分为前后两期。前期以《白马篇》为代表，它塑造了一个武艺高强、渴望卫国立功甚至不惜壮烈牺牲的爱国壮士的形象，充满理想和抱负，洋溢着乐观、浪漫的情调；后期以《杂诗》为代表，更多地表现了壮志不得施展的愤激不平之情。他的诗歌，既体现了《诗经》"哀而不伤"的庄雅，又蕴含着《楚辞》窈窕深邃的奇谲；既继承了汉乐府反映现实的笔力，又保留了《古诗十九首》温丽悲远的情调。曹植的诗风格独特，是诗歌史第一位大力写作五言诗的人，完成了乐府民歌向文人诗的转变，推动了文人五言诗的发展。

曹植《七步诗》广为流传："煮豆燃豆萁，豆在釜中泣。本是同根生，相煎何太急？"（见于《三国演义》版），然而，这首诗不见于陈寿的《三国志》，最早见于南朝刘义庆的《世说新语·文学》。《世说新语》记载着魏文帝曹丕妒忌曹植的才学，命曹植在七步之内做出一首诗，否则将被处死，而且对诗有严格要求：诗的主题必须为兄弟之情，但是全诗又不可包含兄弟二字。曹植在不到七步之内便吟出。但此诗是否为曹植所作，至今仍有争议。

曹植这位当之无愧的风流倜傥、才华横溢的旷世文豪，还是最负盛名的悲情人物。太和六年（公元232年），曹植在忧郁中病逝，时年41岁，值得人们回味叹息。由于曹植生活的不幸，后期他逐渐能体会到一些下层人民的痛苦，也写出了个别反映人民疾苦的诗篇。

曹植作为建安文学的集大成者，对后世影响很大。两晋南北朝时期，其文被推尊到文章典范的地位。

三分归晋

文 / 周养俊

三分归晋

1998年8月26日，国家邮政部门发行了《中国古典文学名著——〈三国演义〉（第五组）》邮票，其中最后一枚《三分归晋》反映的就是这一段历史。

东汉末年，群雄割据，通过混战兼并，最后形成魏、蜀、吴三国鼎立的局面。

司马懿是魏国最有才能的军事家和政治家。他足智多谋，通过对吴、蜀的战争，逐渐掌握了魏国的军事大权，但却遭到曹爽的疑忌，迁为太傅，剥夺了军权。嘉平元年（公元249年），司马懿发动政变，剪除曹氏势力，使魏国军政大权完全落入司马氏之手。司马懿死后，其子司马师、司马昭相继执政。魏国在司马懿父子的治理下，日益强大。司马昭为了取代曹魏，计谋先灭蜀，后灭吴，统一全国。因此，景元四年（公元263年）秋，便调动大军灭蜀。

蜀汉国小兵寡，后主刘禅又是有名的昏庸之主。自诸葛亮、蒋琬、费祎相继死后，大权逐渐落入宦官黄皓之手。因此，朝政日非，内部矛盾日趋尖锐。这就给了司马昭一个灭蜀的良机。

司马昭估计蜀国的总兵力不过9万，其中驻守成都及其他各郡者不下4万，姜维所领不超过5万人。只要以一路大军绊姜维于沓中，使其不得东顾；另发一路大军由骆谷乘虚袭取汉中，经剑阁直取成都，蜀国必亡。

于是这年秋，发兵18万，使征西将军邓艾统军3万，自狄道（今甘肃临洮县）绊姜维于沓中；雍州刺史诸葛绪统军3万，自祁山（今甘肃礼县祁山镇）军于武街桥头（今甘肃文县面门外白水江上），断姜维东归之路；镇西将军钟会统军12万，帅前将军李辅、征蜀护军胡烈等进攻汉中。

九月，钟会分兵三路，由斜谷、骆谷、子午谷进入汉中。汉中蜀军少，很快就被钟会大军占领。

而后姜维守剑阁，钟会攻之不下，粮道险远，粮草缺乏，欲退军。邓艾上书说：如以奇兵由阴平、江油间道到成都，剑阁蜀军必然还救，钟会大军就会平安抵成都。他自阴平凿山开道，攀木缘崖，经350公里无人地区至江油。守将马邈迎降。邓艾破诸葛瞻前军于涪；诸葛赡退守緜竹，败死；邓艾遂至成都。刘禅投降，别敕姜维降钟会，蜀亡。

咸熙元年（公元264年），司马昭以灭蜀功晋爵为晋王。次年，正准备迫使魏帝让位，突然于八月死去。其子司马炎袭位，继承父志，这年十二月，取代曹魏，是为晋武帝。

晋武帝的威望、能力不如其父，禅代以后，又有不少人反对。为了安定内部，迟迟不敢灭吴。一直过了14年，即咸宁五年（公元279年）十一月，在王濬、杜预等人的催促下，他才发兵。

吴主孙皓是中国历史上有名的暴君。在位期间（公元264—280年），"肆行残暴，忠谏者诛，谗谀者进；虐用其民，穷淫极侈"，国内各种矛盾都很尖锐。建衡三年（公元271年）丁奉死，凤凰三年（公元274年），陆抗卒，防御力量衰落，朝政更加黑暗，人心涣散，已呈土崩瓦解之势。

咸宁五年（公元279年），晋武帝在群臣的一再催促下，下决心灭吴。从这年十一月，到太康元年（公元280年）正月，杜预向江陵，王浑出横江，攻吴镇戍，均所向克捷。大军顺流而下，直向吴都建业（今南京市）。

孙皓闻之，令丞相张悌督丹阳太守沈莹、护军孙震、副军师诸葛靓率精兵三万江渡拒战。结果大败于版板，全军覆没。三月，王濬舰队浩浩荡荡由武昌东下，临近建业，孙皓派游击将军张象率水军万人拒战；张象军队望旗而降。吴司徒何植、建威将军孙晏等也纷纷投降。王濬军共8万人，舰队长百里，鼓噪抵石头城（在今南京市清凉山）。孙皓见大势已去，只得面缚出降，吴亡。至此，中国又重归于一统。

汉末长达84年的分裂、割据，战争不息，给劳动人民带来了沉重的负担和无穷无尽的苦难，比之西汉，人口大为减少，生产出现了大倒退。西晋统一之后，在洛阳定都51年，社会比前安定，政府又采取一系列措施，如移吴、蜀稠密的人口于地广人稀的北方，劝课农桑，轻徭薄赋等，因此，农业生产在全国各地都得到了很大的恢复。

总之，西晋的统一有着重大的历史意义，用邮票记录这样一段历史，意义深远而重大。

韩愈与洛阳

文 / 陈嘉瑞

1983年8月10日,国家邮政部门发行了《中国古代文学家(第一组)》邮票,其中第三枚就是《韩愈》。

韩愈位列"唐宋八大家"之首,与柳宗元并称"韩柳",他倡导"古文运动",开辟了唐以来古文的发展道路,苏轼称他"文起八代之衰,而道济天下之溺"。韩愈在赋、诗、论、说、传、记、颂、赞、书、序、哀辞、祭文、碑志、状、表、杂文等各种体裁作品的创作上,均有卓越成就。

韩愈,河南河阳(今河南孟州市)人,汉族,郡望河北昌黎,世称"韩昌黎""昌黎先生"。

韩愈

韩愈的一生,和洛阳有着千丝万缕的联系。可以说,在韩愈的一生中,洛阳永远是他的避风港,一有不如意的时候,他就会回到洛阳。

韩愈生于唐代宗大历三年(公元768年),3岁的时候,父亲就死了,这以后,韩愈就由哥嫂抚养。韩愈14岁的时候到了洛阳,租了两间草房居住。这一时期,韩愈的苦学奠定了一生从事文学的基础。在洛阳,寒冷的冬天,韩愈也舍不得生炉子,砚台墨汁结冰了,韩愈用嘴呵呵气,使冰融化。手冻僵了,搓搓暖热以后，再接着写文章。为了博览群书，他常常半夜才睡，"焚膏油以继晷，恒兀兀以穷年""口不绝吟于六艺之文，手不停披于百家之篇"。他反复地苦吟、背诵，不断地深思、揣摩，把古人的名篇名文解析总结，理出纲要，吃透古人的手法技巧，化为己有。这样，历时五载，韩愈的洛阳苦读使他成为洛阳的学问大家。

韩愈在洛阳，有三件事不得不提。一是在洛阳与卢氏小姐成婚。韩愈在长安功名不成，花光了资费，回到洛阳找友人求助。在洛阳，经友人穿针引线，他与才貌双全的卢氏小姐订了婚事。一次二人闲聊诗文，卢小姐即展纸挥笔道："人求言实，火求心虚，欲成大器，必先退之。"韩愈捧赠言，一阵沉思："此乃小姐肺腑之言啊！自古道骄兵必败，自己身上缺少的正是谦虚之情，这个'愈'字便是证据。"于是，他立即选用最后两字"退之"作为自己的字。第二，韩愈在洛阳力荐李贺。韩愈出身寒门，他更能理解天下寒士文人的处境，为官后很乐意帮助寒士和提携后人。经过他指导、帮助、提携后成为唐朝有名诗人的就有皇甫湜、牛僧孺、张籍、孟郊、贾岛、李贺等多人。李贺18岁时，重返东都洛阳。他这次来洛，目标很明确，就是要找文坛巨公韩愈。这时的韩愈以国子监博士身份分司东都，李贺带了许多诗篇来见他。晚上，韩愈送走了来客，正准备休息，一边解衣带，一边漫不经心地看李贺送来的诗篇。第一篇便是《雁门太守行》。当他读到"黑云压城城欲摧，甲光向日金鳞开"时，被李贺"气势磅礴，文辞优美"的诗句感染。他急忙把已经解开的衣带又系上，让人立即把李贺请来。韩愈对李贺诗中所展现出来的那种自信和渊博，夸赞不已："天才，天才！果然是名不虚传哪！"从此，李贺的诗名传遍天下。但是许多嫉妒他的人说李父名"李晋肃"，其中的"晋"与进士的"进"同音，那是"家讳"，是不能去参加进士考试的。为此，韩愈写了一篇著名的《讳辨》来为之辩解："父名'晋肃'，子不得举'进士'；若父名'仁'，子不得为'人'乎？"韩愈的《讳辩》，气势磅礴，有理有据，痛快淋漓，无奈李贺因故最终放弃了考试，过了一生辛酸贫困的日子。第三，在洛阳国子监博士任上，韩愈还和洛阳僧尼有过一番严正的较量。唐代僧道甚众，寺院成为百姓逃避赋税徭役的避难所，一些读书士人也遁入了山林禅寺，不为朝廷所用。佛教的急剧发展，教徒的不事生产，浮食天下，已直接危害到统治阶级的经济利益。韩愈深感缺臣少民给封建统治带来的危机，他痛心疾首，主张坚决禁绝佛教。当时，洛阳僧道，在宦官纵容下，蔑视法纪，胡作非为。韩愈职责所在，整顿僧道法纪，按照法典办事，当诛者诛，当禁者禁，引起宦官的不满，纷纷向东都留守郑馀庆告状。郑馀庆在左右为难中正思谋着调离韩愈，韩愈却在这一节骨眼上巧妙地自请病假，回乡下养病而去。公元811年，韩愈被召回京城，任职方员外郎，第二年复任国子监博士。大概洛阳的整治僧俗，为后来韩愈的谏迎佛骨埋下了伏笔。公元819年，韩愈上书《论佛骨表》，引发龙颜大怒，差点被宪宗处死。于是就遭遇了后来的"一封朝奏九重天，夕贬潮阳路八千"的政治罹难。

韩愈陵园（韩愈墓）位于河南省孟州市城西6公里韩庄村北半岭坡上。此地北望太行，南临黄河，是一片丘陵地带。墓前院内有古柏两株，相传为唐代栽植，有清乾隆年间碑记"唐柏双奇"。

彩陶之梦

文 / 刘新中

庙底沟类型

1990年4月10日,国家邮政部门发行了《彩陶》邮票一套,其中第二枚图案为河南陕县的"庙底沟类型"。

河南陕县位于河南省西部,北临三门峡市湖滨区、山西省平陆县,南接洛宁县,西邻灵宝市,东接渑池县,曾归洛阳管辖。后三门峡升格为省辖市,复归三门峡管辖。它正好居于丝绸之路的正道上。

庙底沟类型彩陶遗址的发现有其偶然性,也有其必然性。20 世纪 50 年代,中国正处于百废待兴的时候,全社会都满怀憧憬,跃跃欲试,希望通过自己的努力去开创社会主义建设崭新的未来。考古界当然也不例外,1953 年 11 月,著名考古学家安志敏率队到河南省陕县调查新石器遗址,在即将到达陕县车站时,他隔着车窗看到一侧的断崖上暴露着许多袋形灰坑的剖面,于是,建立在扎实学术水平和青春活力上的灵感和激情一下被触发了。

庙底沟位于河南省陕县原县城东南青龙涧南岸的塬上,东西两侧各被一条南北向的深沟切断。西边的沟俗称庙底沟,深 40 多米,沟旁营建许多窑洞,形成一个不大的村落。因村名庙底沟,遗址也由此而得名。

庙底沟彩陶，略晚于半坡型彩陶，属于仰韶文化。器型以大口鼓腹小平底钵为最典型，此外还有敛口浅腹盆、敛口罐、长颈罐、重唇尖底瓶及平底瓶等，纹饰有圆点、勾叶、弧线、三角带状纹、平行条纹、回旋勾连纹、网格纹等，呈几何形图案。同时也有仿生纹和植物纹等。早期风格写实，奔跑的鹿，游动的鱼，表现了人类初年的天真稚气和与大自然的亲密联系。后期变形的几何纹逐渐增多，表意性更为丰富。圆点在几何纹饰中起到了中心连接作用，点线造型、弧形线运用自如，影像式的表现手法起到了虚实对比的美化效果。色彩意识也更为强烈，明快和谐的红底黑花纹饰是其主要特色，图案繁复多变，运笔流畅，构图严谨，具有很高的装饰性，体现了实用与审美的高度统一。

进入邮票上的那件彩陶全称叫"彩陶花瓣纹盆"，是庙底沟彩陶的优秀代表。高12厘米，口径20.3厘米，1956年在陕县庙底沟出土后，被北京故宫博物院收藏。它属于泥质红陶，钵体盆形，敛口，沿外折，鼓腹，腹下缩成高足，平底，绘黑彩，纹饰以圆点和弧边三角相连缀，形成花瓣式彩绘的二方连续纹带，纹理优美，线条简洁流畅，视觉效果强烈。

庙底沟文化是一个大概念，它主要分布在豫陕晋黄河中游地区，虽然存在的时间并不很长，但对周边地区文化的发展却极具影响。尤其是其富有特点的极具文化意义的彩陶呈放射状播散，影响西至青海，东抵山东，北至内蒙古中部，南越长江，在燕山南麓和江苏北部都留下了造访者的痕迹和身影。

河南是中华文明的重要发祥地之一，中华民族的祖先从远古时代起经过仰韶文化、龙山文化直至商周，在黄河流域不断地发展并创造了高度的文明。庙底沟彩陶的问世以及对其的深入研究，再一次以重要的实物例证证明了这一点。

我曾经做过一个梦，梦里的庙底沟彩陶从土里长出，在灿烂的阳光下，像鲜花一样怒放，且呈顶天立地之势。我被强烈地震撼到了，仰望着这件远古人类文明的杰作，心中充满一种敬畏。

洛阳的唐三彩

文 / 黄卫平

初唐和盛唐时期的洛阳,创烧了著名的唐三彩,它是中国古代陶瓷艺术的结晶,也是唐代陶瓷的一个巅峰。它不仅以斑斓多变的釉彩,鲜丽明亮的光泽,优美精湛的造型著称于世,以丝绸之路上的胡人、骆驼、马,或驮着乐队,或长途跋涉,或饮酒、歌舞等生活场景,或扁瓶、皮囊、净瓶类生活用品为题材闻名中外。尤其是三彩骆驼,背载丝绸,驮着乐队,仰首嘶鸣,那赤髯碧眼的骆俑,身穿窄袖衫,头戴翻檐帽,再现了中亚胡人的形象,使人联想起当年骆铃叮当跋涉在茫茫大漠和漫漫"丝绸之路"上的情景。唐三彩早在唐初就输出国外,深受丝绸之路沿线各国人民的喜爱,目前已在伊朗、伊拉克、埃及、意大利等十多个国家发现了当年的唐三彩。

新中国邮票上以唐三彩为题材的邮票有多枚,而1973年11月20日国家邮政部门发行的《"文化大革命"期间出土文物》之三《黑彩马》,就是洛阳出土的。

1980年8月8日,中国台湾邮政部门发行了一套《唐三彩》邮票,图案分别为"武将""雄鸡""马""骆驼"造型,形象生动。这套邮票上的唐三彩就是1905—1909年在洛阳北邙山一带唐墓葬中出土的。

黑彩马

唐三彩是一种低温釉彩陶器，在烧制过程中于色釉中加入不同的金属氧化物，经过焙烧，便形成浅黄、赭黄、浅绿、深绿、天蓝、褐红、茄紫等多种色彩，有浓淡变化、互相浸润、斑驳淋漓的效果，但多以黄、褐、绿三色为主，故名唐三彩。唐三彩造型大致分为两类，一类是生活器皿，另一类是人俑和动物俑。据考证，唐初三彩发明后，流行于唐高宗至唐玄宗时期，以开元、天宝年间为最盛。

唐三彩的发现纯属偶然。1905—1909年，陇海铁路修筑到河南洛阳，在洛阳北邙山一带发掘出一批唐墓葬，并从中发现了为数众多的唐三彩随葬品，当时震惊了整个考古界、文物界和收藏界乃至整个中国。目前，中国境内已发现的唐代烧造唐三彩窑址有四处，为河南巩义（洛阳附近）黄冶窑址、陕西铜川黄堡窑址（铜川市附近）、河北内丘西关窑址和陕西西安机场窑址。

唐三彩的诞生距今已有1300多年的历史了，它吸取了中国国画、雕塑等工艺美术的特点，采用堆贴、刻画等形式的装饰图案，线条粗犷有力，造型生动，从一个侧面反映了大唐王朝鼎盛时期的政治、文化、生活，与唐代诗歌、绘画、雕塑、建筑艺术一起，共同形成了大唐王朝的文化。唐三彩在中国陶瓷史上是一个划时代的里程碑，因为在唐以前，只有单色釉，最多就是黄色和绿色双色釉在同一器物上并用，汉代就已经开始应用。盛唐时期多彩的釉色在陶瓷器物上同时大胆创新运用，形成了唐三彩这种陶瓷艺术形式，这与丝绸之路开通后西域各国文化对唐代审美观的影响有很大关系。唐代的开放和包容，使其能在绘画、音乐、舞蹈，包括陶瓷的烧造、金银器的制作上兼容并蓄，博采众家之特色，形成了包括唐三彩在内的灿烂的大唐文化。

邮票绝品《洛神赋图》

文 / 周养俊

2005年9月28日，经国家邮政部门批准，《洛神赋图》邮票在河南省洛阳市举行首发仪式。

《洛神赋图》邮票，被称为中国古代名画邮票的绝品。这套邮票空白上方用300多字简单介绍了《洛神赋图》，并将曹植《洛神赋》全篇1200字用楷书置于画面中，是中国乃至世界上文字最多的一套邮票；邮票连体横印，是目前中国横连枚数最多、最长的一套邮票；采用胶雕版14色三次套印，是迄今为止我国邮票刷色最多的一套邮票；这套邮票在邮票印刷史上首次使用"无墨雕刻"工艺；这套邮票将不同年代、不同作者的姊妹书画篇（《洛神赋》及《洛神赋图》）在邮票上会合，也是古代名画题材邮票中的第一次。所以，收藏价值极高。

三国时期，著名文学家曹植的《洛神赋》，向人们讲述了一个绝世凄美的爱情故事，辞藻华丽，意境绵延，是中国文学史上的名篇。东晋著名画家顾恺之依据这一文学名篇进行构思创作，绘制了出神入化的《洛神赋图》。使这一历史名篇与历史名画交相辉映，百世流芳。

《洛神赋》讲述的是：作者从京城洛阳返回山东藩地鄄城上任，行至洛水边时，恍惚看见一个绝美的女子，亭亭玉立在山崖边。这个绝美的女子就是洛神。洛神名宓妃，是伏羲的女儿，长得美丽聪慧。伏羲居住在洛河南岸一带，他在洛口筑了八卦台，来往于黄河与洛水之间，外出时常把女儿宓妃带在身边。

洛神赋图

一次，宓妃独自驾舟游玩，突然狂风大作，不幸溺于洛水。伏羲失去爱女，终日哭泣呼喊，其情感动了玉皇大帝，便封宓妃为"洛水之神"执掌洛河。洛河上空经常云雾飘游，那就是洛神在河上巡游。

还有一说。说《洛神赋》原名《感甄赋》，涉及曹植与魏文帝曹丕之妃甄氏之间的一段错综复杂的感情。据《魏书·文昭甄皇后传》载：甄氏乃中山无极人，上蔡令甄逸之女。建安年间，她嫁给袁绍的儿子袁熙。东汉献帝七年，官渡之战，袁绍兵败病死。甄氏成了曹军的俘虏，继而嫁给曹丕。曹操的夫人刘氏生长子曹昂，早年死于宛城。次夫人卞氏生有四子：曹丕、曹彰、曹植、曹熊。曹植天赋异禀，博闻强记，10岁左右便能撰写诗赋，颇得曹操及其幕僚的赞赏。当时曹操正醉心于他的霸业，曹丕也授有官职，而曹植则因年纪尚小，又生性不喜争战，遂得以与甄妃朝夕相处，进而生出一段情意。曹操死后，曹丕于汉献帝二十六年（公元229年），登上帝位，定都洛阳，是为魏文帝。魏国建立。甄氏被封为妃，并于次年郁郁而死。甄妃死的那年，曹植到洛阳朝见哥哥。甄妃生的太子曹睿陪皇叔吃饭。曹植看着侄子，想起甄妃之死，心中酸楚无比。饭后，曹丕遂将甄妃的遗物玉镂金带枕送给了曹植。曹植睹物思人，在返回封地时，夜宿舟中，恍惚之间，遥见甄妃凌波御风而来，曹植惊醒，原来是南柯一梦。回到鄄城，曹植脑海里还在翻腾着与甄妃洛水相遇的情景，于是文思激荡，写了一篇《感甄赋》。四年后（公元234年），明帝曹睿继位，因觉原赋名字不雅，遂改为《洛神赋》。由于此赋的影响，加上人们感动于曹植与甄氏的恋爱悲剧，故代代相传，就把甄妃认定成洛神了。

顾恺之将这个美丽、凄婉、动人的故事描绘在他的画中。遗憾的是，顾恺之的原画没有流传下来，当今存世的几件《洛神赋图》都是宋人摹本。

邮票是采用北京故宫的摹本设计的。全画共约有人物、动物82个，山、石、树、舟、水波纹这些景物都显太小。摹本景物基本看不大清，有的地方还有霉点破损。为了弥补这些不足又不失古画风韵，设计者下功夫先从画中提出线条轮廓版，逐一适当修补还原。如画中护卫的鲸鲵等水禽的鳞片，是一点点在线条版上抠出来的。

尤其是绝妙的是将曹植的《洛神赋》全篇1200字用楷书，不拘泥于原文段落，置于画面10处空白的背景空间，文随空白而走，长短不拘，似画的题跋，自然错落，有一种书画结合的独特美感。赋文用凹印无色脊凸工艺，不显字迹，以免破坏画面。脊凸文字在侧光之下看去，闪闪发亮，个个字都站立起来了，清晰可辨。赋予画两件姊妹艺术珍宝在一件艺术品上直面亲和，令人玩味，也为更好地解读赋文并欣赏画面提供了注脚。

隐逸文化与《香山九老图》

文 / 刘新中

中国台湾邮政部门于2010年9月9日发行了一套《香山九老图》古画邮票,圆形,内置三个画面;又于2011年9月9日发行了一枚《香山九老图》古画邮票小全张。同一内容,同一目的,表现却异曲同工,互为呼应,迥然生趣,在海内外邮界引起了不小的轰动。

香山九老图

九老图的主角是我国唐代极负盛名的现实主义诗人白居易,内涵是中国传统文化中的"隐山遁水"。故事发生在河南洛阳,说的是在唐会昌五年白居易等九位文人墨客伊水之畔的香山聚会宴游的故事。

在儒家思想的影响下,中国古代文人历来崇尚所谓"穷则独善其身,达则兼济天下"的人生态度。但往往由于政治主张难于兼济天下,人际关系险恶,官场失意等等,一些心灰意冷而又不愿随波逐流的文人,暂时调整了自己,退身而独善其身，转而投入大自然的怀抱，陶冶性情。于是，留下种种遗憾的同时，却别有另一种收获，他们驻足流连的自然山水，就被打上了浓厚的人文印记。

白居易，字乐天，号香山居士，晚唐著名诗人。他在文学上积极倡导新乐府运动，主张"文章合为时而著，诗歌合为事而作"，强调诗歌的政治功能，并力求通俗，写下了不少感叹时世、反映人民疾苦的诗篇，叙事诗《琵琶行》《长恨歌》等极为有名。唐朝末年，因朝廷腐败，白居易与胡杲、吉旼、刘贞、郑据等九位志趣相投者，遂退身隐居，远离世俗，寄情山水，博取清名。白居易有一首《香山寺二绝》，正是自己及友人这段悠闲隐逸生活的真实写照："空门寂静老夫闲，伴鸟随云往复还。家酿满瓶书满架，半移生计入香山。"

为了纪念这样的集会，白居易还曾请画师将九老及当时的活动描绘下来，但风流云散，当年现场画卷已不复存在，后人思慕这桩风雅韵事，产生了许多描绘这一贤者雅集的故事与作品。以南宋画家刘松年所著册页《香山九老图》最为著名。这幅画现藏台北故宫博物院。这幅表现文人聚会的画卷，作者在构图上选择了从围墙上方往墙内俯视的角度来描述。画中一条蜿蜒的碎石小径贯穿整个画面，形成一条横轴线，人物及景物均围绕着石径展开，中间穿插以厅堂楼榭，假山叠石，古松，梅树，瑞鹤等景物，把画面的几个部分联成一个有机的整体。作品通幅设色古雅，人物表情生动细致。画幅虽小，空间处理层次分明，毫不局促，对于细节描绘极为讲究，是南宋册页画中的精品。

中国台湾邮政部门两次发行的邮票均以刘松年《香山九老图》为蓝本，2000年小全张邮票为纨扇形式，作者以巨松、坡石巧妙地切割画面，按照原画面人物切割的三部分作为三枚邮票画面，票形为两个圆形和一个椭圆形。票形按原画人物造型设置，右上角部分只有两人，占用空间较小，成椭圆形；其他两部分人物较多，占用空间较大，成圆形。票形因势而变，既有变化，又不影响原画的整体视觉效果。

小全张邮票图案为长联，依画幅设计成三枚联印，由左至右分别表现参与聚会成员，或专注对弈，或行走交谈、戴花舞蹈，更有展卷观赏者，画幅中穿插松石竹林及溪流，童仆随侍。人物衣纹及树石的笔墨线条流畅，人物表情生动自然，布景清幽淡远，仿佛人间仙境。

在中国历史上，退身隐逸之人众多，白居易算不上最为知名，"采菊东篱下，悠然见南山"的陶渊明倒是在这方面创造出了名声。但白居易总结了隐逸的三个层面："小隐隐于野，中隐隐于市，大隐隐于朝。"白居易等九老选择的是中隐，朝廷不远不近，可以保持经常的联系，但又有距离。他们表面上悠闲自得，其实骨子还是离不开"名"，否则，就不会让人画他们隐居逍遥的生活了。画就是为了让人们记住他们，不要忘记他们。中国隐逸文化的丰富和诡异就体现在这里。朝廷不理他们了，他们就是隐士，是大雅，后人会羡慕他们。如白居易九老以及他们的前辈陶渊明。朝廷呼唤他们了，他们的行为就是韬光养晦、蛰伏待机，会造就一段美谈。如渭水边钓鱼的姜子牙，躬耕于南阳的诸葛亮。

隐逸文化是中国文化的一部分，由欣赏《香山九老图》古画邮票，进而赏读《香山九老图》，能够读出中国历史，能够读出人生况味。

司马光在洛阳

文 / 杨雅雯

司马光,字君实,北宋著名史学家、政治家、文学家。因祖籍在陕州涑水乡(今山西省夏县),故世称涑水先生。他出生时,其父正担任淮南西路光州光山(今河南省光山县)县令,便取名为"光",以志纪念。天圣三年(公元1025年),司马光6岁左右,父亲司马池被征聘河南知府(治所在今河南洛阳市东),于是举家东迁,来到西京洛阳任河南府司录。

用现代人的眼光来看,司马光无疑是早慧的孩子。据《宋史·司马光传》记载,其7岁的时候就严肃如成年人,听人讲《左氏春秋》,回家就能给家人讲出其中的大概要旨。自此之后手不释卷,无论寒暑。古人往往是讲虚岁的,7岁恐怕实足年龄只有5岁左右,试想一个5岁的孩子,听人讲《左氏春秋》,能听懂内容大概,那该是多么难得的神童啊!

司马光并不只是喜爱读书的书呆子,他还很机智。在洛阳,儿时的司马光是当时东京西京家喻户晓的人物。史料载司马光与群儿戏于庭院,院中有大水缸,一小儿登上,失足落入水中。群儿皆弃去,司马光则遇事冷静,急中生智以石击破大水缸,水流出,落水小儿得救。东京汴梁和西京洛阳都以此故事作《小儿击瓮图》。

国家邮政部门2004年6月1日发行《司马光砸缸》邮票一套,将这个故事完整地记录了下来。

第一枚《落水》,描绘了小儿坠入缸中;第二枚《砸缸》,玩耍的其他小

落水　　　　　　　　砸缸　　　　　　　　获救

儿不见踪影，只有司马光一人，水缸已砸破，落水小儿正顺水而出；第三枚《获救》则描绘了小伙伴们都簇拥在司马光和获救小儿之旁，图中一妇人，搂着司马光表示赞许，母慈子孝的天伦场七岁景溢于画面。这个故事在中国可谓家喻户晓，发生地却有三说，即光山、洛阳和陕西耀州或凤翔，因为这三地正是司马光5至8岁时父亲任职之地，但洛阳一说，似乎相对准确。

司马光20岁左右，中了进士甲等，被任命为华州（今陕西华县）判官，其父司马池调往杭州任职，于是司马光要求改任苏州判官以便侍亲，得到朝廷准许。后来遭逢母丧父丧，守丧多年，因过度悲伤，而使身体瘦弱，史书记载此举合乎礼仪。

从英宗治平元年（公元1064年）起始，司马光个人先后完成了《历年图》《周纪》五卷、《秦纪》三卷和两汉部分的起草，并初定书名为《通志》，呈献英宗。英宗很高兴，命令在秘阁设置机构，续修这部书。神宗继位之后，认为此书"鉴于往事，有资于治道"，给此书命名为《资治通鉴》，并亲自给此书写序。司马光经过将近20年的不懈努力，终于在元丰七年（公元1084年）完成了我国历史上第一部编年体通史。

神宗熙宁四年（公元1071年），司马光离开东京开封，在洛阳居住15年，不问政事，专心编撰《资治通鉴》。在洛阳家中，司马光藏书成癖，有记载其堂中聚书5000卷，名之曰读书堂，传为佳话。

至于司马光离开东京，久居洛阳著书的原因，不得不提及司马光的政敌王安石。此次离京，很大原因是因为遵从儒家之道的司马光，与王安石在政见上的不统一。

王安石的变法随着神宗的去世，没多久之后也就失败了。司马光却对新法耿耿于怀，在朝廷用人之际曾提出，若不废除青苗法，他是不会回京做官的。

哲宗即位，司马光还朝任职。元丰八年（公元1085年），任尚书左仆射兼门下侍郎，主持朝政，排斥新党，废止新法。数月后去世。追赠太师，温国公，谥文正。

司马光著述颇多。除了《资治通鉴》，还有《通鉴举要历》八十卷、《稽古录》二十卷、《本朝百官公卿表》六卷。此外，他在文学、经学、哲学乃至医学方面都进行过钻研和著述，主要代表作有《翰林诗草》《注古文学经》《易说》《注太玄经》《注扬子》《书仪》《游山行记》《续诗治》《医问》《凉水纪闻》《类篇》《司马文正公集》等。

偃师之"闻鸡起舞"

文 / 蒋书䉁

偃师是一个历史厚重的地方,公元前16世纪,商汤在此建都,史称西亳。

唐朝房玄龄《晋书·祖逖传》中"闻鸡起舞"的故事,就发生在偃师市首阳山。东晋范阳遒县(今河北涞水)人祖逖,胸怀坦荡、有远大抱负。可他小时候却是个不爱读书的淘气孩子。进入青年时代,他意识到自己知识贫乏,深感没有学问无以报效国家,于是就发奋读起书来。他阅读广泛,认真学习历史,从中汲取了丰富的知识。他曾几次进出京都洛阳,接触过他的人都说,祖逖是个能辅佐帝王治理国家的人才,这些话语让他受到极大的鼓舞。他24的时候,曾有人推荐他去做官,他没有答应,仍然不懈地努力读书。后来,祖逖和幼时的同乡好友刘琨一起担任司州主簿(管文书簿籍的官吏)。两人不仅常常同床而卧,同被而眠,而且都有着共同的愿望:建功立业,复兴晋国,成为国家的栋梁之材。于是,每当凌晨鸡啼,便把刘琨叫醒,两人一起起床练剑,冬去春来,寒来暑往,从不间断。功夫不负有心人,经过长期的刻苦学习和训练,他们终于成为能文能武的全才,既能写得一手好文章,又能带兵打胜仗。祖逖被封为镇西将军,实现了他报效国家的愿望;刘琨做了征北中郎将,兼管并、冀、幽三州的军事,也充分发挥了他的文才武略。

2010年4月18日,国家邮政部门发行了《成语典故(二)》邮票一套四枚,以"励志"为主题,第四枚为《闻鸡起舞》。

这套邮票发行之初,河北保定与河南偃师进行了"闻鸡起舞"故事原地的论辩和争夺。相关专家认为：成语典故形成有三个关键地点，第一是人物出生地，因为有了人物，才演绎出故事；第二是故事发生地；第三是文人总结成典的地方。按这三个标准的顺序来排，人物出生地是第一原地。"闻鸡起舞"故事中的两位人物，祖逖和刘琨是范阳遒县（今保定涞水）人，而多部历史典籍均记载，这一故事发生在当时的司州治所，也就是现在的偃师市首阳山镇附近。这组励志邮票的主题是成语的起源典故、历史故事，并不是纪念某位历史人物，在邮票画面设计上也侧重于故事性，因此以故事发生地为标准来判断这组邮票的原地更为科学、准确。

闻鸡起舞

　　勤奋上进是一种传统的美德。古今中外，流传着许许多多关于勤奋的名言警句和故事。如《周易》中的"天行健，君子以自强不息"、韩愈的"业精于勤荒于嬉，行成于思毁于随"、郭沫若的"形成天才的决定因素应该是勤奋"、维吉尔的"顽强的劳动战胜一切……"；《司马光"警枕"苦读》《岳飞窗外偷学》《陆游筑"书巢"》《王冕放牛读书》《宋濂冒雪访师》……而在所有关于勤奋与励志的故事中，尤以"闻鸡起舞"这个成语用得最多，流传最广。这大概因为该故事与早晨有关吧，现实中人总认为早起是勤奋必须有的表现。"闻鸡起舞"算得上我国励志故事的一个典型代表，荣登国家名片，无可非议。它是继《文房四宝》《洛神赋图》《防震减灾》邮票之后，偃师文化题材第四次荣登国家名片。偃师文化题材频频入选国家名片，因偃师深厚的历史文化底蕴使然。

人间仙境花果山

文 / 骆延峰

说起花果山,人们就会想起《西游记》,花果山乃美猴王的洞天府地呀!

《西游记》第一回对于花果山的描述是:"海外有一国土,名曰傲来国。国近大海,海中有一座山,唤为花果山。此山乃十洲之祖脉,三岛之来龙,自开清浊而立,鸿蒙判后而成。真个好山!丹崖怪石,峭壁奇峰。丹崖上,彩凤双鸣;峭壁前,麒麟独卧。峰头时听锦鸡鸣,石窟每观龙出入。林中有寿鹿仙狐,树上有灵禽玄鹤。瑶草奇花不谢,青松翠柏长春。仙桃常结果,修竹每留云。一条涧壑藤萝密,四面原堤草色新。正是百川会处擎天柱,万劫无移大地根。"可见花果山绝对是人间仙境。

国家邮政部门1979年12月1日发行了《中国古典小说——〈西游记〉》邮票,第一枚图案就是花果山的"水帘洞"。画面为孙悟空在花果山自称为王,自封齐天大圣,端坐宝座之上,众猴子猴孙列队逢迎,献上美食香果的情景。2014年6月1日,国家邮政部门发行的《动画——〈大闹天宫〉》邮票中,《自封齐天大圣》画面也是孙悟空和众猴在花果山竖起"齐天大圣"大旗,欢天喜地的情景。神话传说中的花果山到底在哪

水帘洞

里呢？说法不一。而在河南宜阳县，就有一座花果山。宜阳花果山又称女儿山、姑瑶山、化姑山、石鸡山等。这些名称的缘起，有的因其神话传说，有的因其山势状貌。相传女儿山中的一座小石山为一女子汲器所化。女子是谁？有酒妇说、节女说等多种传说，加上帝女姑瑶的传说，使得女儿山蒙上了一层神仙绮丽的色彩。

花果山之名，始见于北宋《太平寰宇记》："寿安县（即今宜阳县）岳顶山在县西南，又西为花果山。"这部宋代的地理总志成书于宋太宗太平兴国年间（公元976—984年）。宜阳花果山之名早于吴承恩《西游记》500余年。《西游记》故事先是在民间流传，南宋时期有《大唐三藏取经诗话》、元代有《西游记平话》话本。

花果山主峰状如石鸡，又名石鸡山。《西游记》中的东岭、西山、北溪、南谷的描写，与宜阳的花果山形态很是相近。花果山周边的山崖、村庄、景点和《西游记》中描述的地名也相吻合。如水帘洞、高老庄、南天门等。花果山的花山庙内供奉的就有齐天大圣。每年农历三月三庙会，百里之内的信徒们都会来此进香祈福。花山庙内有两通石碑：一为清乾隆五十七年（公元1792年）所立的《重修十二老母殿碑记》，碑文云"花果山水帘洞，孙佛成圣之名山也"；一为清道光八年（公元1828年）所立的《建修齐天大圣木暖阁序》，碑载："盖花果名山，中州福地，实齐天大圣之所从出也。神通显于上古，归真源自唐代，驱邪卫正，至今犹显赫耳。四方士女感其灵应，每岁朝拜。"而花山庙村家家都供齐天大圣神位。

花果山林木苍苍，荫天蔽日，奇峰林立，怪石密布，飞瀑高悬，烟云浩渺，融自然、人文景观于一体。区内现有白皮松、水杉、合欢、五角枫、领春木、独角莲、水曲柳、珍珠梅、杜鹃、百合等植物1300多种，森林覆盖率达87.4%以上，森林葱郁，珍禽出没。春有繁花、秋有硕果、冬无严寒、夏无酷暑。水帘洞、扬船洞、石院墙、将军石、大圣庙、石帘山、龙潭瀑、摞摞石、灵霄壁、登云梯、南天门、玉皇顶、西佛泉、瑶池、一线天等200多处风景更是为此山增色。花果山的魅力引来文人墨客的赞颂，宋人邵雍有诗曰："予看山多矣，未尝逢此奇。巨崖如格虎，险石若张旗。云气间舒卷，岩形屡改移。丹青难尽处，四面皆如斯。"唐朝诗人白居易、韩愈、刘禹锡、李贺等皆有吟诵花果山之作。花果山作为一个旅游之地，的确值得去探究。花果山厚重的历史等着人们去解开它神秘的面纱。

而唐僧的原型——玄奘，是洛阳洛州缑氏县（今河南省偃师市南境）人，难怪也就联想到了花果山这个美丽的地方。也许正是这个原因，造就了吴承恩在构思《西游记》这个神话传说时，把孙悟空这个爱憎分明、正气凛然的正义化身，安置在了这个人杰地灵的花果山。正是这个神奇而美丽的地方，也造就了孙悟空这个不畏权势、愤世嫉俗的正义化身。也只有他，才能伴随着这个一心向善的唐僧，前往西天取经，最终助力唐僧取回真经，修成正果。

正因为小说中花果山的美猴王孙悟空护卫着唐僧西天取经，来自于历史真实的唐僧取经。而唐代玄奘西天取经推动了中西方文化的交流和融合。唐僧西天取经之行，不正是和开辟丝绸之路一样吗？它也是对丝绸之路的再延伸，通过这条中西方交流和融合的桥梁，再次达到了中西方的交流和合作。这种"西天取经"的不畏艰辛的"西游精神"，不正是我们今天实践"一带一路"国家战略，实现伟大中国梦所需要的吗？

万里黄河第一坝

文/吉建芳

黄河是我国第二大河,发源于青海省巴颜喀拉山西段北麓曲麻莱县卡日曲的涌泉。历史上黄河曾是一条害河。据记载,自先秦到新中国成立前的2500多年,黄河共计决溢1590余次,大的改道26次,平均每三年就有两次决口,一百年就有一次改道。特别是黄河下游,泥沙不断淤积,致使河床高出堤外地面10余米,岌岌可危。"三年两决口、灾害年年有"是对黄河水害的真实写照。

黄河的水力资源蕴藏量非常丰富,仅次于长江。为了根治黄河水害,除灾兴利,造福人民,早在1946年我国就成立了治河机构。新中国建立后,治黄工作真正开始。

黄河从潼关附近折向东流,进入豫西峡谷。三门峡就在豫西峡谷中间,是黄河最险峻的峡谷河道之一。它位于中条山和崤山之间,是黄河中游下段著名的峡谷。旧时黄河河床中有岩石岛,相传大禹治水,使神斧将高山劈成"人门""神门""鬼门"三道峡谷,三门峡由此而得名。三门峡以西是渭河、洛河的汇合处,两水汇合后再向东流到风陵渡入黄河,所以黄河入河南省后水流急、流量大,经常泛滥成灾。

1955年7月30日,全国人大一届二次会议通过了《关于根治黄河水害和开发黄河水利的综合规划的决议》,修建三门峡工程的决策终于形成。

1957年4月13日,黄河上第一个水利枢纽三门峡水利枢纽工程开工兴建。

1957年12月30日,国家邮政部门发行了《治理黄河》邮票,其中第二枚为《电力》。图案上的三门峡水电站,群山环绕,崖壁陡峭,宏伟壮观的拦河大坝横亘在两山之间,气势磅礴,近景是高耸挺拔、线条有力的高压输电线路,远景为浩渺宽阔的三门峡水库和远处烟霭缭绕的群山。三门峡水电站建成后的年发电量达到2300万千瓦,是我国大型水力发电站之一。

1960年,万里黄河第一坝——三门峡水利枢纽工程竣工开始蓄水。之后,一座新兴的工业城市——三门峡市在陕州古城上崛起。

在20世纪50年代的中国,三门峡水利工程像20世纪世界最大的水利枢纽工程——长江三峡工程一样,大名鼎鼎。而那曾经被一代人冀望"黄河清"的三门峡大坝,既是中国几千年治河史的丰碑,又是后人反思、借鉴的明镜。

1962年3月20日,国务院批准三门峡的运用方式由"蓄水拦沙"改为"滞洪排沙",即汛期闸门全开敞泄,让洪水穿堂而过,在下游发生特大洪水仍需运用,凌汛期承担下游防凌任务;1964年12月开始,三门峡水利枢纽左岸增加两条泄流排沙隧洞,将原建的5~8号4条发电钢管改为泄流排沙钢管,简称为"两洞四管";1969年6月开始,又实施第二次改建,挖开1~8号施工导流底孔,1~5号机组进水口高程由300米降到287米;1973年10月后,采取"蓄清排浑"运用方式;1978年底,三门峡水电站全部五台发电机组安装完毕;1990年后,又陆续打开了9~12号底孔。

2002年6月8日,国家邮政部门发行了《黄河水利水电工程》邮票全套四枚、小型张一枚。这套邮票之四即为《三门峡水利枢纽》。

三门峡水利枢纽工程是新中国成立后在黄河上兴建的第一座大型水利工程,此段黄河长120公里,穿过"人门""神门""鬼门"三道险峻峡谷奔腾而来,蓄水期

三门峡水利枢纽

碧水连天，泄洪期怒涛翻卷，形成难得一见的壮丽景观。"万里黄河第一坝"还串起了畅游黄河、访古知典、纵情山水等众多精彩的旅游线路，成为探访华夏文明足迹、饱览母亲河风情的旅游热点。

三门峡有着许多古老而动人的传说，相传大禹治水开凿的"人门""鬼门""神门"已于大坝处融为一体，矗立在大坝下游的中流砥柱、张公岛、梳妆台及黄河古栈道等历史遗迹都充满着神奇色彩。

三门峡市所在的黄河中游地区是中华民族的发祥地之一。远在五六十万年前，这里就留下了华夏祖先的足迹。"银河星光落天下，黄河女儿容颜改"，伴随着"万里黄河第一坝"的建设而崛起的三门峡市，位于河南省西部边缘，豫、晋、陕三省交界处，东连洛阳，南接南阳，西与陕西接壤，北隔黄河与山西相望。三门峡市以山川秀丽、资源丰富而闻名中外，加上古丝绸之路从此经过，成为黄河沿线的一座明星城市。

小浪底水利枢纽

文 / 蒋书萍

说到黄河，人们都知道是中华民族的母亲河，孕育了中华 5000 年灿烂的文明。但人们对黄河是又敬又怕的：人们对黄河泥沙早就有认识，先秦时期就把黄河称为浊河，西汉时有"石水六斗泥"的说法；黄河下游的水患，历来也为人所骇然。历史上，黄河有"三年两决口，百年一改道"之说，而每次决口泛滥及改道都会对人们的生命及财产造成惨重的损失。如 1933 年下游决口 54 处，受灾面积 1.1 万多平方千米，受灾人口达 360 多万人；1938 年国民党政府扒开郑州以北花园口黄河大堤，淹死 89 万人，造成举世震惊的黄泛区……

新中国成立后，党和人民政府十分重视黄河治理，毛泽东主席提出"一定要把黄河的事情办好"。经过科学家们的多次勘察和反复研究，揭示了黄河河道改变的内在机理，推测出是因洪峰通过能力不足形成黄河改道。据此，政府组织了大规模的清淤护堤，加大洪峰通过能力，使黄河溃决改道的现象得到抑制。

黄河小浪底水利枢纽，位于河南省洛阳市孟津县与济源市之间，三门峡水利枢纽下游 130 公里、河南省洛阳市以北 40 公里的黄河干流上，控制流域面积 69.4 万平方公里，占黄河流域面积的 92.3%。黄河小浪底水利枢纽工程，是我国治理开发黄河的一座集减淤、防洪、防凌、供水灌溉、发电等为一体的大型综合性水利工程，是我国改革开放的精品力作，也是党中央、国务院新时期治水方针和水利部党组治水思路的成功实践。该工程与已建的三门峡、陆浑、故县水库联合运用，并利用东平湖分洪，可使黄河下游防洪标准从六十年一遇提高到千年一遇；不仅可以拦蓄特大洪水，还可以根据下游防洪需要适当控制中常洪水；采用的蓄清排浑运作方式，可使下游河床二十年不淤积抬高。这些都是过去的防洪控淤工程措施所不能比拟的。

小浪底水利枢纽工程，1994年9月主体工程开工，1997年10月28日实现大河截流，1999年底第一台机组发电，2001年12月31日全部竣工。总工期历时11年，安置移民20万人。工程规模之浩大，结构之复杂与管理模式之先进，被中外专家称为世界上最具挑战性的工程之一，被世界银行誉为该行与发展中国家合作项目的典范，在国内外赢得了广泛赞誉。

2002年6月8日，国家邮政部门将我国黄河水利水电工程建设成就再现方寸之上，发行了《黄河水利水电工程》邮票一套和小型张一枚，小型张图案反映的就是"小浪底水利枢纽"。

小浪底水利枢纽

黄河水利水电工程的建立，在我国整治黄河数千年的历史中，不啻为一个极具纪念意义的新的里程碑。《黄河水利水电工程》邮票选取的五大水电站分别位于黄河的上、中、下游，涵盖了黄河的整个流域。该套邮票作为特种邮票发行，具有特殊的纪念意义。而作为黄河中下游灾害密集地区的小浪底水利枢纽工程，其设计方案最佳、运行效果良好，被作为该套邮票的小型张，意义更是非凡。

洛阳第一拖拉机厂与玻璃厂

文 / 骆延峰

（一）"东方红"拖拉机闪亮世界

1977年3月15日，在国家邮政部门发行的《工农业生产建设图案》邮票中，展示的是一台刚刚下线的"东方红"拖拉机，这是洛阳第一拖拉机厂生产的。从此"东方红"拖拉机闪亮世界。洛阳第一拖拉机厂是第一个五年计划苏联援建的"一五六"重点项目之一，中国机械工业、农机工业的老大。

农机

1954年1月8日，为了中国机械工业均衡发展，毛泽东主席把中国拖拉机厂选址在洛阳，再就是从国防角度考虑，洛阳四周是山地，利于战备。

1953年，百废待兴的新中国，举全国之力，从上海、长春等地抽调专家技术人员，开始筹建第一拖拉机制造厂，开始对外代号叫081厂。1959年建成投产；1958年7月20号，第一台手工试制的东方红–54型履带拖拉机出厂。到20世纪70年代初，中国70%以上机耕任务是由东方红拖拉机完成的。

20世纪80年代经济体制改革之后，"中国一拖"从单一的履带拖拉机生产变为履带和轮式拖拉机、收割机、压路机、挖掘机、装载机、摊铺机、叉车、柴油机、载重汽车等"东方红"产品大家族。其中，农业机械业务具有国内最完整的拖拉机产品系列，拥有国际先进、国内领先的具有自主知识产权的产品技术。

1997年，"中国一拖"不断创造和刷新中国大马力拖拉机的出口纪录；2010年中国第一台拥有完全自主知识产权的动力换挡拖拉机在中国一拖诞生，打破了国际农机巨头在重型拖拉机领域的垄断格局，搭建起中国大轮拖新的升级换代技术平台。

过去的第一拖拉机厂，现在为中国一拖集团有限公司。它制造了中国第一台拖拉机、第一台压路机、第一台军用越野载重汽车。它，在新中国百废待兴中发挥了特有的作用。在当今"一带一路"的国家战略实施中，"中国一拖"必将做出更大贡献。

（二）洛阳玻璃映丝路

洛阳玻璃厂是我国建设的一个自主生产玻璃的工厂。1991年9月20日国家邮政部门发行的《社会主义建设成就（四）》邮票中，就有"洛阳玻璃厂"的身影，图片上正是当时洛阳玻璃厂生产车间的一个缩影。

浮法玻璃的生产在国内是一项崭新的技术，没有任何可资借鉴的资料。建材部的专家和洛玻的科技人员就在锅炉房里搞设计，画草图。没有大型车床设备，洛玻的钳工们就用小炉匠补锅的办法，现场加工25米的小锡槽。当时在生产工艺上遇到的一个重要难题是：高温玻璃水通过锡槽时容易凝结，造成玻璃厚薄不均。有时玻璃水在锡槽里乱溅，工人们身上到处是伤。洛玻的技术人员经过长期实践，在锡槽上部设计了电加热设备，玻璃水通过锡槽容易凝结的问题解决了。接着，他

洛阳玻璃厂

们自行研制了玻璃拉边机，精心设计速度、角度、压入深度，并将成型部分工艺形状作了修改，玻璃越拉越宽、越拉越平，质量越来越高。1971年9月23日，终于成功地建起了第一条浮法玻璃生产线，生产出了中国第一块浮法玻璃；1971年至1981年，洛玻又先后三次在此线上实施了较大规模的技术改造，生产出较薄的4毫米玻璃；1996年洛阳玻璃厂更名为中国洛阳浮法玻璃集团有限责任公司。

之后，随着科技创新，企业成功转型为以电子信息显示玻璃、节能玻璃、光伏玻璃为主导的技术密集型企业，成为中国最大的超薄电子浮法玻璃原片生产基地，0.55毫米超薄电子玻璃，1.1毫米超白超薄电子玻璃，2014年获国家战略性创新产品认定。随着社会发展与供求的变化，洛阳玻璃厂已经是今非昔比，映照丝路，将在建设"一带一路"国家战略的伟大实践中再创辉煌。

第七辑

甘肃省

邮票上的甘肃

文 / 周养俊

甘肃省位于中国西部地区,地处黄河中上游,地域辽阔。东接陕西,南邻四川,西连青海、新疆,北靠内蒙古、宁夏,并与蒙古人民共和国接壤。

新中国成立以来,国家邮政部门共发行与甘肃省有关的邮票达 140 多套,甘肃独有的题材 28 套。其中不少邮票创下了中国之最。

敦煌壁画是在新中国邮票上出现最多的甘肃题材。1987 年至 1996 年,国家邮政部门连续发行 6 组、27 枚敦煌壁画系列的邮票,其发行时间之密集、数量之多,在国内文化遗产类邮票发行中创下了中国之最。在国家邮政部门 2012 年 8 月 1 日发行的《丝绸之路》邮票中,再次出现敦煌壁画和嘉峪关。2015 年 3 月 1 日中国澳门邮政部门发行的《中国内地景观六》邮票主图为"敦煌月牙泉"。

中国工人阶级的先锋战士王进喜是一位最著名的石油工人,也是截至目前唯一上了邮票的工人。王进喜生于甘肃玉门,长于玉门,为新中国第一个石油基地的建成立下了汗马功劳,被誉为"铁人"。

"铜奔马"是闻名的世界文物。这"马"昂首嘶鸣,三蹄腾空,神形若飞,右后蹄下有一飞鸟,精美绝伦。1973 年 11 月 20 日,国家邮政部门发行了《"文化大革命"期间出土文物》邮票,"铜奔马"被搬上国家邮票。在那个以书信往来传递信息为主的特殊年代,《铜奔马》天马行空,"邮"走世界。1997 年 1 月 1 日,被确定为中国国家旅游标志的"铜奔马",再次"飞"上国家邮票,作为中国旅游年启动的纪念邮票。国家邮政部门 2012 年 8 月 1 日发行的《丝绸之路》邮票中出现《马踏飞燕》，2013年5月19日发行《马踏飞燕》个性化专用邮票一套一枚。

《邮驿图》名闻遐迩，登上《中华全国集邮联合会第一次代表大会》邮票小型张。此图来源于甘肃嘉峪关魏晋时代墓室壁画，该地是距离嘉峪关市区20公里的戈壁滩。这图案现在也是中国邮政储蓄银行的标志。

嘉峪关是明长城西端起点，也是丝绸之路的交通要塞。1999年5月1日发行了《万里长城（明）》邮票一套，《嘉峪关》位列其中。

彩陶文化源远流长，甘肃是彩陶的故乡。国家邮政部门1954年8月25日发行的《伟大的祖国（第五组）古代文物》邮票中，第一枚《彩陶罐》为新石器时期甘肃马家窑文化类型；1997年12月5日发行了普通邮资信封《双耳圆底彩陶罐》，该彩陶罐为甘肃省天祝县董家台出土，制作于公元前800~公元前600年。此种类型彩陶多见于距今4000年左右的甘肃齐家文化遗址；1990年发行的《彩陶》邮票，第三枚是《马家窑类型》的旋纹敛口彩陶瓮，亦称"彩陶王"。

2001年6月12日，中国和比利时联合发行了《陶瓷》邮票一套，其中代表我国彩陶的一枚邮票就是《双耳鲵鱼纹彩陶瓶》。这是新石器时代庙底沟类型晚期器物，1996年9月国家文物局馆藏一级文物专家确认组将其定为国宝。

会宁是中国工农红军长征会师之地。1996年10月22日，国家邮政部门发行了《中国工农红军长征胜利六十周年》邮票。2006年10月22日，《中国工农红军长征胜利七十周年》纪念邮票首发式在会宁举行，会宁会师楼浓墨重彩地出现在了国家邮票上。

酒泉卫星发射中心是中国人飞天圆梦的地方，我国邮票上的神舟号飞船就是在这里发射的。酒泉卫星发射基地始建于1958年，其中基地的核心区是东风航天城。酒泉卫星发射中心是中国建设最早、规模最大的卫星发射中心，也是各种型号运载火箭和探空气象火箭的综合发射场，拥有完整、可靠的发射设施。创建以来为中国航天事业的发展创造过骄人的成绩。

2013年10月15日，国家邮政部门发行了《习仲勋同志诞生一百周年》邮票。

第七辑　甘肃省

两当兵变前的习仲勋

任中央书记处书记时期的习仲勋

习仲勋是陕甘边区革命根据地的创建者和领导者之一，国务院原副总理，中国共产党第十一届中央委员会书记处书记，第十二届中央政治局委员、书记处书记，第五、第七届全国人民代表大会常务委员会副委员长；1978 年到 1980 年曾任广东省委第一书记、省长，是最早向中央提出在广东设立经济特区设想的领导人之一。

习仲勋等人曾在甘肃两当县发动兵变，并在陕甘交界一带组织领导活动。"两当兵变"是第二次国内革命战争时期，中国共产党领导下唯一在西北地区发生的一次武装兵变，也是在甘肃发动最早的一次武装起义。这次兵变发生于 1932 年 4 月，兵变失败后起义部队 200 余人改编为中国工农红军陕甘游击队第五支队。

南梁是西北根据地的中心区域，是一块红色热土。20 世纪 20 年代末，以刘志丹、谢子长、习仲勋为代表的西北共产党人在南梁一带，宣传马列主义，发展工农武装，组建游击队，播下革命火种，点燃了陕甘边区武装斗争的烈火，撑起了西北革命的红色大旗。

在国家邮政部门 2012 年 8 月 1 日发行的《丝绸之路》邮票中，还有很多甘肃元素，如玉门关、阳关、玉门关汉长城等。玉门关是西域交通的门户，是中国境内连通丝绸之路上的重要关隘之一。玉门关系汉武帝置，因西域输入玉石取道于此得名,在中国古代一直是文人墨客的咏叹之地,唐代诗人王之涣就曾留下了"羌笛何须怨杨柳,春风不度玉门关"的佳句。

古阳关位于甘肃省敦煌市西南 70 公里处,始建于汉武帝时期,因在玉门之南,故称阳关。而阳关及玉门关亦合称"二关"。是古代陆路交通的咽喉之地,把守着通往西域的要道。唐代诗人王维有诗写道:"劝君更尽一杯酒,西出阳关无故人。"

玉门关汉长城与闻名中外的玉门关遗址毗邻,坐落在距敦煌市区大约 100 公里的茫茫戈壁上。

2005 年 9 月 22 日,中国、荷兰邮政部门联合发行了《水车与风车》邮票。至此,古老的兰州黄河水车正式被作为中国水车的典型代表,永久地镌刻在了方寸邮票上,成为兰州黄河文化的又一品牌。

2009 年 8 月 2 日,国家邮政部门发行了《拉卜楞寺》邮票。拉卜楞寺与西藏的哲蚌寺、色拉寺、甘丹寺、扎什伦布寺、青海的塔尔寺并为格鲁派六大寺院,历史上是甘、青、川藏区最大的政治、宗教和文化中心。

2009 年 9 月 17 日,国家邮政部门发行了《兰州大学建校一百周年》邮票。兰州大学是教育部直属的全国重点综合性大学,创建于 1909 年,其前身是清末新政期间设立的甘肃法政学堂,是甘肃近代高等教育开端之标志,开启了西北高等教育的先河,1928 年扩建为兰州中山大学,1945 年定名为国立兰州大学。新中国成立后,兰州大学发展壮大,迅速崛起,在高等学校院系调整中被确定为国家十四所综合性大学之一。2002 年和 2004 年,原甘肃省草原生态研究所、兰州医学院先后并入兰州大学。

兰州大学建校一百周年

反映甘肃经济建设成就的邮票主要有:国家邮政部门 1996 年 9 月 1 日发行《铁路建设》邮票,其中第二枚为《兰新铁路复线》;2001

年发行《引大入秦》邮票，一套两枚；2002年发行《黄河水利水电工程》邮票，其中第二枚图案为位于黄河上游甘肃永靖县境内的"刘家峡水电站"。

1997年6月13日，国家邮政部门发行《麦积山石窟》邮票。麦积山位于甘肃省天水市境内，是《世界遗产名录》"丝绸之路：长安—天山走廊道路网"中的一处重要遗址。与洛阳龙门石窟、大同云冈石窟和敦煌莫高窟并称为中国"四大石窟"，被誉为"东方雕塑馆"；1988年10月15日，国家邮政部门发行《中国石窟艺术》邮票，第三枚就有麦积山石窟的"西魏·菩萨"造像图；1994年发行的《甘肃风光》邮资明信片，其第二枚为《麦积山烟云》。

2003年7月26日，国家邮政部门发行《崆峒山》邮票，崆峒山是六盘山的支脉，属于上三叠系紫红色尖硬砾岩构成的丹霞地貌。崆峒山上建有道观禅院，道教、佛教、儒教共存于此。崆峒山道教以皇帝问道于广成子而闻名天下，因盛行于春秋以来的黄老之说，崆峒山更成了中国道教的创源地之一。1999年10月1日，发行的《中华人民共和国成立50周年——民族大团结》邮票，就有甘肃的东乡族、裕固族、保安族三个少数民族的形象。

《三国演义》邮票上有发生在甘肃天水附近的"空城计"；《水浒传》邮票上有发生在渭川、今平凉的鲁提辖"拳打镇关西"；还有流传在泾川的《柳毅传书》神话故事邮票。

甘肃分布有国家重点保护的陆生野生脊椎动物105种，其中一级保护动物31种，上过邮票的熊猫、金丝猴、藏羚羊、雪豹、盘羊、扭角羚、白唇鹿、野牦牛、野骆驼、马鹿、黑鹳、白鹳、红腹锦鸡、苍鹰、金雕、天鹅、白鹤等在甘肃都有分布。还有国家邮政部门1963年4月5日发行《蝴蝶》邮票上的《祁连红绢蝶》。

植物类上过邮票的有珙桐、银杏、红豆杉、玉兰、鹅掌楸、水杉、冬虫草、绿绒蒿、野生牡丹等濒危物种，以及甘肃特有的沙生植物等。

新中国成立以来，我国发行的有关甘肃题材的邮票，对于宣传古丝绸之路黄金段的甘肃起到了积极的推动作用，鼓舞着甘肃人民在实践国家伟大战略丝绸之路经济带的发展建设中更加意气风发，积极开拓奉献，昂首阔步向前。

丝路与长城在这里握手

文 / 肖云儒

两位巨人在北中国的大地上疾步西行：一位从北纬 40°的山海关出发，它的名字叫万里长城；一位则从北纬 34.5°的长安城出发，它的名字叫丝绸之路。它们像中国古代神话中的英雄夸父，在不同的时空中沿着两条平行线，向西向西。

丝绸之路与万里长城是中华民族的两大创造，千百年来成为中国历史的两大标志。它们西行到了甘肃河西走廊，一位稍稍偏北，一位稍稍偏南，蜿蜒的足迹渐渐形成一个美丽的夹角，终于在嘉峪关有了一个华丽的交汇。人类不同时空的智慧结晶，在西部碰撞出耀目的火花。"嘉峪"在匈奴语意为"美好的峡谷"。是的，它虚谷以待，在自己的怀抱中举行了人类两大文明成果壮丽的交汇仪式。张骞与霍去病隔着时空在嘉峪关下紧紧握手。

秦长城在这里终止了它的旅途，汉长城继续前行入疆，而丝绸之路则远走异国，把中国人的目光带到中亚、西亚、中欧、南欧，带向世界更广阔的天地中。中华文化从此有如涨潮的海、无声的波，融进了世界的交响。

国家邮政部门 2012 年 8 月 1 日发行的《丝绸之路》邮票中，邮票依照丝绸之路自长安起点一路向西进，其中选取了丝绸之路甘肃段的阳关和玉门关、敦煌壁画《观无量寿经变——舞乐图》和《张骞出使西域图》以及唐三彩胡人伎乐俑、马踏飞燕等精美文物，展示了丝绸之路对中西方文化交流的巨大推动作用。

交流

同为宏大的创造性工程，万里长城是一条实线，像绵延不断的军阵、森严的盾甲和铁壁，每个城堞都凝结着中华民族的古典智慧和文化成果。丝绸之路是一条虚线，像硕果丛生的长藤，将汉唐长安城、麦积山、敦煌、交河故城、楼兰遗址、克孜尔千佛冈，一直到国外的撒马尔罕、碎叶古城、君士坦丁堡、雅典、罗马连接起来，几乎串联了欧亚文明所有的珠宝，形成了世界古文明无可争议的中轴线，像一条华贵的项链在北半球的胸脯上熠熠闪光。

1999年5月1日，国家邮政部门发行的《万里长城（明）》邮票，其中就有万里长城嘉峪关的雄姿。

丝绸之路与长城于是成为人类文明和中华民族人格永存的图腾。丝绸之路是融入，让中国融入世界，让世界融入中国。长城是坚守，坚守世界格局中的本民族质地。丝绸之路是开放发展，长城是对开放发展成果的保卫。长城是战争的产物，丝绸之路是

嘉峪关

和平的引言。长城以武力争斗处理民族和国家关系，所以让蒙恬、卫青、霍去病出面，在长安通向北方的路上，给我们留下了络绎不绝的拴马桩和烽火台。丝绸之路则已经在探索以友谊、商业、文化交流和政治结盟处理民族和国家关系的新路径，所以派张骞、班超作为大汉使臣出面，便有了丝绸、瓷器、茶叶等中华文明的西行，有了胡椒、番石榴、胡乐舞的东渡。

张骞成为我国有史可查的、较早的外交政治家和对外商贸、对外文化交流的使者。即便是铁血长城的武力捍卫，最终目的还是为了和平。中国文字中这个"武"字真是饶有深意，它传达的意思便是"止戈为武"。以武止武，以武会友，方为大道。这大道，最终就是和睦和谐和惠之道，共通共建共享之道。

我们在张掖又看到了丝绸之路和长城一个新的交汇点，那是已经畅通的高速公路和正在修建的高原高铁，和汉—明长城遗迹交汇而过。古长城成为新丝绸之路的历史见证人。

丝绸之路与长城，实在很值得作一番比较研究，在比较中思考这两座纪念碑丰富而又深刻的象征性内涵。嘉峪关市已经成立了"丝路—长城研究会"，举办了这方面的学术讲座。还在筹办全国和国际性的"丝路—长城"音乐节以及其他相关文化活动。我想，这不但突显了自己的文化优势，而且是深层开掘"丝路—长城"文化的有益尝试。

重走丝绸之路，又到嘉峪关，远去了的篝火重又在大漠路上燃起，远去了的鼓声重又在城堞之间回响。

阳关与玉门关

文 / 和谷

国家邮政部门 2012 年 8 月 1 日发行了《丝绸之路》邮票，其中第二枚就有玉门关和阳关的身影。

史称"两关"的阳关和玉门关，在汉敦煌郡龙勒县境内，南北相距 80 多公里，成犄角之势相互制动。它曾是汉魏王朝西域大门口的一对雄狮，望尽丝绸路，也望穿了凋零的悲风惨云。阳关以"山南水北为阳"的方位法则，因在龙头山之南故名，今已空留一座烽墩。玉门关则设在这茫茫戈壁滩上，因西域和阗的美玉由这里进入中原故名。关城墙垣是用黄胶土版筑而成，俗称小方盘。书上说，关城北坡下有一条东西走向的车道，便是当时的通途。长城在沙海里犹如游龙，烽燧土墩远近错落，曾守护着中原大地的安宁。汉朝先后修筑了秦长城以西的永登至酒泉长城，"酒泉列亭障至于玉门"的河西长城，敦煌至盐泽以及涉至罗布泊、居延海的丁字形长城，"昼举烽，夜燔燧"，传警报信，相望不断。"有日云长惨，无风沙自惊"，是眼前的风景。

大漠雄关

有一石碑上刻着"玉门关"三个字，周围设了铁栅栏，不容靠近，透过土墩墙上的一孔方洞，可以看见内部的瓮城格局。它早已失去了楼阁和砖瓦，裸露出干打垒的土基墙垛，或者说锦衣不再，血肉不再，只有一幅不朽的骨头了。其墙体残缺不全，有的地方如雅丹地貌，归于自然的形态。人类文化的痕迹，在风吹日晒中渐渐褪色。

站在小方盘城前，让人不由得想咏唱那首"青海长云暗雪山，孤城遥望玉门关，黄沙百战穿金甲，不破楼兰终不还"的豪迈诗句。还有那首"黄河远上白云间，一片孤城万仞山，羌笛何须怨杨柳，春风不度玉门关"，而又有谁会和我们一样幸运终生亲眼见上一回玉门关？李白说，战争未结束，士兵们不能进入玉门回家，闺中少妇们为思念亲人而叹息。班超半夜里在军帐中的烛光下独坐，所想的就只是一个心事，那就是活着进入玉门关回到故乡。当年汉武帝命大将出西域取名马，生还玉门者十有一二，又增兵六万，杀了大宛王，得名马数十匹，生还玉门者仅有一万多人。古来征战人未回，如果说能够活着进入玉门，那真是九死一生，命大福大！

离开土墩子，沿着长满一坨坨骆驼草的斜坡走去，没有见到一个人影子。其实，我们正是踩在了古道之上，沙丘形势还可以看出沉睡了的古道走向。

路是天然的沙路，平展展的，把我们引向西去。约莫一个多小时行程，我们看见了类似玉门关垛墙的一道土墩，那是汉长城，可以沿着它走到阳关。俗话说阳关大道，当时的阳关大道宽三十六丈，畅通无阻，前途光明是也。王维说是"绝域阳关道，胡烟与塞尘，三春时有雁，万里少行人"，眼前的情景与诗境没有区别。"安西虽有路，难更出阳关"，别说是秋高马肥时有胡马入侵而不愿西出阳关，即使在这和平的日子里，又有多少人情愿在这广漠的世界中跋涉呢？

我们脚下的阳关大道，却是通向魔鬼城的。沙漠戈壁滩的黑色，渐渐地包围了我们，似乎来到了另一个星球。终于，雅丹地貌的奇观出现了。它像黑色海洋上的一艘艘大船，奇形怪状，停泊在黑色大地上。

进入景区，酷似狮子的土墩叫金狮迎客，形同孔雀的叫孔雀开屏，可以想象猴、马、猪、羊诸动物和塔、屋、楼、阁等建筑。走近了，是黄沙包，细如黄土黄泥，凝固成一层层极密的书册。岩块很脆，手一捏便碎了。但它为什么会经历漫长的历史岁月而存在，为什么耸立在这黑色戈壁滩上，这是地质学的秘密，也是人类文化学的资源。人们称它为魔鬼城，无非是说它的奇异，人在其中容易迷失方向，让所谓魔鬼捉了去。地面上的黑戈壁滩，在阳光下闪着星星点点的眸子。黑砂石少有比拳头更大的，它们被风揉搓得光滑油腻，攥在掌心似有一种亲切的肉感。这里是魔鬼之境，更是大自然的幽地，也是通人性的另一种精神愉悦的天堂。

在敦煌的南湖，又名黄水坝水库。汉朝时，这片水洼称渥洼水，说是有一个南阳的叫暴利长的官员，因犯罪，也许就是腐败，被发配至此屯田劳改。他看见一匹神骏的野马常来饮水，就生出一个心眼来。他先是用泥塑了一个执套马杆的假人，立在水边麻痹野马。有一天，他代替了假人，套住了野马。他骑了野马，一天工夫就奔到了四百多公里外的酒泉，尔后将其献给了爱马的汉武帝。他还说它是从渥洼水中出来的，神乎其神，汉武帝以为是祥瑞，命人作了《天马歌》祭奉天地。当然，我想捉马的人因功赎过，一定被平了反，或重新委以要职了吧？

"天马初从渥水出，郊歌曾唱得龙媒。不知玉塞沙中路，苜蓿残花几时开"。望湖兴叹，波光无语，我在湖边的芦苇丛中，没有寻到一株苜蓿的影子。开紫色小花的苜蓿，我自小在乡下就熟知的。

嘉峪关漫笔

文 / 傅晓鸣

我是在那个余晖未尽的傍晚赶到嘉峪关的。嘉峪关寂静地矗立在那里。我站在她的对面，仰视着，戈壁的夕阳已将她燃烧得通体幽红。我徘徊在她的脚下，抚摸她敦实的基座，数着一层层垒砌而上的青砖，直到眼睛发酸。乘着一息微光，再踏上登城马道，去看瓮城、看角楼、看墙垛。

在西城门楼后的檐台上，我发现一块砖，在整个庞大而紧凑的建筑体系里，唯此砖凌乱置放，就像一个未入编的散兵游勇。我撩开记忆之窗，认定这砖就是书上传说的那块，是建关的匠师们精心计算用料后，剩下的唯一一块砖。作为工程竣工的纪念，工匠们将它高置檐台，为防人爬过去，在有可能通往楼台的檐台处，将这块砖做成活砖。谁要上去，定要摔得粉身碎骨。这块砖便保留下来，屈指而数已有六百余年。我断定它是真品，是镇关的宝物。在无数青砖支撑着的雄关面前，仅一块闲砖，就足以让我们领受到祖先给我们留下来的一份骄傲。

嘉峪关的确是明王朝军事建筑的一件杰作。为防止元朝残余势力反扑，以及鞑靼、瓦剌等外族入侵，明王朝在山西、甘肃、宁夏相继设关11处。洪武五年，这位踌躇满志的朱皇帝为帝国基业的千秋万代，也为了让他的子民们从此过上没有硝烟的太平日子，决定修一条东起山海关，西止嘉峪关的万里长城。皇帝决心已下，一道圣旨，百万民夫首先开赴甘肃的河西走廊，在祁连山与龙首山、马鬃山邻连相峙的嘉峪山麓高地上，开始了筑关和修筑万里长城的工程。

自洪武至万历年间，长城断断续续修筑了 18 次，这便是历史上著名的明万里长城。如此巨大的工程，木料、青砖、土方从何而来？我站在戈壁滩上，环顾茫茫四野，只有沙砾，在入夜的月光下依稀闪光，真要为古人担忧了。然而，关城毕竟建造起来了，而且建得大气、坚实、雄伟，成为万里长城西端的第一道关，并且以此为基点的城墙一直延续到山海关，像一条蜿蜒摆动的长龙，龙头直伸大海。这使那些住惯毡房、善于骑马射箭的游牧民族呆呆地站在关外，仰头观看着，心中竟也升起一种美感。同时一种威慑力笼罩心头，因为关隘的那一边，是一个神圣的王国，疆域大得几十匹快马跑死也到不了尽头。只好悻悻地将野心收回，掉转马头，去寻找那草丰水美的地方放牧去了。

嘉峪关便雄踞在那里，一驻就是 600 年。和平时期，她是对外贸易的关口，是丝绸之路的要隘。每年两次的开关，使明朝边贸繁荣昌盛、长久安宁。战争开始，她就像一堵钢铁屏障，严阵以待，抵御外族的入侵。遇上本民族内乱、饥馑灾荒，关隘便成为防范流亡人口逃亡关外谋生的关卡。然而不知何时，她被废弃，与之连成羽翼的长城也相继坍塌而变成废墟。嘉峪关便像一个鳏寡老人，褴褛的衣衫在戈壁的寒风中抖瑟。人类终于跨向新的世纪，嘉峪关从此摆脱政治与军事的束缚，大大方方地成为一件世人喜爱的建筑艺术珍品，成为华夏文明建筑史上为之骄傲的缩影。她就像一个历史老人，每天和蔼地接待着如织的游人和来访者，毫无厌烦。

然而，她是一个历史的见证，一个王朝兴衰的见证。明朝去了，留下一个嘉峪关。嘉峪关变成一枚历史的名章，印在西部戈壁的长卷上，变为永恒。1999 年 5 月 1 日，国家邮政部门发行了《万里长城（明）》邮票，其中就有嘉峪关的雄姿。

嘉峪关

鸣沙山与月牙泉

文 / 王民权

敦煌是丝绸之路之重镇与旅游胜地，鸣沙山和月牙泉，则是敦煌城南孪生的两大名胜，为众多中外游客必至之地或先睹为快的地方。如果说驰名中外的莫高窟是以人文景观取胜的话，这里则完全是天造地设的自然景观，使人更多领略并为之惊叹的，是大自然摄人心魄的奇妙。

鸣沙山，顾名思义，就是能够发出响声的沙子堆成的山丘，沙子而能成山，本身就够神奇的，成山的沙子竟然还能发出声音，就更让人觉得奇怪甚至不可思议了。据闻我国被称为"鸣沙山"的景点，还有宁夏回族自治区中卫市的沙坡头、内蒙古自治区达拉特旗的响沙湾和新疆维吾尔自治区巴里坤县的鸣沙山等处，但其最有代表性且最为人知的，还是敦煌的这座。此山汉代称沙角山，又名神沙山，魏晋时始称鸣沙山。横亘敦煌城南数里之外，东枕莫高窟，西及党河口，延绵约四公里，悉由五彩细沙聚积而成，有的如月牙勾连，组成沙链；有的如宝塔高耸，棱角分明；有的如大蟒长卧，延至天际；有的如鱼鳞相拥，排列整齐，起起伏伏，形态各异。一般百米左右，最高170多米，望之如金山般璀璨，像绸缎般柔软，似少女般娴静，阳光照处，道道沙脊恍若波涛，明暗相间，层次分明；听之则狂飙掠过，如钟鼓齐鸣，微风轻拂，如管弦轻奏，故而古代文献，屡见"天气晴朗时，沙鸣闻于城内""盛夏自鸣，人马践之，声振数十里，风俗端午，城中子女皆跻高峰，一齐蹙下，其沙吼声如雷"之记载。近人著作，也有"人自其中峰滑下，至山腰则明，昔人以'八音协奏'比之"。

以余所闻，正如结队飞机临空之声的描述，"沙岭晴鸣"很早就被县志列为敦煌八景之一。尤其令人啧啧称奇的是，其白天驼踩马踏，人迹几遍，一夜过后，居然复合如初，痕迹全无，一如天赐神授般的自我修复功能，真是钟灵毓秀，曲尽其妙，一旦置身山中，直使人陡生一种心旷神怡、豁然开朗的感觉。而神秀无比的月牙泉，正静卧在这四面黄沙的山坳之间。

月牙泉被鸣沙山环抱，长约150米，宽约50米，系因水面酷似一弯新月而得名。古代曾称"沙井"，民间又名"药泉"，并以"月泉晓澈"荣登"敦煌八景"之一。其水源自党河，泉水湛蓝，碧若翡翠，沙漠中蓦然现此尤物，已足惊为天设，而其于流沙围中，一躺即阅千年，不因天旱而涸，不为飞沙所湮，兀自清且涟漪，水光潋滟，以不可掩饰的清丽，迷醉着古今游客的青眼，尤其堪称奇观。世传其有"四奇""三宝"，"四奇"即"月牙之形千古如旧，恶境之地清流成泉，沙山之中不淹于沙，古潭老鱼食之不老"。"三宝"即"铁背鱼、五色沙、七星草"，五色沙指其沙子有红、黄、绿、白、黑五种颜色，铁背鱼和七星草据传一起吃可以长生不老！连其黄沙四围千古长存的秘密，竟被解释为鸣沙山以地势独特，沙子遇风不往山下而是往山上流动，也都颇有些神异色彩。

南朝《耆旧记》谓其："山有鸣沙之异，水有悬泉之神。"诚哉斯言！而这沙漠和清泉的自然搭配、俊山与靓水的无间组合，真是奇奇相偶，妙妙呼应，确乎当得起"山以灵而故鸣，水以神而益秀"的盛誉，以致游人无论是登山鸟瞰，抑或是临泉骋目，都觉美不胜收。古今骚人咏此二景的诗词不少，尤以"晴空万里蔚蓝天，美绝人寰月牙泉。银山四面沙环抱，一池清水绿漪涟"一首，最是精妙，因而备受推崇，广为传颂。而于右任先生早年的"立马沙山上，高吟天马歌，英雄不复出，天马更如何"和"立马沙山一泫然，执戈能复似当年？月牙泉上今宵月，独为愁人分外圆"两首，则因作于抗战最为艰苦的阶段，传达着一种慷慨悲壮的情绪，更是不可多得的名篇。

2015年3月1日，中国澳门邮政部门发行《中国内地景观（六）》邮票小型张，展现的即是敦煌的月牙泉。画面上，月牙泉和两块绿洲，特意以醒目绿色包围

中国内地景观（六）

着敦煌古城，而其背景就是号称沙漠奇观的鸣沙山。想不到两个地方竟以如此奇特的方式，交集并牵手于这方寸之间了。

傅介子刺楼兰

文 / 朱 鸿

西域并非一通百通，可以永逸矣！

实际上匈奴虽然栖身幕北，不过其一直派使者在西域诸国活动，尤以威胁利诱之法拉拢楼兰和龟兹，企图消耗并毁掉汉对丝绸之路贸易的主导。

虽然楼兰与汉存在交情，不过其阳奉阴违，抢劫汉使者，甚至屠杀汉使者。安息和大宛的使者到长安来，楼兰也寇之。龟兹一向亲匈奴，疏汉，总是给匈奴使者提供方便。显然，丝绸之路沿线的形势是不稳的。

汉昭帝年幼，霍光辅佐，遂遣傅介子平定西域。

傅介子分别至楼兰和龟兹，批评他们没有透露匈奴使者在这一带的流窜。他们态度尚好，愿意反省并改过。楼兰还勉强提供了一个情报：匈奴使者将经龟兹至乌孙。

谋成于胸，傅介子想消灭匈奴使者，也知道机会难得。于是他就按计划赴大宛。事毕，遂径奔龟兹。恰恰匈奴使者已经从乌孙返龟兹，他便当机立断，率壮士斩了匈奴使者。

几年以后，傅介子刺楼兰。

楼兰虽然是小国，然而其踞丝绸之路要冲，作梗我汉。赵破奴将军虏楼兰王之后，楼兰便在匈奴和汉各质一子，以保持平衡，不过仍偏向匈奴。汉武帝征和元年（公元前97年），楼兰王死，其使者至长安，请质于汉的儿子归去，欲立之为王。可惜此儿子在长安犯法，受了宫刑，无法还楼兰，楼兰便立别的儿子为王。新的楼兰王也在匈奴和汉各质一子，然而未几，新的楼兰王又死了。

匈奴得到消息，顷送质于匈奴的儿子还楼兰，立之为王。新的楼兰王当然会听令于匈奴，汉遂被动。汉昭帝登基，便诏新的楼兰王往长安来见，还特告天子会有丰厚之赏，这也是正常的对外关系，是一种礼。然而新的楼兰王竟借口政局不稳，希望以后朝觐。汉帝国感到了一种冷遇！

傅介子曾经以斩匈奴使者立功，汉昭帝拜他为中郎，旋擢平乐监。凭他对西域诸国的了解，认为一个楼兰，一个龟兹，不诛将无法使其明白什么是汉之罚，并警戒他们及西域诸国。

汉昭帝元凤四年（公元前77年）的一天，傅介子向大司马霍光提出，欲刺龟兹王。他说："楼兰、龟兹数反复而不诛，无所惩艾。介子过龟兹时，其王近就人，易得也，愿往刺之，以威示诸国。"此乃几年之前，斩匈奴使者之际对龟兹的观察。不过霍光建议他可以在楼兰试一下，因为龟兹道远，楼兰道近。刺楼兰之计就这样决定了。

傅介子是北地（今之甘肃宁县一带）人，因未留下生卒年，我不清楚斩楼兰王的时候他多少岁。也许他很年轻，也许他已经年老，不过那个时代立功求名是不设岁数的。霍去病24岁就以功拜为大司马，骠骑将军；李广60余岁仍驰骋沙场，挥刀杀敌，以得大功。

遵霍光之示，傅介子率壮士，携黄金及锦绣出长安城而去。至楼兰，其王对傅介子一行竟不以为意，当然也无会晤之心。傅介子就扬言将天子所赐财物送其他西域诸国，辞楼兰而伴进。抵楼兰西界，傅介子又悄然对翻译说："汉使者持黄金锦绣行赐诸国，王不来受，我去之西国矣。"掏出灿烂的黄金让翻译看。

翻译知道利在咫尺，遂迅速见楼兰王汇报情况。楼兰王获悉汉使者携有黄金和锦绣，贪而求之，遂接待傅介子一行。傅介子与楼兰王坐下来对饮，并展示财物。楼兰王大喜，喝着喝着就醉了。傅介子对楼兰王说："天子使我私报王。"便以目光延引楼兰王随他去。傅介子站起来，带楼兰王入帐篷，并挡住其他侍从，以独语于楼兰王。两个壮士猛地执刀从背刺王，刀交叉于胸，血也出之，王顷死。

突然的变故吓傻了楼兰王的左右，惊如鸟散。傅介子拦住他们说："王负汉罪，天子遣我诛王，当更立王弟尉屠耆在汉者。汉兵方至，毋敢动，自令灭国矣！"其无不服从。

傅介子便提着楼兰王的头凯旋长安，挂之于北阙。汉昭帝奖励傅介子说："平乐监傅介子持节使诛斩楼兰王安归首，悬之北阙，以直抱怨，不烦师众。其封介子为义阳侯，食邑七百户。士刺王者皆补侍郎。"楼兰王之弟尉屠耆，降汉有日，自居长安。汉帝国便改楼兰为鄯善，立尉屠耆为王，给他刻了印，选宫女做了他的夫人，尽备所用，以车骑运之。汉丞相率百官送尉屠耆出了长安城的横门，表示支持他。

尉屠耆知道前王有儿子，势力甚大，自己孤单且弱，极为危险。他便奏请汉昭帝，指出楼兰——鄯善有伊循城，土地肥沃，盼汉军在此屯田，广积粮食，以使他渐重威德。汉帝国遂遣司马1人，吏士40人，屯田并镇守伊循城。以后在此设了都尉，楼兰——鄯善设汉官就是由这里开始的。

佛塔

国家邮政部门2010年7月3日发行了《楼兰故城遗址》邮票，分别展示了佛塔和三间房的遗址。楼兰国如今已经不复存在，但是它的身影遗址留在丝绸之路这条古道上，不时在向人们诉说那神秘的故事。

三间房

雄伟挺拔的祁连山

文 / 周养俊

1994年2月1日，国家邮政部门发行了《甘肃风光》邮资明信片，其中第十枚为《祁连山》。这是一枚精美的艺术作品，祁连山以它雄伟挺拔的英姿出现在方寸之上。

祁连山

祁连山位于中国甘肃省西部与青海省东北部的交界线上，在匈奴语中，"祁连"是天的意思，所以，祁连山在匈奴语中的意思是指天上的山。

祁连山因在河西走廊南侧，又名南山。由多条西北、东南走向的平行山脉和宽谷组成。西端在当金山口与阿尔金山脉相接，东端至黄河谷地，与秦岭、六盘山相连。长近1000千米。属褶皱断块山。最宽处在酒泉市与柴达木盆地之间，达300千米。自北而南，包括大雪山、托来山、托来南山、野马南山、疏勒南山、党河南山、土尔根达坂山、柴达木山和宗务隆山。山峰都在海拔4000—5000米，最高峰疏勒南山的团结峰海拔5808米。海拔4000米以上的山峰终年积雪，山间谷地也在海拔3000—3500米之间。昆仑山脉—祁连山脉—横断山脉为我国地形第一、二阶级分界线。

祁连山东段山势由西向东降低，包括走廊南山、冷龙岭、乌鞘岭、大通山、达坂山、青海南山、拉背山三列平行山系。其间夹有大通河谷地、湟水谷地和青海湖盆地。有冰川3306条，面积2063平方千米。遗憾的是，因为森林资源破坏严重，野生动物不断减少，为了保护祁连山地区的生态环境，1988年国家成立了"祁连山国家级自然保护区"。

狭义的祁连山，指的是最北一支的走廊南山和冷龙岭。平均海拔4000米以上。主峰冷龙岭海拔4843米，祁连山海拔5547米，疏勒南山海拔5808米。

祁连山区的水系呈辐射状，以哈拉湖到东经99°一带为中心，向四周较低处辐射。又受西北—东南走向的构造控制，顺此方向的河谷长大宽展，横向切穿山脉的河谷成为峡谷。由于北部、东部山地高大，雨雪较多，东部的大通河、湟水等水量丰富，得以汇入黄河而为外流区。北部的石羊河、黑河、疏勒河、党河水量也较多，在山前形成大绿洲。绿洲面积由东向西逐渐减小。祁连山南部比较干燥，以柴达木盆地为基准，高差较小，河流短促。祁连山东部分布有寒温性针叶林，自东向西发育程度衰减，分布高度则上升，最后以斑块状消失于北大河附近。由于森林破坏严重，野生动物减少，紫貂等珍贵动物已经灭绝。祁连山矿藏丰富，镜铁山的铁矿，木里和鱼卡的煤矿，宗务隆山的金属矿都有重要经济价值。

祁连山山顶积雪融化而来的流水，孕育了北侧河西走廊上的武威、张掖、嘉峪关、酒泉等戈壁上的绿洲，打通了内地与西域的联系，丝绸之路应运而生，众多辉煌灿烂的文化也由此而来。而山南侧的青海一带，由于祁连山对湿润空气和雨水的阻隔保留，产生了互助、门源、祁连县等水草丰茂的肥美地带，绝美的青海湖也因此而存在。祁连山是中国西北最重要的山脉之一，西北大地上最重要的景观和人文古迹都与祁连山的存在相关。

我虽然没有登上祁连山一座山峰，但是我的心一直被祁连山的雄伟英姿深深地打动着，也为它的包容与美丽所折服。

那年九月，我去敦煌，从祁连山下经过，走的是312国道，右边是望不尽的荒漠戈壁，左边是连绵不绝的祁连山，还有脚下是一条很长很长的公路和无数根通往远方的电线杆，景色荒凉、粗犷，也很悲壮、苍凉，感到震撼的同时又有说不出的压抑，于是脑子里不断闪现"古道""大漠孤烟""长河落日""西出阳关无故人"这些词句。

　　雄伟挺拔的祁连山十分壮观。仔细看时，发现山脚下渐渐有了绿洲，那树木、花草、田地、村庄、小镇，都活泼的可爱。草地上牛羊在吃草，田地里农民在耕作，路旁堆积的西红柿、大头葱、包心白等蔬菜，这样的绿色，这样的温馨环境，都是因为有水，有祁连山流下来的水，这里才有一派生机。祁连山离我们越来越近，在一个地方我们看到整座山都被白雪覆盖着，显得非常宁静纯洁，我们停下车，凝视祁连山很久很久。我知道，我们的脚下是著名的河西走廊，我们正站在河西走廊的小村旁，这绿色是祁连山山水的浇灌，这绿洲是祁连山无私的哺育，这古老的河西走廊因为祁连山才显得格外年轻。

　　后来，我从资料上得知：祁连山，收敛西风带来的云水资源，蕴藏丰富的冰川、雪水，滋养四面八方。从祁连山流出的大河奔向四面八方：黑河（弱水）向北，中国第二大内流河；疏勒河，中国唯一向西流的大河，100年前是注入罗布泊的；大通河（木里河）向东，黄河最大的支流之一，从祁连山最湿润的腹地溢出，滋养了地图上明显的最绿的一片森林、草原，亚洲最大的油菜花种植地。

　　神秘的祁连山，美丽的祁连山，雄伟挺拔的祁连山，显然，一张小小的明信片是容纳不下你的。我们期待不断有表现你的邮票、邮品，也包括艺术作品出现！

《西游记》邮票与甘肃

文 / 朱文杰

丝绸之路申遗是中国与吉尔吉斯斯坦、哈萨克斯坦联合申报，汇聚国内 4 省 22 处遗址的"长安—天山廊道路网"，丝绸之路是跨国系列文化遗产，属文化线路类型。正巧《西游记》唐僧的西天取经路线和这条文化线路高度吻合，《西游记》的神魔传说和异域风光的美丽玄幻，为丝绸之路增添了光彩。

2015 年 5 月 3 日国家邮政部门发行的《中国古典文学名著——〈西游记〉（第一组）》邮票第四枚《悟空收心》，就发生在丝绸之路黄金段的甘肃两界山。

两界山在《西游记》第七回中也称五行山。如来佛"将五指化作金、木、水、火、土五座联山，唤名五行山"，把孙悟空压在山底下。留下典故是"孙猴子逃不脱如来佛手掌心"。第十四回"心猿归正"中太保告诉唐三藏："这山旧名五行山，因我大唐征西定国，改名两界山。"在今甘肃河西走廊的玉门关一带。

悟空收心

流沙河收沙和尚故事发生在酒泉和张掖之间的额济纳河。这条河唐代称弱水、黑水河，河面较宽，向北穿过巴丹吉林沙漠，这是玄奘西行遇到的第一条比较难渡的大河，即为流沙河的原型。《西游记》中有石碑介绍："八百流沙界，三千弱水深。"

收猪八戒的高老庄，《西游记》中介绍："此处乃是乌斯藏国界之地，唤做高老庄。""乌斯藏"在明代泛指藏族地区。敦煌以南阿尔金山处，唐代至明代生活有藏羌系部落，是玄奘取经路线中唯一的藏族地区，今为甘肃酒泉阿克塞哈萨克族自治县。孙悟空"偷吃人参果"等一系列脍炙人口的传说故事发生在万寿山（今武威市天梯山），如今这里把一种茄瓜称"人参果"，武威还成了中国的人参果之乡。

"孙悟空三打白骨精"故事发生在玄奘西行出了万寿山的五庄观后，应在甘肃武威市以西乌梢岭地界。乌梢岭是进入中国西部腹地的必经之地，也是古丝路和唐僧取经西游的咽喉要道。"孙悟空三打白骨精"是《西游记》一书中的精华章节，曾被改编为连环画和戏剧等多种文化形式，影响深远。"孙悟空三打白骨精"还被列入国家邮政部门1979年12月1日发行的《中国古典小说——〈西游记〉》邮票中。

打白骨

吴承恩所著的长篇小说《西游记》，是在流传于丝绸之路及全国民间传说的基础上创作出来的。

2004年甘肃省张掖市博物馆对外公布了一组"西游记"壁画，绘制着10个西天取经的故事。其中悟空大战混世魔、圣僧恨逐美猴王、悟空借扇息火焰、悟空大战牛魔王、红孩儿火烧悟空、观世音甘泉活树等故事均在《西游记》中都能找到相对应的章节。

这组壁画元代绘制于张掖市大佛寺，但甘肃瓜州榆林窟第29窟中西夏时期的壁画《玄奘取经图》，比大佛寺的又要早一百多年。瓜州榆林窟有五幅《玄奘取经图》壁画，取经的队伍只有唐僧和孙悟空两个人，孙悟空或持金环锡杖、身背经卷、手搭凉棚，或牵一匹白马紧随唐僧之后。

因为玄奘取经是真人真事，壁画中的猴形人即孙悟空原型，名叫石磐陀。

据《大唐西域记》和《三藏法师传》记载：唐贞观元年（公元 627 年）八月，玄奘西天取经途经瓜州，在当地寺庙停留期间，有个叫石磐陀的胡人，天天都来听玄奘大师讲经说法，慢慢受其感化，拜玄奘为师，自愿为其做向导。然而当与玄奘过疏勒河不久，石磐陀见路途遥远，危险丛生，便中途变卦离开了。而玄奘抱定"宁可西进而死，决不东归而生"信念，毅然一人策马西行，冒险闯入莫贺延碛大漠（传说中的八百里流沙河）到达高昌（吐鲁番）。

而瓜州也是玄奘西行取经路上最为艰难的路段。如《玄奘传》载，从瓜州城"北行五十余里……上置玉门关，路必由之，即西境之襟喉也"。

吴承恩大概依此把这个瓜州的石磐陀脱胎换骨，虚构成《西游记》中的唐僧大徒弟孙悟空。这一时期流传的"西游记"版本，或许是最早的《西游记》。

国宝彩陶人面鲵鱼瓶

文 / 刘新中

大鲵，又名鲵鱼，是世界上现存最大的也是最珍贵的两栖动物。它的叫声很像婴儿的哭声，因此人们又叫它"娃娃鱼"。鲵鱼在民间有很多传说，充满神秘感。现代科学揭开了它的面纱，它是一种两栖野生动物，人也能饲养，是农业产业化和特色农业重点开发及野生动物基因保护品种。

大鲵生长需要特定的环境，一般在山区的溪流之中，水质要清澈、水流要湍急，并且要有回流水的洞穴。

大鲵是水中的精灵，碧波荡漾里，很多时静卧如处子，游动时就变成了黑色闪电；飞流激起的雪浪花，急切切翻滚着前行的波涛，则像是它们扶摇直上永不停息的生命。

艺术是生活的反映。古有大鲵现身在艺术作品里，最早见于甘肃省天水市甘谷县西坪乡出土的鲵鱼纹彩陶瓶，这件彩陶作品高38.6厘米，直径7厘米，圆腹平底，腹有对耳，小口平沿。颈部有附加堆纹，砖红色瓶体施墨彩，对比强烈，色泽明快。其图案绘有人面鱼身形象，圆圆的头额上有十字纹与几道横纹，张着大嘴，牙齿排列整齐，颈部有U型纹饰，腹部施网纹，两前肢向外突出，尾部挑起到头顶。其外表似鲵，故世人称曰"人面鲵鱼瓶"。

彩陶从火中走出。彩陶用黏土做原料，或用手工捏制或用轮制成坯，打磨光滑的橙红色陶坯上，以天然矿物质原料描绘，按照自己的意愿组合各种各样的图形，然后入窑烧制，烧制成型的彩陶就呈现出赭红、黑、白诸种生活场面和人生愿景。

大鲵和彩陶的结合代表了人类初期物质生产和精神生活的最新成果和最高水平，反映了原始社会数千年的社会状况和人类的生存情景。水与火，是一种高度的矛盾统一，它不仅凝固了人类文明的最初记忆和想象，也以柔软和坚韧，一路走来，延续了人类远古时代的故事和审美。

从生态环境角度讲，古时甘肃省天水市一带，山涧纵横，草木肥美，溪河清澈，极适于大批量的鲵鱼生存。它们和人们朝夕相处，共依共存，互相影响着对方。

从文物角度讲，这件作品是新石器时代仰韶文化庙底沟类型陶器中唯一一件人面鱼身彩陶器，距今5500多年，体现了古代先民关于人文始祖伏羲的神话联想，代表了黄河上游新石器时代陶器风格，极为珍贵。

从文化角度讲，远古时期，中国的黄河流域生活着许多不同氏族的人群，各个氏族有着自己独特的生活习俗和文化特性，有着与众不同的信仰和崇拜。各个氏族之间虽然在文化上、经济上开始有了一定的交流。但依然顽强地保持着自己独异的特点。这件彩陶瓶上的鲵鱼图案可能是某个氏族信奉的神话形象，可能是这个不知名的氏族的图腾纹样。那一半是人、一半是鱼的造型，或许带有远古先哲对生命的积极思考，对人与自然和谐相处的礼赞。有人认为这种人面鲵鱼是中国最早的龙图，视之为龙的"史前祖先"，可以说有一定道理。

2001年6月12日，中国和比利时联合发行了《陶瓷》邮票一套两枚，其中代表我国彩陶的一枚邮票图案就是甘肃省天水市甘谷县西坪乡出土的人面鲵鱼瓶。《简明中国历史图册》《中国新石器时代陶器装饰艺术》《中国彩陶图谱》等图书先后列图载文介绍。国家文物出版社出版的《国宝》一书也将其收入其中。

黄河是中华文明的摇篮，甘肃是黄河文明的重要发祥地之一。甘肃彩陶起源最

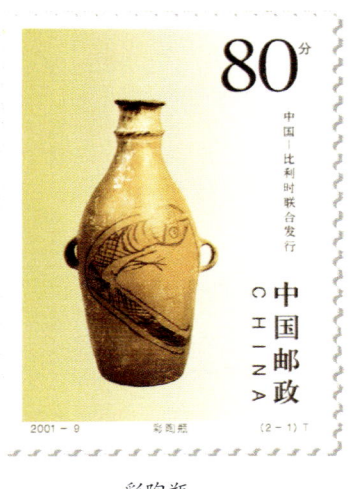

彩陶瓶

早、发展时间最长、分布范围最广、艺术成就最高。众多彩陶研究者认为，世界彩陶在中国，中国彩陶在甘肃。甘肃大地上到处盛开着彩陶艺术的绚丽奇葩！距今7800年前的秦安大地湾文化是中国彩陶的第一缕霞光，经仰韶、马家窑、齐家、四坝、辛店、沙井等文化，一直延续了5000多年，形成了一部完整的彩陶发展史。

特别是马家窑文化的彩陶，将中国的史前文明推向了一个无法忽视的高度，达到了彩陶艺术的巅峰，代表着中国彩陶艺术灿烂辉煌的成就。而走进邮票上的这件人面鲵鱼彩陶瓶，就是一件属于仰韶文化类型的杰出代表。

古有大鲵。水与火，给了我们厚重的历史和辽阔的想象，而一枚小小长着翅膀的邮票，则把历史和想象中的那条鱼儿，推向了世界的舞台。

"彩陶王"

文 / 陈嘉瑞

1990年4月10日，国家邮政部门发行了《彩陶》邮票一套四枚，分别是《半坡类型》《庙底沟类型》《马家窑类型》和《马厂类型》。其中第三枚采用的，便是发掘于甘肃的"彩陶王"图案。

据鉴定，这件"彩陶王"属马家窑文化的彩陶代表作，距今4800—5200年，现命名为马家窑文化马家窑旋涡纹彩陶瓮。该瓮高49.3厘米，罐体肩部最大直径33厘米，肩下部有4只提耳，最宽处为36厘米。瓮平口，短颈，阔肩，腹部逐渐下收，平底，系泥制红陶。陶器外壁用黑彩绘出上、中、下三层纹饰。上层为花卉纹，中层为旋涡纹，下层为水波纹。其中花卉纹与仰韶文化庙底沟类型彩陶上的花卉纹相近，说明马家窑文化受到仰韶文化的强烈影响。上层的

马家窑类型

花卉纹和下层的水波纹，纹带均窄。中层的旋涡纹纹带最宽，是主体花纹。"彩陶王"通体共有4个波浪式大旋涡纹，每个大旋涡纹都围绕其中一个点旋转，马家窑文化处于新石器时代晚期，这说明当时就有了等分的数学概念。有学者认为，每组旋涡纹各以同心圆为主体，尾随大弧线纹，构成后浪推前浪的卷浪

式。三角空间处又补以同心圆纹。上面画变形鸟纹，鸟即凤凰；下面画多足爬虫纹，虫即龙，用于配合凤，以示龙凤兴风作浪。

"彩陶王"是原始先民高度智慧的结晶，是新石器时代彩陶的代表作。旋涡纹的绘制，说明先民们对于水流旋转运动的认识，也表明先民在不断地探索旋转的原理，由此又产生一连串玄想，小至一个旋涡的运动，大至天象的旋转，最后构成宇宙本体的旋转，而又抽象化为"太极"。

"彩陶王"的发现很有些传奇色彩，他的发现人是甘肃省积石山县三坪村的村民戚永仁。地处丝绸之路上的积石山县三坪村，北与被列入"长安—天山廊道"的丝路世界遗产地炳灵寺石窟隔黄河相望，西与青海省循化县孟达天池自然保护区毗邻。1949年新中国成立前夕，三坪村一带土匪出没，匪患严重，当地群众一度搬到黄河岸边的扎地山避乱，18岁的戚永仁和他的哥哥戚永廉也在其中。第二年四月的一天，雨过天晴，已经返乡的戚氏兄弟二人到扎地山搬运去年遗留在那里的东西，当他们走到三坪地嘴的一个坡坎跟前时，发现本应渗干了水的坡坎上竟然出现了一处圆圆的清水，好像盛在小盆里似的，在阳光的照射下泛着光芒，用手伸进去一探，里面竟是空的。他们好奇地扒去小小水泊周围的泥土，一个高大的"鞑子坛坛"出现在他们的面前，这就是后来闻名于世的"彩陶王"。据戚氏兄弟讲，在大坛子里面，本来还有一个小的彩陶，但被他们弄碎了。戚氏兄弟得到"彩陶王"以后，一开始并不觉得它有什么出奇之处，只是觉得比其他"鞑子坛坛"大一些、深一些罢了，他们就把它当作一只小口的缸，用来存放馍馍。令人惊奇的是，夏天存放在陶缸里的玉米馍馍竟多日不坏！有一次把水盛满晒在太阳底下，从地里劳动后回来洗手感到水还是不热。戚氏兄弟很惊奇，把这事告诉了邻里，渐渐地，彩陶王的声名传出去了。后来，为修建甘肃刘家峡水电站，文物工作者在库区沿岸搞文物调查，当时的文物考古队员翟光伟发现了这件彩陶瓮。经过说明以后，兄弟两把这件"鞑子坛坛"捐送给国家，现存于中国国家博物馆。该件被誉为中国"彩陶王"的陶瓮被列为国家一级文物，其精美绝伦的造型和图案，赢得无数参观者的惊叹，曾多次代表国家文物精品赴国外展出，向世界人民传递着中国文化。

中国是世界上最早出现陶器的地区之一，最早的彩陶发源地在黄河流域。新石器时代晚期繁荣兴盛的黄河彩陶是中国保存最早的艺术品。彩陶最为绚丽地绽放了"人类童年的智慧之花"，是氏族公社农业文明的繁荣体现。有"中国彩陶王之乡"的积石山县地处黄河上游，是中国彩陶文化的发祥地之一。追溯中国彩陶的渊源，距今有 7000—8000 年。1923 年瑞典考古学家安特生在甘肃挖掘出了许多彩陶文化，安特生将这种彩陶文化命名为"马家窑文化"。

彩陶艺术不仅是我国古代文化的艺术瑰宝，在世界文化艺术史上也占有重要地位，它是全人类共有的宝贵遗产，是人类文明史上无比辉煌的一章。

丝路重镇看敦煌

文 / 王民权

无论从历史还是现实的角度看，丝绸之路都是最有资格进入邮票的。而提到丝绸之路，就不能不提到有着"戈壁绿洲"之称的丝路重镇敦煌。

谛视祖国版图，敦煌即处于其西北甘肃、青海、新疆交汇的地方，其东、南方向，依次有三危、鸣沙二山。西面和北面，则分别以浩瀚沙漠、茫茫戈壁与罗布泊和天山余脉相连。而其名称则为汉朝以前当地少数民族语言的汉译，尽管古人一般多用汉语字面意义来解释。如东汉应劭注《汉书》说："敦，大也；煌，盛也。"唐朝李吉甫《元和郡县图志》称："敦，大也。以其广开西域，故以盛名。"这里历史悠久、文化灿烂，远在原始社会末期，即有三苗人繁衍生息，狩猎的同时，开启原始的农业生产。夏、商、周时，以羌戎民族的三苗后裔，游牧定居于此，并留下许多岩画。战国时期，又居住着大月氏、乌孙和塞种人，大月氏日渐强盛，还兼并羌戎，赶走乌孙和塞种，独占敦煌直到秦末汉初。西汉初年，匈奴人挫败月氏，尽据河西走廊。汉武帝继位后，于建元二年（公元前138年），首遣张骞出使西域，联络月氏、乌孙夹击之。汉元鼎二年（公元前115年），再遣张骞出使西域，开通了通往西域的丝绸之路，并于元狩二年（公元前121年）设置酒泉、武威二郡。汉元鼎六年（公元前111年），复将酒泉、武威析置敦煌、张掖两郡，又从令居（今永登）经敦煌直至盐泽（今罗布泊）修筑长城和烽燧，设置阳关、玉门关，以保证丝绸之路畅通，这里遂成为中西交通的关键所在。魏晋时前凉张骏曾改其为沙州，公元400年李暠据以建立西凉，这里成为国都；北凉建立，凉州成为中国北部文化中心，这里又是凉州文化中心。十六国时期，中原不靖，河西安谧，这里俨然成为佛教中心与东传的通道和门户，竺法护、法显、鸠摩罗什等大师，都曾在此留下足迹，闻名遐迩的莫高窟也因以诞生。隋唐时期，佛教繁盛，这里开窟多至千余，其中曾保存有大量魏晋以来的壁画、彩塑和吐蕃时期的经卷，玄奘西行取经，曾经此返回长安。西夏统治时期，重视经济发展，这里兀自保持着"民物富庶，与中原不殊"的水平，莫高窟等石窟至今保存着巨量丰富独特的西夏佛教艺术。"敦煌遗书"就是此时封藏于莫高窟第17窟的。其间虽建置隶属多有变迁，发展却不曾止步，甚至到蒙元时代，这里仍一度出现过经济文化繁荣，延续过莫高窟的开凿，吸引并接待过马可·波罗这样的旅行家。只是正德十一年（公元1516年）这里被吐鲁番占领后，明王朝下令闭锁嘉峪关，将关西平民迁徙关内，废弃瓜、沙二州，这里才旷无建制，成为"风播楼柳空千里，月照流沙别一天"的荒漠之域，直到清康熙后期，渐次收复嘉峪关外广大地区，雍正三年（公元1725年）在此建立沙州卫，并从甘肃各地移民到此垦荒定居，将吐鲁番、罗布泊大批兵民迁于沙州一带，这里又恢复发展成戈壁绿洲，并于乾隆二十五年（公元1760年）升格县制，此后一直沿之不替。

1949年中华人民共和国成立后，敦煌依然保持县制，1987年始改县级市，由酒泉市代管。凭着得天独厚的自然条件，加上多年特别是改革开放几十年来的经营，这个平均海拔不足1200米，面积仅3.12万平方公里的"戈壁绿洲"，已成为甘肃最大的棉花生产基地和瓜果之乡，风力发电的理想区域，现代农业和工矿业，都有着巨大的发展潜力。而散布其境内的各类自然与人文景观，如莫高窟、玉门关、阳关、敦煌古城、悬泉置遗址、鸣沙山、月牙泉、雅丹地貌及三危山景区等，更使其成为我国西部颇为强势和抢眼的旅游城市。

早在新中国成立之初，敦煌就已走进新中国的邮票。1952年7月1日，国家邮政部门发行了《伟大的祖国（第一组）敦煌壁画》邮票；1953年9月1日发行了《伟大的祖国（第三组）敦煌壁画》邮票，全是敦煌壁画的图案。改革开放以后，随着国家若干著名文化景观相继被联合国教科文组织列入世界文化遗产名录，莫高窟成为中国最早被认可的世界遗产之一。从1987年到1996

伎乐人·魏

马夫和马·魏

年的10年间,国家邮政部门又以《敦煌壁画》为题前后发行了六组邮票,密集地展开对敦煌这座丝路历史文化名城的宣传。其所涉"战斗""狩猎""农耕""建塔",都较好理解;"伎乐"和"天宫伎乐"是在露天或空中楼阁的乐舞演出;"飞天"是散放香气、飘飘欲仙的天神;"帝释天"是汉译梵语所指天帝;"千手观音"指千手千眼、众所祈求的妙善公主;"五台山"是朝拜佛教丛林盛景的局部;"于阗国王"即崇尚佛教、倾心归附中原朝廷的于阗国王尉迟婆跋。"观音菩萨"更为大家所熟悉,"菩萨"和"供养菩萨"则是各种姿态的菩萨。而"乘龙升天"描绘的是乘龙仙人为乘象菩萨引路升天的情景。"出使西域"反映的是西汉张骞出使西域时,汉武帝送别的隆重场景;"张议潮出行图"表现的又是唐代敦煌统治者张议潮接受朝廷敕封河西节度使后,统军出行的浩大场面。其他如"鹿王本生""萨·侍·由嵫磁腔""观音济难""魔女"和"维摩诘"等,则讲的是些佛教经变的故事,尤以"鹿王本生""萨太子舍身饲虎"最为有名,前者讲鹿王从水中救出溺水之人,此人竟恩将仇报,出卖鹿王,鹿王向国王讲明经过,恶人终获报应;后者讲太子摩萨诃和其两个哥哥出游,在山中遭遇恶虎,怜悯而裸身刺颈,跳崖以饲之,哥哥们含悲还告父母,为之收拾遗骨,筑塔供养,都是劝人向善的。其中"维摩诘"是梵文Vimaiakirti的音译,意即以洁净没有染污而著称的人,原指一个著名的在家菩萨,有维摩罗诘、毗摩罗诘两种译法,维摩或维摩诘皆其省称。

这六组敦煌邮票，都是从不同历史时期的敦煌壁画中精挑细选出来的，都是敦煌壁画中精粹部分，足见敦煌在国人眼中的地位及其历史文化艺术含量之不可小觑。2006年6月20日，国家邮政部门再度特别推出了《敦煌莫高窟藏经洞发现100周年》纪念邮资明信片一枚，邮资片图案为椭圆形的敦煌莫高窟大佛阁，所印的邮票图案，恰就是这个令国人对其充满复杂感情的藏经洞内壁上的壁画。而与之同时发行的，还有一枚敦煌莫高窟普通邮资片，不用说也是宣传敦煌的。至此，连同前面赓续发行的，涉及敦煌壁画的邮票已达34枚。其中居多或主要的图案，都是从敦煌壁画上选取的。

敦煌壁画是敦煌石窟艺术的主要组成部分，敦煌石窟有莫高窟、千佛洞、榆林窟等石窟共计552个，有历代壁画50 000多平方米，是我国乃至世界壁画最多的石窟群。而莫高窟是敦煌乃至中国石窟中开凿最早、规模最大、延续时间最长且内容又最显丰富的一处，窟区全长达1600米，有前秦、北魏、北周、隋、唐、五代、宋、辽、西夏、元代等十个朝代的壁画45 000多平方米。壁画一般绘于洞窟四壁、窟顶和佛龛内，主要为佛像、佛教故事、佛教史迹、经变、神怪、供养人、装饰图案等类题材，还有不少描绘当时狩猎、耕作、纺织、交通、战争、建设、舞蹈、婚丧嫁娶等社会生活各方面的画作。其中所表现的基本上都是佛教方面的内容，呈现的多为经变、本生、佛传、供养人及因缘故事，博大而精深，兼有雄浑宽广和鲜艳瑰丽的艺术风格，体现出不同时期的艺术特色，尽展佛教艺术风采的同时，也反映了不同时代的社会风貌，体现出由效仿西域式样到逐渐汉化，从体态颜面以至服饰装束都逐渐复归汉民族的鲜明特色，美轮美奂，既为中国美术史研究提供了重要实物，也为研究中国古代风俗提供了极有价值的形象和图样，实乃中国古代佛教艺术之瑰宝，俨然已成为敦煌的名片与文化符号。这也正是国家邮政从其中选材的原因所在。

中国邮票上的"飞天"

文 / 骆延峰

在敦煌石窟中,绘有大量的飞天形象。因而,飞天成为敦煌艺术的标志。飞天,是佛教中乾闼婆和紧那罗的化身。乾闼婆为天歌神,紧那罗为天乐神,是古印度神话中的娱乐神和歌舞神。乾闼婆在佛国里散发香气,为佛献花、供宝,栖身于花丛,飞翔于天宫;紧那罗在佛国里奏乐、歌舞,但不能飞翔于云霄。后来,随着佛教的传入,达到了中西融合,乾闼婆和紧那罗合为一体,变为飞天,亦叫散花飞天和伎乐飞天。

中国邮票上就展示了许多敦煌壁画中的"飞天"。1952 年 7 月 1 日,国家邮政部门发行的《伟大的祖国(第一组)敦煌壁画》邮票上,就展示了唐代的散花飞天。翩翩飞舞的两位仙女,婀娜多姿,体态丰腴,散发

飞天·唐

着芬芳,乃东方人心中的女神。两位仙女形象原作出自莫高窟唐代第 320 窟。

1978 年 8 月 26 日,国家邮政部门发行的《工艺美术》邮票小型张,是两位飞天,身着五彩衣裳,一个手托花盘,一个怀抱琵琶,周围祥云飘动,皓月当空,好一幅盛世乐章,代表了中国工艺美术成就的至高境界。

国家邮政部门 1980 年 3 月 15 日发行的《中国科学技术协会第二次全国代表大会》邮票，就是以"飞天"为主图展示的。四位天女在空中翱翔，身边伴有卫星以及火箭，代表了中国科技进步的"飞天梦"。

国家邮政部门 1980 年 9 月 13 日发行的《中华人民共和国展览会》邮票，第一枚上是天女散花，源自于一个佛经故事。说如来在西天讲经，忽见瑞云自东而来，便知弟子维摩诘患病，就派众弟子前去探视，派天女手提花篮，自天而降，果然见维摩诘正在讲经。天女便将花篮鲜花散去，弟子舍利弗满身都沾上了花。于是众人惊奇，天女道："结习未尽，固花着身；结习尽者，花不着身。"舍利弗也愈发用功学经了。

琵琶

国家邮政部门 1983 年 1 月 20 日发行了《民族乐器——拨弦乐器》邮票一套五枚，每一枚邮票的乐器背景上都是飞天在舞动中弹奏着乐器，把乐器与飞天融为一体。

国家邮政部门 1983 年 4 月 28 日发行的《世界通信年》邮票，主图也是"飞天"。两位飞天女神绕地球飞翔，一位手持信件，一位手托卫星，绕着地球飞舞，既是对中国通信事业发展的展示，也是希望通信在世界范围能四通八达。

国家邮政部门 1987 年 9 月 25 日发行的《中国古代神话》邮票中，有一枚是《嫦娥奔月》。这个故事就是中国人最早对飞天的一种向往。

在敦煌壁画系列邮票中，多见飞天出现。1987 年 5 月 20 日，国家邮政部门发行了《敦煌壁画（第一组）》邮票，第四枚为《北魏·飞天》。那个似乎带着羽翼的飞天，飞翔中好像故意坐立起来，面带微笑，滞空云端。北魏的飞天已经开始有变化，飞天的脸形已由丰圆变得修长，眉目清秀，鼻丰嘴小，五官匀称谐调。头有圆光，或戴五珠宝冠，或束圆髻。有的腿部相当于腰身的两倍。飞翔姿态也多种多样，有的横游太空，有的振臂腾飞，有的合手而飞。飞天落处，朵朵香花飘落。

1990年7月10日，国家邮政部门发行了《敦煌壁画（第三组）》邮票，第一枚为《隋·飞天》。是一群飞天在烈焰上腾空而舞，第一排为三个飞天并排飞舞，后面紧跟一个飞天。前排中间的飞天长裙上有着蓝色的纹饰，似乎是这群飞天的领队。飞天上身裸露，脖颈带着项链，腰系白色长裙，煞是美丽。隋代的飞天变化更加时尚，裸露上体，身材修长，面瘦颈长，额宽颐窄，直鼻秀眼，眉细疏朗，嘴角上翘，微含笑意，肩披彩带，迎风飞翔，身轻如燕，自由漫游。

1994年7月16日，国家邮政部门发行了《敦煌壁画（第五组）》邮票，第一枚为《唐·飞天》。飞天的四周，彩云飘浮，香花纷落，表现佛国天堂的自由欢乐。历经北凉、北魏、西魏、北周、隋代五个朝代，敦煌飞天进入成熟时期，艺术形象达到了最完美

唐·飞天

的阶段。唐代是莫高窟大型经变画最多的朝代，窟内的四壁几乎都被大型经变画占领。飞天亦主要画在大型经变画之中。在题材上，一方面表现大型经变画中的佛陀说法场面，散花、歌舞、礼赞作供养；另一方面表现"西方净土""东方净土"等极乐世界的欢乐。飞天飞绕在佛陀的头顶，或飞翔在极乐世界的上空，有的脚踏彩云，徐徐降落；有的昂首振臂，腾空而上；有的手捧鲜花，直冲云霄；有的手托花盘，横空飘游。飘曳的衣裙，飞卷的舞带，轻盈洒脱之美跃然画上。飞天艺术进入更为成熟而经典顶峰。

2008年6月25日，国家邮政部门发行了《龟兹石窟壁画》邮票，第三枚《飞天》，出自克孜尔石窟第8窟。飞天身披彩带，腰系长裙，手中的琵琶随着飞翔的姿态而摆动，陶醉之中向佛国奏出美妙的乐章。

飞天也屡屡出现在诗人的笔下。苏轼《前赤壁赋》写道："挟飞仙以遨游，

抱明月而长终。"李白《古风·其十九》诗中有:"素手把芙蓉,虚步蹑太清。霓裳曳广带,飘浮升天行。"

飞天用千姿百态的身姿,展示着对美好世界的向往和追求。随着时代的变迁,飞天也成为中国形象的标志。它无处不在,徽志、工艺美术、雕刻、包装广告等,都有它的芳容。

2004年,中国正式开展月球探测工程,以"嫦娥工程"命名。十多年来,"嫦娥一号"、二号、三号顺利发射。国家邮政部门于2014年1月1日发行的《中国首次落月成功纪念》邮票,展示了嫦娥三号着陆器和玉兔号月球车,圆了中国人的千年飞天梦。嫦娥三号探月任务取得圆满成功,玉兔号在月面留下了中国人的足迹,鲜艳的五星红旗飘扬在了月球上,这也是中国国力强盛的展示。

国家邮政部门2013年9月29日发行了《中国梦——国家富强》邮票,其中第一枚为《神舟飞船与天宫一号交会对接》,第二枚为《北斗卫星导航系统》,都表现了中国人的飞天梦。"飞天梦"也上升为中华民族伟大复兴的"中国梦"。

飞天成为中华民族家喻户晓的艺术形象,也是世界文明遗产中的一朵绚丽的艺术奇葩。

神舟飞船与天宫一号交会对接

北斗卫星导航系统

美丽的乘龙天人

文 / 骆延峰

在 1992 年 9 月 15 日国家邮政部门发行的《敦煌壁画（第四组）》邮票中，第三枚是壁画中的"乘龙天人"。

这幅选用第 329 窟中初唐的一幅龛顶作品，画中还有一个乘虎天人。这幅画表现的是乘龙、乘虎的天人为乘象菩萨在前面引路升天的情景。祥云涌动，鲜花飘香，龙腾虎跃的壮观场面，生动地表达了对佛祖释迦牟尼的赞美。看那乘龙天人的雄姿：龙健壮威武，四爪有力，昂首向前，摆尾阔步，脚踏祥云，滚滚而来；稳坐在龙背上的天人，手托鲜花，彩带飞舞，意气风发，雄姿勃勃，威风八面，却也怡然自得，嫣然就是菩萨的护卫。

唐·乘龙升天

其中北侧画面描绘的是菩萨乘六牙白象自天而降前往净饭王宫中投胎，以后降生为悉达多太子；南侧画面描绘的是悉达多太子半夜乘马越城出家走上了成佛之路。故事大概讲的是，某一日净饭王偕夫人摩耶在花园闲步，看见母鹿乳子，摩耶夫人竟然流泪。原来是因为自己膝下无子，不禁触景生情。一天夜晚，摩耶夫人在花园中入睡，梦见六牙白象，自天而降。象体俊美，如银如雪，款款而来，入夫人右胁。摩耶夫人醒来，觉得身心格外舒畅。不久，摩耶夫人告诉净饭王，她有了身孕。悉达多太子出生仅7天，母亲就去世。太子从7岁时，净饭王就给他聘大师教授。12岁起，开始习武。净饭王见太子聪慧，很是高兴，将来就是传承人。但太子却想出宫修行。净饭王相劝无果。太子经受了世俗的各种利诱，不为所动，终于修行成佛。

龙是中国文化的一个符号，早在新石器时代，先民们对已经有了对龙图腾的崇拜，他们雕刻各种"C"形玉龙、玉猪龙等作为礼器，拜祭天地山川。在炎黄时代，龙成为中华民族各部落联盟的共同图腾。以后，夏朝以黄龙为图腾，商周时期龙文化更得到广泛的传播，在各种精美的青铜器和玉器中，龙的形象经常出现。看那条龙的昂首之态，以及那位乘坐其上的天人的威风凛凛，就可见龙的巨大气势。天人都以龙为权威的代表，何况凡间俗人。

唐代大诗人李白在《飞龙引二首》中写的就是《史记》所记载的黄帝升天的故事。诗曰："黄帝铸鼎于荆山，炼丹砂。丹砂成黄金，骑龙飞上太清家。云愁海思令人嗟，宫中彩女颜如花。飘然挥手凌紫霞，从风纵体登鸾车。登鸾车，侍轩辕，遨游青天中，其乐不可言。"意思是说，黄帝铸宝鼎于荆山之下，炼仙丹，成功后乘龙飞仙进入仙境。世间的凡人梦想天宫中披着七彩霓裳羽衣美丽宫女，真想飞上天登上黄帝的鸾车，一起遨游。该诗真实地描绘了人们对天上仙境的向往。

"乘龙天人"是中国本土文化和西域文化融合的产物。龙是中华民族的象征。龙的文化不仅在中华大地广为传承，而且还被华人带到了世界各地。中华儿女都称自己是龙的传人。人们对龙的向往和崇拜,不就是我们的一种梦想吗？在新丝绸之路的征程中，实现炎黄子孙腾飞的中国梦，不是正当时吗？

天下黄河第一桥

文 / 傅晓鸣

距今 100 多年前，亦即公元 1909 年，在中国西部，古老的黄河道上，古丝绸之路重镇兰州，发生了一件影响华夏的大事。在黄河穿城而过的兰州，在风急浪涌、洪波浩淼的大河面上，架起了一座雄伟壮美的钢铁大桥！大桥如一条巨龙横空出世，挺立在白塔山下的黄河古道，与白塔山相印成辉，形成一幅特有的风光画面，从此成为兰州著名的经典标志，其盛名在 100 多年后，至今不衰。在 1994 年 2 月 1 日国家邮政部门发行的《甘肃风光》邮资明信片上，就有"兰州黄河铁桥"的身影。

兰州黄河铁桥

这是发生在 20 世纪初清帝国的往事。在积贫积弱的封建社会，大清王朝政权摇摇欲坠，正在逐渐走向衰落。然而，一个拥有几千年农耕文明传统的农业大国，在没有任何重工业支撑的状况下，能在黄河上游，在西北偏远而古老的内地城市，建设一座宏伟的钢铁大桥，堪称举世奇闻！

据资料显示，黄河铁桥始建于清光绪三十三年（公元 1907 年）二月，于宣统元年（公元 1909 年）六月竣工。大桥建在现今兰州滨河路中段白塔山下，横跨南北两岸。在滔滔黄水中巍峨耸立，大桥建得敦厚、结实、美观、气派。

桥身全长230多米，桥面宽度7.5米，桥体由平行弦杆贝雷式钢桁架搭组而成，共有5个拱跨；石墩石台，两边有扶栏，桥面铺就厚厚的木板。根据最早文字记载的"旁便徒行，中驰舆马"，便是建桥初期对过桥行往的交通规定。大桥南北桥头各建有一座牌坊，上面分别书写金字匾额："三边利济""九曲安澜"。具有鲜明的中国传统文化特色，远远望去，显得格外大气与耀眼。

黄河铁桥的建成，为沧桑而古老的兰州披上新装，为古丝绸之路重镇架起一座钢铁彩虹。使其成为近代建桥史上最辉煌的杰作之一，一时间名声大噪，享誉华夏，被称为"天下黄河第一桥"而名留史册。

作为古丝绸之路重镇的兰州，是现今甘肃省的省会城市。黄河穿城而过，以滔滔河水润泽两岸。就全国范围讲，黄河穿城而过的城市为数不多，这种自然优势，成为兰州人民享用不尽的天然资源而永远为之骄傲。

兰州古称金城，历来是"控扼冲要，道通西域"的交通要道。明洪武五年（公元1373年），明帝国开国皇帝朱元璋出于军事战略目的，派宋国公冯胜在兰州以西3.5公里处，首次建起一座浮桥，取名"镇远桥"。洪武九年（公元1377年），卫国公邓愈将浮桥移至城西5公里。洪武十八年（公元1385年），兰州卫指挥杨廉再将浮桥移至如今铁桥位置。浮桥用24只大船横排于黄河之上，船与船之间相距5米，以长木连接，铺上木板，围以护栏；南北两岸竖铁柱4根，大木柱45根，用两根50米长的铁缆绳，将船固定在河面上，使整个浮桥"随波升降，帖若坦途"。由于当时黄河上游尚无一桥，因此，镇远桥被誉为"天下第一桥"，担当起扼守要津的重任，存在了500多年。

黄河铁桥，取名"兰州黄河铁桥"。1942年，兰州黄河铁桥改名为"中山桥"。1954年，当地政府对铁桥进行了全面的整修与加固，增加了弧形钢架拱梁及其他保护措施，使这座古老的铁桥从此变得更加坚固耐用，重新焕发出往日的风采。

经历了100多年风风雨雨考验的兰州黄河铁桥，已经载入史册，作为黄河上游一道最亮丽的风景。作为天下黄河第一桥，将伴随在兰州一代代人的记忆当中。

黄河水车丝路长

文 / 傅晓鸣

黄河自青海发源,绕过一段四川地界,一路整编收拢了许多支流,复又从青海流入兰州。此时的黄河,已是黄河上游中的泱泱大水,河面宽阔平展,对岸人影儿也看不清,只见满盈盈一河滔滔黄水,急匆匆地,日夜兼程地由西向东流去,从未有过歇息的意思。兰州城里的人祖祖辈辈便吃这黄河水,连田畈、菜园子的浇灌,也皆引自黄河水。

20世纪60年代,黄河提灌已动用了电力水泵。但兰州黄河沿岸,依有三辆水车日夜轮转,这种古代农业文明的遗存,与黄河落日圆的风光映衬,成为那时兰州最为美丽的黄河风情。

距今400多年前的明嘉靖年间,兰州城里出过一个进士,名叫段续,入仕为官,曾历任云南道御史、湖广参议及密云兵备副使等。段续人品正直无私,为官时革除积弊,秉公行权,于民多有惠政。一次乡间巡访,段续发现民间有木制龙骨筒车可提水灌溉,想起家乡兰州,黄河穿城而过,日后必有用图,遂将制造图样收存,待到卸任回归故里时,便引进所项,研制出黄河水车,用来提浇灌溉。兰州地势,河床低,两岸高,沿岸农耕守着黄河,眼看着一河滔水东逝而去,岸上的田禾却要经常受干旱之苦。水车诞生引起黄河上下游的农家震撼,一经建立,纷纷效仿,一时间,黄河沿岸,上下百里,效仿出数百辆水车,吱吱作响,日夜轮转不息,成为那个时期黄河沿岸最壮丽的景象。

看那相错排列的水车,有拔天撼地的高大气势,一个庞大的木轮转盘,嵌着无数个水斗，每斗再伸出一个挡板，河水冲击挡板，推动木盘转动，将一舀一舀的水，送到最高点，恰此时从岸上横架着伸过来一条木质水槽，在水车轮转即要下行时，水斗斜斜地，将舀中的河水准确地倒进水槽，一个自然的黄河提灌过程就此完成。

黄河水车是农耕文明时期最伟大的发明之一，显示了先民们伟大的创造力和智慧。其实水车的创制发明，出自于东汉时期的龙骨水车，三国时发明家马钧曾予以改进。后来的黄河水车，便是它的相承与延伸。后来我发现《千字文》里"布射僚丸，嵇琴阮啸，恬笔伦纸，钧巧任钓"的韵句，这"钧巧"便是为马钧树传。

黄河水车的巧借自然力，因地制宜，不费工，不费力，低成本，一切建造皆来自自然造化，没有现代化学的魔变，不制造环境污染，不耗费能源，既有使用价值，又具观赏价值，成为黄河沿岸一道最亮丽的风景线。

水车灌溉是农业社会一项伟大发明。当农业文明的优势被现代工业取代，就像割舍人们心中曾经的爱恋，究竟是得是失，只留作心头一种永远记忆。

当农业文明美好记忆在人们心中渐渐消失时，中国、荷兰邮政部门于2005年9月22日联合发行了《水车与风车》邮票，第一枚就是黄河《水车》。

水车

聚焦甘南拉卜楞寺

文 / 骆延峰

第一次知道拉卜楞寺，还是从 1994 年 2 月 1 日国家邮政部门发行的《甘肃风光》邮资明信片中看到的。画面上，掩映在青山之畔、被金灿灿的油菜花环抱的拉卜楞寺，显得那样幽静和庄严。而再次看到它，却是 2009 年 8 月 2 日国家邮政部门发行的《拉卜楞寺》邮票上。这一回，可以说是更为仔细观赏到了拉卜楞寺中的两个主要建筑——大经堂和贡唐宝塔。那金碧辉煌的宝塔在阳光下熠熠生辉，仿佛要将那佛光洒向大地，滋润万物。

拉卜楞寺位于甘肃省甘南藏族自治州夏河县，藏语全称为"噶丹夏珠达尔吉扎西益苏奇具琅"，意思为具喜讲修兴吉祥右旋寺。拉卜楞是藏语"拉章"的变音，意思为活佛大师的府邸，是藏传佛教格鲁派六大寺院之一，被世界誉为"世界藏学府"。鼎盛时期，僧侣达到 4000 余人，是世界上最大的喇嘛教学府和藏经最多的寺院，也是除西藏以外，藏传佛教格鲁派的又一个中心和西

大经堂

贡唐宝塔

北地区最高佛教学府。寺庙的规模仅次于拉萨的布达拉宫，故有"小拉萨"之称。

拉卜楞寺设有闻思、医药、时轮、喜金刚、续部上、续部下六大学院，是蒙藏地区建制最为健全的寺院，寺内珍藏的民族文物和佛教艺术品共计1万余件。殿堂内高8米以上铜制鎏金或檀香木雕的大佛有16尊，各种佛、菩萨、佛塔、法器等不胜枚举。寺内还珍藏有历代嘉木样大师的衣物和其他生活用品，以及帝王册封和赠赐的金敕、印鉴、封诰、大幅匾额、千佛树、珍珠塔、玉如意、陨石、海马牙等。拉卜楞寺院的建筑雄浑大气，古朴典雅，稳坚耐用。大型佛殿顶部，均有铜质鎏金法轮、阴阳兽、宝瓶、幡幢、金顶、雄狮等。部分殿堂的屋顶有鎏金铜瓦和绿色琉璃瓦。整个建筑庄严巍峨、宏伟壮观。雕梁画栋，金碧辉煌，气势磅礴，具有浓郁的藏族风格。

大经堂即闻思学院经堂，是"磋钦措兑"会议的场所，为全寺之中枢。一世嘉木样初建时，只有80根柱子，1772年二世嘉木样扩建为140根柱子，3000僧人可以在此诵经。1946年，五世嘉木样又建了前殿院，至此，大经堂成为有前殿楼、前庭院、正殿和后殿共数百间房屋，占地10余亩的全寺最宏伟的建筑。前殿楼为大屋顶式建筑，顶脊有宝瓶、法轮等饰物，楼上供吐蕃赞普松赞干布之像。唐贞观年间，年轻的松赞干布继承父位，成为吐蕃第33代赞普。他平定了内乱，恢复了吐蕃的统一。松赞干布对盛唐有着深远的仰慕之情，贞观八年（公元634年），他派出使者赴长安与唐朝通聘问好。贞观十五年（公元641年），松赞干布25岁，唐朝派江夏王、礼部尚书李道宗护送16岁的文成公主入吐蕃，松赞干布终于实现了汉藏通婚的愿望。汉藏通婚，促进了民族团结，对藏族经济、文化等方面的发展起了积极的作用。当时汉族的纺织、建筑、造纸、酿酒、制陶、冶金、农具制造等先进生产技术以及历法、医药等都陆续传入了藏族地区。同时，汉族也吸收了不少藏族的文化。

贡唐宝塔位于拉卜楞寺西南角，最初建于1805年，当时叫"现见解脱大金塔"，因为在其塔内供有无量光佛像而享誉海内外。1806年，嘉庆皇帝还御赐了"佛光普照"的匾额。后经多次修缮，达到完美。宝塔最后毁于"文化大革命"时期。1993年在原址按原来的模式重建了贡唐宝塔，塔高五层，由塔刹、塔瓶、塔座三大部分组成。塔刹是光彩夺目的日、月、星辰；塔瓶是精铜浮雕鎏金八大菩萨，塔座为琉璃瓦装饰的三层四角建筑，一层四周装有铜制经轮。宝塔建筑宏伟，内部构件精巧，美轮美奂。宝塔内藏有1032尊铜佛，与大经堂相呼应，着实壮观。

每逢宗教节日，拉卜楞寺都会吸引无数宗教信徒朝佛观光。他们围走寺庙、转经筒、手持经筒摇转都是对佛的敬仰，超度自己的灵魂。那种虔诚，是你无法想象的。而为了前去朝拜，这里的旅馆都要提前预订。牧民们每年收入的一部分用来朝佛，上香，供寺。

七月初八的晒佛法会时，僧人们会抬着十多吨重的大佛像，将宽12丈、长30丈的巨幅佛像铺在瞻佛台。总法台会带领僧人和百姓诵念沐浴经，颂赞佛陀的功德，祈求平安吉祥。之后，虔诚的民众就会涌向瞻佛台，向巨幅佛像敬献哈达，祈求新年的吉祥。

除各学院的经堂外，拉卜楞寺有众多佛殿。佛殿是僧众诵经和信徒朝拜的场所，有宗喀巴佛殿、千手千眼观音殿、弥勒佛殿、释迦牟尼佛殿、白伞盖菩萨殿、救度母殿、白度母殿、寿安寺、悟真寺、普祥寺、图丹颇章和护法殿等。

拉卜楞寺如今已经成为中外游客观光膜拜的圣地，特别是能赶上拉卜楞寺的法会节日，是许多人的梦想。而每年各种宗教法会，已经成为拉卜楞寺佛学传播中最美丽的风景。伴随着"一带一路"的拓展和延伸，祈愿平安幸福的佛学夙愿，将通过这条古丝路，远播四方。

麦积山：一座连接丝路的神山

文 / 周媛

麦积山，我心中向往的一座神山，一座连接丝路的神山。

麦积山石窟是《世界遗产名录》"丝绸之路：长安—天山廊道路网"中的一处重要遗址。与洛阳龙门石窟、大同云冈石窟和敦煌莫高窟并称为中国"四大石窟"，被誉为"东方雕塑馆"。

麦积山位于有"陇右门户""甘肃东大门"之称的丝路明珠之城天水市。天水历史悠久，是中华民族发祥地之一，传说中"三皇五帝"之首的伏羲氏就诞生在这里。

麦积山是我国秦岭山脉西端小陇山中的一座奇峰，海拔1742米，远远望去，其整个山形就像一个放大了的"麦秸垛""麦积山者，北跨清渭，南渐两当，五百里岗峦，麦积处其半，崛起一块石，高百万寻，望之团团，如农家积麦之状，故有此名。"麦积山石窟开凿在悬崖峭壁之上，用"密如蜂房"形容其洞窟，用"凌空飞架"比喻其栈道，毫不夸张。其洞窟层层相叠，形成一个宏伟壮观的立体建筑群。据统计，整个麦积山共存有窟龛194个，泥塑、石胎泥塑、石雕造像7800余尊，最大的造像东崖大佛高15.8米，壁画1300余平方米。

麦积山石窟始建于1600多年前的后秦，隋文帝仁寿元年在麦积山建塔"敕葬神尼舍利"，后经唐、宋等各代不断的开凿扩建，遂成为中国著名的石窟群之一。

1997年6月13日，国家邮政部门发行了《麦积山石窟》邮票。从邮票上，我们可以更直观地认识麦积山石窟。

国家名片上的丝绸之路

北魏·佛与胁侍菩萨　　　北魏·胁侍菩萨与弟子　　　西魏·女侍童

西魏·佛　　　北周·胁侍菩萨　　　宋·供养人

　　第一枚《北魏·佛与胁侍菩萨》，展示了阿弥陀佛"身量无边，凡夫不能比及"的豁达心胸；第二枚《北魏·胁侍菩萨与弟子》将正壁释迦佛的弟子和右壁弥勒佛的胁侍菩萨组合在一起，秀骨清相，风格鲜明，人物形体修长而优美；第三枚《西魏·女侍童》取自石窟内供养女童的形象：头扎双头髻，肩挂粗大项圈，穿背带长裙。她双目微闭，露出虔诚事佛，向往佛国的甜蜜微笑，显示出洁净无邪、聪慧俊俏的动人神态；第四枚为《西魏·佛》，画面中的坐佛衣纹流畅，发髻高施，脸面玉润，眉目清秀，唇薄舒缓，鼻高梁直，整个造型极为精致；第五枚为《北周·胁侍菩萨》，其头上塑有独特的花瓣形发式，脸形方中求圆，是北周时期典型的"珠圆玉润"风格；第六枚为《宋·供养人》，其塑像风格已由隋唐的丰满夸张转向写实，无论形体结构比例和肌肤衣着，都更显逼真，如见活人。她头饰花冠宝珠，蛋形脸广额面润、柳叶眉飞扬、丹凤眼竖立、樱桃小口精巧而美。泥塑创作手法明快简洁，技法娴熟，圆刀滚压铲削自如，衣纹流畅，繁简适度，显示出当时工匠高超的造型技艺。

游走于麦积山中，细观一尊尊造型各异的佛菩萨造像，我时时有种恍若隔世的感觉。她们或微笑，或沉思，周身流淌着生命的温暖气息。

正面看，麦积山中间有一部分坍塌下去，使"麦秸垛"分割成两部分。这是因为在唐开元二十二年（公元734年），这里发生了强烈的地震，麦积山石窟的崖面中部塌毁，窟群分为东、西崖两个部分。东崖的石窟以涅槃窟、千佛廊、散花楼上的七佛阁等最为精美，西崖聚集着万佛堂、天堂洞等最有价值的洞窟。

麦积山除泥塑、石雕堪称文化瑰宝外，壁画中的飞天同样多姿多彩，别具特色。麦积山的飞天是中外文化共同孕育的艺术结晶，是印度佛教天人和中国道教神仙融合而成的富有中国文化的飞天。麦积山的飞天没有翅膀，她借助云彩，凭借飘曳的衣裙、飞舞的彩带，展现凌空翱翔的美丽，堪称中国古代艺术家最具天才的杰作。

唐代诗人杜甫与麦积山有着不解之缘。"安史之乱"后，杜甫沿着"丝绸之路"来到了天水（古时叫秦州），写下了著名的《秦州杂诗》。

早在1988年10月15日，国家邮政部门就发行了《中国石窟艺术》普通邮票。其中第三枚是麦积山石窟的"西魏·菩萨"造像图。1994年2月1日发行的《甘肃风光》邮资明信片，其第二枚是《麦积山烟云》。它们让麦积山石窟艺术于方寸之间展示其精妙神奇和非凡。

麦积山作为丝绸之路上的一座重要驿站，承载着历史的沧桑、文化的交融和辉煌，不愧为古丝路上的一座神山。

丝路西行第一山：崆峒山

文 / 傅晓鸣

在天下名山系列中，崆峒山是古丝绸之路北线通往西域途中所经遇的第一座名山，可称之为丝路西行第一山。汉唐时期，丝绸之路商队从长安城出发，行走于丝绸之路北线，离开关中途经的第一个重镇便是甘肃省平凉市。崆峒山坐落在平凉市城西12公里处，它西接六盘山，东望八百里秦川，南依关山，北峙萧关，泾河与胭脂河环抱南北，交汇于望驾山前，是古丝绸之路西出关中之要塞。

平凉，历史上被称为"陇上旱码头"。在中国版图上，它属于西北地区陕、甘、宁三省（区）交界地，是古丝绸之路通往西域的交通要道和军事要塞，地理位置极其重要。自古以来，平凉一直充当着屏障三秦、控驭五原的角色，是兵家必争之地和商品贸易集散地。从丝绸之路西去线路而言，长安西望，平凉被称为"西出长安第一城"，而崆峒山被称为"西出长安第一山"。

比之国内众多名山大川，崆峒山虽然未能跃入五岳之尊，然其历史文化久远，典故胜多，在华夏群山巍峨之中，堪称翘楚。崆峒山在神话传说中是上古三皇及女娲、夸父诞生之地，文化久远深厚不仅如此，还因黄帝亲临问道而闻名于世。传说上古之时，中华民族人文始祖轩辕黄帝征服东夷、九黎族统一华夏部落，建立丰功伟绩，功成之后西巡疆界，亲自登临崆峒山，向在崆峒山隐居修炼的智者广成子请教治世与养生之道。黄帝乃中华人文始祖，能亲自登临崆峒山问道，遂成重大的历史事件，被千古传颂，亦然成为道教史上的一段盛典故事,叫后人顶礼膜拜,浮想联翩。关于黄帝问道,许多历史典籍中都有文字记录,最早见于《庄子·在宥》记载:"黄帝闻广成子在于空同之上,故往见之。"见面后问广成子:"我闻吾子达于至道,敢问至道之精。吾欲取天地之精,以佐五谷,以养民人,吾又欲官阴阳以遂群生,为之奈何?"广成子曰:"而所欲问者,物之质也;而所欲官者,物之残也。自而治天下,云气不待族而雨,草木不待黄而落,日月之光益以荒矣。而佞人之心翦翦者,又奚足以语至道!"黄帝遂问修身之道,广成子曰:"至道之精,窈窈冥冥;至道之极,昏昏默默。无视无听,抱神以静,形将自正。必静必清,无劳汝形,无摇汝精,无思虑营营,乃可以长生。目无所见,耳无所闻,心无所知,汝神将守形,形乃长生。慎汝内,闭汝外,多知为败。我为汝遂于大明之上矣,至彼至阳之原也;为汝入于窈冥之门矣,至彼至阴之原也。天地有官,阴阳有藏,慎守汝身,物将自壮……"并向黄帝授书送药。《史记·五帝本纪》记载:黄帝"西至于空桐,登鸡头"。(古代崆峒亦作空同、空桐)南朝梁沈约《为武帝与谢朏敕》也记载:"羲轩邈矣,古今事殊,不获总驾崆峒,依风问道。"有此文字佐证,后世将广成子尊为轩辕黄帝的"授业恩师"和"人皇帝师"。如今登临崆峒山,可见山前的"望驾山"和山下的"问道宫",以及山上摩崖石刻"黄帝问道处"等景点,作为历史遗存及传说对照,皆是对"黄帝问道"这一历史事件的纪念,为崆峒山披上了浓浓的文化色彩。

　　历史上,广成子隐居崆峒山石室之中修炼,凡一千二百年,功成化仙而去。有关他的文献记载除《庄子·在宥》外,还有《神仙传》《广黄帝本行记》《仙苑编珠》《三洞群仙录》《历世真仙体道通鉴》及《逍遥墟经》等,均有专门描述。道教史中,广成子是元始天尊的第一位弟子,玉虚宫第一位击金钟仙人,昆仑十二金仙之首,《封神榜》上频频出现,是道教史中赫赫有名的人物。因广成子在此修道缘故,崆峒山被道教尊为"天下道教第一山"。 不仅如此,崆峒山还是中华武术发源地之一,武术传统源远流长。崆峒武术与少林、武当、峨眉、昆仑等武术流派驰名华夏。自古以来,崆峒山多隐逸高人及武艺超绝之辈。据《尔雅·释地》载:"空同之人武。"唐代李白诗"世传崆峒勇",杜甫诗"崆峒足凯歌",皆是为崆峒神勇而歌。

　　崆峒山山名由来,也有一番文化意味。"崆峒"二字最早见于春秋时期《尔雅》一书"北戴斗极为空桐",崆峒山正位于北斗星的下方,即为所指。据《汲冢周书》记载,大夏、莎车、戎翟、月氏、空同、姑藏等部族融合发展后形成的新部族,其名以中心区域的名山加以山字偏旁,故曰崆峒。又据《史记·赵世家》及《姓氏考》记载,商代始祖契的后代分封于空桐,遂以国为姓,后以姓命山名。关于崆峒内涵,历来有三种解释,一是古为空同氏族居住之地;二是崆峒山为道教胜地,取道教空空洞洞,清静自然之意;三是崆峒山洞穴居多,有空洞之意。三种说辞,各有其理。正是由于丹霞地貌所形成的奇异风光和大山姿色,加之古老的文化,使崆峒山蒙上一层神秘的面纱。

　　崆峒山峰林耸峙,危崖突兀,怪石嶙峋,蓊蔚郁葱,在大西北山林中,风光俊美、风韵独具。自古以来,吸引着过往商贾行旅驻足游赏,纷纷登高望远,领略群山峻岭之大山风采,感受古国文明之人文气息。西北多山脉,山脉多奇崛险峻,唯崆峒山风姿独显,既有北国之雄,又兼南方之秀,集奇险灵秀的自然景观和古朴精湛的人文景观于一身,成为陇东黄土高原上一颗璀璨的明珠。崆峒山"山川雄秀,甲于关塞",不仅有"西来第一山"之称,还有"西镇奇观""崆峒山色天下秀""道源所在"等诸多美誉。

　　历史上,崆峒山一直成为帝王将相、文人墨客争相登临拜谒的文化名山。周穆王曾巡游崆峒而得八骏;秦始皇因"慕黄帝事"于"二十七年(公元前220年),巡陇西北地,出鸡头山,过回中焉"(鸡头山为崆峒山之别称);汉武帝则六次出陇中,两次登上鸡头山。之后,历朝历代的文人墨客,如汉代司马迁、王符,晋代黄甫谧,南北朝王褒,唐代李白、杜甫、白居易、李商隐、岑参、元稹,宋代李清照、游师雄、张元,明代李攀龙、赵时春,清代王士祯、左宗棠、林则徐、谭嗣同,民国于右任、傅作义等,皆于不同年代,不同季节,先后登临崆峒山,在此留下了大量的诗词、华章、碑碣、铭文。秦汉时崆峒山已有了人文景观。直至明清,历朝历代陆续建起亭台楼阁、宝刹梵宫、庙宇殿堂、古塔鸣钟等,遍布诸峰,山上有雷声峰、棋盘岭、黄龙泉等。

崆峒山在兴盛时期计有各种建筑八台、九宫、十二院、四十二处观宇等，致使亭台、宫殿、梵刹、道院遍存诸峰。目前尚存的景点名胜有近三十处，比较著名的有"凌空塔""问道宫""上天梯""皇城""三教洞""莲花寺""轩辕宫""法教寺"等。自明以降，人们将山上名胜景点归纳为"崆峒十二景，即香峰斗连、仙桥虹跨、笋头叠翠、月石含珠、春融蜡烛、玉喷琉璃、鹤洞元云、凤山彩雾、广成丹穴、元武针崖、天门铁柱、中台宝塔"。

2003年7月26日，国家邮政部门发行了《崆峒山》邮票一套四枚，选择了崆峒山"皇城""弹筝峡""塔院""雷声峰"四处有代表性的景点。

皇城　　　　弹筝峡

塔院　　　　雷声峰

邮票发行于世，崆峒山名声大噪。这座古丝绸之路"西出长安第一山"，在"一带一路"国家伟大战略的实践中，焕发出新的容颜，使其悠久的历史与雄秀的风光在历史的今天又一次广传天下。

丝路万里铜奔马

文 / 王民权

"马作飞驰状,高昂首,尾上扬,口张作喘息状,三足腾空,右后足正巧踏在一只疾飞的燕背上。那只奋飞的燕子在翱翔中突遭马蹄踏中脊背,刹那间吃惊地回首反顾,似要看清那比它还快的庞然大物,而奔马也头稍左顾,好像也要弄清踩着了什么东西。奔马与飞燕在这一瞬间的动作被表现得淋漓尽致"。

这是关于铜奔马最为经典、生动的描述。铜奔马,亦称"马踏飞燕",是甘肃武威雷台汉墓出土的国家级珍贵文物。

武威,古称凉州,位于甘肃省中部,东接兰州,南靠西宁,北临银川,西连新疆,是古丝绸之路的一个重要节点。由此往西,即可进入著名的河西走廊和神奇的新疆。历史上,六朝的前凉、后凉、南凉、北凉和唐初的大凉,都曾在此建都,以后又为历代郡、州、府治,既是古代兵家必争之地,也是古代中原与西域经济、文化交流的重镇,一度还曾是北方佛教的中心,著名的凉州词、曲,西凉乐、西凉伎都是在这里形成和发展起来的。而现在,也正是因为其独特的战略地位,兰新铁路、干武铁路、G30(连霍高速公路)、312国道贯通全境,省道308线、211线和地方道路纵横交错、四通八达,又成了河西走廊人流、物流、资金流、信息流最集中的地区。这里属于典型的大陆性气候,年平均气温7.8摄氏度,降水量60 610毫米,蒸发量1400—3010毫米,日照时数2200—3030小时,无霜期85—165天,太阳辐射量127—138千卡/平方厘米,是甘肃全省最具优势的绿色食品和农产品生产基地,产品优良,种类繁多,又有着得天独厚的自然资源，不仅矿产种类多、储量大、品位高，而且风能和光热资源也很丰富，具有广阔的开发前景。而作为祖国西部新兴的旅游城市，这里还有着皇娘娘台新石器文化遗址、唐大云寺铜钟、海藏寺、罗什塔、文庙、钟楼、雷台观及碑刻等众多文物古迹，其中尤以这座铜奔马雕塑最负盛名。

这座雕塑，1969年10月出土于武威一座东汉灵帝时期张姓将军的墓中，原物高34.5厘米，长41厘米，是公元220年前后的青铜作品。据说1971年9月郭沫若陪同柬埔寨宾奴亲王访问兰州时，看到这件稀世珍宝，曾有"天马行空，独往独来，就是拿到世界上去，都是一流的艺术珍品"的赞语，并依造型将其命名为"马踏飞燕"。因其为青铜制成，他回京后，斟酌再三，又将其定名为"铜奔马"（亦称"青铜奔马"），还赋有"四海盛赞铜奔马，人人争说金缕衣"的诗句。后来有人对此提出质疑，有持"马踏龙雀说"者，认为铜马俑所附飞鸟，从造型看不像是燕子，而是龙雀；有持"天马说"者，认为《汉书》中《西极天马之歌》，曾有"天马"足踩浮云，身可腾空飞驰记载；有持"马神——天驷说"者，认为此马就是天上二十八星宿之东方苍龙七宿中的第四位星"天驷"，亦称"马祖神"；还有力主"飞燕骝说"的，认为历朝多有以燕喻良马的诗文，此马足下的飞燕无疑是用来比喻良马的神速。但是，1973年11月20日，其首次进入邮票，以第六枚的顺序出现在国家邮政部门发行的"文化大革命"期间出土文物编号邮票上时，名称仍为《铜奔马》；1983年国家旅游局将其作为中国旅游图形标志时，名称也还是《铜奔马》；1996年联合国日内瓦总部以其为图案发行国际邮票时，名称同样是《铜奔马》。直到2013年5月19日我国第三个中国旅游日，国家邮政部门以此图案发行个性化专用邮票的时候，才用了《马踏飞燕》这个名字，兀自没有采用其他诸说，包括不少人认为很有道理的"飞燕骝"一说。从此，"铜奔马"和"马踏飞燕"，就成了这座雕塑最常用的名字，

马踏飞燕

成了武威这座丝路古城最牛的名片。虽然一个质朴而写实，更多强调的是客观准确；一个形象而艺术，更富美感和文化意象，但是它们描述的这匹骏马雕塑，把奔马和飞鸟绝妙地结合在一起，以飞鸟的迅疾衬托奔马的神速，又将奔马的奔腾不羁之势稳定地定格于蹄鸟相遇的一瞬，马的体型异常完美而匀称，姿态极具动感的同时，也保持着极为精确的平衡，让整个雕塑的重心稳稳地落在踏鸟的一只足上，使人无不惊异于当年古贤构思之新颖，想象之卓越及铜铸工艺之巧妙。而这整个雕塑所赋有的生命张力和一往无前的气势，也不正可视为中华民族的象征和写照吗？

甘肃省少数民族

文 / 雨田

东乡族、保安族和裕固族是甘肃省特有的三个少数民族。而向上追溯，他们的先祖都来自遥远的地方。东乡族和保安族来自中亚一带，裕固族则来自北方的蒙古高原。1999 年 10 月 1 日，国家邮政部门发行了《中华人民共和国成立五十周年——民族大团结》邮票，展示了这些民族的风采。

东乡族　　　　　　　保安族　　　　　　　裕固族

东乡族人自称"撒尔塔"（Sarta）。撒尔塔的意思是"商贾"，指的是定居于中亚一带、信仰伊斯兰教的各族人，主要有突厥人、塔吉克人、波斯人等，元朝时统称色目人。据《蒙古秘史》记载，13 世纪初，成吉思汗率领的蒙古西征军"征撒尔塔兀勒凡七年"，很多撒尔塔人被迫随蒙古人来到东方，其中一部分在河州（今甘肃临夏州）东乡一带驻守屯垦。这些来自中亚的撒尔塔人，和一些信仰伊斯兰教的蒙古人，与当地的汉族、回族人民长期共同生活，相互融合，逐渐形成一个新的民族。今天，东乡地区还有很多生僻的地名，其实都是古时候的撒尔塔地名或部落名。还有一些东乡家族，称自己的祖先来自阿拉伯、波斯、中亚一带。东乡族的族名源于地名，因为他们居住在河州的东部，所以叫"东乡"。如今，东乡族主要聚居在甘肃临夏的东乡族自治县。

而临夏州的西边，就是保安族的聚居地：积石山保安族东乡族撒拉族自治县。和东乡族一样，保安族的先祖，也是在元朝时随蒙古军队从中亚迁来的色目人，信仰伊斯兰教。一开始，他们被安置在今天的青海省黄南藏族自治州同仁县一带驻守屯垦，慢慢和当地的藏族、蒙古族交流融合。明洪武四年（公元1400年），在同仁县的西山建立了保安堡；万历年间，又在此地设立保安营，并修建了保安城。这个逐渐形成的新民族，同样是以他们世代居住的地方作为自己民族的名称。

保安族人因共同的信仰凝聚在一起，成为一个新民族，也因为信仰，被迫离开了长期居住的故土。青海同仁一带，主要是藏族人聚居，更是藏传佛教隆务寺的势力范围。封建领主们强迫保安族人放弃伊斯兰教信仰，改信藏传佛教。大约在清朝咸丰末年到同治初年，保安人为坚持信仰，遭到攻击围堵，被迫迁徙。他们先是在青海循化居住了几年，随后又几经辗转，进入甘肃，在积石山县大河家镇一带定居下来，直至今日。

说到这里，肯定有人会发现，东乡族和保安族，与回族有很多共同点。他们的先祖都是来自中亚，都信仰伊斯兰教，东乡族和保安族聚居的地方也在临夏回族自治州内。事实上，东乡族和保安族一直以来都与回族有密切的关系。东乡族过去也被称为"东乡回"，保安族则被称为"保安回"。

同时，东乡族、保安族和裕固族，又都和蒙古族有不少关联。东乡语、保安语和东裕固语，都属于阿尔泰语系蒙古语族（西裕固语属于阿尔泰语系突厥语族）。裕固族还和蒙古族有着共同的信仰——藏传佛教。东乡族和保安族主要从事农业，而裕固族和蒙古族一样，一直是北方大草原上的游牧民族，住着帐篷，崇尚骑射。青藏高原东北边缘、祁连山北麓的辽阔草原，就是裕固族人世代居住的天堂牧场。

裕固族的祖先，自古以来就在蒙古高原一带游牧。唐朝时，他们曾建立起势力强大、地域广袤的回纥（鹘）汗国。9世纪中叶，回纥汗国灭亡，有一支回鹘人迁徙到河西走廊一带，生息繁衍。他们自称"尧乎尔"。民国时期，这个民族分为东西两部。1953年，甘肃省酒泉专署召开了"祁连山北麓各族各界人士座谈会"，会议统一了裕固族的民族名称，选取与"尧乎尔"发音相近的"裕固"二字作为他们的新族名，兼取汉语"富裕巩（坚）固"之意。如今，裕固族主要居住在甘肃张掖肃南裕固族自治县。

文化是一个民族的根脉和灵魂。东乡族、保安族和裕固族，都有着各具特色的民族文化。东乡族民间叙事诗《米拉尕黑》有数百年的历史，融和了多民族文化传统。裕固族的民间叙事诗，有描述祖先迁徙情景的《尧乎尔来自西州哈卓》和歌颂坚贞爱情的《黄黛婵》等。这些叙事诗都是各民族的"心灵史"。如今，东乡族的擀毡技艺、保安族的腰刀锻制技艺，以及裕固族的民歌、服饰和传统婚俗，都已被列入国家级非物质文化遗产名录。

驿使图：中国邮政的标志

文／丁晨

20世纪70年代初的一天，家住甘肃省嘉峪关市新城乡新城村三组的牧羊人张书信放羊时，无意间发现了一处内藏大量砖壁画的墓葬。后经证实，在嘉峪关市以东至酒泉市以西20公里的范围内，共有1400多座魏晋时期（公元220—419年）的地下壁画砖墓群，被誉为"世界最大的地下画廊"。1972年10月31日，在5号古墓中出土了壁画《驿使图》，被评为国宝级文物。2001年7月5日，国务院批准该墓葬群为国家重点文物保护单位。

1982年8月25日，为纪念中华全国集邮联合会第一次代表大会在北京开幕，国家邮政部门专门发行《中华全国集邮联合会第一次代表大会》小型张一枚，邮票图案就选的是《驿使图》。2007年3月20日，国家邮政

中国邮政储蓄银行

部门发行《中国邮政储蓄银行》邮票一套一枚，主图还是《驿使图》。

嘉峪关地处闻名中外的古丝绸之路要津，也是重要的驿站。汉代沿着"丝绸之路"古道设列厅台，广置烽燧，五里一小墩，十里一大墩，三十里一堡，用以传递信息、公文。为了公文传递快捷便利，历代还在驿道上沿途广设驿站，

供驿使休憩打尖,换乘车骑或补充给养。《驿使图》绘于公元3世纪前后,原画长34厘米,宽17厘水,为米色底,黑色轮廓线,马身涂黄,还有几笔红色的斑块。画面上,驿使头戴黑帽,身着短衫,足蹬长靴,持缰举牍,驿骑四蹄腾空,飞速向前。仔细看就会发现驿使长得很奇怪,有眼睛、鼻子、耳朵,唯独没有嘴巴。原来送信的人,象征驿使"守口如瓶",不能泄露。由于速度,马尾也飘了起来,驿使则稳坐马背,使得画面生动传神,真实而又写意,对后世中国的绘画艺术也产生了深远的影响。嘉峪关魏晋墓出土的壁画《驿使图》,客观真实地记录了距今1600多年前这一地区的邮驿情形,被认为是我国已发现最早的古代邮驿的形象资料,对于中国邮政通信历史的研究具有重大的学术价值。

中国驿传制度源远流长,邮驿就是中国古代的一种通信和交通形式。殷商时代在甲骨文里已有"驲"的本字。史籍称车曰驲,曰传,马曰驿曰递,步递称作邮。驿,本义是驿马,后引申指我国古时传送公文、人员、官物的邮政、交通工具或机构。后驿字通行,而驲字废。殷商时代,驿传制度已开始萌芽。西周时,尚未出现"驿"这一名词,但尽管如此,这种雏形对后世两千多年的中国驿传制度,产生了深远影响。

汉正式设有驿站,"驿马三十里一置,卒皆赤帻绛韝云"。也有10里或50里置驿的。驿传制度进一步发展,驿运管理,也称邮驿管理已有了比较严密的管理体系。

驿使公文传递,采用的是每站换马或人马俱换的"接力跑"办法。驿马颈下系有铜铃,听到铜铃响声,接班的驿骑就做好一切准备,接到公文,立即跃马飞奔,分秒必争。唐代诗人岑参《初过陇山途中呈宇文判官》描绘的"一驿过一驿,驿骑如星流。平明发咸阳,暮及陇山头",正是这一真实、生动的写照。邮驿是专门传递官方文书的,不负责私人信件的收递。为通信,有权势的达官贵人们自己办起的私邮,而一般的官员和老百姓只能托人捎带书信。

古老神奇的邮驿制度,被一些史学家称之为"国脉"。明代学者胡缵宗在《愿学编》一书中曾经指出:"今之驿传,犹血脉然,宣上达下,不可一日缓者。"当时的兵部也曾多次强调:"驿递,天下之血脉也……血脉之关通必赖邮传之递送也。"伟大的中华文明在世界民族之林,能历久不衰,焕发出蓬勃的生机,与一个健全的、大一统的邮驿系统有着密切的关系。

  今天,《驿使图》的象征作用还在继续发展,它已成为嘉峪关市的城市形象,并在嘉峪关市火车站广场上竖起了一座醒目的"驿使"雕塑。它还被确定为中国邮政的标志,表明要严守公文信件的秘密这一基本的职业操守。新中国邮政储蓄1986年恢复开办,原国家邮政储汇局于1994年起发行首款全国通存通兑银行借记卡性质的储蓄绿卡,卡面又选用了文化底蕴深厚的《驿使图》。《驿使图》邮政储蓄绿卡一直续发再版,成为中国网点多、网络覆盖面广的金融借记卡之一。近年来更伴随"中国银联"网络的延伸,涉足亚洲、北美、欧洲的部分国家和地区,再一次向世界展示《驿使图》的魅力和作用。

甘肃省少数民族服装

文 / 张志春

和其他省区一样，在今日甘肃省境内少数民族数量也不少。但是，其中的东乡族、保安族和裕固族，却是此地所独有的少数民族。在 1999 年 10 月 1 日国家邮政部门发行的《中华人民共和国成立五十周年——民族大团结》邮票上，反映有这三个少数民族颇具个性，别开生面，值得申说一番的服饰。

东乡族　　　　　　保安族　　　　　　裕固族

帽饰是讲究的首要一条。或许因为居住于北方，居住于草原沙漠，须遮蔽风沙，须冬日保暖，夏避酷晒，帽饰对于他们来说是必备之物，且十分讲究。如东乡族、保安族男子都喜欢头戴号帽。号帽是一种平顶无檐软帽，有白黑两色，多用布缝制而成，富人家则用绸或线织做成。东乡族中老年人到清真寺做礼拜，一般头上都戴一种名叫"台丝达日"的缠巾，这种缠巾长九个半时（一时即从手指到肘前的长度）。"台丝达日"一般是用白纱、黄纱或是白绸、黄绸制成。不难看出，这里用料的相对高档，尺寸的精准数值，使用时间地点意向的专一，都指向了内在意蕴的崇高与美好。而保安族青年男子喜戴"连鹰"狐皮帽，帽顶为红或黄、蓝色，前额缝以狐皮，戴在头上犹如一只展翅欲飞的雄鹰，构成了群体与个体理想形象的服饰叙述与象征。裕固族则男子头戴金边白毡帽，帽沿后边卷起，后高前低，呈扇面形。也有的帽沿镶黑边，帽顶正中有在蓝缎上金线织成的圆形或八角形图案。冬季，男女一般都戴狐皮风雪帽。其实说起来，裕固族妇女原本就有戴帽子的习惯，而且此时的女帽别有意味，是姑娘和已婚妇女的区别标志。姑娘到了成婚年龄，举行出嫁戴头面仪式时才能戴帽子，表示她已经结婚了。东乡族妇女在家戴绣着花纹的便帽，外出戴遮住全部头发的丝绸盖头，想来是视头发为羞体的传统意识所致，确也为头饰增添了新的风范和意趣。

说起足饰，亦色彩纷呈。东乡族妇女所穿袜子由黑布缝制而成，鞋子也以蓝黑色居多。年轻女子多在鞋头绣上一些花朵。早些时期妇女还喜爱高2寸许的木底黑跟鞋。而保安族男子多穿圆口单鞋，白色丝袜或布袜。冬天则穿底厚约1寸的"索巴鞋"。这种鞋鞋头突出，中夹皮梁，尖略卷起，鞋筒用十字花氆氇制成，保安语叫作"木瑞"。而裕固族的男子则喜穿长筒皮靴，可见草原骑士的悠久传统。

服饰远看近看，第一印象无疑是颜色。这几个少数民族生活境地天苍苍野茫茫，无边的草原无边的戈壁，服色的鲜艳自会在辽阔的空间中醒目凸现，仿佛夜晚的篝火，黎明的晨星。譬如东乡族以"盖头"颜色来区分女性年龄以及婚否：少女和新婚者戴绿色，中年妇女戴黑色，老年妇女戴白色。而保安族未婚女子多穿鲜艳的各色上衣；已婚少妇多戴白色卫生帽，外出则戴黑盖头；老年妇女多着深色服饰，戴白盖头。裕固族无论男女，服饰喜欢用红、蓝、黑、白等对比强烈的色彩，未婚少女的头饰更是色彩富丽丰饶：前额戴"格尧则依捏"，即在一条长红布带上边缀以珊瑚珠，下边缘是用红、黄、白、绿、蓝五色的珊瑚和玉石小珠串成的许多穗，像珠帘一样齐眉垂在前额。梳五条或七条发辫，辫梢内有彩色的丝绒线，系在背后的腰带里。盛装的妇女，戴宽沿圆筒平顶帽，帽顶上垂下大红彩络。保安族和东乡族男子则平时戴白色号帽，身穿白色衬衣，黑色坎肩，蓝或灰色裤子；老年人则以黑、灰、白为上。保安族男子的腰带则是老年人束青黑色，中年人束紫色，年轻人束红、绿色。东乡族男子冬季穿羊皮袄，不挂布面，颇有陕北牧羊人的豪放。

说及款式，则是共融中有差异，自我里兼有他者。东乡族服饰与回族服饰有相似之处，但其特点也颇为明显。东乡族妇女穿"假袖"上衣，"过美"花裙，或穿套裤，裤筒后面开小衩，或许这就是马背上的民族袍服开衩的延伸与演绎吧。古时东乡族妇女爱穿一种有领圈、大襟和宽袖的绣花衣服，袖口上镶一道花边。男子则穿宽大长袍，束腰带、挂腰刀。东乡族男青年喜欢系一种两边窄细，中间宽大、有囊可装钱物的绣花腰饰。这种腰饰被称为"鞑子花腰带"或"鞑子花裤带"。东乡族男子喜用的一种礼服"仲白"，类似维吾尔族的袷袢，一种对开的大衣，暗扣，低领，一般用黑、灰色布料缝制。仲白常须洁净，若不慎沾染秽物，即须洗净方可。老年人在遇婚丧或探亲访友时，也喜穿仲白。

裕固族无论男女，多穿高领的宽松长袍，束以腰带，"衣领高、帽有缨"，是裕固族服饰的一大特点。生活和文化传统形成了服饰上的审美标准，服饰的样式、花色、刺绣图案、花纹都按其民族习惯形成并代代相传。

保安族人服饰与当地的回族、东乡族无根本差异。早期保安族人因受蒙古族服饰的影响，故服饰基本上与蒙古族相似。男女冬季均穿长皮袍，夏秋穿夹袍，戴毡制喇叭形高筒帽；系各色丝绸腰带，并带有保安腰刀。保安腰刀呈现着高超的智慧与技艺，积淀着悠远的历史文化信息，是中外闻名的著名佩饰。保安腰刀若是削发，只要把头发放在刀刃上用口轻轻一吹，头发立即就断。腰刀把子也非同寻常，它是用什样锦镶嵌而成，色彩繁丽，金黄、翠绿、湛蓝、黛黑、银白、桃红……并夹有朵朵梅花。已有百余年历史的保安腰刀种类繁多，比较著名的腰刀有"什样锦""波日季""双落"，等等。最漂亮者当数"什样锦"，最有名者则推"波日季"。关于"波日季"，一位保安族朋友告诉我一个传说：话说很久以前，保安人所居地美丽富饶，人畜兴旺。某年忽然出现了一个魔鬼，隔三差五就下山到村子里掠取姑娘。惹得人心惶惶，不敢出门。血气方刚、见义勇为的铁匠哈克木，手持钢刀前去山洞与魔鬼搏斗，任凭他举刀猛砍，总伤不着魔鬼。后来，有一位白胡子爷爷托梦给他说：孩子啊，有一种叫"波日季"的腰刀可制服魔鬼。你到对面山上天池西边去，找一棵怎样怎样的老树。你照着这棵树的叶子打一把腰刀，一定要记住刀面要凿上树叶图纹啊。历尽艰辛，波日季腰刀打成了，哈克木刀劈魔鬼和毒蛇，救出了原本无望的许多姑娘。为了纪念这位哈克木，波日季至今仍为人们所推重。

随着社会发展，这些少数民族服饰也在变化，向时尚演进，向大众化演进，年轻人着意新式新款，旧有的传统渐渐淡化乃至消失。或在节日或喜庆场合穿戴一下，或作为民族文化的服饰意象诉诸口头与图像叙述之中。而在新的格局面前，一个新的问题逼问着我们每一个人：传统服饰是如望夫石一样成为壁立意象望尽天涯路，还是如天上日月地上草木，随同大家一同前去，道路越走越宽阔？

为有空城诸葛来

文／刘新中

国家邮政部门于 1998 年 8 月 26 日发行了《中国古典文学名著——〈三国演义〉（第五组）》邮票小型张，主图是"空城计"。

空城计

邮票上，城池低矮，有老军在城门洞慢腾腾扫地，诸葛亮居城楼正中，一左一右童子簇围，悠然操琴，旁若无人；城外，司马懿的大军喧嚣张扬，可就是不敢越雷池半步。平面的邮票反映的是诸葛亮的镇静自若；他内心翻滚的心态，在动态的戏剧里则被演绎得活灵活现。

我正在城楼观山景，

耳听得城外乱纷纷……

其实，空城计的故事，在中国历史上不止一次上演过。譬如春秋时期，楚国的令尹（宰相）公子元攻打郑国。郑国的叔詹出了个计策，在城内作了安排。命令士兵全部埋伏起来，不让敌人看见一兵一卒。城内店铺照常开门，百姓往来如常。大开城门，放下吊桥，摆出完全不设防的样子。楚军到达郑国都城城下，见此情景，起疑而不敢妄动，对方援兵到后只能连夜撤走。这就是中国历史上第一个使用空城计的战例。

空城计是"以虚避实"的战术，是一种心理战，是中国著名的兵法之一。但为什么历史上诸多的空城计故事，至今流传甚广影响最大的，只有虚构的历史小说《三国演义》里诸葛亮的空城计呢？

这只能从诸葛亮这个人说起。诸葛亮，中国古代三国时期杰出的政治家、军事家。221年，刘备在成都建立蜀汉政权，诸葛亮为丞相，主持朝政。"诸葛一生唯谨慎"，他运筹帷幄，神机妙算。千百年来，诸葛亮是智慧、勤勉、忠诚的化身，发生在他身上的种种故事早已超越了时间与阶层，"鞠躬尽瘁，死而后已"的精神已上升为中华精英文化的一部分。其娴熟韬略、多谋善断、长于巧思的传奇性故事为世人传诵。空城计是历史小说《三国演义》里诸葛亮最具代表性的故事之一，渲染的正是他的大智大勇。

但智者千虑，必有一失。由于诸葛亮错用马谡，丢失街亭，才造成了兵临城下危局，在不得已的情况下演出"空城计"。《三国演义》里诸葛亮的空城计基本属虚构，其发生地所谓"西城"，亦属虚构。因为先有失街亭，后有"空城计"，街亭与西城依常理推测应该相距不远。街亭位置在甘肃已大致确定，主要有两种说法：一为秦安县以北之陇城，二为今天的天水市麦积区之街亭古镇。所以在甘肃，一般人认为"西城"应指古秦州（今甘肃天水）西南120里的地方。也就是说，空城计发生在西县，即今甘肃省西和县，位于天水市西南方向60公里的地方。

"琴音一曲犹梁绕，为有空城诸葛来"。两千年风逝雨遁，说起诸葛亮与空城计，相信每个人都是这种感觉。

《柳毅传书》在泾河

文 / 第广龙

《柳毅传书》的故事,出自唐传奇,《虞初志》里就收录了《柳毅传》,这是我们看到的最早关于柳毅传书的版本。

由于这个故事在民间广泛流传,影响巨大,国家邮政部门2004年7月17日发行了《民间传说——柳毅传书》邮票一套四枚,分别为《龙女托书》《传书洞庭》《骨肉团聚》《义重情深》,把柳毅传书这个故事的核心内容给予了形象表现,深受广大群众喜爱。

其实,《柳毅传书》故事早于1999年就在世界邮展期间上过邮资邮简。邮资邮简是指由国家或地区邮政部门发行的、印有邮资图的邮简,是一种集信封、信纸、邮资凭证于一身的邮政用品。邮资图也属邮票的一种。

龙女托书　　　　　　传书洞庭

骨肉团聚　　　　　　　　义重情深

　　《柳毅传》的作者李朝威，陇西（今甘肃）人；故事言说的人物泾河小龙，在泾河流经的甘肃泾川一带，这也给这个故事打上了醒目的甘肃印记。另外，关于泾河龙的邮票，还有2001年中国邮政发行的六盘山特种邮票的第三枚《泾河老龙潭》，可见甘肃泾川一带"泾河龙"的民间传说很是丰富。

　　在泾川的民间，树下炕头，柳毅传书的故事依然被人们绘声绘色地讲述着。虽然对于故事最先诞生于何地持有多种说法，但泾川人坚信，柳毅传书的故事就发源于泾川。由此也可见柳毅传书的魅力和神奇。

　　柳毅传书的故事，一波三折，对于人性的揭示，曲折动人。在唐代仪凤年间，有个落第书生柳毅，在回乡途中路过泾阳，在泾河岸边散心时，遇见了在草地放羊的牧羊女，没料想却是洞庭龙王的爱女。她成为泾河龙王的儿媳后，不曾想小龙子不但不喜欢她，还百般折磨，逐她出宫，日日牧羊，风餐露宿，凄苦难言。又苦于无从传书，把遭遇告知远方的亲人。这柳毅虽是一介书生，却也胸怀正义，不畏强权。他当即答应，帮龙女把书信带到洞庭湖，交予龙王。按照龙女交代的方法，柳毅一路向南，在洞庭湖一棵橘树下寻得路径，成功传书。获悉情况后，洞庭龙王的弟弟钱塘君愤然不已，果断出击，杀泾河小龙王，救亲侄女龙女回家，结束噩梦。对于传书的柳毅，龙女早就心生好感，柳毅起先不为所动，但有情人终成眷属，后来还是和龙女拥有了美好的爱情。

　　有唐一代，传奇发展，蔚为景观。鲁迅先生在《中国小说史略》一书中给予《柳毅传》极高评价："唐人传奇遗留不少,后来煊赫如是者,唯此篇(指《崔莺莺传》)及李朝威《柳毅传》而已。"一些研究者也在列举中国最有影响的民间传说时,把《柳毅传书》和《牛郎织女》《孟姜女》《白蛇传》《董永与七仙女》《梁山伯与祝英台》这些故事并称。而《柳毅传书》自诞生起,就不断被搬上舞台,宋、元、明都有不同的演出剧目,《柳毅传》则是改编的母本。元代尚仲贤改编为杂剧《洞庭湖柳毅传书》,后世很多戏曲作品均取材于此。到了近代,京剧大师梅兰芳更有一出演出本《龙女牧羊》,把这个故事演绎得淋漓尽致,荡人心魄。

中国邮政从清代、民国到新中国还发行有"鲤鱼传书""青鸟传书"和"鸿雁传书"等"传书"邮票。《柳毅传书》邮票发行的意义还有一点是,作为原始状态的通信形式"传书",记录了中国邮政历史的源远流长。

鲁提辖拳打镇关西

文 / 朱文杰

小时候读《水浒传》,就认准了鲁智深是《水浒传》中第一条好汉。这位豪气干云的大豪杰,融正义、道德、义气、责任、忠诚为一身,"该出手时就出手",绝不退缩、藐视权贵,江湖罕有的没遮拦汉子。

鲁智深出场时名鲁达,任提辖官,也称鲁提辖,智深之名是他在五台山出家当和尚时得的法号。

金圣叹在"鲁提辖拳打镇关西"那一回评曰:"写鲁达为人处,一片热血直喷出来,令人读之深愧虚生世上,不曾为人出力。"这一回应是《水浒传》开篇之后第一好看文字。鲁智深是《水浒传》作者精心描写的上上人物,写他:"心地厚实,体格阔大。论粗鲁处,他也有些粗鲁;论精细处,他亦甚是精细……想鲁达已是人中绝顶。"李卓吾在鲁达打死郑屠后一边骂他诈死、一边"大踏步去了"旁边的批注中对鲁智深赞不绝口:"仁人,智人,勇人,圣人,神人,菩萨,罗汉,佛。"全书如此精彩漂亮绝顶之人物也不过武松、李逵、林冲、杨志、阮小七几位。

《水浒传》作者施耐庵用六回充分展开了对鲁智深的精心描画。他疾恶如仇,路见不平,一定拔刀相助,一出场就为一个弱女子,三拳打死镇关西。那情节之一波三折,细节之细致逼真,气氛之激烈火爆,读过怎能不叫人拍手称快而荡气回肠。

《水浒传》开篇从陕西少华山下的九纹龙史进写起,接着"鲁提辖"鲁达在渭州（今甘肃平凉）闪亮登场，一下震慑全书。《水浒传》故事，多发生在山东地界，发生在甘肃地界的仅此一件，但精彩绝伦、不同凡响。

渭州，北魏永安三年（公元530年）置，因渭水得名。治襄武县（今甘肃陇西县东南）。唐辖境相当今甘肃省陇西、定西、漳县、渭源、武山等县市地。北宋属秦凤路，辖境相当今平凉、华亭、崇信及宁夏泾源等市县地。金代升为平凉府。

《水浒传》中的渭州城，甚为繁华，远非一座地处前线的偏远的边陲小城。北宋渭州知府蔡挺的一首词《喜迁莺》中描写："霜天清晓，望紫塞古垒，寒云衰草。汗马嘶风，边鸿翻月，垅上铁衣寒早……岁华向晚愁思，谁念玉关人老。"这首词充分表现了北宋时平凉这座边关重镇的风光。

中国台湾邮政部门2012年4月25日发行了《中国古典小说邮票——〈水浒传〉》一套，第四枚是《拳打镇关西》。故事梗概是鲁达、李忠、史进三人在潘家酒楼喝酒，听到金家父女被渭州恶霸镇关西强媒硬娶，虚钱实契强占翠莲，又将她赶出，还向金家追要典身钱的血泪控诉，激起鲁达对镇关西的愤怒，当即赠送银两。第二天一早，鲁达赶到金家父女住宿的鲁家客店，亲自保护金家父女逃出虎口。然后径自到渭州状元桥郑屠肉案前，先借买肉故意刁难郑屠，激怒他，挑起打斗，继而三拳打死郑屠。鲁达为避官司，奔出南门出走山西五台山。

鲁智深武艺高强，八十万禁军教头林冲佩服之至。1987年12月20日国家邮政部门发行的《中国古典文学名著——〈水浒传〉》(第一组)邮票,选了"鲁智深倒拔垂杨柳"。方寸画面中，鲁智深确实鲁蛮，力拔山，气盖世，倒拔出一株粗大杨柳树，惹得墙头外的林冲也禁不住喝彩。

鲁智深不愧为义薄云天的英

鲁智深倒拔垂杨柳

雄人物，他救林冲的有始有终，一路护送，"大闹野猪林"。他救落入华州大牢的史进，甘冒危险，就是牺牲自己，身陷绝境，也在所不惜。读之叫人热血沸腾。鲁智深扶助弱小、不避艰险，忠勇当先，也不像李逵，甚至武松等梁山好汉，绝不滥杀无辜，明辨是非、明理讲义，心善如菩萨。

他是从陕西延安府老种经略相公府来到渭州的，他早年在延安府从军，打郑屠时他说："洒家始投老种经略相公，做到关西五路廉访使，也不枉了叫做'镇关西'！"看来如今仅干了个小小提辖官，定是因性格暴烈、正直忠勇，犯了什么事被降职的。例如鲁智深对着林冲骂奸臣高俅："你却怕他本管太尉，洒家怕他甚鸟！俺若撞见那撮鸟时，且教他吃洒家三百禅杖了去！"可以佐证。

渭州小种经略相公乃是担任"鄜延路经略副使"的宋代名将种谔的儿子种师道，在西北边境的渭州出任经略安抚使，属北宋时守边的名将。

《水浒传》中写渭州篇幅占全书仅半回，但就这半回已使渭州名扬天下了。从甘肃渭州走出的鲁智深，为今日平凉增添了奇异之光彩。一部《水浒传》从甘肃平凉始，闪耀出这部中国四大经典名著历久弥新，艺术生命魅力无穷。

丝路古道经济大动脉：兰新铁路复线

文 / 丁晨

1996 年 9 月 1 日国家邮政部门发行的《铁路建设》邮票，反映了我国在 20 世纪 90 年代铁路建设新成就。其中第二枚是 1992 年 9 月开始兴建、1995 年 6 月底开通营运的《兰新铁路复线》邮票，就是以古代丝绸之路

兰新铁路复线

上的重要关隘嘉峪关关城为背景设计的。这条铁路像钢铁巨龙横空出世，对开发大西北丰富资源，繁荣西部经济，继续发挥着重要作用。

1952 年，兰新铁路开工修建，经过 10 万军民历时 10 年的艰苦奋战，1962 年通车乌鲁木齐，结束了新疆维吾尔自治区没有铁路的历史，被誉为新疆各族人民的"幸福路"。随着我国改革开放的全面展开和西部大开发的加快实施，特别是塔里木油田、吐哈油田的开发，以及 1991 年开通连云港至荷兰鹿特丹港的货运列车，兰新铁路这条单线的运力远不能满足运量日益增加的需求，也严重影响新疆维吾尔自治区同内地各省区的经济文化交流。为此，1992 年 9 月 16 日，丝绸古道春风又起，哈密地区火车站彩旗飘扬，四万建设大军集结誓师，兰新铁路复线建设拉开了帷幕。

1991 年 3 月经国务院批准立项的兰新铁路复线，原计划三年完成。但经过数万名筑路大军，战严寒，顶烈日，穿沙漠，越戈壁，打通天山山脉，跨越

达坂沼泽，仅用两年时间提前用血肉托起一条崭新的钢铁运输线，完成了这条长达 1622 公里的兰新铁路复线，创造了我国铁路建设史上又一奇迹。兰新铁路复线，东起武威南站，西抵乌鲁木齐，途经金昌、张掖、嘉峪关、哈密、吐鲁番等西部重镇。全线架设大中桥梁 151 座，凿通隧道 12 座，正线铺轨 1622 公里，站线铺轨 131 公里。

兰新铁路全线环境最恶劣、施工难度最大的是自哈密的了墩至鄯善的七克台，全长 134 公里的百里风区段。百里风区段常年刮风，最大风力达 14 级，1962 年至 1992 年曾发生过 15 次狂风刮翻火车的事故。1992 年修建兰新铁路复线时，刚从北疆铁路工地胜利归来的新疆建设兵团工一师（现建工师）担当了重任。工一师组织 5000 名职工奔赴百里风区，艰难地展开铁路施工。

狂风呼啸，飞沙走石，筑路英雄们首先要解决住宿问题。大家"八仙过海，各显其能"，有的利用过去修筑路基的取土坑，有的利用当年施工居住的残留墙体，有的干脆就在干渠沟槽内搭建起各式各样的简易住所。井风口，是风区铁路中风力最大、多次刮翻火车的地段，施工队伍决定在这里构筑一条由 1.3 万块、单重 270 公斤的混凝土预制块，砌筑净高 3 米、牢不可破的挡风墙。经过 100 多天的奋力拼搏，硬是将一条厚实坚固的挡风墙巍然屹立在十三间房铁路的一侧，对减少列车运行事故起了关键作用，也成为过往旅客注目的一道风景线。1994 年兰新铁路复线通车后，又经过乌鲁木齐铁路局对线路的多次改造和提速，百里风区挡风墙已全线连通，此后 20 年，再未发生大风刮翻火车的恶性事故。

1994 年 9 月 16 日，国家"八五"重点建设工程——兰新铁路复线提前全线铺通，国务院对兰新铁路复线铺通致电表示祝贺。贺电说，兰新铁路复线全线铺通，是我国铁路建设的又一重大成就，它的建成将大大改善西北地区的运输条件，对促进西北地区乃至全国的经济发展、社会进步和加强民族团结都具有十分重要的意义。

兰新铁路复线的建成，使亚欧第二大陆桥年过货能力由 1700 万吨向 5000 万吨迈进，中国的西北角再显辉煌。1994 年 9 月 16 日全线铺通后，1995 年 6

月 30 日，兰新复线投入运营，运输能力成倍增长，运量可达 5000 万吨以上，可基本满足新疆客货运输需要。

兰新复线的使用，为铁路大提速奠定了基础。1997 年至 2007 年，中国铁路进行 6 次大面积提速。提速前的 1993 年，全国列车平均旅行速度仅有 48.1 公里 / 小时。提速后，以从乌鲁木齐到北京为例，提速使从乌鲁木齐到北京的运行时间，由最初的 60 个小时缩短到现在的 33 个小时。铁路大提速拉近了新疆与内地的距离，让新疆不再是遥远的边陲。以前坐火车从乌鲁木齐到上海要近 4 天，提速后不到 3 天就到了。2006 年 8 月 23 日，武威至嘉峪关铁路电气化改造工程乌鞘岭特长隧道双向贯通，兰新铁路最后的瓶颈消除，实现全线双线运营。2009 年 11 月 5 日，乌西至精河间复线竣工，次年电气化工程竣工。

走上邮票的铁人王进喜

文 / 傅晓鸣

记得几年前,看过一部电影,影片名字叫《铁人》,讲述的是新中国成立以来,工人阶级先进代表人物铁人王进喜的故事。其中有这样一组镜头,在油田即将发生井喷的关键时刻,铁人王进喜顾不得腿部有疾,也顾不得大庆冬季零下34℃的严寒,毅然跳进结着薄冰的泥浆池中,用身体搅拌泥浆,杜绝了一起井喷事故的发生。这个光辉而高大的铁人形象,已经成为历史的定格,至今感动着千千万万的中国人,使铁人形象永远留在人们的记忆当中。1972年12月25日,国家邮政部门发行了《中国工人阶级的先锋战士——铁人王进喜》邮票,就展示了王进喜在工作中的形象。

王进喜是20世纪的英雄人物。王进喜的名字是和大庆的崛起同时出现、同一时期响彻全国的。要想了解王进喜,首先要了解大庆。

中国工人阶级的先锋战士——铁人王进喜

1959年9月26日16时,是中华人民共和国历史上一个具有历史纪念意义的特殊时刻。在东北松嫩平原一个叫大同的小镇附近,从一座名为"松基三井"的油井里喷射出的黑色油流,改写了中国石油工业的历史,奠定了中国石油工业就此走向石油大国的基础。中国政府自此向全世界宣告:中国在其东北部松辽盆地发现了世界级的特大砂岩油田!

时值中华人民共和国成立10周年，油田的命名正好取了"大庆"二字。从此，"大庆油田"这个具有时代印迹的光辉名称在中华人民共和国国土上诞生了。

王进喜就是在那个时代的大环境中成长起来的时代闯将，石油工人中的杰出代表，工人阶级的先锋战士。

王进喜祖籍陕西省大荔县，出生在古丝绸之路途经地甘肃省玉门市。1923年10月8日，在玉门市赤金堡一个贫民家庭，降生了一名小男孩，按照旧时普遍习俗，婴儿刚出生都要用秤称一下。小男孩上秤一称，刚好十斤，遂取名十斤娃。这便是后来名响全国的劳动模范铁人王进喜。

在旧社会饱受人生苦难的王进喜，进入和平建设新时期后，享受了工人阶级当家做主人的政治权力，焕发出极大的政治热情。他先后担任司钻、队长等职，1958年，带领钻井队创造了当时月钻井进尺的全国最高纪录，荣获"钢铁钻井队"称号；1959年被评为全国劳动模范；1960年，率队从玉门到大庆，参加石油大会战，开始艰苦创业。他组织全队职工用"人拉肩扛"的方法，搬运和安装钻机，用"盆端桶提"的办法运水保开钻，不顾腿伤跳进泥浆池，用身体搅拌泥浆压井喷。一系列英雄行为感动国人，从此，"铁人"称谓享誉全国。铁人精神成为一个时代的标杆，激发人们建设祖国的火热激情。

王进喜最著名的口号是"宁肯少活20年，拼命也要拿下大油田""有条件要上，没有条件创造条件也要上""干工作要经得起子孙万代的检验""甘愿为党和人民当一辈子老黄牛"等。豪言壮语及他的英雄事迹，感动了全中国，带动了各行各业建设祖国的豪迈热情，也带动了大庆油田广大员工拼死拼活、拼命也要拿下大油田，为国争光、为国增荣的豪情和勇气。榜样的力量在那个激情岁月里显示出巨大的正能量，铁人精神成为那个时代最鲜明的精神标志。

王铁人是那个特殊年代的一个历史符号，是那一代人整体的精神象征。铁人与普通人一样，有着血肉之躯，但又不同于其他人，之所以称为铁人，是其有着强大的精神力量和崇高的信念，有不屈不挠的忘我精神，有对祖国对人民的忠诚、对所从事的事业的信心与执着，有超凡的毅力和能战胜一切困难的超人勇气。这种精神，有着不朽的价值和永恒的生命力，散发着正能量，在任何时代，任何社会，任何历史时期，都会有所需求，而且永远不会过时！

铁人精神是"爱国、创业、求实、奉献"的大庆精神的典型化体现和人格化浓缩，是中华民族精神的重要组成部分，至今有着毫无争议的历史地位。

曾有学者认为，铁人精神是一面旗帜，凝聚着工人阶级的朴素情感；铁人精神是一种力量，凸显了一种坚忍不拔创业的勇气；铁人精神是一种标志，凝缩着一个民族不畏困难的民族气概。

在铁人王进喜去世的几十年里，共和国一直未忘记他。在新中国成立40周年之际，他与雷锋、焦裕禄、史来贺、钱学森一起，被中共中央组织部命名为"新中国成立以来在群众中享有崇高威望的共产党员优秀代表"。新世纪之交，他同孙中山、鲁迅、雷锋、焦裕禄、李四光、毛泽东、邓稼先、邓小平、袁隆平一起，被评为百年中国十大人物，写入中华民族的光辉史册。

尤其在铁人王进喜逝世不到10年的时间里，其光辉形象先后四次登上邮票。在历史人物题材中，能屡次登上国家邮票的，除国家主要领导人之外，仅其一人，这便是王进喜。

天兰铁路壮行丝路

文 / 骆延峰

1954年5月1日，国家邮政部门发行了《经济建设》邮票一套，反映了那个年代中国的经济建设成就，其中第五枚是《天兰铁路》，一列长长的火车呼啸着从铁路高架桥上飞驰而过。这在那个年代，是一件了不起的事！

天兰铁路是陇海铁路的最西段。陇海路东起连云港，横贯祖国的腹部。它穿过山东、河南、陕西、甘肃四省，延伸1500多公里，终点兰州。陇海铁路从20世纪初开始修建，历经了半个多世纪，从清末到20世纪50年代，经历了20世纪前半叶中国向外国借款、官督商办、列强瓜分、军阀混战、抗日战争以及解放战争等各历史阶段，见证了中国的百年发展变化。

天兰铁路

这条铁路的修建，是在西北解放后国家实施的重点工程，它的修建直接关系到西北的经济建设和社会发展。所以，1951年修建时，周恩来总理非常关注，派当时的铁路专家王竹亭进行技术指导，领导修建这条铁路，并让当时的解放军第一野战军第四军第十二师官兵参加这条铁路的修建。在当时国家财政困难时期，划拨专款，组成了超过10万人的建设大军，这是相当了不起的工程。1952年

9月29日，这条铁路正式通车。毛泽东专门为通车题词："庆贺天兰路通车，继续努力修筑兰新路。"

　　天兰铁路的通车是西北工业化的开端。大量的物资通过这条线路源源不断运来，大大促进了地方建设。如修建兰新铁路的枕木和大批的钢轨、供应修筑青藏公路的筑路器材等。比如煤矿生产所需的矿柱，当时就有80%的矿柱从陕西运过去，保证了煤矿的正常生产。羊毛、羊绒、驼毛、猪鬃、肠衣、羊皮、漆、牛羊油、杏仁、胡麻籽等，都随着天兰铁路的通车流向全国，甚至到了国际市场。真是应了那句话：要想富，先修路。过去，为了解决西兰公路运力不足的困难，曾经开辟过从兰州到包头的水路。西安市场上大量需要的宁夏天然碱和青海水晶盐，过去一直都是由黄河水运到包头，再经京绥、京津、陇海等铁路，绕一个大圈运到西安。本来天然碱、药材在甘肃青海成本极低，往往因为运费奇贵而滞销。在甘肃岷山山区，甘草遍地都是，有些农民都拿来当柴烧。有了这条天兰铁路，为大西北的物资交流提供了保障。可以说，这条铁路，在那个年代，为大西北的发展，做出了巨大贡献，也让兰州这个丝绸之路上的一个重要中转站为之后的发展提供了有利条件。

黄河明珠刘家峡

文 / 吉建芳

刘家峡水电站是我国第一个五年计划（1953—1957年）期间，中国人自己勘测设计、自己制造设备、自己施工安装、自己调试管理的国内第一座百万千瓦级以上的大型水力发电站。它是一个兼有防洪、灌溉、防凌、养殖等综合利用价值的大型水利枢纽，是二十世纪六七十年代中国水电事业的代表作和里程碑。它承载着几代中国人的骄傲和梦想，是当时倾全国之力和建设者全部心血的得意之作，是新中国水电建设史上浓墨重彩的得意之笔。电站的建成，标志着我国人民在根治黄河水害，开发黄河水利资源的伟大事业上迈出了雄伟的一步。

工程建设创造了多项当时的中国水电之最：中国第一座百万千瓦级大型水电站、中国最高的重力坝（147米整体式河床混凝土重力坝）、中国最大的地下厂房（高59米、宽31米的大跨度地下厂房）、中国第一台30万千瓦双水内冷水轮发电机组、中国最大的有载调压变压器、中国第一条最长的超高压输变电线路和设备等。其技术指标填补了多项空白，成为当时我国水电施工技术最高水平的代表、亚洲唯一一座百万千瓦级水电站，被誉为"黄河明珠"。

刘家峡地处高原峡谷，被誉为"高原明珠"。水电站所在的刘家峡水库，又称炳灵湖，东起刘家峡大坝，西至以"丝绸之路：长安—天山廊道路网"之名列入《世界遗产名录》的 炳灵寺峡口。

黄河向西流是这里的一个奇特景观。黄河之水天上来，到了刘家峡，却来了个大回转，向西流去。所谓九曲黄河，在刘家峡就能够看到"黄河西流"这风景独异的一曲。

电站建成后，形成以刘家峡为骨干的陕、甘、宁、青四省区西北电网构架，为电网调峰、调频、调压和事故备用等做出了重大贡献，有力促进了西北地区工农业生产，特别是为甘肃、青海的有色金属冶炼、铁合金、电石、化工等高耗能工业和高扬程电力提灌工程的发展提供了强大动力。

刘家峡水电站作为新中国水电建设的一座丰碑，有新中国"水电摇篮"之誉。

刘家峡水电站

2002年6月8日，国家邮政部门发行《黄河水利水电工程》邮票一套四枚，第二枚为《刘家峡水电站》。图案为刘家峡水电站鸟瞰图。

刘家峡水电站厂房宽约25米，长约180米，有20层楼高。坝型为重力坝，高达147米，长840米，总库容57亿立方米。刘家峡水库蓄水容量达57亿立方米，水域面积达130多平方公里，呈西南—东北向延伸，大坝下方是发电站厂房，在地下大厅排列着5台大型发电机组，总装机容量为122.5万千瓦，达到年发电57亿度的规模。刘家峡水电站把陕西、甘肃、青海三省的电网联结在一起。

刘家峡水电站是新中国成立初我国工人阶级发扬自力更生、艰苦创业的革命精神，自行设计、自行施工、自行安装的百万千瓦级的大型水电站，是中华民族不怕艰难，勇于向大自然进军的象征。刘家峡水电站作为现代文明的重要标志，不仅要在"一带一路"国家发展战略中继续发挥作用，还要成为甘肃在"新丝绸之路"背景下的文化旅游产业风光独特的一张闪光的新名片，和刘家峡水库、炳灵寺石窟世界遗产，成为丝绸之路黄金段黄河三峡风景名胜区内的一道最耀眼的旅游风景线。

中国的地下运河

文/骆延峰

引大入秦工程，是把大通河的水，引到兰州的秦王川盆地，从而实施灌溉工程。

大通河的名字，源于宋代，当时，河边建有一座城池，叫大通城，因而这条河也就得名大通河了。大通河发源于疏勒南山东部，流域面积15 000多平方公里。大通河犹如一条金色的腰带，系在崇山峻岭之间。因为水源充沛，植被良好，这里也建成了大通河森林公园。这里有成百上千种动物、植物，有的还是世界珍罕品种。这里的特殊气候条件，使得大通河森林公园形成了各种不同特色的景致：从山下往上走，你会看到不同气候带的变化——山下是翠绿的乔木，到了山腰，则变成了清一色的白杨林，等上到山顶，那里已经是成片的雪松了，可谓从春夏走到秋冬。这里还有一种红桦树，热恋的年轻人就用树皮来写情书表达爱意。在这网络发达的时代，有这样一封情书，是极富浪漫色彩的，这样的情书，不能不说是一种值得收藏的爱情见证。

秦王川位于兰州市永登县，号称甘肃的重要门户。秦王川盆地南北长40千米，在历史记载中，就是一个缺水的地方。在隋朝末年，金城校尉薛举在兰州称霸，称为西秦霸王，称霸后，就把原来的晴望川改成秦王川了。

引大入秦工程就是在这样的历史背景下实施的。这项工程穿越甘肃和青海，蜿蜒在崇山峻岭之中。这项巨大的工程，仅干支渠就长达1265公里。工程包括渠首引水枢纽、总干渠、东一、二干渠、电灌分干渠、黑武分干渠、69条支渠及斗渠以下田间配套工程等。因为要经过崇山峻岭，不可能移开大山，只能借山而行，用打隧洞的办法来实施。这样，在山岭之中就形成了以隧洞为主的引水渠，其隧洞长达110公里，是中国水利建设史上的一个创举；它比当年修建的"红旗渠"隧洞群还要长79公里，被称为"中国的地下运河"。这项巨大的工程于1976年开工，中间还出现过一段时间的缓建。在1987年时，得到了世界银行1.23亿美元的贷款后又开始建设，2000年全部建成。工程竣工，引得水源，彻底改善了灌区农业条件，使得兰州、白银两市的经济发展有了资源上的保障，对秦王川地区的经济发展起到了巨大的推动作用。

工程的建成，也形成了以工程造型为主体的旅游发展。不仅这些工程项目成为人们参观的焦点，还有青海互助北山林场森林公园、天堂寺、朱岔峡本康小麦积、吐鲁沟隧洞等也成为旅游之地，甚至还发展起了观光农业。这项工程是新中国成立以来甘肃省第一个引进外资的工程，被誉为"西北都江堰"。

国家邮政部门于2001年8月26日发行了《引大入秦工程》邮票，分别展示了渠首引水枢纽、先明峡倒虹吸、总干渠隧洞、庄浪河渡槽等几个工程的重要部分。第一枚是《渠首引水枢纽》。该工程总干渠长87公里，打有隧洞33座，长70多公里。大通河水入总干渠，先经过一段明渠，然后进入地下隧洞，再顺着人工修建的深渠道流向下游。邮票画面展示了工程的渠首大概造型以及周边的地理状况。

渠首引水枢纽

第二枚是《先明峡倒虹吸》。这是利用人工架设的管道，把落差100多米的水流采用倒吸

先明峡倒虹吸

的方式，穿过山岭，引向目的地。那条链接山涧的管道，不就像一条彩虹吗？长481米的先明峡桥式倒虹吸，在亚洲同类工程中也算是最大之一。

总干渠隧洞

第三枚是《总干渠隧洞》。用剖切的方式，展示了地下隧洞的构造。在崇山峻岭间，要打穿大山，然后再修成坚固的渠道，艰苦的作业可想而知。看那河水穿过地下隧洞，不正是一条地下运河吗？

第四枚是《庄浪河渡槽》。猛一看像一条高架桥，实际上，它就是一条建设在空中的输水渠道，水通过空中渠道，流向秦王川。而空中水渠横跨了万亩良田和道路，高架水渠下，汽车疾驰而过，这不得不说是一个巨大的工程。

庄浪河渡槽

引大入秦工程对于甘肃来说具有深远的政治意义和巨大的社会经济效益，可谓是造福子孙的千秋伟业，对社会稳定长治久安有着重要的作用。那蜿蜒的地下渠和空中渠道，不正像一条长龙吗？这条中华水龙，为丝绸之路重镇甘肃在"一带一路"的未来发展，奠定了一块基石。

东风航天城

文 / 周养俊

2003年10月15日9时整,托举着"神舟"五号载人飞船的"长征"二号F型运载火箭在轰鸣声中带着中华民族的千年梦想,一飞冲天,把一条巨龙般的橘红色烈焰留在秋日的戈壁长空。10月16日下午,中国首次载人航天飞行成功邮票首发式在"神舟"五号飞船的诞生地——北京航天城举行。邮票一套两枚,图名分别为《英姿》和《凯旋》,记录了我国首次载人航天飞行成功这一历史事件。这是国家邮政局发行的反映我国航天事业建设成就的第7套邮票,让这个注定要载入中华民族史册的时刻永远定格在方寸之间。

2012年6月25日,国家邮政部门发行了《航天》个性化服务专用邮票。邮票主图为"天宫一号"和"火箭发射",副票图案为神舟九号载人飞船和天宫一号目标飞行器在太空中对接的场景。

2013年9月29日,国家邮政部门发行《中国梦——国家富强》邮票,第一枚就是《神舟飞船与天宫一号交会对接》。

这些个激动人心的时刻,是我从电视上看到的,可是认识航天城却是从表现航天城及航天事业的邮票上开始的。很荣幸,一个夏天的晚上,我来到了向往已久的"东风航天城"。

神舟飞船与天宫一号交会对接

"东风航天城",就是人们常说的酒泉卫星发射中心,位于内蒙古阿拉善盟额济纳旗巴丹吉林沙漠腹地、古弱水河畔,原来是一个世人罕知的小城镇。由于地处荒凉,最接近的城市是甘肃省酒泉市,因而为名。酒泉卫星发射中心始建于1958年10月20日,是聂荣臻元帅亲自挑选的一块地方,是我国组建最早、规模最大的综合性航天发射基地,同时也是中国唯一能够发射载人航天器的发射场,也是中国科学卫星、技术试验卫星和运载火箭的发射试验基地之一,主要承担载人航天发射与应急搜救、卫星发射和各种火箭试验。在世界的23个发射场中,中国酒泉卫星发射中心与苏联拜科努尔发射场、美国的肯尼迪航天中心齐名。

　　第二天早晨,我们在航天城军邮局负责人的带领下参观了卫星发射场、指挥控制中心、"长征"二号火箭测试中心、额济纳卫星发射中心场史展览馆、东风革命烈士陵园。于是,这个寻常城镇给我留下了不寻常的记忆。

　　走在航天城内,笔直干净的街道、火箭造型的路灯、雄伟的城市雕塑、挺拔的白杨树以及婀娜多姿的"馒头柳",都给我们一种特殊的感觉。

　　军邮局负责同志告诉我们,20世纪60年代时,发射基地与北京有线电话长途通信的代号为"东风",所以基地一直沿用了"东风基地"这一名称。

　　中国第一颗人造卫星"东方红"一号的发射现场就在酒泉卫星发射中心。远远望去,几个航天发射试验塔架巍然挺拔、直刺云天,附近的"东方红卫星升起的地方"纪念碑高高耸立。据碑文介绍,1970年4月24日,中国第一颗人造卫星"东方红"一号从这里发射升空,开启了中国探秘宇宙的旅程。

　　东风革命烈士陵园位于密林之中。烈士陵园中建有东风革命烈士纪念碑,碑文由聂荣臻元帅题写。纪念碑后面长眠着将毕生精力献给了中国航天事业的英雄们。这里常年干燥少雨,春秋两季较短,冬夏两季较长,一年四季多晴天,云量小,日照时间长,生活环境十分艰苦,不少同志为理想和事业奋斗终生,把自己的全部精力奉献在这里,甚至牺牲了自己的生命。

　　我们还参观了中国酒泉卫星发射中心军邮局,这是我国唯一的军队编制的邮政局,有着十分光荣的战斗历程。这个军邮局原属于华北野战军第三兵团建制，新中国成立不久，又随着中国人民志愿军跨过鸭绿江，参加了抗美援朝战争，作为志愿军第二十兵团司令部军邮局。1958年年初，他拂掉戎装上的硝烟征尘，随十万国防建设大军开赴"砾石侵天涯"的瀚海戈壁腹地，战沙暴、斗奇寒，克服了重重困难，架起了戈壁滩与祖国内地的信息桥梁。几十年来，该局全体员工从提高社会化保障能力入手，以服务部队官兵、服务航天事业为宗旨，默默奉献，为我国国防科研工作做出了积极的贡献。

离开航天城时，已是下午时分，望着这座英雄的城市，我的心充满了敬意。

第八辑 宁夏回族自治区

《丝绸之路》邮票上的宁夏元素

文 / 高 鸿

2012年8月1日,国家邮政部门发行《丝绸之路》邮票一套四枚,分别为《千年帝京》《大漠雄关》《神秘故国》《西域胜景》。

这是我国首次发行以"丝绸之路"命名的邮票。邮票精选了丝绸之路中国段极具代表性的文化遗址和文物,着重强调了4000多公里的丝绸之路中国段文化的多元性和丰富性。在这套邮票第二枚《大漠雄关》票面上,背景图案是宁夏固原市"须弥山石窟"的景致。须弥山石窟位于宁夏固原市北55千米处六盘山支脉的寺口子河北麓的山峰上,山基以紫色砂岩、沙砾岩及页岩组成,海拔2003米,峰峦叠嶂,怪石嶙峋,山泉叮咚,风景秀丽,是宁夏著名的景区之一。

北魏时期,我国曾开凿了许多石窟。这些石窟大多分布在甘肃、宁夏、陕西、河南、山西等地。如著名的山西大同云冈石窟和河南洛阳龙门石窟。须弥山石窟初创于北魏孝文帝太和年间(公元477—499年),兴盛于北周和唐代,是中国开凿最早的十大石窟之一,也是古代丝绸之路沿线著名的佛教石窟之一,长期以来是自长安西行之路上第一个规模最大的佛寺遗址。

大漠雄关

与许多北魏时期开凿的石窟一样，须弥山石窟先后经历了西魏、北周、隋唐续凿及宋、元、明、清各代修葺经营，前后跨越一千余年，至今已有1500多年的历史。其人物造型生动传神，仪态万千，雄伟壮观，被史学家誉为"宁夏敦煌"。

现存主要窟有第45、46、51、67等窟，都是平面方形的中心塔柱式窟。塔柱每面各开一大龛，四壁亦开龛，有的一壁三龛，龛形雕饰华丽。第5窟（大佛楼）是一座巨大的摩崖造像龛。龛内倚坐佛像高达20.6米，是现存可数的唐代大佛像之一。

神秘故国

邮票第三枚《神秘故国》的主图是一把"鎏金银壶"。这把鎏金银壶1983年出土于宁夏回族自治区固原市南郊乡深沟村李贤夫妇合葬墓中，是波斯王朝的器物，现保存于宁夏固原市博物馆中，是博物馆镇馆之宝。

"鎏金银壶"在波斯萨珊王朝（公元226—651年）文物中极为罕见，通高37.5厘米，重1.5公斤。高长身、卵形腹、细颈、鸭嘴形流，圆形底座，弯曲两端成羊头，顶端铸1人头，高鼻戴圆形帽。壶身腹部锤一周突起的3组6人男女图像，一组为裸体，似表现英俊战士得到女子爱慕情景。银壶铸造工艺精湛、造型别致精美，人物图像逼真，属波斯萨珊王朝手工艺精品，与萨珊同类器物不同，具有浓厚的古罗马艺术风格。该器距今已有1500年的历史，其精湛的手工艺技术具有典型的波斯萨珊王朝风格，主题图案描绘的是古希腊神话故事。这把鎏金银壶对研究古萨珊王朝工艺美术、与罗马王朝的关系、波斯与中国的关系都具有极重要的文物价值。

此外，在丝绸之路邮票小型张的边饰图案上还出现了宁夏回族自治区"同心清真大寺"图案。同心清真大寺是中国著名清真寺之一，坐落于同心老县城

丝绸之路

西北角,是宁夏现存最大、最古老的清真寺之一。

　　同心清真大寺始建于明万历年间(公元 1573—1620 年),整体建筑为中国古典宫殿式建筑风格,挑梁飞檐、歇山起脊,形制颇具北京故宫太和殿之势。当初,这座同心清真大寺建在小土山上,高出地面十丈,四周民房聚集,花草繁多,清水河映照着同心清真大寺古寺的倒影,十分美丽壮观。

　　全寺分为内外两院,外院较为宽敞,穆斯林重大节日常聚于此处会礼。寺内建筑工艺精湛,砖雕艺术奇绝,镌刻有阿拉伯文砖雕和花卉图案,技艺高超,栩栩如生。礼拜大殿和邦克楼的整体结构,未用一颗铁钉,全由木榫连接,利用挑梁减柱扩大空间,颇具匠心,是建筑美学和力学的完美结合。

　　丝绸之路特种邮票让大家见识了丝绸路上的宁夏回族自治区璀璨历史印记,开阔眼界,拓宽视野。精美的鎏金银壶令人叹为观止,悠久的石窟文化令人十分向往。

西夏：一个曾被深深埋葬的王朝

文 / 商子雍

189 年，对人类社会任何一个个体生命而言，都是一段自己无法全部经历的漫长岁月。但在历史的长河之中，一个王朝189 年生命历程，却似乎只是短暂的一瞬。她，以及创建了她的那个民族，甚至可以在长达近千年的时间里，被深深埋葬、消失得无影无踪。

这个党项族的王朝名曰大夏，它的疆域"东尽黄河，西界玉门，南接萧关，北控大漠，地方万余里，倚贺兰山以为固"。由于它位于同一时期的宋、辽两国之西，历史上称其为西夏。

说起西夏，回顾她189 年的历史，不能不提及丛林法则这一概念。

知道什么叫丛林法则吗？一棵伟岸的大树，长在丛林中。这棵树的树梢奋发向上，以寻求最多的阳光雨露；它粗大的枝干尽力扩展，以呼吸最新鲜的空气；它的根系极尽繁茂，以汲取大地最多的营养。然而，在大树旁边，几棵瘦弱的小树却在生存的边缘挣扎，它们枝干细脆，叶片已接近枯黄。小树悲愤地质问大树："你已经足够强大，为什么还要拼命和我们争夺阳光、空气、营养，扼杀我们的生长？"大树漠然地看了它一眼，冷冷地说："对于我来说，你的存在永远是个威胁。"此即为丛林法则，弱肉强食是这一法则最突出的特征。

自然界中的丛林法则虽然残酷，却也必然。但这种法则，完全不适用于人类的现代文明社会。只是由兽进化而来的人，至今也不曾把当年自己在丛林里弱肉强食的习性丢弃殆尽，更不要说千年以前的那个比现在愚昧、野蛮许多的时代了。13 世纪，中国北方草原上的强人成吉思汗，在结束了蒙古族长期分裂的局面以后，迅速兴起并日渐强大。野心膨胀的成吉思汗对外扩张和掳掠的第一个对象，便是西夏。22年的时间里，他先后6次发兵入侵西夏，其中4次是亲自出征。1227年，成吉思汗率兵把西夏都城兴庆府团团围住，孰料在半年时间里，面对西夏人的拼死抵抗，蒙古军队却一筹莫展。暴怒的成吉思汗降旨："每饮则言，殄灭无遗？以死之、以灭之。"经过一番血雨腥风，在付出了极其惨重的代价以后，蒙古大军攻下了兴庆府，然后就是一场惨绝人寰的大屠杀，其血腥、惨烈的程度，远远超过了人们的想象。一个民族连同他们所创造的灿烂文明，就这样在蒙古铁骑的践踏下荡然无存，成为历史上的一段空白。

直到党项族灭、西夏国亡的700多年后，1972年6月，在一个小型军用飞机场的修建过程中，一座神秘的古墓室被意外发现。以此为嚆矢，经过考古工作者的辛苦发掘，近千年之前，突然湮灭在茫茫历史烟尘之中的西夏文明，在近千年之后，又突然呈现在人们面前。以连绵的贺兰山为背景，一片无垠的野性大漠，托起一个又一个金字塔形高大的黄土建筑，在广阔的西部天空下显得雄伟而沧桑。每个较大的黄土建筑周围，均环绕着方形的城墙等辅助性建筑，像一座座神秘的城堡。在惨遭刀枪剑戟的蹂躏以后，又经历了近千年的风蚀日晒，这些断壁残垣顽强地挺立着，显示出永远不向时间销蚀屈服、不向沙暴磨砺低头的坚韧和顽强，让人肃然起敬、令人由衷慨叹：就是强大且残暴如成吉思汗，也无法把一个民族从历史上彻底抹去。党项人所创造的西夏文明，尽管可以一度被暴力屏蔽，却依然屹立在天地之间！

如今，从宁夏回族自治区首府银川市出发，驱车西行30余公里至贺兰山东麓，便可以与西夏王陵咫尺相向、促膝而谈了。在这里，方圆53平方公里的陵区内，分布着9座帝陵，253座陪葬墓，其规模之宏伟、布局之严谨、蕴涵的历史信息之丰厚，都让人叹为观止。漫步其中，感慨万千，忽然想起不知是谁的诗句："只剩下满目疮痍、无限可悲，述说着古老文明如何被干戈击碎。"

1996年8月22日，国家邮政部门发行了《西夏陵》邮票一套四枚，分别为《陵台》《神门鸱吻》《碑亭石座》《寿陵残碑》。

国家名片上的丝绸之路

陵台

神门鸱吻

碑亭石座

寿陵残碑

贺兰山太阳神岩画

文 / 吴建华

贺兰山脉,南北走向绵延 200 多公里,东西宽 20 至 40 公里不等,海拔 2 至 3 千米。山形桀骜不驯而草木稀少,却挡住了呼啸而来的腾格里大沙漠的风沙,使宁夏回族自治区河套平原富饶而美丽。正是这样一座雄伟的山脉,曾经是匈奴、鲜卑、突厥、回鹘、吐蕃、党项等北方少数民族游猎驻牧和繁衍生息之地。其上的岩画是 3000 年前至 10000 年前,游牧民族所留下的数以万计的艺术画廊。它记录着放牧、狩猎、祭祀、征战、娱舞和爱情等生活场景,还有他们心中的羊、牛、马、虎等生动形象,尤其是太阳公公的神性符号,揭示着原始氏族部落自然、生殖等图腾文化的内涵,已经成为中国人类文化史、宗教史、原始艺术史的文化宝库。

牛羊吃草,骆驼啃刺,牧者闲暇,欲把记忆之美,展示观赏。他们刻画岩石,磨砺线条,积年累月,成千上万年以后,历史走远了,心迹的故事却清晰而鲜活着,像一部流水的影像映射在山崖的高处。他们拿了什么样的工具,非铜非铁,却能将岩石刻划得如此深刻?太多的后世专家,站在镜子般的岩画前映照自己的心智,成为千古难解之谜!这就是神秘的贺兰山,一座因历史画卷而大美的文化山脉。

据说中国是世界上岩画分布最广、内容最丰富的国家之一。贺兰山是中国岩画较集中的地区之一,在奇异浪漫的画像中,有的插着修长的羽毛,有的长着威武的犄角,也有戴帽的和包头饰的,还有挽着高高发髻的美女,以及高鼻、大耳、满脸是毛的帅哥，当然还有表现连续动作的肢体形象。我最喜欢的还是那富有崇高意义的神性画面——"太阳神"岩画，一幅绝世的经典！

1998年9月23日，国家邮政部门发行《贺兰山岩画》邮票一套三枚，第一枚《人面》，第二枚《射猎》，第三枚《公牛》。

人面

可惜的是贺兰山岩画邮票上的"公牛"岩画，由于修建铁路炸山采石，现在已荡然无存，成为我心中永远之痛。而令人高兴的则是"射猎"岩画，2014年10月又有新的惊人的重大发现，就是"着装人形射猎"岩画。画面上狩猎者威风凛凛骑坐于高头大马之上，一人一马对面，潜伏的猛虎忽然跃起，马匹受惊后退，场面逼真紧张。而人类兽皮着装、骑马狩猎场景，在以往的岩画中从未出现过。邮票上的"人面"岩画也被称为"太阳神"岩画，是贺兰山岩画中最具代表性的。

射猎

公牛

久久徘徊在太阳神岩画前，我轻轻抚摸着她的余温，感受着她的发生，以及其完美的概括、构思、表现与幻化的情景。那是一轮古远而幽深的太阳，最终被一位狩猎或放牧的智者，刻画在了苍茫的岩石上。她，一双炯炯有神的大眼睛，由4个圆圈组成，睫毛散发着12道光柱，继而散发成24道光芒。据说那是一年有四季、12个月和二十四节气的象征。还有她那神秘的口鼻与两腮，不单有人，亦人亦兽，或非人非物的神鬼综合。脸部两侧像书名号一样流畅的线条之美，可以理解为双臂叉腰的动作，还可以理解为对称的双耳或长发。总之，庄严坚定，稳健自豪，呼之欲出。

这也许是早期太极图形的孑遗。左右双眼，正是阴阳两仪的体现，从两仪到四象再到八卦的弥轮派生，以致概括着天、地、人、神、鬼的五维世界。她的上下布局，正是天明光芒与地晦萌生的对称呈现，所以，太阳神既是人性的，也是神性的，更是万事万物同生共有的，最终凝缩在人与太阳的合二为一的人面之中。

她告诉我们，生命起源于太阳的光芒照耀，假如没有阳光，世界就是谁也看不见谁的空无所在。正是有了阳光的存在，牧人才会看见美妙的群山、草木、鲜花、果实、流水、朝露、云彩；正是有了阳光的赐福，他们才能获得心爱的猎物、甘甜的泉水，以及繁衍生息的快乐生存。

她提醒我们，阳光是均匀而公平的，但获取阳光的多寡与意义却是千差万别的。只有仰望星空，感恩光明，打开心扉，照耀幸福的人，才会前额如镜。她之所以没有把阳光刻画在狗面或马头上，是对人性光辉的颂扬，是把人和动物进行了根本的区别。

前额宽阔明亮者是人，因为人心与光明同在；面部表情丰富者是人，因为人是阳光之子。

尽管那时还没有文字，可见文字的表达并不是详尽的唯一。尽管她是一幅人面光芒的想象图式，可见图式哲学的博大精深。

因之，贺兰山岩画深深地镌刻在我的心灵深处！

游须弥山

文 / 张长怀

须弥山，令我神往的圣山。1988 年 9 月 23 日，国家邮政部门发行了一套《宁夏风光》邮资明信片，其中一张上印着须弥山石窟的大佛像。接着又在 2012 年 8 月 1 日发行的《丝绸之路》邮票第二枚《大漠雄关》的背景图案上，也有"须弥山石窟"。想着须弥山石窟会随着邮票和明信片传遍天下，着实让我兴奋。

宁夏须弥山石窟

大漠雄关

须弥山石窟，位于宁夏回族自治区固原市原州区境内，是古代丝绸之路沿线著名的佛教石窟之一，长期以来是从长安出发的丝绸之路上一个规模宏大的佛寺遗址。

宁夏回族自治区是我的第二故乡，在塞上军营里，我度过了 14 年的青春岁月。2002年时，虽然我已转业21年，但对于自己魂牵梦萦的宁夏故地，总是想"回家看看"。那年国庆节长假期间，我携家人前往，先后游览了西夏王陵、贺兰山岩画、中卫高庙、同心清真寺，返回途中专门瞻访了固原须弥山石窟。

须弥，是佛教典籍中的专用术语，通常认为是宝山的意思。须弥山，原本是指印度传说中佛教的名山。佛教经典中所说的须弥山高大无比，是佛祖居住的地方，而且有日月环绕。相传此山非常高，山顶为释帝天，四面山腰为四大天王所居，四周为七香海、七香山，第七金山之外有铁围山围绕的咸海，咸海四周还有东胜神洲、南瞻部洲、西牛贺洲、北俱卢洲四大洲。

须弥山石窟，始建于北魏，西魏、北周、隋、唐及其以后继续营造，成为固原规模最大的佛寺遗址，也是全国十大石窟之一，1982年被国务院公布为全国重点文物保护单位。据介绍，须弥山石窟现存石窟150多座，分布在连绵2公里的8座山峰上。北魏石窟集中于子孙宫，以第14、24、32、33窟为代表；北周石窟开凿工程向北发展，集中于圆光寺、相国寺区域，规模大、造像精，现存主要窟有第45、46、51、67等窟，都是平面方形的中心塔柱式窟；隋唐时的石窟主要分布在相国寺以北、以唐代石窟数量最多。须弥山保存着造像350余身，题记33则，壁画7处，明代石壁3通，是中国古代佛教艺术史上的一笔重要的遗产。

最为引人注目的是，须弥山入口处高达20.6米的弥勒大坐佛。它高坐于唐代大中三年（公元849年）开凿的一个马蹄形石窟内，身披袈裟，头流螺髻，脸如满月，双耳垂肩，神情庄重，慈眉善目，十分壮观。有人说，这座大佛比云冈石窟中最大的十九窟坐佛和龙门石窟的奉先寺卢舍那佛还高，是全国最大的造像之一。近前仰观，只见那尊高大魁梧佛像足有五六层楼房高，佛耳约有两人之高，佛眼直径1米多。佛身虽大，但雕工却十分精致。可以看出，这是由一块完整的罕见巨石雕琢而成，既显示了佛的无比高大神圣，也显示了中国古代工匠技艺的精湛高超。游人站在大佛的脚下，眼前似有云雾缭绕，耳旁隐听山泉叮咚，心中若生禅思慧语，顿生欲仙欲飞的联想。

置身在这山、石、雾、松组成的黄土高原上独具特色的山水长卷、和谐画面之中，真正是物我两忘、其乐融融啊。这时，你会情不自禁、搜肠刮肚地吟诵古诗放情抒怀："明见秋谷山洗雨，清可人意风吟松。""闲云抱幽石，玉露滴岩丛。""须弥顶上无根草，不受春风花自开。"这时，你会对"极乐世界"产生顿悟：身心回归自然，便是极乐世界；远离喧嚣纷争，便是极乐世界；天人合一的氛围、鱼忘于渊的自由，便是极乐世界；溪旁汲水、林间闲步，对月独语、面佛悟禅，便是极乐世界……

游览中，与一位老僧师父同行。师父给我们讲了一则佛教故事："石刻的佛像与登山的石条有着相同和相异之处，其中还有一段发人深省的禅林故事呢。从前，一座佛教名山的山顶竖起了一尊高大的石刻佛像，为了信众参拜方便，同时修成了盘山石台阶。夜深人静之时，石台阶对石佛说：'咱们都是一座山上取来的石头，为什么我让千人万人践踏，你却让千人万人朝拜？这样太不公平了吧！'石佛答道：'可是你忘记了，当初雕刻我们的时候，你只挨了几刀，我却被千刀万剐才雕成佛像的啊！'"我从心里暗暗佩服：此乃一位高僧，观佛悟禅，所见不凡！

原来，到令人神往的名山游览，有幸与高僧对话，对人的心灵是一次净化和升华的缘分！

陇山·关山·六盘山

文 / 阿眉

生活在 1949 年之后中国内地的大部分人，对六盘山这个地名最初最鲜明的印象，多半来自毛泽东 1935 年长征路上翻越这座山时写下的《清平乐·六盘山》："天高云淡，望断南飞雁。不到长城非好汉，屈指行程二万。六盘山上高峰，红旗漫卷西风。今日长缨在手，何时缚住苍龙？"

六盘山入诗其实有着千年以上的历史，只不过，在古人的诗句里，这座山名叫"陇山"或是"关山"。陇山、陇水、关山这些地名和"劝君更尽一杯酒，西出阳关无故人"里的阳关一样，是边塞诗中频繁出现的意象。

2001 年 11 月 24 日，国家邮政部门发行了《六盘山》邮票一套四枚，分别是《六盘山高峰》《凉殿峡林海》《泾河老龙潭》《西峡野荷谷》。

六盘山高峰

凉殿峡林海

泾河老龙潭　　　　　　　　西峡野荷谷

六盘山，古称陇山，位于宁夏回族自治区南部，地跨甘肃、宁夏两省区，因旧时山路曲折盘旋，六重始达山顶，故名六盘山，是古丝绸之路上扼陕甘交通的必经之地，山上古代设有关隘，亦称关山。这里素有"关中项背，河陇咽喉"之称，为历代兵家必争之地，亦是多民族聚居之地，几千年北方游牧文化和中原文化相交融，留下了固原古城、战国秦长城、安西王府遗址、须弥山石窟等丰厚的人文遗迹。

历史上，自长安西去，多经关陇大道，其中必越关山。在长达2000多年的历史上，关陇大道一直是我国连接亚洲、非洲和欧洲的路上纽带，沿途"五里一燧，十里一墩，三十里一堡，百里一寨""驿马三十里一置"，设置完备，交通便利，对中西贸易、民族往来和文化交流起过非常重要的作用。

陇山是中原王朝的西部屏障和边防重镇，经历历史风云，积淀历史文化，从秦皇、汉武、唐太宗、成吉思汗直到毛泽东都曾在六盘山留下足迹，文臣武将文人骚客到此，亦常诗兴大发，咏叹抒怀。古诗里关于陇山的诗句俯拾皆是，沈佺期有"陇山飞落叶，陇雁度寒天"，卢照邻有"陇坂高无极，征人一望乡。关河别去水，沙塞断归肠"。边塞诗人岑参在《初过陇山途中呈宇文判官》中写道:"平明发咸阳,暮及陇山头。陇水不可听,呜咽令人愁。"李白的《猛虎行》咏叹陇水:"朝作猛虎行,暮作猛虎吟。肠断非关陇头水,泪下不为雍门琴。"从繁华的长安到萧瑟的西域,这座山就是令无数人为之断肠的分隔线。

在咏及陇山的诗词中,最偏爱的一首是王维的《陇头吟》:"长安少年游侠客,夜上戍楼看太白。陇头明月迥临关,陇上行人夜吹笛。关西老将不胜愁,驻马听之双泪流。身经大小百余战,麾下偏裨万户侯。苏武才为典属国,节旄空尽海西头。"寥寥数句,每句诗都像一个镜头,有月影,有笛声,有少年游侠,有关西老将,瞬间的恍惚中,仿佛汉时的风,唐时的月,王维千年前关于时间和命运的慨叹,距离今日的心情,不过咫尺之遥。

千年后的今天,战乱远去,豪迈悲凉的边塞诗已成记忆。当年的兵家必争之地,现在成了游人如织的国家森林公园。六盘山巍峨挺拔,森林覆盖广阔,被誉为黄土高原上的绿色明珠,资源丰富,是西北重要的"绿岛"和"湿岛",也是西北地区重要的水源涵养林基地和自然风景名胜区。六盘山还有着丰富多样的动物种类,有金钱豹、林麝、金雕、红腹锦鸡等30多种国家珍稀动物,是干旱地带上的动物王国。老龙潭、白云山等景观兼备南北山光水色,山峦险峻、森林茂密、流泉飞瀑、气候舒爽。清人牛树梅在《过关山》亦曾写过六盘山这山清水秀的另一面:"一路青云接,苍茫碧翠横。山花皆有态,野鸟半无名。烟岫晴偏耸,溪流激更清。陇秦天与界,长此奠承平。"

银川城防"四险"之一：三关口

文 / 史飞翔

"范老提兵遥出塞，偶随旌节到西兰。风前野鹿将群避，谷口寒花带笑看。百堵当关千仞险，一劳为国万年安。悬知此后烽烟息，共说毡裘胆已寒。"明代文人潘九龄的这首七言律诗描述的是西控大漠咽喉要道之险的著名隘口——三关口。

三关口，位于银川市西郊西夏王陵西南，距离银川市50多公里，是宁夏回族自治区与内蒙古自治区的交汇处。这里有一道明代时修筑的长城，曲折蜿蜒，遗迹十分清晰。三关口又称赤木口，位于贺兰山中部，银川至巴彦浩特的公路正由三关口而过。贺兰山一脉相承，十分陡峭，但到三关口处陡然平缓下来，关口地势十分开阔。此关自古即为阿拉善高原进入宁夏平原的重要通道，明王朝十分注意三关口的防务。据史料记载仅一次修关就派了4000多名军夫。平常这里驻守一名游击将军，统千军以防之。三关即从东向西，设头道卡、二道卡和三道卡，后人称之为三道关。这里山脉蜿蜒曲折，地形雄奇险峻。独特的地理位置，使得这里成为古代银川城防的"四险"之一。

中国的长城是人类文明史上最伟大的建筑工程，被称为世界七大奇迹之一，1987年被列入《世界文化遗产名录》。长城是中华民族的象征和骄傲。而宁夏的长城在中国的长城中更占有重要地位。从战国时期开始，历代修筑的长城在宁夏境内都有分布，且遗址保存相对完好。因而，宁夏被誉为是"长城遗址博物馆"。

历史上曾有很多战事发生在三关口。成吉思汗第三次攻打西夏时，就是将三关口作为突破口的。当时三关口称克夷门，是西夏重要屯兵之地。在这里，蒙古军同西夏军展开大战，最后骁勇善战的蒙古军攻占此关，兵锋直指西夏都城中兴府。明代这里更是烽火不断。到了清朝同治年间，在遍及西北的回民反清斗争中，三关口也是回民起义军与清军屡次争夺的重要战场。

历史上的三关口，是一处北出塞外的雄关，自古就是战略要地。据史书记载，明嘉靖十年（公元1531年），宁夏佥事齐之耗"万金"修筑了南起大坝堡，北连三关口，长达80公里的长城，后被风沙填平。嘉靖十九年（公元1540年），宁夏巡抚杨守礼重新建筑修葺了旧有边墙，增筑了三关口以北长城。当年修筑长城时，这里多沙砾，少土壤，于是军士们遍剖诸崖谷，得到土壤数处。又因无水，做水车百辆，到关口20多公里的平吉堡取水，与土壤、砾石相拌，夯筑而成，坚固异常。从西周时期经营，历经秦、汉及北朝时期各少数民族，尤其是宇文泰等更是注重经营。即使像唐代这样的盛世，三关口同样维系关中的安危，一旦关中动荡，三关口就显得尤为重要。最具代表性的如"安史之乱"后，吐蕃乘机东进，兵锋直达关中。此后，三关口一直是双方较量和争夺的要地。此后划定以三关口（弹筝峡）为双方相守的边界。到了新中国建立前夕的1949年8月，人民解放军大兵压境之际，国民党仍想凭借三关口之险拒守。古今之例，足见三关口的地理位置和独特的军事作用。

三关口的头道关，中间关门已荡然无存，此地山势开阔，是"缓口可容百马"之处。关口两侧拐弯处，各筑一座跨墙方墩台，高出墙面2米，顶部见方3米，南北关墙与长城连接，北关墙顺山梁向西延伸，南关墙施向东南，残墙高7米，基宽6米，顶宽3.2—3.5米。墙顶两侧筑有较薄的女墙，女墙残高50—70厘米，宽25—30厘米。二道关，头道关向西6公里为二道关，关口南侧有一座20多米高的山头，山头上设有墩台，见方11米，高8米，用黄土夹沙砾夯筑。台西南角有脚窝可登顶，墩台与西南山峰之间残存有长1公里的城墙，残高2米。三道关东距二道关2公里，此关两山相夹，山谷狭窄，一水中分，山险壁峭，地形十分险要，颇有"一夫当关，万夫莫开"之势。筑关时曾依山而砌有石质长城和深沟各一道。现今已辟为大道，但仍不失险峻之姿。昔日三关口一带绵延纵横的长城与墩台、烽火台左右连属，实有西控大漠咽喉要道之险。今日三关口虽已是残垣断壁，但仍不失当年雄奇险峻，蜿蜒壮丽，仍可想象到当年金戈铁马，烽火狼烟的战争场面。

三关口

从1997年4月至1999年5月，国家邮政部门发行了《万里长城（明）》4组21枚普通邮票，展示了明代长城古北口、八达岭、居庸关、平型关、雁门关、嘉峪关等21个雄关和城墙的英姿。宁夏的三关口、花马池也位列其中。这些邮票上的景点系统地向人们展示了中国古长城的雄浑与沧桑，而众多的邮票收藏者也追随着这几套邮资明信片开启了一场"邮票上的长城"景点寻访之旅，而其中的宁夏三关口长城也以其独特的历史文化意义为古老的中国长城增添了一抹摄人心魂的壮丽色彩。

宁夏花马池长城

文 / 崔彦

长城是中华民族的骄傲,被誉为"人类文明史上最伟大的建筑工程"之一。1987年被列入《世界遗产名录》。从1997年4月至1999年5月,国家邮政部门发行了《万里长城(明)》邮票,展示了长城沿线著名关口和边墙的风景名胜,宁夏的花马池长城也在展示之列。邮票上的花马池长城已不见当年高大雄伟,人们只能从邮票上的断垣残壁中寻找历史沧桑和壮怀激烈了。

花马池

花马池长城得名,一说它位于宁夏回族自治区盐池县东北,盐池县因产食盐,百姓在此地以盐易马,名"换马池",谐音花马池;另一说,盐池县东有一处水草丰盛,波光潋滟的大水池,水池中曾经惊现过一匹神采飞扬的五色花马,这匹马飞鸿一样掠过,留下光彩照人的一幕。人们认为神异,因之命名。

史载花马池原为大唐帝国的官方马坊。马坊里供养着几万匹矫健的骏马,为了便于管理和区分,每匹马身上都打有戳记,叫作"花马",花马池也由此而名。

盐池县的地理位置非常重要,自古为兵家必争之地。有"灵夏肘腋,环庆襟喉"之称。明正德十年（公元1515年），在面临着蒙古鞑靼人十余万骑大军进攻的威胁下，大明王朝先加强军政合一的卫建置，在宁夏增置了宁夏后卫，同时修建长城以防卫。嘉靖十年（公元1531年）修成盐池县的花马池边墙，名曰"深沟高垒"，全长180公里，设置了19座城堡，180多个墩堠。长城关楼气势雄伟，极目远眺，四野开阔。修建该边城的将军王琼写有《九日登长城关楼》一诗："危楼百尺跨长城，雉堞秋高气肃清。绝塞平川开堑垒，排空斥堠扬旗旌。已闻胡出河南境，不用兵屯细柳营。极喜御戎全上策，倚栏长啸晚烟横。"足见当年长城的雄伟壮观。

宁夏一百零八塔

文 / 史飞翔

在今宁夏回族自治区银川市南 60 公里处的青铜峡水库西岸，有一处中国古代大型喇嘛塔群。塔群坐西面东，依山临水，塔基下曾出土西夏文题记的帛书和佛祯。据此可以推断，该塔群可能建于西夏时期，是喇嘛式实心塔群。佛塔依山势自上而下，按 1、3、3、5、5、7、9、11、13、15、17、19 的奇数排列成 12 行，总计 108 座，形成总体平面呈三角形的巨大塔群。远远望去，气势雄浑壮观，近观彩绘栩栩如生。这座古老而又神秘、壮观而又庄严的塔群就是闻名遐迩的宁夏一百零八塔。

一百零八塔是目前国内外极为少见的一座群塔，其历史和科学价值历来为世人所瞩目。

一百零八塔因塔数而得名，塔群中最上面一座形体较大，高 5 米，塔基呈方形，为过洞式喇嘛塔，面东壁有龛门。2—12 层高 2.5—3 米，均为实心喇嘛塔。塔座平面有八角或亚字形的须弥座，上建塔身，刹顶施相轮伞盖宝珠。塔体分为 4 种类型：第 1 层塔身为覆钵式，2—4 层为八角鼓腹锥顶状，5—6 层呈葫芦状，7—12 层呈宝瓶状。该塔初建时塔心正中立一竖木，土坯砌筑，外施粉彩。后代重修时，在土坯塔体外另用砖包砌，并抹泥皮和粉妆。塔基下面曾出土有西夏文题记的帛书。

考古发现一百零八塔不同层级上的每排塔身的外形都有不同砌筑法的变化，构成有序的群体组合，蔚为大观。古塔始建时的彩绘土坯塔大都坍残，有些还有残身和塔座，有些则仅剩塔座，塔刹宝顶全已坍毁无存。这些包砌在砖塔之中的早期土坯残塔大部分外露出三层白灰泥皮，白灰泥皮上有用朱砂彩绘的莲瓣花纹图案残迹，有些残塔身上还有墨书梵文，其形制、色调、纹饰与河西地区西夏至蒙元时期土塔遗存十分相似，也与后来1999年整修拜寺口双塔塔院时，在西塔后面山坡上发现的彩绘土塔群如出一辙。这些复钵式塔群在西藏、青海、甘肃、内蒙古额济纳旗等地到处可见，是藏传佛教普及传播的主要建筑形式。而这类佛教建筑大多成为藏传佛教寺院建筑的一部分，或主体建筑，多为单体或组成金刚宝座和坛城的主体，也有成排布列的，无序散落的，但没有一处像一百零八塔这样错落有序分阶布列组合成等腰三角形群体。

令人惊喜之处还远不止这些。在塔群北侧的山水沟北坡上，考古人员发现了一座砖塔。这座塔上部坍塌，仅存了30厘米高的基座，平面为八角形。经过清理，在塔基内发掘出陶钵一件、泥塔模十多件、西夏文经书残卷。经书已朽烂粘连。经过清理，发现有两种纸色。一种纸色泛白，保存页数较多，已腐烂粘连成为一叠。此书页有上下边线。在一部分书页的上下边线内，各印一横排坐佛。在上下佛像之间，印有西夏文字，每字2厘米见方，每竖行有五个字。另一种纸色泛黄，仅存一张残页。残页上印有西夏文字及一位贵妇及众侍从的图像。此位贵妇发髻高盘，头戴花钩，容颜秀丽。她身着交领长裙，双手在胸前合十，有圆形头光。贵妇身后侍立三人。其右侧侍从头戴幞头，面相方颐，年龄较大，身着圆领衫，双手握一长把器物。另外两位侍从仅存头部。

民间相传，一百零八塔是穆桂英的"点将台""天门阵"，其实它是佛教的纪念塔。佛教把人生烦恼归结为108种，为清除烦恼，规定贯珠108颗，念佛诵经108遍，晓钟108响。建筑108塔意为消除烦恼。108塔也是这种思想的产物。相传，来到这里游览的人们，只要拜了塔，就可以消除烦恼，带来吉祥和好运。数一个塔即除一种烦恼，如能一口气数清所有的塔，则可尽除人生烦恼。不少游人至此都要数塔。倘若能够数完所有的塔，那么这个人生的所有烦劳和不快便可消失得无影无踪。

1988年9月23日国家邮政部门发行的《宁夏风光》邮资明信片中的第八

枚便是《宁夏一百零八塔》。明信片展现了宁夏著名的自然人文景观，将宁夏悠久的历史文化，绝美的自然风光和盘托出，让更多的人认识了美丽的宁夏，认识了古老而神秘的一百零八塔。一百零八塔也随着这套风光秀丽的邮资明信片飞到了祖国的大江南北，飞入千家万户，也被许许多多的收藏爱好者收藏。在一百零八塔塔群附近的黄河库区，还有被誉为"候鸟天堂"的青铜峡鸟岛。每年春季，数以万计的候鸟从南方迁徙而来，其中既有司空见惯的麻鸭、大雁，也有珍稀的黑天鹅。蓝天碧水，绿草青山，飞鸟成群，鸣声上下，给古老寂寞的塔群增添了无限生机，而明信片上所展现的古老的一百零八塔也将会随着时间的流逝愈发在人们心中留下难忘的记忆。

宁夏一百零八塔

长河大漠　鸣沙如歌

文 / 阿眉

提到宁夏中卫沙坡头，不能不提唐代大诗人王维的千古名句："大漠孤烟直，长河落日圆。"

公元736年，王维奉旨宣慰河西将士，途经宁夏中卫沙坡头，写下了《使至塞上》一诗："单车欲问边，属国过居延。征蓬出汉塞，归雁入胡天。大漠孤烟直，长河落日圆。萧关逢候骑，都护在燕然。"只有在这里，大漠和长河两种通常相距甚远的景观才能同时出现在诗人的视野里。

沙坡头南靠祁连山，北连腾格里大沙漠，是草原与荒漠的交汇地带，得天独厚地集大漠、黄河、高山、绿洲、长城、丝路多种景观于一处。站在高达百米的沙山顶端极目而望，两种不同的风景同时展现眼前：北面是浩瀚无垠的腾格里沙漠，南面则是一片郁郁葱葱的绿洲。

《明史·地理志》中有关于沙坡头的记载：中卫"西有沙山，一名万斛堆，大河在南"。《读史方舆纪要》亦有记载：中卫"西五十里，因积沙而成，或云即万斛堆"。《读史方舆纪要》摘引元代史志记载说："自兰州而东，过北卜渡，至鸣沙河，过应理州，正东行至宁夏路。鸣沙河，即宁夏中卫鸣沙山南黄河也。"这里所说的"鸣沙山"，就是今天的沙坡头，因为沙山坡度陡达60度，游人自山顶顺流沙滑下时，由于特殊的地理环境和地质结构，沙坡内会发出轰鸣声，犹如金钟长鸣，故称"沙坡鸣钟"。

据考证，中卫地区至少在三万年以前就有先民繁衍生息。2000多年前，汉武帝为屯兵戍边，就曾在沙坡头筑堤引水开渠，创造了黄河有堤坝引水的历史。成吉思汗七次亲征西夏，其中两次就在中卫征战。他屯兵营盘水，勒马沙坡头，九渡黄河，最后病卒固原六盘山。中卫山川，成为成吉思汗最后的归宿，也留下了一代天骄最后的足迹。

20世纪50年代，穿越腾格里沙漠的包兰铁路通车，包兰铁路在中卫境内六次穿越沙漠，其中以沙坡头坡度最大，风沙最猛烈。为了保证铁路畅通，避免路轨被沙埋住，从20世纪50年代起，在铁路两侧营造防风固沙工程。这项工程取得了成功，铁路两侧巨网般的草方格里长满了沙生植物，使得包兰铁路沙漠段几十年来安然无恙。这一治沙成果引起了全世界治沙界的普遍关注，被誉为"人类治沙史的奇迹"。

几十年后的今天，沙坡头地区天然植物种类由25种增加到453种，植被覆盖率由原来不足1%达到42.3%，野生脊椎动物达140多种。1984年，国家环保局在中卫市沙坡头区建立了我国第一个具有沙漠生态特征的人工植被自然保护区，主要保护对象为腾格里沙漠景观，自然沙尘植被及野生动物，是中国第一个具有沙漠生态特点，并取得良好治沙效果的自然保护区。

宁夏中卫沙坡头

1988年9月23日，为庆祝宁夏回族自治区成立30周年，国家邮政部门发行了《宁夏风光》邮资明信片，其中第七枚是《宁夏中卫沙坡头》。2008年9月23日，为纪念宁夏回族自治区成立50周年，国家邮政部门发行了《宁夏回族自治区成立五十周年》邮票，其中第二枚《沙漠绿洲》的图案，就是宁夏沙坡头风景区。

沙漠绿洲

同心清真寺与银川南关清真寺

文 / 骆延峰

（一）恢宏的同心清真寺

宁夏同心清真寺

1988年9月23日国家邮政部门发行的《宁夏风光》邮资明信片中有一枚为《宁夏同心清真寺》。在蓝天的衬托下，雄伟的同心清真寺熠熠生辉。另外，《丝绸之路》邮票小型张的边饰图案上还出现了宁夏"同心清真大寺"图案。

同心清真寺位于同心县老城，距县城1公里，是宁夏境内建立年代较久、规模较大、影响较深的一座清真大寺，也是国内现存最古老的十大清真寺之一。该寺始建于元代，经明万历、清乾隆、清光绪及1988年四次修葺，大寺虽历尽沧桑，却依然高耸挺拔，雄伟壮观。全寺为内外两院，穆斯林重大节日常聚于宽敞的外院会礼。大寺门前的照壁砖雕"月藏松柏图"，工艺精湛，寓意深长，两侧"万物偏生沾主泽，群迷普度显圣恩"的砖刻楹联，笔锋苍劲，奥妙无穷；与照壁形成对照的是三个砖砌券门，镌刻有阿拉伯文砖雕和花卉图案，技艺超拔，栩栩如生。中门上书"清真寺"三个大字，左右两个券门分别书写有"忍心""忍耐"门额。亭阁式的两层"拜克楼"四品八柱，玲珑剔透，两脊一卷的礼拜大殿气势宏大，肃穆壮观。大寺高耸挺拔，结构严谨，风格独特，是我国传统的宫殿式建筑风格和伊斯兰教砖雕、木雕及其装修艺术的完美结合。

1988年1月13日，同心清真大寺被国务院公布为国家级重点文物保护单位；1996年被确立为全国百个爱国主义教育基地之一；2005年被确立为全国100个红色旅游经典景区之一；2006年被国家民委确定为全国民族团结进步教育基地之一。

（二）美丽的银川南关清真寺

1988年9月23日国家邮政部门发行的《宁夏风光》邮资明信片，其中一枚为《银川南关清真寺》，是夜景衬托下壮观的清真寺。

公元前221年，秦王政灭六国后，使蒙恬率30万大军北击匈奴，取河套地，据有宁夏平原河东地区，开始在此戍边。秦分天下为36郡，银川地区为北地郡所属。

银川南关清真寺

银川南关清真寺是宁夏回族自治区最大的清真寺之一，位于银川老城。伊斯兰教是沿着丝绸之路传入中国的，进而也修建了清真寺。

南关清真寺明末清初始建于南门外，1915年迁至城区。该寺面积约1万平方米，建筑面积2000多平方米，主殿建筑高26米，上层大殿可容1300余人同时做礼拜。下层设沐浴室、小礼拜殿、女礼拜殿、阿拉伯语学校、阿訇卧室、会客厅等。楼顶正中耸立一大四小绿色穹隆顶，顶端高悬着新月标志。大殿前两侧分别建有30米高的"宣礼塔"，中部设了一座直径15米的喷水池。整个建筑布局严谨，装饰华丽，精致典雅。每逢"主麻日"或每年回族传统节日时，就会有成千上万的穆斯林在这里聚会，从事宗教活动。

随着旅游的发展，南关清真寺不仅是宗教活动场所，而且也成为旅游景点。伴随着"一带一路"的建设和发展，也必将成为银川建设新丝绸之路中的一个亮点。

远古飞来金凤凰：银川民族团结碑

文 / 刘新中

银川市西门口的十字街心有一座民族团结碑，诞生于20世纪80年代中期，是银川市的地标性建筑。此碑不算很高，约20米，但别致的造型里，透出一股大气，沉稳地立在蓝天下，给人一种平静、安详、美好的感觉。团结碑主体由两根平行的方形水泥柱构成，分别为淡红色与淡绿色；顶端相连，呈半圆形；两柱间中空，宛如一座狭长的拱门。拱门顶部两柱内壁，各有一女性塑像，象征回族和汉族。两个塑像各伸一手共同托住一个红蓝相间的球，意喻民族团结友爱。碑的半圆形顶上，立着一只不锈钢铸造的凤凰，高约3米，雍容华贵，头朝东方，振翅欲飞。

民族团结碑的创意由银川的城市特点及传说而来。银川是少数民族尤其是回族群众集中居住的地方，黄河穿银川平原而过。银川城的来历，有一个美丽的传说，说的是远古有一只象征幸福吉祥的凤凰，从江南飞到塞北。六盘山、贺兰山本是荒芜的，它给六盘山、贺兰山穿上翠绿的衣衫，有了良好的水土滋养，宁夏瞬间成为了肥田沃土、牛羊遍地的塞上江南。为了抵御外来侵略者，使这里的人民有座遮风避雨的家园，凤凰将自己变作一座城池。据说银川老城的鼓楼就是凤凰的头，西塔（承天寺塔）和北塔（海宝塔）是它健壮的双腿，流经老城与新城之间的尹家渠则是它的血脉，浇灌着郊野的良田。所以，千百年来银川又被称为凤凰城。

国家邮政部门于1988年9月23日发行的《宁夏风光》邮资明信片中，就有这座民族团结碑。它完美再现了民族团结碑的风貌：图案色彩金黄，亮丽阳光；两根立柱，挺拔俊朗；一只凤凰，昂首云天。通过这座建筑，更多的人了解和认识了美丽的银川。

银川市，素有"塞上江南、鱼米之乡"的美誉，沟渠如织、自流灌溉、农畜兴旺。由于银川市地理位置的重要，它还是一座军事重镇，在漫长的历史过程中，经历了数不清的战乱烽火，银川变成了一座"无风三尺尘，雨过泥没胫，臭坑随处是，蚊蝇集成群"的破烂城。1949年解放军解放银川时对人口做了一个统计，全市人口只有36 000余人。这时的银川，虽然仍是一只"凤凰"，但却是一只病怏怏的"凤凰"。

银川民族团结碑

民族团结碑的旧址是银川西门城楼，土木结构，古老破旧。西门城楼应当是老银川的标志。凤凰虽是美轮美奂的大鸟，但旧时代的兵荒马乱与苛捐杂税犹如沉重的绳索，束缚了它的翅膀，它只能灰头土脸地在朔风中苦苦挣扎。20世纪70年代被拆除时，轰隆的倒塌声宛如一声历史长叹。民族团结碑的建立是一个拐点，此后的20多年，银川凤凰涅槃，发生了天翻地覆的变化。

如今，行走银川，彩灯处处的街巷，是浓郁的回乡风情，是人们发自内心的微笑；高处眺望，九曲黄河，温柔娴静；大漠戈壁，一片绿茵。构成银川多姿多彩的新面貌的，还有域内高山、大漠、黄河、草原等多种自然景观的并存；田园如织、沟渠纵横的水乡景色与大漠孤烟、长河落日的塞北苍凉交相辉映。比起江南的美丽景色，今日的银川有过之而无不及，塞上江南，名不虚传。

驻足在民族团结碑上的金凤凰，从远古飞来，给它一个支点，它为你带来的，必定是永远的幸福吉祥。

塞上江南：宁夏回族自治区

文 / 骆延峰

"天下黄河富宁夏"。黄河水自青藏高原，经甘肃兰州东下，闯过两峡和黄土高原，进入宁夏，冲积出了辽阔富饶的宁夏平原。在这里，汹涌的黄河，不见了险流暗滩，没有了湍急的狂流，平静地流淌，滋润着两岸的土地。

宁夏这片平坦的土地，面积广阔，利用黄河水进行自流引灌已有2000多年的历史。黄河水给宁夏平原人民生活和工农业生产创造了极好的条件，纵横的引黄灌溉渠，浇灌着千万亩水田，因此也就有了"年种年收水浇田，金川银川米粮川"的美名。有了黄河水的滋润，这片平原的物产丰富了，名贵中药枸杞也成为"枸杞王"，品质优良的大米让人们羡慕，水果蔬菜应有尽有……黄河水造福了这里的百姓。

黄河水的滋润，也给宁夏回族自治区增添了发展的动力。在1978年10月25日改革开放之初，宁夏回族自治区迎来了20周年纪念日，国家邮政部门发行了《宁夏回族自治区成立二十周年》邮票，分别展示了《建设新宁夏》《煤都新貌》《塞北江南》三个宁夏发展的场面。

《建设新宁夏》邮票的主图是一个回族老人和两位青年建设者。年轻的姑娘头

建设新宁夏

扎方巾身着蒙古袍，手里拿着一个奖牌；旁边的小伙子一身矿工打扮，头戴安全帽，系着白毛巾，手里捧着一个奖状。两代人的脸上都露出了灿烂的笑容，充满了全心投入新宁夏建设中的信心和喜悦。背后则是绿野千里，充分展示了宁夏人民经过辛勤努力，让贫穷落后的宁夏生机盎然。

《煤都新貌》邮票则展示了一台采掘机正在采煤，远处是起伏不断的山峦，那里煤矿的蕴藏无限。宁夏煤炭资源十分丰富，煤炭工业是宁夏工业的主要支柱产业，贺兰山区北部为主要煤炭基地。宁夏的矿产资源以煤和非金属为主，已获探明储量的矿产种类达 34 种，储量位居中国第六位，人均占有量是中国平均水平的 10.6 倍，且煤种齐全，煤质优良，分布广泛，含煤地层分布面积约占宁夏面积的 1/3，形成贺兰山、宁东、香山和固原四个含煤区。石油、天然气分布于灵武、盐池地区，属中小型油（气）田。非金属矿产主要有石膏、石灰岩、白云岩、石英岩（砂岩）、粘土、磷、铸型用砂、硫铁矿、铸石原料和膨润土等，其中石膏、石灰岩、石英岩及黏土为优势矿产。宁夏的石膏矿藏量居中国第一，探明储量 45 亿吨以上，一级品占储量的一半以上。石油、天然气有相当储量，具备发展大型石油天然气化工的良好条件。宁夏的石英砂岩（硅石）潜在储量很可观，已探明储量在 1700 万吨以上。

《塞北江南》邮票所展示的，是一望无际的绿油油的田野上，机器正在作业，

煤都新貌

塞北江南

一座座高压电线塔再向人们展示了宁夏水电业的发展，一片江南美色。

《太平御览》记载，原本杂羌戎之俗的灵州，风尚为之大变，引水种稻，植桑养蚕，栽杨插柳，培李种桃，成为塞北江南。宁夏自古修建秦、汉等渠，利用黄河水灌溉，农牧业发达，湖泊众多，湿地连片，风景优美，胜似江南。

宁夏是中华文明的发祥地之一，位于"丝绸之路"北线，历史上曾是东西部交通贸易的重要通道。作为黄河流经的地区，这里同样有着古老悠久的黄河文明。早在三万年前，宁夏就已有了人类生息的痕迹。公元1038年，党项族的首领李元昊在此建立了西夏王朝，并形成了西夏文化。

宁夏是一个多民族聚居的地方，有回族、维吾尔族、东乡族、哈萨克族、撒拉族和保安族等。除了动植物和珍稀鸟类资源，旅游资源也是多姿多彩，如水洞沟遗址、贺兰山岩画、西夏王陵、明长城、须弥山石窟、沙湖、沙坡头、泾河源老龙潭等。因此有人这样赞美："宁夏，就像一个刚刚揭开面纱的妙龄少女，内在美和外在美融集一身，太美了！"这种美，将为"一带一路"新丝路的建设锦上添花。

幸福的宁夏人

文 / 骆延峰

宁夏是中华文明的发祥地之一,是"丝绸之路"的重要通道。改革开放以来,宁夏取得了令人瞩目的成绩,宁夏回族自治区 50 年的发展和进步也被定格在方寸间。

国家邮政部门于 2008 年 9 月 23 日发行了《宁夏回族自治区成立五十周年》邮票,分别展示了宁夏的"风力发电""沙漠绿洲""和谐家园"的风貌。

《风力发电》邮票,展示了在山川之中,一排排风力发电机整齐排列,在风中旋转,把风能转化成

风力发电

了电能。在贺兰山的衬映下,成为一道美丽的风景。风是大自然给予人类的自然资源,利用好了,它可以变为人类的朋友。否则,成为一种危害。宁夏风力发电的大量实施,变害为宝。要知道,用风力来发电,早在 20 世纪初就已经开始了。20 世纪 30 年代,丹麦、瑞典、苏联和美国应用航空工业的旋翼技术,成功地研制了一些小型风力发电装置。利用风能发电,既是天然资源的有效利用,又是对环境的很好保护。宁夏的风力发电,已经居全国第一。

《沙漠绿洲》邮票,则是把宁夏沙坡头的方格草网绿化沙漠形成的美丽风

景和兰新铁路上疾驰的列车融合在一起，两只小羊在微笑，大雁在空中飞翔，一幅多么和谐的美图呀。采用麦草方格进行沙漠绿化，是宁夏人民的一个创造。他们把一种废弃的麦草一束束呈方格状铺在沙上，再用铁锹轧进沙中，留麦草的 1/3 或一半自然坚立

沙漠绿洲

在四边，然后将方格中心的沙子拨向四周麦草根部，使麦草牢固地竖立在沙地上，从而保证方格内植物的顺利成长。麦草方格的出现，让人类第一次以胜利者的姿态站在了流沙面前，也鼓舞了广大治沙人的斗志。1977 年 8 月，全球沙漠化会议在肯尼亚首都内罗毕召开，中国代表被请上讲坛介绍经验。当听完中方代表的"麦草方格"固沙法后，会场长时间报以热烈掌声。尤其是看到照片展现的治沙成果，外国专家们不无赞叹：这么大面积的流沙被固定，世界上还没有过，中国人了不起！

在《和谐家园》票面上，五位回族儿女手拿鲜花，轻歌曼舞，欢庆宁夏回族自治区成立 50 周年，画面背景是宁夏的"华回乡文化园"和飞翔的和平鸽，展示了宁夏人民对 50 年发展进步的喜悦和赞颂以及对新生活的无限向往。50 年的发展，宁夏有了

和谐家园

翻天覆地的变化，城镇居民人均可支配收入居西北地区第一、农民纯收入居第二，农村每百户拥有的大型家具、摩托车均居全国第六，平均每人奶类及奶制品消费量居全国第三。人们钱袋子鼓起来了，吃、穿、用、住、行的质量明显提高，消费结构日趋合理。宁夏已经不是一些外地人想象中的"遥远的地方"，

公路、铁路、航空、电信业突飞猛进，与国内外在陆、空距离上更加缩短了距离。覆盖宁夏全区的移动通信网、无线寻呼网、数字微波网和多媒体互联网，与地球人同在信息高速路上奔跑着，旅游、物流、信息、咨询等新兴行业高歌猛进。农业上，突出发展优势特色产业，畜牧业和农产品加工业每年以两位数的速度增长，特色产品通过丝绸之路，漂洋过海，行销海内外。

宁夏经过这些年的发展，经济、文化等方面都得到了长足的发展，人们的生活得到了很大改善，作为"一带一路"新丝路上一个举足轻重的节点，将焕发出新的活力。

漫说回族服饰

文 / 张志春

我见过，也听朋友们说，回族中宗教人士和虔诚礼拜的中老年人用白、黄、淡花格的布料缠头。这种缠头叫作泰斯达尔，源于波斯语音译，意即清真寺的阿訇或教长头上缠的布。相传穆罕默德早期传播伊斯兰教时，曾头戴泰斯达尔进行礼拜，后来就成为穆斯林男子所喜欢的头饰。泰斯达尔长度一般为九尺或十二尺。缠头时有许多讲究，前面只能缠到前额发际处，不能把前额缠到里面，这样不利于叩头礼拜。缠巾的一端要留出一肘长吊在背心，另一端缠

回族

完后压至后脑勺部位缠头巾的里层。后来读到清代袁大化《新疆图志》所写："阿訇之帽，上锐而高，檐以白布绽之，厚二三寸，脱帽为敬。入门必解履。"方知服饰的传承如江河奔流千百年而不断线，是如此的执着。1999年10月1日，在国家邮政部门发行的《中华人民共和国成立五十周年——民族大团结》邮票中，就有回族同胞。

过去回族群众头缠泰斯达尔的较多，现在多数习惯了戴白帽。一般清真寺里的阿訇、满拉和常去寺里的乡佬们则缠头的比较多。

回族帽的缘起，是古远时缠头巾变来的。这种帽小而无檐，有白、青、灰、

绿、棕多种，但多纯色。这显然如同宋瓷的雅致与深远，自有一种色的提纯与形的概括。这帽也叫顶帽、礼拜帽。回民在礼拜叩头时，前额和鼻尖可以无阻碍地着地，表达对真主安拉的虔诚。

这里有一种整体坚守的服饰含蓄沉着、淳朴遮蔽之美。特别是女性服饰，让肌肤身段线条参与服饰境界营造的种种款式。一般女子常短裙热裤短打扮；时尚中打洞拉毛撕破扮酷。相对于时尚的喧哗，这里是宁静与沉默。就是现在的街头与乡野，随时都可以看到老中青几代女生头戴盖头，即以头巾护头面，一般把头发、耳朵和脖子都遮掩起来。他们戴盖头前，有的将头发盘在头顶，有的留把把头，将头发盘在脑勺后，戴上帽子，尔后再戴盖头。回民的盖头，无论在泉州、广州、海南等沿海地区，还是内地，通常是绿、青、白三色，有少女、媳妇、老人之分。一般少女戴绿色的，已婚妇女戴黑色的，有了孙子的或上了年纪的老年妇女戴白色的。绿盖头清新俊美，白盖头雅洁宁静，黑盖头端庄深沉。盖头质料多是丝、绸、乔其纱、的确良等，轻盈华贵。款式上，老年人盖头较长，可披到背心处；少女少妇盖头较短，前面遮住前领即可。这种讲究遮蔽，原因很多，但主要是伊斯兰文化的影响。

服饰境界的这种遮蔽不是臃肿，而是简洁大方，是豪华落尽见真淳。如满拉、阿訇和一般老人喜爱的准白，即制服领口的袍子、长大衣，一如梁楷笔下的李白，高远而飘逸；如在清真寺念经毕业的满拉，本坊的教民则给他准备一身新衣服、绿帽、绿袍等，举行穿衣仪式；如男女都喜欢在雪白衬衫上套一件适体的对襟青坎肩，黑白对比素净、雅致；如忌讳偶像而只在服饰中绘绣具象或抽象的植物图纹……

回族女性穿戴整体素净高雅，在细节上也颇为讲究。如强调戴戒指、戴手镯与耳环。这里有一个多重滋味的传说。话说很久很久以前，有位回族儿媳养活着一个婆婆，家穷，温饱不济。她就到一个商人家打短工，给人做饭。每次和完面，她都舍不得洗手，沾两手面偷偷回家洗掉给婆婆做面糊糊吃，赖此度日。过一段时间后，有一天，天空电闪雷鸣、乌云翻滚，婆婆和媳妇以为天谴而惊恐。媳妇悔不该占人家的小便宜，于是把手伸出去，把两眼一闭，想让雷劈掉算了。一声巨雷响过后，媳妇睁开双眼，奇迹出现了！双手不但丝毫未损，而且都戴上了金手镯。从此，回族媳妇戴手镯也成了孝顺老人的象征。回族女性还喜欢用凤仙花染指甲。周密的《癸辛杂识》对此有详细的记载："凤仙花红者，用叶捣碎，入明矾少许在内。先洗净指甲，然后以此敷甲上，用片帛缠定过夜。初染色淡，连染三五次，其色若胭脂，洗涤不去，可经旬，直至退甲，方渐去之。或云此亦守宫之法，非也。今回族妇女多喜此。"

应该说，这种种细微之处的美饰，不同地域或源或流地出现，是全人类共有的文化现象。对于回族民众来说，却有着自己独特的理解，独特的表达。换句话说，为人类这种种美饰行为增益了新的意蕴。

"花儿"盛开唱回乡

文 / 刘莹

回族

1999年10月1日国家邮政部门发行的《中华人民共和国成立五十周年——民族大团结》邮票的第三枚,是"回族"图案。画面上载歌载舞的两个回族青年,喜庆庆、笑盈盈。他们欢快的表情和舞姿呼之欲出,让人想起了著名的回族歌舞《花儿与少年》。

《花儿与少年》舞姿优美、曲调欢畅、节奏明快,流传至今已有众多版本。独唱、合唱、双人舞、集体舞,是回族最具代表性的歌舞。几十年来流传甚广,经久不衰。特别是1990年,北京亚运会闭幕式上唱响的《花儿与少年》,象征着中国民族歌舞的经典与永恒,让世人再次领略了它迷人的魅力。

《花儿与少年》这部优秀的作品,集结了各路青年才俊的创作灵感,以及回族各地"花儿"的精华。它的舞蹈动作来自回族的《八大光棍》,舞蹈音乐是由民间小调《蓝桥会》《五更调》《四季歌》组成。

事实上,比起其他少数民族,如维吾尔族、哈萨克族、柯尔克孜族等,回族舞蹈相对较为薄弱。虽然在传说中这些民族有着许多的共同点,但是回族的形成,又有它自己独特的背景。因此,其他少数民族人口、部落相对地集中在一个地区，而只有回族步步为营深入腹地，小集中、大分散，几乎个个省份都有。

明末清初之后，回族文化向多元发展。其中包括舞蹈的演变，融入了体育、健身的元素。比如流行于西北一带的习武式的舞蹈——《踏脚舞》。《踏脚舞》专攻腿法，分为平踏、后转、背脚等30多种招式。演出时配以音乐，闲暇时田间地头玩耍，成为回族人喜闻乐见的一种娱乐方式。

所幸《汤瓶舞》《坐舞》《念舞》《跳花儿》《宴席曲》《口弦》这些特色舞蹈，顽强地传承了下来，《中华人民共和国成立五十周年——民族大团结》邮票版票上的回族舞蹈图案，表现的就是双人舞《花儿情》。姑娘弹奏口弦，男子"花儿手"、屈伸步，都是典型的回族舞蹈动作。

近年来，回族舞蹈已经有了长足的发展。在继承、发掘、整理、创新的过程中，涌现出一大批优秀的作品。比如在第九届中国舞蹈"荷花奖"民族舞决赛中，宁夏舞蹈家演出的《阿色俩目》和《花儿与少年随想》分获银奖。贺兰县的回族舞蹈《羊板响起花儿飞》，在韩国举办的"首尔杯"第五届国际舞蹈艺术大赛中荣获编导金奖和表演金奖。

如今，回族舞蹈不仅多种多样，还出版了本民族规范的舞蹈教材，并且培养了一大批优秀的回族舞蹈人才。特别是在年轻一代舞者的传承中，注重对本民族文化的发掘与创新。如女子群舞《幸福鸟》，以丰富的舞蹈语汇串起了回族舞蹈的诸多元素，欢快优美，曾荣获教育部第四届中小学生艺术展活动艺术表演类二等奖，荣获第三届回族舞蹈展演二等奖，并入选第十届"桃李杯"舞蹈大赛决赛作品。

国家邮政部门于2008年9月23日发行了《宁夏回族自治区成立五十周年》纪念邮票，第三枚《和谐家园》邮票图案上，展示的就是回族青年男女，手捧鲜花，载歌载舞的欢庆场面。

2007年，一部大型回族舞剧《月上贺兰》登台亮相。这部舞剧以爱情故事为线索，将故事结构、内容、舞蹈动作以及主题思想有机地结合起来，具有浓郁的地域文化特征，完美地表达了民族团结、和谐生息的美好寓意，开创了以舞剧的形式，全景式地回顾回族风情和回族历史的先河。它不仅为中国观众带来了震撼，也赢得了许多外国使节的赞誉。

《月上贺兰》凝聚了国内最好的创作团队。除了舞剧情节以外，舞美、灯光、服装、道具也都十分精致。给观众带来丰富的情感享受以及审美愉悦。其中民族舞的表演非常漂亮——《枸杞舞》《弯刀舞》《盖碗舞》以及历史悠久、曾在唐代风靡长安的《胡腾舞》《胡旋舞》，博得了观众对回族舞蹈的惊叹与掌声。《胡腾舞》《胡旋舞》曾借助丝绸之路的开通，引发了文化交流，曾风靡唐代京城长安，如今出土的文物唐三彩、唐墓壁画上都可以欣赏到。

一个有使命感的民族，一定是有着高尚灵魂的民族。它的使命感，决定了它对本民族文化传承的责任。这个责任激励它前进、回旋或者后退，但是绝不可以消沉。就像《花儿与少年》一样，无论经历了怎样的岁月，怎样的演绎，甚至它最初的创作者、传歌者们都已经离我们远去。但是这部作品，却像盛开的花儿，根植于世界艺术的沃土。那一抹盛开，永恒灿烂、镌刻人心。

丝路明珠：青铜峡水利枢纽

文 / 吉建芳

宁夏引黄灌溉的历史，距今已有 2000 多年。秦汉先后开掘的秦渠、汉渠以及唐徕渠等九大干渠均从青铜峡境内引出，引黄灌溉条件得天独厚，历史上素有"天下黄河富宁夏"的美誉。

青铜峡水利枢纽工程位于黄河上游最后一道峡谷，宁夏回族自治区青铜峡市黄河中游青铜峡段峡谷出口处，是黄河上游龙青段规划中的最后一座梯级水电站，是黄河第一期开发工程的重点项目之一。它是一座以灌溉、发电为主，兼有防洪、防凌功能的综合性水利枢纽工程。而"塞上明珠"青铜峡是丝绸之路北线上著名的灵州西域道西段的交通要道。"灵州西域道"为唐大中六年（公元 852 年）至九年（公元 855 年）形成的新线路。

1958 年 8 月 26 日，青铜峡水利枢纽工程正式开工建设。1978 年，8 台机组全部安装完毕。至此，青铜峡水利枢纽成为宁夏北部石（嘴山）银（川）青（铜峡）电网的重要电力生产基地，是宁夏电网当时最大的水电站。

新中国邮票上多次介绍反映对黄河开发利用的水电站建设。1978 年 10 月 25 日，国家邮政部门发行了《宁夏回族自治区成立二十周年》邮票一套三枚，第三枚邮票图案就是"青铜峡水利枢纽"。青铜峡水利枢纽的建成，除了发电，还为纵横 700 公里的灌区提供了充足的水源，使"塞上江南"更加秀丽。邮票上近景是绿油油的田野，远处清晰可见雄伟壮观的青铜峡水利枢纽。昔日水土流失、风沙侵袭的宁夏，如今已是一片江南景色。

青铜峡水利枢纽

2002年6月8日,国家邮政部门发行的《黄河水利水电工程》邮票,是我国邮票史上第一套以黄河水利水电建设成就为主题的特种邮票。其中第三枚为《青铜峡水利枢纽》。图案展现了青铜峡水利枢纽的外观景象,库区沿岸有牛首山寺庙群、全国最大舍利塔群一百〇八塔。画面以黄河之水为背景,采用远景角度展现出了青铜峡水利枢纽拦河大坝雄伟、气派的外观景象。

过去由于自由引水,受自然条件约束较大。青铜峡枢纽水利工程建成后,结束了青铜峡灌区无坝引水的历史,大大提高了渠道供水保证率,扩大了灌溉面积,使宁夏成为全国稳产、高产的商品粮基地,并使宁夏地区形成一个面积1000万亩的黄河平原灌溉网和山区扬水灌溉网,对农业发展起到了重大作用,减少了黄河宁夏、内蒙古河段冰凌的危害。青铜峡水电站系河床闸墩式低水头电站,是我国独具一格的电站,为宁夏工业的发展提供了源源不断的清洁能源,使过去工业基础薄弱的宁夏,迅速发展起电力、冶金、煤炭、机械等现代工业。同时,它为西北电力工业和宁夏工农业发展、生态环境治理做出了重大贡献。

而当"一带一路"国家战略开始实施关键的时刻,面对新的历史机遇,青铜峡做好了迎接新挑战的精神准备。他们意气风发,满怀豪情,斗志昂扬,将在"丝绸之路经济带"的建设中扮演新的重要角色,为实现中华民族伟大复兴的"中国梦",做出自己应有的贡献。

宁夏黄河灌区富塞上

文 / 崔彦

宁夏黄河灌区

邮票虽小,却包罗万象,被誉为"国家名片",是反映一个地区古老文明和现代化建设最直接的见证。它传递出的信息,会影响全国,乃至全世界。

国家邮政部门1988年9月23日发行了《宁夏风光邮资明信片》一套十枚,其中第三枚为《宁夏黄河灌区》。这套《宁夏风光邮资明信片》,向人们打开了了解宁夏的一个窗口,让世界人民认识到宁夏不但是中华文明的发祥地之一,而且在历史上曾是"丝绸之路"东西部交通贸易的重要通道。

而在其中第三枚《宁夏黄河灌区》这张小小的仅4分面值的邮资明信片上,人们看不到茫茫无际的金色沙漠、铃铛声声的驼队,以及干旱荒漠化的宁夏景象,看到的是远远近近、一眼望不到边的绿色,绿色的麦田、绿色的树木、绿色的草场,一片生机勃勃的景象。沙漠变绿洲来自黄河的浇灌。黄河浇灌的地方称之为"黄河灌区"或者"引黄灌区"。

宁夏黄河灌区是我国四大古老灌区之一,已有2000多年的灌溉历史。早在秦汉之际就已经是曲曲弯弯、河渠纵横。

2200多年前的秦始皇在位于黄河中游地区的宁夏平原开凿"秦渠",造福百姓。当时由于修建了"秦渠"而农业兴盛、百姓富足。有一首诗歌为证:

"天堑分流引作渠，一方擅利溉膏腴。鱼游浅碧东风细，花涨残红幕雨余。千顷良田凭富足，万家编户获安居……"

汉唐之际形成了唐徕渠、汉延渠、汉渠、惠农渠、西干渠、跃进渠等14条骨干灌溉渠；清朝又新修了大清、惠农、昌润等渠。由于河渠与时俱进越来越多，因此灌溉面积也越来越广泛。然而在古代灌溉不平衡问题也相对突出，加上排水设施不完善，造成大量的渠间洼地、积水成湖，致使大片耕地变成了盐碱滩地。

新中国成立后，在维护和修复古渠的基础上，又陆续建成一大批闸、桥、槽、涵、斗口等工程。在保障水流通畅、灌溉无阻的引水输水能力成倍增长的情况下，1958年8月26日又在宁夏地区动工兴建了黄河上第一座大型水电站——"青铜峡"水电站。建成后的水电站除了发电外，也为纵横700公里的灌溉区（青铜峡市、永宁县、银川市、贺兰县、平罗县、陶乐镇、惠农区、石嘴山市及中卫市沙坡头区、中宁县、吴忠市、灵武市等12个县市）提供了充足的水源。黄河灌区不但是宁夏主要粮棉油产区，也是全国12个商品粮基地之一。

如今的宁夏水渠纵横、波光浩渺、林木葱茏、绿草茵茵，被人们誉为"塞上江南"。进入新世纪的宁夏，一派繁荣景象。这里还有古老的西夏文化、古丝路文化，丰富多彩的古文化与现代文明，沙漠与绿洲交相辉映，璀璨夺目！在"一带一路"国家伟大战略的指导下，宁夏将获得更加全面的大发展，焕发青春，傲立于丝绸之路经济带建设的最前沿。

宁夏民居印象

文 / 商子雍

中国是一个疆域非常辽阔、民族特别众多的国度，不同的地理气候条件和生活方式，使得各地民居的样式和风格有异，是十分自然的事。不过印象中，人们说起特色鲜明的民居时，常常提到的是北京的四合院、福建的大土楼、陕北的黄土窑洞、皖南的白墙黛瓦……至于宁夏民居，好像很少有人言及。也因此，最初我去宁夏，关注的全都是西夏王陵、贺兰山岩画、沙坡头、沙湖、镇北堡之类的所谓名胜，从来没有把那里的民居放在心上。但国家邮政部门 1990 年 11 月 10 日发行的《民居》邮票中，就有宁夏民居的模样。

宁夏民居

这一枚一枚的民居普通邮票，尽管"体量"小，是真正的方寸之物。但凭借着出色设计和精美印制，再加上其中蕴涵着的丰厚文化信息，构成了一种让人无法抗拒的吸引力。于是在很长一段时间里，对照着民居邮票，查阅相关资料，翻阅过去旅游时拍下的各地民居照片，就成了我的一大乐趣。而宁夏民居的入选，无疑也让我对这个地方的百姓栖身之所，顿时生发出向往和仰慕之心。

"宁夏地处西北，远离海洋，降水少，温差大，气候严寒，大陆性气候特征明显，冬春干旱多风沙，盛行偏北风，故住宅一般不开北窗，南面窗户较大，以便冬天接受更多的阳光，提高屋内温度。为保温防寒，采取厢房围院形式，且房屋紧凑，屋顶形式为一面坡和两面坡并存"。

给我留下深刻印象的是，宁夏民居建筑的色彩装饰。他们爱用白、绿、蓝、黄等颜色，图案有着鲜明的伊斯兰特色。坡屋顶的屋脊，则是宁夏民居重点装饰的部位。其正脊高约30到40厘米，砌筑的材料为砖瓦及较少数量的预制装饰构件，不但美观大方，还显示着安稳、谦和、宁静的文化内涵。

很长一个历史时期里，窑洞一直是宁夏农村（特别是山区）百姓的栖身之所。更有意思的是，20世纪80年代以来，宁夏的考古工作者对海原县西安乡菜园村遗址进行了长期的发掘、考察，重要发现之一便是窑洞这样一种沧桑而厚重的建筑，竟然在4500年以前就已经在这里出现。这是迄今为止，在中国这块土地上发现的最古老的窑洞。大哉窑洞，伟哉宁夏，我们实在不能不向富有智慧、善于创造的先辈，鞠躬致敬！

宁夏的窑洞有崖窑、院窑、箍窑三种，和陕北以及渭北窑洞的分类基本一致。建造前两种窑洞，只需劳力，几乎不用建材；只不过一个是依山崖而挖，一个是先在平地上挖出一个或圆或方的深坑，形成一个下沉式的院子，再在坑的四壁上打窑。至于箍窑，和陕北的平地起窑差不多，不同之处仅在于箍窑的材料不是石头和砖块，而是土坯。在我的感受中，因了朴素而沧桑，比起陕北的石头（或砖块）箍窑来，宁夏的土坯箍窑，要更具审美价值。

已经好多年没去宁夏了，想来那里的传统民居，可能已经在城市化和建设新农村的滚滚潮流之中，消失得差不多了吧！社会的进步，给我们带来新的美好的同时，总会让一些旧的美好走进历史，这令人遗憾，却又无可奈何！回过头来再看看邮政部门发行的那四套21枚民居邮票，我们是不是必须感谢他们？因为，是他们的见识、决策和劳作，才使得传统民居这一行将消失的旧时美好，在国家名片上成为焕发着光彩的永恒！

诱人的"宁夏山区田园"

文 / 陈嘉瑞

1988年9月23日,国家邮政部门发行了《宁夏风光》邮资明信片,其中第六枚是《宁夏山区田园》。

宁夏山区田园

宁夏有"塞上江南"的美称,谈到"宁夏山区田园",离不开"两山一河"。

贺兰山是中国西北地区一条重要的自然地理分界线,是宁夏与内蒙古的最高峰,对银川平原发展成为"塞北江南"有着显赫功劳。它不但是中国河流外流区与内流区的分水岭,也是季风气候和非季风气候的分界线,同时也是中国200毫米等降水量线。山势的阻挡,既削弱了西伯利亚高压冷气流的东袭,也阻止了潮湿的东南季风西进,又遏制了腾格里沙漠的东移,东西两侧的气候差异颇大。贺兰山还是中国草原与荒漠的分界线,东部为半农半牧区,西部为纯牧区。贺兰山南部山势相对和缓,而东部则是银川平原,素有"塞上江南,鱼米之乡"的美称,盛产大米、西瓜、苹果、枸杞等,闻名中国,气候上具有无霜期长、热量资源丰富、日照充足等特点。

宁夏南部的六盘山,是近南北走向的狭长山地,东坡陡峭,西坡和缓。六盘山山腰地带降雨较多,气候较为湿润,宜于林木生长,有较繁茂的天然次生阔叶林，使六盘山成为黄土高原上一个"绿色岛屿"。山地北侧的清水河向北流注黄河，流域面积8499.6平方公里，年平均径流量1.65亿立方米。东侧为泾河上游，流域面积约45 400平方公里，西南侧诸水汇入葫芦河，再入渭河。其独特的地理位置和巨大的生态功能对贫瘠干旱的宁夏南部山区的广阔地域环境，起着十分重要的湿润调解作用。六盘山国家森林公园是中国西部黄土高原上重要的水源涵养林基地和风景名胜区，良好的生态环境，富集的动植物与昆虫资源和积淀深厚的历史文化底蕴，使之被称为黄土高原上的"绿色明珠"和清凉胜境。林带以下和2200米以下阳坡为草甸草原和干草原；2200米以上阳坡和2600米以上阴坡为杂类草草甸，发育山地草甸土，是大牲畜良好牧场。这里野生生物资源丰富，仅药用植物即有600余种，党参、黄芪、贝母、桃儿七等药材畅销全国。

"天下黄河富宁夏"，黄河进入宁夏，一改湍急迅猛的形象，变得温柔多情、坦荡舒展起来。黄河于宁夏，是一条福河，一条生命河。资料记载，宁夏平原利用黄河水进行自流引灌已有2000多年的历史。自秦汉以来，历代凿渠引水，发展灌溉农业，沟渠纵横，沃野千里。银川以南，分布着大片水田，以稻麦轮作为主，少量低洼地是常年稻田。银川以北则以春小麦和玉米、大豆等为主。中宁县清水河下游口七星渠灌区长约50公里、宽约5公里的地带，是著名的"枸杞之乡"。昔日万古荒原，而今林带如网，滩羊成群，阡陌纵横，村落相望。果园瓜田盛产色香味俱佳的瓜果，远销京、津、沪各大城市以至南海之滨。"五朵金花"中的红花、黄花菜、葵花、玫瑰花和啤酒花，品质优异，誉满西北。目前，灌区干支渠达到了3000多条，总长度7000多公里；有排水沟40条，总长度1825公里，形成了比较完善的灌排系统。如今这里成了名副其实的"西部粮仓"。

宁夏的山川田园，有着优美的高原风光。在祖国的大西北，回汉人民精心打扮的宁夏大地不是江南，胜似江南。在茫茫草原上，太阳在欢乐地奔跑，沙海绿洲中，钢铁长龙呼啸而过。巍巍高山是动植物的天地，平畴沃野飘来稻花香的气息。如今，宁夏这颗塞上明珠，开始变得越来越美！

宁夏枸杞甲天下

文 / 杨雅雯

枸杞，《诗经》当中称之为杞，小雅的《四月》《北山》等诗中亦有涉及，"陟彼北山，言采其杞""山有蕨薇，隰有杞桋"。"北山"和"隰"都点出枸杞的生长环境。

春发生。万物复苏，枸杞生青苗，其叶状如石榴叶，既薄又软。药名为天精草，也称甜菜。能补虚益精、清热毒、去皮肤骨节间风、散疮毒。《本草纲目》中提到其和羊肉做羹，除风明目。做饮代茶，止渴。古时，春生的枸杞芽和枸杞苗，常被当作时蔬入菜。南宋朱翌的《与刘令食枸杞》中提到："周党过仲叔，菽水无菜茹。我盘有枸杞，与子同一箸。"

夏长赢。此时的枸杞苗就渐渐变得硬而难咽，采食者少矣。而枸杞的茎杆已经高至三到五尺，六月或七月之际开始生出紫红色小花，在枸杞丛生之处，满山遍野，煞是好看。

秋收成。花期过后，结红色果实，状如枣核，鲜果味如葡萄，可入药。可以坚筋骨、耐老、除风、去虚劳、补精气。

冬安宁。枸杞根药名地骨皮。药典记载，需要入药时，掘得以东流水侵刷去土，捶去心，以熟甘草汤浸一宿，焙干后可使用。

道家的《续仙传》中，有朱孺子服食枸杞根的传说。朱孺子幼而修道，经常登山采黄精服食。一日在溪边洗蔬菜，看到岸边有两只花犬在嬉戏，就去寻逐，花犬居然入枸杞丛下。寻而掘之，得到两支枸杞根，形状若花犬，坚若石。带回去清洗，煮了三个昼夜，饮其汁液，飞升成仙。

论及枸杞的采摘和食用的历史，早在三国时期的吴人陆玑所著的《毛诗草木鸟兽虫鱼疏·集于苞杞》就有记载："杞，其树如樗，一名苦杞，一名地骨，春生作羹，茹微苦，其茎似莓，子秋熟，正赤。茎、叶及子，服之轻身、益气。"

到了唐代，枸杞的功效广而众知，枸杞的种植蔚然成风，孙思邈《千金翼方》和郭橐驼《种树书》都介绍了枸杞的种植方法。其所录方法与今之枸杞种植方法非常近似。

文人雅士不但自己种植，还研究怎样将其栽种得较好，更将枸杞列为养生的佳品，频频入诗。文人种植枸杞并作文的不在少数。陆龟蒙的《甫里集》杞菊赋序："天随子宅荒，少墙屋，多隙地……前后皆树以杞菊，春苗恣肥，日得以采撷之以供左右杯案。"

枸杞

中国台湾邮政部门2014年3月27日发行《浆果》邮票，其中第一枚为《枸杞》。

枸杞对环境的适应性较强，从气候上来说，自亚热带到寒带都能生长，对土壤的要求也不严格，偏酸性或微碱性的土壤都能生长。在古代，野生枸杞甚至遍及西北地区。

枸杞苗和地骨皮，无论食用或药用，各地的枸杞药性差异不大。

可作药用的枸杞子，却只有宁夏枸杞为佳，其他地区所产的枸杞子均级别较低。枸杞子在《中华药典》和《中药大辞典》上分别记载"枸杞子为茄科植物，宁夏枸杞的干燥成熟果实"和枸杞子的原植物为"宁夏枸杞或中宁枸杞"。

枸杞，种植区域虽广，但中药材讲究药材的地道性。地，指产地；道，是古代行政区域的划分。地道性这一说法特指带有地域特点的中药材，我国的中药有着"非道地药材不处方，非道地药材不经营"的说法。

唐朝孙思邈在《备急千金要方·序例》中称："古之医者……用药必依土地，

所以治十得九。"宋代的《本草衍义·序例》中也有"凡用药必须择土地所宜者，则药力具，用之有据"的记载。如果"离其本土，则质同而效异"。这里的"本土"，指的就是药材生长所需要的气候、土壤、水质等生态环境。

宁夏的枸杞与其他产地的枸杞究竟有何区别？

历史上，明弘治十四年（公元1501年），中宁枸杞就被列为贡品上贡朝廷。清乾隆二十年（公元1755年），《宁夏银川小志》记载："枸杞宁安堡（现中宁县）产者极佳，红大肉厚，家家种植。"清乾隆《中卫县志》记载："宁夏一带家中杞园，各省入药甘枸杞皆宁产也。"

现如今，有科学论证，宁夏枸杞生长地区的土壤中所含的矿物质元素，能促进枸杞子自身对人体有益元素的生成；土壤中的元素有利于人体的健康发展，有利于枸杞的生长繁殖。这一地区对人体有害的矿物质元素较少。

而中药材如枸杞的环境，地下的矿物，竟也随着作用于地上。可见，环境的力量不可小觑。

明白了这些，才知道宁夏枸杞甲天下的原因。

贺兰山红尾鸲

文 / 贺晓祥

贺兰山红尾鸲

一簇花枝，用赭石点着花心，边缘呈白色，有种古色古香的质感。一对鸟儿展翅飞翔，像裹着蓝灰色的头巾，翅翼棕褐，颈腹赤褐，翼下淡白。整个画面在赭红色底色的衬托下，显得分外典雅、古朴。这是2002年4月1日国家邮政部门发行的《中国鸟》邮票中的《贺兰山红尾鸲》。我曾怀着虔敬的心把它端端正正贴到装着诗稿的信封上，寄向远方。也曾从朋友寄来的信件上看到它们灵动的身姿，它是我与文学相知相携中偶遇的美丽。

贺兰山红尾鸲是聚集了古典美于一身的鸟儿，这是我对它的第一印象。它身上有中国人艺术审美时喜爱的全部色彩：赭红，国画中常常用来涂抹秋色；黛蓝，国画中常常用来泅染山峦、树影、花叶；暗褐，国画中用来描画山石；白色，国画常常留作白云、瀑流，使画幅空灵……在百度百科里，我看到了它的几幅照片，含蓄、内敛、娇羞可人的它，有着中国古典美的诸多要素。

贺兰山红尾鸲，全长约157毫米。有蓝、黑、红、白四种基本颜色。蓝色的头，背部、腹部和尾羽是红色，翅膀是黑色，上面有大块白色的长条形翼斑，充分体现了这类鸟颜色对比分明的特点。雄鸟，头顶、颈背、头侧至上背蓝灰；

下背及尾橙褐，仅中央尾羽褐色；颏、喉及胸橙褐，腹部橘黄色较浅近白；翼褐色具白色块斑；甚似红背红尾鸲但头顶、头侧及颈背蓝灰。雌鸟，褐色较重，上体色暗；下体灰色而非棕色；两翼褐色并具皮黄色斑块。

贺兰山红尾鸲以贺兰山命名，是因为宁夏回族自治区贺兰山是它的主要栖息地。中国古老的"塞上丝绸之路"就从贺兰山穿过，在这条路上的甘肃、宁夏、内蒙古等地也能找到它们的家，而它们越冬于陕西南部、山西、河北、北京通县。我仿佛看见它们在山谷稠密的灌丛上鸣叫，在裸露着松散岩石的山坡上觅食，在满是青苔、腐叶的溪畔水湄驻足。

贺兰山红尾鸲，属于濒危的珍稀鸟类。据说当年设计鸟类邮票时，贺兰山保护区都无法提供这种红尾鸲的照片资料。一只中国特有珍稀鸟，在专门的保护区都难觅其踪，这鸟还存在吗？用鸟类专业技术人员的话说："贺兰山红尾鸲在夏天有可能到海拔3000米左右去繁殖，现在在海拔2500米的高度，不太可能看见它们。"但这让人听起来仅仅像是个安慰。天天守在保护区的人都见不到的鸟，如果还在，那一定类似于人类的隐逸者，像陶渊明一样。

我找到了贺兰山因干旱草场退化、岩羊因缺乏天敌，增长率太高，已经威胁到贺兰山生态环境的问题。但贺兰山红尾鸲在不在一直揪着我的心。突然在鸟网中见到一则"难得一见——贺兰山红尾鸲"的帖子。"这就是我苦苦寻觅的贺兰山红尾鸲（雄鸟），鸟的背景就是贺兰山，是2013年2月13日下午黄昏时在贺兰山脚下滚钟口拍摄的，由于拍摄时是逆光就没有注意辨认，这真是踏破铁鞋无觅处……"。我能感觉到这位爱鸟的摄影家无以言表的喜悦心情。画面上确是一只贺兰山红尾鸲，它孤独地立在一根光秃秃的树桩上，偏着头，似乎是狐疑地看着脚下的土地。

我也终于松了一口气。贺兰山红尾鸲，你还在！就隐藏在贺兰山，好深好深，真让我为你捏着一把汗。只是，资料中说你到陕南越冬，不知是否还坚持着？抑或像我一样，甘愿做一只留鸟，把那一点仅有的游亲戚般的游情也放弃了，甚或向更高更深的山峦隐藏。只是我想说，贺兰山红尾鸲，要好好珍惜生命呵，世界因你而精彩，你就是我永远也写不出来惊世骇俗的诗章。

第九辑 | 青海省

珍邮上的大河之源

文 / 费秉勋

滔滔黄河，来自何处？这自古就是一个神秘的问题。浪漫的诗人只能慨叹："黄河之水天上来！"

《荆楚岁时记》甚至说，汉武帝令张骞寻找黄河之源，张骞坐上槎（木筏），顺黄河而上，竟然漂流到了天上的银河。实则，寻找河源是张骞通西域时的一个附带行动，终了还是没有找到。只从上游捡了一些玉石回来，汉武帝根据书上昆仑山出玉的记载，推断说黄河发源于昆仑山。但班固在《汉书》中就说，张骞探河源何曾见到昆仑山？说黄河发源于昆仑山，是迂虚不实的话。正如南朝诗人沈君攸在诗中写的："黄河曲注通千里，浊水分流引八川。仙槎逐源终未极，汉帝遗迹上难迁。"秦汉时比较质实地究诘黄河源头的说法是，黄河有两个源头：一出葱岭，一出于阗。二水在蒲昌海（亦称盐泽，即罗布泊）会合后，又流入地下，到积石山（阿尼玛卿山）经大禹治水时的导引，才流出地面，形成黄河。这个结论的得出，不知耗费了多少人的精力和生命。但这种说法仍然是不科学的。

公元1280年，元世祖忽必烈命蒲察都实佩金虎符探察河源。蒲察都实从兰州出发，历时整四个月，才到了巴颜喀拉山北麓的朵甘思，即青海省的星宿海一带。元末学者梁寅据此在《河源记》一文中写道："河源在吐蕃西鄙，有泉百余窦，地方七八十里，皆沮洳不胜人迹。泉不可逼观，登其旁岭，下视窦，历历如列星然，故名'火敦恼儿'。'火敦'者，汉言星宿也；'恼儿'者，海也。星宿海合流而东，汇为二泽。复合流，始名黄河。"这里说的"海""泉""窦"，就是当地人说的"海子"，大者为湖，小者可以说是水潭。这里说的"二泽"，就是姊妹圣湖——扎陵湖和鄂陵湖。

400年后，清政府派舒兰等再对黄河之源进行勘察。舒兰指出，星宿海之西仍有三条河流流进星宿海，其中一条，名阿尔坦河。1949年以后，地理工作者对黄河之源作进一步考察，探明这三条河流，北边一条为扎曲；中间一条为约古宗列；南边一条为卡日曲。约古宗列就是清人舒兰说的阿尔坦河。但是直至目前，黄河的正源究竟是约古宗列，还是卡日曲，仍然争论不清。

2009年经我国三江源科考队考证，依据"河源唯远"原则，确定卡日曲为黄河源头。

国家邮政部门于2009年7月25日发行《三江源自然保护区》邮票，其中第二枚就是《鄂陵湖》。2015年8月23日国家邮政部门发行的《黄河》邮票第一枚是《大河之源》。

鄂陵湖

滚滚黄河发源于巴颜喀拉山北麓约古宗列盆地的玛曲，源头湖泊、小溪星罗棋布，水草丰美，甚为壮观。鄂陵湖和扎陵湖是黄河河源地干流上最大的两个淡水湖。在这有着"国家名片"之誉的邮票上给予了黄河之源最新的见证。

记得我在1998年7月28日，一行十人，从玛多出发，直奔黄河之源。这一路基本没有公路，经过之处遇到连连不断的深深浅浅的坑。对在这种路上开车，司机有谚语云："小坑往过冲，大坑闭眼睛。"意思是翻不翻车，听天由命。所以，人坐在车上直摇得五脏六腑乱翻。玛多至扎陵湖虽只有80公里，往返却走了9个多小时。车沿扎陵湖东岸，蜿蜒向扎陵湖、鄂陵湖之间的巴颜朗玛山极顶攀登。站在山顶最高处，沐浴着八面来风，有凌空欲仙之慨。极目四顾，奇观异景领略不尽。南望是澄蓝浩渺的扎陵湖水，汪洋一片，直望到地平线处。东望从巴颜朗玛山的草原延伸过去，可见鄂陵湖之一角。西望便是无尽的星宿海，在含着烟波的沼泽地里，大大小小的海子在夕阳的映照下，泛着点点银光。啊！这就是中华民族的母亲河黄河的源头。这时候，每一个登上山顶的人，都生出无法形容的神圣感。

"谁谓河广？一苇杭（航）之。""谁谓河广？曾不容刀（小船）。"《诗经》中这样的句子虽然描写的不是河源，但当你到了河源地区，看到从扎陵鄂陵二湖流到玛多的黄河细流，就会感到用这样的诗句形容，真是绝妙到无以复加。我们曾在离玛多县城不远的黄河第一桥附近盘桓，在平旷的沙滩上，黄河却是一股细细的小渠。同行者有人将两条腿跨在"渠"的两边留影，称之为"跨越黄河"。而当我们到了阿尼玛卿山东端"黄河第一曲"的玛曲时，黄河却已是宽阔深沉，需要用机动船摆渡了。黄河的变化实在是很神奇。

美丽神秘的长江源

文 / 周养俊

各拉丹冬

说长江，首先要说它的源头。2009年7月25日，国家邮政部门发行了《三江源自然保护区》邮票，长江源头即第一枚《各拉丹冬》。2014年9月13日，国家邮政部门发行《长江》邮票，第一枚《大江东去》，票图内容就有长江源头唐古拉山脉各拉丹冬山峰。

唐古拉山脉的各拉丹冬，位于格尔木市唐古拉山乡境内。藏语里"各拉丹冬"是"高高尖尖的山峰"的意思，它像一座父亲山，而它的儿女，就是它身下七十几条现代冰川的冈加曲巴冰川。这七十几条现代冰川提供了长江源源不断的冰川水，西南侧的两道姜古迪如冰川，像两把大钳子夹住了姜古迪如雪峰，而南侧较长一点的冰川，则是长江源头的真正所在地。这里冰峰常年积雪，被称为"固体水库"。邮票票面上的各拉丹冬山峰被厚厚的积雪覆盖，洁白的积雪在蓝天的映衬下泛出天蓝色，偶尔露出的山体呈黛青色，非常漂亮。

各拉丹冬雪山除主峰外，海拔6000米以上的山峰还有40余座，冰川覆盖面积790.4平方公里，有冰川130条。雪线高度北坡5570米，南坡侧各有一条弧形冰川，南支姜根迪如冰川，是长江正源沱沱河的发源地。有野牛、野驴、藏羚羊、雪鸡等珍禽异兽和水晶石，周围为优良的天然草场。

沱沱河发源于唐古拉山主峰各拉丹冬雪山西南侧的冰川中，长375公里，与当曲、楚玛尔河等共同组成长江江源水系。早在《尚书》中，人们就在讨论长江之源，明朝的著名旅行家徐霞客认为金沙江是长江之源，并著《江源考》一书论述。到了清朝，人们已认识到通天河，但依然无法确定长江正源。国家有关部门曾在1956年和1977年两次考察长江源头地区，在1977年的考察中，终于确定发源于各拉丹冬的沱沱河是万里长江的正源。

沱沱河从各拉丹冬的姜根迪如冰川发源时，是一些冰川、冰斗的融水汇成的小溪流，这时的水面宽只有3米，深只有20多厘米，然后向北流过9000米长的距离，在巴冬山下汇集了尕恰迪如岗雪山的冰川融水，经过一条长约15公里的谷地，继续向北，分成了两条宽4米和6米的小河，小河两边的谷地中还有许多密如蛛网的水流，这里是沱沱河的上源。在这片谷地的出口，河谷突然下切，形成了一条长约5000米的陡峭峡谷，高达20多米。河水在流出巴冬山后，先经过一片广阔的河漫滩，再经过一条峡谷，流到葫芦湖附近，急转东去。在经过了130多公里的流程后，河道变得开阔起来，在流到青藏公路的沱沱河沿时，它已是深3米，宽20—60米的大河了。

沱沱河从这里继续向东，到囊极巴陇时与当曲、布曲朵尔曲汇合，经过375公里，在这里形成宽30多米的大河，从这里起它的名字就叫通天河了。传说唐僧取经曾从这里经过，留下了一个神奇的故事。

长江源是一块神秘美丽的地方，景观十分壮丽，雪山冰峰，无垠的草地，蓝天白云倒映在河水中，美景令人心旷神怡。

澜沧江源头

文 / 吴建华

澜沧江是一条直立的大河。

自青海始,经西藏,穿云南,出国门,直抵老挝、缅甸、泰国、柬埔寨至越南,注入南海,全程长 4500 公里,中国境内河长 1612 公里,是条典型的外交河流。其源头,在青海省玉树藏族自治州杂多县西北,唐古拉山北麓的查加日玛西面 4 公里的高地,源头以下 1.5 公里处始有常流泉水。在群果扎西滩的西部有座山,山腰有一洞深不可测。传说曾有个藏族探险者拿着一团足有三斤重的毛线往里边放,线放完了还是未到底。有人说它有 50 公里长,到藏青交界处的锡卡山而止;有人说它有 400 公里长,直通西藏。站在洞口,能够感受到强劲的风在呼啸,干燥而寒冷,因没有障碍,被牧人称为"天然隧道"。

"群果扎西滩"在藏语里是吉祥水头的意思,其实是一片草原,草原四周群山上的许多小溪像倒悬在天际的珍珠项链,顺着冲激而成的冰槽汨汨而下,向着草原中部的群果扎西滩流去。这些小溪在群果扎西滩绕过 30 多个总面积在 1000 平方米左右的湖泊,顺其自然形成的小沟群组,游龙似的南来北往,迂回曲折,与滩上诸多泉水融会贯通,这就是澜沧江上游支流之多的原因。有名有姓的就达数十条,无名无姓的难以胜数。因而,藏民们管它叫"扎曲(意为水流众多)河"。

2009 年 7 月 25 日,国家邮政部门发行《三江源自然保护区》邮票,其中第三枚为《扎曲》,就是澜沧江源头区。

澜沧江横贯杂多全县,这里是"澜沧江源第一县",又因"冬虫夏草"体大质优,有"中国虫草第一县"的美誉,历史上是"古丝绸之路·青海道"必经之路。"青海道"也称"丝绸之路南路",属丝绸之路重要的组成部分。

扎曲

2013年8月15日,我去青海省旅游,查看了当地旅游景点,这里有唐蕃古道、文成公主庙、日月山、通天河等古丝绸之路景观,但随行的岳丈执意要先去看看澜沧江的源头。第二天,我们搭车去了群果扎西滩。一路上,老岳丈给我讲述,澜沧江是他心目中的一尊大神。澜沧江在他看来,始终是一条直立行走的巨人。

其实群果扎西滩是一片草原,正午的阳光打过来,有酒精洒在肌肉上的感觉。但气温较低,风力又大,依然使人哆嗦连连。望天,天蓝得让人窒息;看地,草原绿得使人心跳。各种叫不上名字的野花,在风中摇曳,一层层铺向了天涯。镜子般的湖泊,有的很像内地修筑的大寨田,小溪便是大寨田上的银色项链,银亮银亮地倒映着碧蓝的天空。就是这样的小溪水,汇聚成了一条直立行走的大河,头顶青藏高原,脚踏大洋南海,以其鲜明的个性,支撑着湄公河的坚毅与绵远,令人肃然起敬。

我的岳丈,举着袅袅烟支,徜徉在群果扎西滩的草原上。偶尔,自言自语。说:"啊哦,真是难得呀,难得!"

我问他,这里的景象与您当初的想象如何?他沉默不语,却忽然转身问我:"一个人的一生能够看完几条大河呢?"他使我忽然想起了"抱河而归"的话来,天地一派博大。老岳丈坐下来,似乎坐成了一尊雕像。他让我拍一张照片。我对着雕像,将整个澜沧江源头的吉祥水,关在其中……

千山之宗说青海

文 / 刘新中

青海省地处青藏高原东北部，古为西戎地，汉为西羌地，曾称西海、鲜水海、卑禾羌海，自十六国时期始称青海。

青海是个美丽而又诱人的地方，它的美丽，是沉默的美，是雄浑的美，是壮阔的美。2002 年 5 月 26 日，国家邮政部门发行了一套《青海风光》邮资明信片，其中第一枚就是《千山之宗》。说千山之宗，"宗"在汉语里其中一个解释为祖宗，一个解释为根本，千山之宗当然是众山的祖先，是众山的根。山从平地起，它的基本特征和属性为高大威猛。

千山之宗

青海的山是高大中之高大，威猛中之威猛。可以用一句话概括：巍峨昆仑山横贯中部，雄奇唐古拉山峙立于南，浩莽祁连山矗立于北。

若从太空俯瞰青海，就会发现，这三条山像突起的棱褶由西向东穿越全省，向境外延伸。昆仑山系横行 2500 余公里，被称为"亚洲的脊柱"。雄峙在青海南部的，是天下人都知道的唐古拉山和巴颜喀拉山（东段），是在 5000 米的高原上耸立起来的山脉。

高耸的祁连山系，西起与阿尔金山相连的当金山口，一路逶迤向东，直抵宁夏的六盘山。祁连山系是一道天然的长城，巍然屹立，以浑厚的身躯阻挡了来自塔克拉玛干沙漠和巴丹吉林沙漠的季风。形容山之巍峨险峻时，民间曾经有言：五岳归来不看山，华山归来不看岳。但比起青海的山，这些横亘在平川山原上的庞然大物，只能是饶舌的毛头小子，追逐时尚和潮流的才俊后生，在青海的大山面前，他们缺少了辽远与浑厚，缺少了静气与内敛，缺少了些大英雄气概。

青海的山摄人心魄，绝不仅仅因为它们摩天凌云，绵延千里，更因为它们深藏不露、蔑视尘世的气度与默默奉献从不索取的品质。

青海的山是宝贵的水源涵养地。众多雪峰、冰川融化成的雪水，年复一年地渗进草甸下漫流，聚成沼泽，流成溪水，再汇百川而成黄河、长江，一路东行，像摇篮似的抚育着中华民族。青海的山和中国的人文历史有血肉相连的联系。或者，换句话说，中国的历史、政治、文学、艺术许多都从青海的山里寻找精神、理想、灵感、寄托。

"青海长云暗雪山，孤城遥望玉门关。黄沙百战穿金甲，不破楼兰誓不还。"你会想到胡笳、狼烟、寒夜、孤星；想到那些与保家卫国背负民族责任相关的慷慨悲歌。

"横空出世，莽昆仑，阅尽人间春色。飞起玉龙三百万，搅得周天寒彻。夏日消溶，江河横溢，人或为鱼鳖。千秋功罪，谁人曾与评说？而今我谓昆仑：不要这高，不要这多雪。安得倚天抽宝剑，把汝裁为三截？一截遗欧，一截赠美，一截还东国。太平世界，环球同此凉热。"你会体味一代伟人毛泽东的胸怀，回肠荡气，追风惊月，一种豪壮撞击胸襟。

青海的山诞生了许多中国的神话。相传昆仑山的仙主是西王母，在众多古书中记载的"瑶池"，便是昆仑河源头的黑海。这里海拔4300米，湖水清澈，鸟禽成群，野生动物出没，气象万千。在昆仑河中穿过的野牛沟，有珍贵的野牛沟岩画。距黑海不远处，是传说中的姜太公修炼五行大道四十载之地。玉虚峰、玉珠峰经年银装素裹，山间云雾缭绕。位于昆仑河北岸的昆仑泉，是昆仑山中最大的不冻泉，形成昆仑六月雪奇观，水量大而稳定，传说是西王母用来酿制琼浆玉液的泉水,为优质矿泉水。另外,嫦娥奔月、白蛇传、西游记等神话故事都与它有关。道教混元派的洞府,还有驾高车、御神骏,远道来访的西周天子周穆王,又给后人留下了无穷的遐想。《山海经》和《禹贡》中对昆仑山的简约记述,更向世人展示了一个瑰丽而迷离的想象时空。

青海的山,是雄性的山。他们是马上挥刀、帐下饮酒的猛士,是冰冷的锋刃,是一腔热血抛洒疆场的伟丈夫。

青海的山,是精神的山,是神游八极、参悟天地的思想家,是孤傲冷峻的诗人,是仰望星空、上下探索的寻道者。

青海的山,是勇敢的山,是以性命和信念作抵押的探险家,是攀登的绳索,是临死也一直向前向上永不弯曲的手杖。

没有这些山,就没有青海;没有青海,就没有中国雄浑的历史和未来。

一万年前是这样,一万年后还一定是这样,青海的山哦!

《丝绸之路》邮票中的青海元素

文 / 朱文杰

2012年8月1日国家邮政部门发行的《丝绸之路》邮票,青海元素主要体现在出土的已有千年历史的唐代丝绸织品上。丝绸之路四枚邮票和一枚小型张上,下部边饰图案皆取自于此,五幅丝绸织品中青海独占其三,特别有代表性。

第三枚《神秘故国》邮票,下边饰图案取自唐代丝绸《唐黄地宝花刺绣鞯》。

神秘故国

1983年青海省都兰县热水乡血渭吐蕃墓出土,这件丝绸材料为绢质,长50厘米,宽35厘米,垫在马鞍下之鞯的残片,以黄绢为地。其上用白、棕、蓝、绿等色,采用锁绣针法绣出艳丽的唐草宝花。这件丝织品收藏于青海省文物考古研究所。

鞯,一件保护马背和防止马鞍滑动的"垫子",经一千多年埋藏,重见天日后仍能如此鲜亮明艳,精美彩丽,令人称绝。绣上所谓唐草宝花皆为中国传统吉祥图案。"唐草",即卷草纹,因盛行于唐代,故名唐草。其结构舒展而流畅,饱满而华丽,生机勃勃,反映了唐代工艺美术富丽华美的风格。"宝花",多指佛国或佛寺的花。《敦煌变文集·维摩诘经讲经文》:"若解分明生晓悟,眼前便是宝花开。""宝花"又名宝相花，与摇钱树、聚宝盆组成吉祥三宝，盛行于中国隋唐时期。相传它是一种寓有"宝""仙"之意的装饰图案，由植物花卉题材的纹饰构成，一般以某种花卉（如牡丹、莲花）为主体。宋咸《牡丹》诗云"宝花初烂欲连枝"，是以牡丹为宝花也。中间镶嵌着各种变形的其他花草蔓叶组成，显得富丽、圆润、庄严。

第四枚《西域胜境》邮票，下边饰图案取自青海省都兰古墓出土的《北朝黄褐地骑驼射虎文字织锦》。1983年出土，现藏青海省文物考古研究所。这件《北朝黄褐地骑驼射虎文字织锦》实际为一级文物"红地云珠太阳神锦"的一部分。

"红地云珠太阳神锦"长48厘米，宽28厘米，由三块残片缝在同一件幡上。专家从其色彩、构图风格分析，认为三块残片应是同一织物上的裁片。这件锦幡，为红地，上有云珠串成圆圈，以兽纹、花叶纹图案连缀穿插，环环相扣。日天圈内为一组六马拉车的群像，中央为交趾端坐的太阳神，后边的人物带有明显的胡人形象，却头戴汉唐式幞头。这表明，这个来自西方的图案已有所中国化。

西域胜境

邮票图案取其上部一块织锦狩猎图，主图为骑驼射虎。残片上绣织有"吉""昌"字样，可推断锦幡上原应织有中国汉字。

"红地云珠太阳神锦"为现存最早的锦幡残片，加之织有异域风格的图案，特色独具，堪称青海顶级文物之瑰宝。2002年，"红地云珠太阳神锦"成为国家文物局发布的《首批禁止出国（境）展览文物目录》中文物之一。

小型张下面的丝绸边饰，取自青海都兰大墓出土的唐代织锦《黄地连珠对鸟对兽织锦》。联珠纹是唐代织锦中最引人注目的外来纹样，被认为是丝绸之路上波斯艺术对东方丝绸影响最大的图案。

这件《黄地连珠对鸟对兽织锦》邮票设计者暂没有提供实物图片，但我们

交流

可以从专家对"青海都兰大墓出土的唐代含绶鸟织锦"的研究中,提到粟特织锦的特点,明白这件织锦,团窠环内均以对兽、对鸟的形式出现。团窠环的形状为连珠形,对兽、对鸟的足下均有形式较为统一的棕榈叶座,有的从棕榈叶座的中心向上伸出枝条组成生命树纹。

再有,团窠对鸟纹锦中两只立鸟的颈后系绶带,也就是织物中常提到的"绶带鸟"。绶带鸟纹图案在魏晋隋唐时期流行,这种形式是一种外来的美术元素。从考古文物所展现其分布范围看,在中国境内,这种图案样式散落在丝绸之路沿线地区。绶带鸟图案象征着帝王的神格化、王权神授,或者说帝王作为神再生不死的观念。

小型张下面的丝绸边饰铺陈绿色锦缎拉通压底,昭示了开辟丝绸之路的绿色和平理念与驾设友谊桥梁的文化交流,以及历史的伟大辉煌作用。

丝绸之路邮票每枚前下方都铺一段丝织品文物,也是丝绸之路的象征。其设计独出机杼,内涵因之丰富。

而这些被丝绸之路邮票选用的丝织品文物,其出土地之一的都兰古墓群,不光对青海,对国家及世界都是很重要的人类文化遗址。这里出土的文物见证了我国唐朝丝绸之路上中西文化交流的繁荣,是藏族文化、艺术领域一次重大的发现。

根据公布的数据，都兰县热水乡血渭吐蕃墓出土的丝绸数量共有350余件，未重复图案的品种达130余种。其中112种中原汉地织造，占品种总数的86%。

这些重大的考古发现，进一步证明了通过唐蕃古道和青海丝绸之路汉藏文化的广泛交流。交通的开拓以及唐文化的强大辐射力，使得汉地的器物制度和思想观念输入，也使得该地区文化经济得到极大的发展进步，成为一种历史见证。

魏晋南北朝时，河西走廊丝路古道受战争影响而受阻，通过青海境域到达西域的"丝绸之路青海道"遂成为中西交流的主干道。

另外，值得一提的是，丝绸之路邮票中的青海元素，还有青海北山土楼观。北山土楼观又名北山寺，位于青海省西宁市北山（土楼山）半山腰上，是涅中羌人为纪念东汉护羌校尉邓训在北山修建的"贤圣之词"，已有1800年的历史。北魏郦道元《水经注》记载："上有土楼寺，北依山原，峰高三百尺，有若削成，楼下有神祠，彤墙故壁存焉。"北山寺石窟享有"西平莫高窟"美称。北山土楼观属丹霞地貌造型，到这里可以观赏大自然鬼斧神工的创造力，将北山镌刻成一幅幅赤壁奇峰的丹霞奇观。

《黄河》邮票上的青海

文 / 骆延峰

黄河，发源于青藏高原的巴颜喀拉山脉北麓约古宗列盆地的玛曲，从西向东流经青海等 9 个省区，最后注入渤海。黄河是世界第五大长河，中国第二长河。青海作为黄河的源头地，那些美丽的风光都镶嵌在 2015 年 8 月 23 日国家邮政部门发行的《黄河》邮票的长卷中，第一枚《大河之源》就反映了青海的诸多元素。

《山海经》记载："西海之南，流沙之滨，赤水之后，黑水之前，有大山，名曰昆仑之丘……其下有弱水之渊环之，其外有炎火之山……此山万物尽有。"昆仑山，又称昆仑虚、

大河之源

中国第一神山，是中国西部山系的主干。西起帕米尔高原，横贯新疆、西藏间，伸延至青海境内，全长约 2500 公里，平均海拔 5500—6000 米。古人称昆仑山为"龙脉之祖""万山之宗"。昆仑山是青海省重要的自然区划界线。昆仑河源头的黑海，湖水清澈，鸟禽成群，气象万千。昆仑河穿过的野牛沟，还有珍贵的岩画；昆仑河北岸的昆仑泉，是一个不冻泉，一股清泉自地下喷涌而出，像一朵盛开的莲花，奔向滔滔的昆仑河。池中清澈的泉水万年不停地喷涌，严

冬也不会冻住。当地藏民视不冻泉为神泉，常常对着泉水膜拜。巍巍昆仑，仿佛在护佑着这条母亲河。

黄河从巴颜喀拉山北麓的约古宗玛曲发源后，首先注入扎陵湖。扎陵湖东西长，南北窄，犹如美丽的大贝壳，镶嵌在黄河上。扎陵湖水色碧澄发亮，黄河把湖面分成两半，一半清绿，一半苍白，有人也称其为白色的长湖。黄河奔流而下，在穿过鄂陵湖时，显得不慌不忙。鄂陵湖作为黄河上游的高原淡水湖，藏语又称错鄂朗，意为蓝色长湖，位于青海省玛多县西部的凹地内，与扎陵湖并称为"黄河源头的姊妹湖"。鄂陵湖形如金钟，东西窄、南北长，黄河自西南流入，湖水呈青蓝色。湖中盛产冷水性无鳞鱼类，湖心的小岛候鸟群集，形成青藏高原上的另一鸟岛。

在黄河源头，有一个美丽的名字——星宿海，它东与扎陵湖相邻，西与黄河源流玛曲相接。星宿海地区海拔4000多米。星宿海，藏语称为"错岔"，意思是"花海子"。这里的地形是一个狭长的盆地。唐宋以来，曾长期将星宿海称为黄河源头。元朝专使都实奉命查勘河源后，说河源在"朵甘思西部""有泉百余泓，或泉或潦，水沮如散涣，方可七八十里，且泥淖溺，不胜人迹，弗可逼视，履高山下瞰，灿若列星"，说的就是星宿海，直到清代才考察清楚真正的源头。

星宿海的无数湖沼在阳光照耀下，光彩夺目，如同孔雀开屏，十分美丽壮观。在星宿海碧绿的滩地上，紫色的高山紫菀、黄色的垂头菊、粉色的马先蒿、还有点地梅、报春花、紫云英等一丛丛，一簇簇；在山坡，野牦牛、藏羚羊等一群群任情游荡；溪流里，斑头雁、黄鸭拨水嬉戏，无鳞湟鱼成群游弋，真是美景天成。

到青海，就要去看看青海湖，特别是这里的油菜花，可谓风光不与四时同。金色的油菜花，犹如镶嵌在青海湖上的一道金色花环。青海湖是中国最大的内陆湖泊和咸水湖，湖的四周被四座巍巍高山环抱：北面是大通山，东面是日月山，南面是青海南山，西面是橡皮山。环湖周长360多公里。传说文成公主远嫁吐蕃赞普松赞干布时途经这里，将日月宝镜扔出，宝镜落地时闪出一道金光，便变成了青海湖。

黄河奔腾，雄壮的气势也为所经之地带来了前进的动力。龙羊峡水电站就成为黄河上游第一座大型电站。而李家峡水电站是继龙羊峡水电站之后的第二座大型梯级水电站，其雄伟壮观和现代工业气息，震撼人心。

巴颜喀拉山位于青海省中部偏南，旧称巴颜喀喇山，蒙古语意为"富饶的青色的山"。巴颜喀拉山藏语叫"职权玛尼木占木松"，即祖山的意思。地势高耸，群山起伏，雄岭连绵，景象恢宏。它是庞大的昆仑山脉南支的一部分。巴颜喀拉山脉是青海省境内长江与黄河的分水岭。

塔尔寺位于湟中县城鲁沙尔镇，又名塔儿寺。《黄河》邮票上最耀眼的就是塔尔寺了。它得名于大金瓦寺内为纪念黄教创始人宗喀巴而建的大银塔，藏语称为"衮本贤巴林"，意思是"十万狮子吼佛像的弥勒寺"。酥油花、壁画和堆绣被誉为"塔尔寺艺术三绝"。另外，寺内还珍藏了许多佛教典籍等方面的学术专著。每年举行的佛事活动更是热闹非凡，塔尔寺的酥油花雕塑也是栩栩如生。

西宁是青海省的省会，古称西平郡、青唐城，取"西陲安宁"之意。西宁是有着2100多年历史的高原古城，是"丝绸之路"南路和"唐蕃古道"的必经之地，素有"西海锁钥""海藏咽喉"之称。西宁历史文化源远流长，得天独厚的自然资源，绚丽多彩的民俗风情，是青藏高原一颗璀璨的明珠，也是中国黄河流域文化组成部分。如今的西宁，已今非昔比，在建设"一带一路"的新丝路中，已经成为一颗耀眼的明珠。

藏传佛教圣地塔尔寺

文 / 费秉勋

俗话说"外来的和尚会念经",但使人感兴趣的是,塔尔寺最初修建时所要纪念的人物宗喀巴,出生于青海省湟中县,不是"外来和尚"。他早岁负笈求学于西藏,成为学识渊博的人,这才使塔尔寺成了我国藏传佛教格鲁派(黄教)的六大寺院之一,与西藏拉萨的葛丹寺、色拉寺、哲蚌寺、日喀则的扎什伦布寺相并列。

塔尔寺位于青海省湟中县的鲁沙尔镇,纪念宗喀巴的大银塔修建于明嘉靖三十九年(公元 1560 年)。宗喀巴圆寂于 1419 年,是有名的宗教改革家。他在喇嘛教内力排巫术,严禁娶妻,别立一宗,成为藏传佛教中格鲁派的宗师。据说现在塔尔寺的主殿大金瓦寺,原来有一棵菩提树,这棵树是从宗喀巴出生时他母亲埋他的胞衣的地方生长出来的。宗喀巴的母亲就在这里修了一座小塔,后人改建为 11 米高的大银塔,所以这个寺院称为"塔尔寺"。塔尔寺是青海省首屈一指的名胜古迹和全国重点文物保护单位,自古以来即为黄教中心及佛教圣地。

我们一行人于 1998 年 7 月 30 日从西宁坐车去塔尔寺。在前一天晚上,大家就为第二天的参观做准备,看了塔尔寺的材料,知道此寺规模很大,有大金瓦寺、小金瓦寺、小花寺、大经堂、大厨房、九间殿、大拉浪等等。这天出发后,走到半路就下起了大雨,车停在寺前的广场上,人下车去自由参观。塔尔寺的参观方式和拉卜楞寺不同。拉卜楞寺大经堂要凭票参观,其他殿都是随便看;塔尔寺给各殿编了号写在票上,参观一个划掉一个。由于时间紧迫,看得非常仓促，真可谓"走马观花"。还是参观完各殿后，出来站在寺前，心境比较安闲了，才对大金瓦寺和寺外的如意宝塔细细地品味了一番。大金瓦寺的大基座是藏式的，而殿顶完全是汉式的，是三层檐歇山顶，上面一划覆盖着金瓦，金光耀眼，使人感到无比圣洁庄严。殿外的如意宝塔在塔尔寺非常显眼，白色的塔身托着尖尖的金顶，八个塔整齐的一字排开。据说八个塔是纪念释迦牟尼的八件事，分别为莲聚塔、四谛塔、和平塔、菩提塔、神变塔、降凡塔、胜利塔和涅槃塔。八个如意宝塔因为引人注目，足以成为塔尔寺的标志。

2000年5月5日，国家邮政部门发行了《塔尔寺》邮票，在方寸之间展示了如意宝塔、大金瓦殿、大经堂和班禅行宫。蓝天白云下，雄伟的建筑，金色的塔顶，雕梁画栋，犹如一幅幅美丽的唐卡。

如今，塔尔寺已经成为古丝绸之路上一个重要的旅游胜地，而借助于旅游，蕴含在这座神秘寺院的文化，也将会随着国家战略的丝绸之路经济带的建设，再现佛光，普照环宇。

如意宝塔

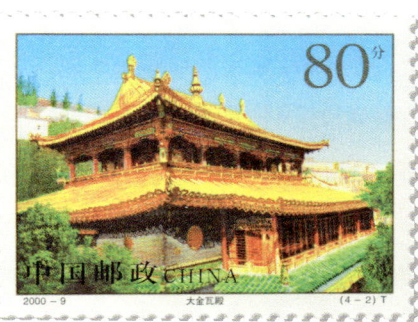

大金瓦殿

大经堂

班禅行宫

美幻青海湖

文 / 丁晨

阴山铁骑角弓长,闲日原头射白狼。

青海无波春雁下,草生碛里见牛羊。

元代诗人马祖常的这首《河湟书事二首》,以清新生动的笔调,既反映了青海高原一带英武雄奇的骑兵,又表现了青海湖水天一色,群鸟飞舞,草肥牛羊壮的生机盎然景象。

青海湖,它宛若一颗镶嵌在古丝绸之路上的蓝宝石,晶莹明澈、圣洁高贵、蔚蓝美幻;又像是一盏巨大的翡翠玉盘平嵌在高山、草原之间,构成了一幅山、湖、草原相映成趣的壮美风光和绮丽景色,令人心驰神往。

国家邮政部门于2002年7月20发行了《青海湖》邮票。青海湖神奇美丽的自然风光随着这一枚枚邮票向世人展现风姿,《湖畔》《鸟岛》《远眺》从不同角度折射出青海湖水草丰美的湖畔、鸟类的天堂和烟波浩渺、水天一色的青海湖全景。

青海省简称"青",因境内有全国最大的内陆咸水湖、国际重要湿地、国家级自然保护区的青海湖而得名。青海湖地处青海高原的东北部,被称为"高原圣湖"。这里地域辽阔,草原广袤,河流众多,水草丰美,环境幽静。湖的四周被四座巍巍高山环抱:东面是巍峨雄伟的日月山,南面是逶迤延绵的青海南山,西面是峥嵘嵯峨的橡皮山,北面是崇宏壮丽的大通山。这四座大山海拔都在3600米至5000米之间,犹如四幅高高的天然屏障,将青海湖紧紧环抱

湖畔

鸟岛

远眺

其中。从山下到湖畔，则是广袤平坦、苍茫无垠的大草原。青海湖，古代称为"西海"，又称"鲜水"或"鲜海"，藏语叫作"错温波"，意思是"青色的湖"；蒙古语称它为"库库诺尔"，即"蓝色的海洋"。青海湖面积达4432.32平方公里（青海省气象科研所卫星2015年监测数据），环湖周长360多公里，比著名的太湖大一倍还要多。湖面东西长，南北窄，略呈椭圆形。青海湖水平均深19米多，最深处为28米，蓄水量达1050亿立方米，湖面海拔为3260米，比两个东岳泰山还要高。由于这里地势高，气候十分凉爽，即使是烈日炎炎的盛夏，日平均气温也只有15℃左右，是理想的消夏避暑之胜地。青海湖水蓝得净，蓝得深湛，也蓝得温柔恬雅，那犹如蓝锦缎似的湖面上，起伏着一层微微的涟漪，美轮美奂。郦道元在《水经注》中描绘青海湖"水色青绿，冬夏不枯不溢。自日月山望之，如黑云冉冉而来"，向人们展示了青海湖是一片直达天际的云梦大泽、泱泱水国。

青海湖的西北隅，有两座大小不一，形状各异的岛屿，一东一西，左右对峙，傍依在湖边。远远望去，这两个岛屿就像一对相依为命的孪生姊妹，在湖畔相向而立，翘首遥望着远方。这两座美丽的小岛，就是举世闻名的鸟岛。鸟岛，因岛上栖息数以十万计的候鸟而得名。这里是斑头雁、鱼鸥、棕颈鸥的世袭领地。每年春天，斑头雁、鱼鸥、棕颈鸥等一起来到这里，在岛上各占一方，筑巢垒窝，全岛布满鸟巢。鸟岛是亚洲特有的鸟禽繁殖所，是我国八大鸟类保护区之首，是青海省对外开放的一个重要地点。每年 3 至 4 月，从南方迁徙来的雁、鸭、鹤、鸥等候鸟陆续到青海湖开始营巢；5 至 6 月间鸟蛋遍地，幼鸟成群，热闹非凡，声扬数里。此时岛上有 30 余种鸟，数量达 16.5 万余只；7 至 8 月间，秋高气爽，群鸟翱翔蓝天，游弋湖面；9 月底开始南迁。鸟岛之所以成为鸟类繁衍生息的理想家园，主要是因为它有着独特的地理条件和自然环境，这里地势平坦，气候温和，三面绕水，环境幽静，水草茂盛，鱼类繁多，是鸟类繁衍生息的天然场所。

国家邮政部门于 2002 年 5 月 26 日发行《青海风光》邮资明信片一套，其中第四枚《鸟之家园》，表现的就是鸟岛令人迷幻的美景。

美丽、迷幻的青海湖鸟岛，是鸟儿的乐园和天堂，也是青海高原的一大奇观。这幽美壮丽的鸟岛风光，这奇特的水禽生活，吸引无数的游人前来观光。为了保护鸟岛和鸟类的资源，青海省有关单位于 1975 年在鸟岛南部的布哈河正式成立鸟岛管理站；1980 年又将鸟岛划为自然保护区；现建为鸟岛国家级自然保护区，并列入联合国《国际重要湿地手册》，同时加入《水禽栖息地国际重要湿地公约》。

倘若西湖是江南美女的话，那么青海湖就是一位具有浓郁西部风情而又极具藏族特色勤劳善良的姑娘，她的名字叫卓玛。她的美，她的历史风韵，包含了文成公主的故事、王母娘娘的传说。在神话传说里面，人们就知道，青海湖是王母娘娘的西海，而且二郎神的兵器三尖两刃刀也是在这里炼就的！所以青海湖还蒙上了一层神秘的面纱。

青海湖，还有一个与时代挂钩的产物，那就是环青海湖"世界自行车拉力赛"。这种极具现代气息的体育赛事在青海湖展开，让闻名中外的青海湖更具魅力。

来到青海湖畔，仿佛听到了《在那遥远的地方》这首耳熟能详、优美动人的西部情歌。姑娘卓玛也许又转过身来回眸一笑了吧！那微笑永远在高原传扬，永远那样美丽、迷人。

赤岭日月千古情

文 / 韩怀仁

日月山，南北朝至唐代时叫作"赤岭"，是北魏和吐谷浑、唐和吐蕃的界山，因山顶砂土赤红而得名。2002年5月26日国家邮政部门发行的《青海风光》邮资明信片上，展示日月山风光的图片，就命名为《赤岭胜景》。

赤岭胜景

赤岭，地形险峻，战略位置重要，早在汉代时就已经是我国"丝绸辅道"的一大驿站；唐代时更是唐蕃古道的必经之路。

那么"赤岭"后来为什么又被叫成了"日月山"呢？这与一个美丽的传说有关。据史料记载，唐朝建立后，与边疆各民族和睦相处，各族首领纷纷派遣使者向唐朝求婚，唐朝先后有15位公主嫁到兄弟民族当中。当时的吐蕃赞普松赞干布，为引进文化、加深友谊、安定边境，在与唐朝建立友好关系后，派禄东赞到长安求婚。贞观十五年（公元641年）唐太宗应允了求婚要求，便将容貌美丽又德才兼优的文成公主许配松赞干布。

传说，文成公主将要离别长安的时候，皇后亲自送给她两面宝镜，一为日镜，一为月镜，说是有这"日月"两镜相伴，她往后的日月一定会更加光明。同时，如果她思念故乡和亲人，只要打开这两面宝镜，故乡的青山绿水就会有声有色地浮现在眼前，亲人的音容笑貌也会栩栩如生宛在身边。

文成公主行至赤岭，知道这里是大唐和吐蕃的分界之地，越过赤岭，就将离别大唐王朝管辖的土地，心中不由得便生出无限的眷恋与酸楚来。于是便拿出皇后赐予的"日月宝镜"来看。在镜中，她果然看到了长安的景色和亲人，思乡的泪水汇集成了一条河流，由东向西，一直流进了青海湖，就成了今天有名的"倒淌河"。尽管思乡思亲之情十分热切，但文成公主一想到自己身负着唐蕃联姻通好的重任，便决定把"日月宝镜"留在赤岭之上，以断眷恋之情，下定决心毅然前行。公主离开赤岭后，两面宝镜便在赤岭的山口南北，化成了两座状如人乳的山峰，峰顶平阔圆满，如同一轮太阳和一盘圆月，从此，人们便称赤岭为"日月山"，藏语称"尼玛达哇"，蒙古语称"纳喇萨喇"，都是太阳和月亮的意思。

从地理学角度看，日月山具有独特的地理价值和意义。《中国国家地理》称：日月山为南北走向，海拔3500多米，属祁连山的一个支系。它是青海省农业和牧业的分界线，是中国季风区和非季风区的分界线，还是青藏高原和黄土高原的分界线，更是中国河流内流区和外流区的分界线。青海境内日月山以东的河流均是外流河，以西的河流则是内陆河。

由于地理位置独特，所以构成的景色自然别具风致。这里山峦逶迤，峰峦岭峙，虽然气候寒冷却雨水充沛，山之两侧均生态优良，各呈其美。山之西边，苍茫的大草原广袤无垠，丰茂的牧草如同连天的绿毯，成群结队的牛羊和粗犷豪放的牧歌，把这片神奇的土地装点得如同仙境一般；山的东边是农业区，远远近近的村落里飘动着袅袅炊烟，层层叠叠的梯田，纵横交错的阡陌，以及绿如碧涛、黄似金海的麦田，实在是美不胜收，让人流连忘返。

为了纪念文成公主进藏和亲，赞扬她促进藏汉团结的精神，人们不仅将赤岭称之为日月山，还在日月山顶修筑庙宇，供奉文成公主塑像虔诚参拜。唐玄宗开元二十一年（公元733年），唐朝和吐蕃友好协商，约定以赤岭为两邦之分界，并树立界碑以为标志。界碑既明确了各自的疆域权属与责任，又表示了双方互相尊重的友好态度，成为民族和睦友好的象征。而供奉在分界岭上的文成公主像，更成了民族团结、血脉相连的最好见证。

柴达木雅丹林

文 / 杨雅雯

雅丹地貌，是一种典型的风蚀性地貌，专指干燥地区河湖相土状沉积物所形成的地面，经风化作用、间歇性流水冲刷和风蚀作用，形成的与盛行风向平行、相间排列的风蚀土墩和风蚀凹地地貌组合。在古代，这种地貌有着多种称谓。如东汉班固所著的《汉书·地理志》中称其为龙城、白龙堆和龙堆、北魏郦道元的《水经注》中对龙城的形成有这样的解释："先是有水拍其岸，然后又经受风的吹蚀，形成如龙的形状。"这一解释与现代学者的理论相近。

青海省柴达木盆地在 2.3 亿年以前是盐湖，即内陆的大海。距今 7500 万年前的第三纪，地球的造山运动开始了，地层变动，岩面露出，泥岩、粉砂岩和砂岩表面较为疏松，经风蚀，地表的沟槽形成，如传说当中的龙脊一般。后来遇到洪水侵蚀和风蚀的继续作用，逐渐形成了现在的雅丹林。

雅丹地貌

国家邮政部门于 2002 年 5 月 26 日发行的《青海风光》邮资明信片中，就有《雅丹地貌》。

青海柴达木雅丹林总面积约 2.1 万平方公里，平均海拔 3260 米，是迄今国内发现最大的风蚀土林群。

在常人眼中，这些形状各异的雅丹林，却似对人类想象的挑战，是对大自然鬼斧神工完美的注脚。

放眼望去，群集的雅丹林，方形似堡，固守沉默；柱形似塔，傲然挺立；

圆形似帐篷，步步成营，颇有千军万马驻足之势；锥形似鲸鳍在沙海上翩然群戏，又似海中千帆竞发，气势万千。仔细详勘，单独的形状，却又像飞马、象、狮、虎、驼等各种猛兽。风，造就了雅丹地貌的千姿万状，被造就的万状又形成了阻隔，在大风过境时，使风有了牵绊。千般不忍，万般无奈，似刀割，似斧劈，呼啸声此起彼伏，是雅丹林在风中呻吟的声音。夜晚，过路的商旅们听到了，说是魔鬼在哭泣。白日里，拼命赶路，想要尽早离开这片地区。而地下的矿藏，含着铁质，地磁强大，罗盘遇之，常常失灵。人们的心中竟是无望了。夕阳西下，雅丹地貌地表的盐碱矿射出光芒，五彩缤纷，竟有了海市蜃楼。人们飞奔而去以为终于看到了希望，岂料却是走向了沙漠的深处。商旅队伍久久走不出去，认为是魔鬼在作祟，渐渐地这里就有了"魔鬼城"的称谓。

反观雅丹林的形成，要从2.5亿年前的盐湖开始，经过沧海退却之后，才有了砂石的迭出。在距离柴达木雅丹林不远处，有一道贝壳梁，70米宽，2公里长，数以亿计的贝壳，同含有盐碱的泥沙凝结在一起，见证着曾经的碧波浩荡。

这长久的历程似乎超出了古人的眼界。

庄子把人与自然结合，讲究在顺其自然之中，遨游于天地之间。最初读《庄子》，觉得他浪漫，他笔下的种种，均出于虚构。而今看来，这些虚构之物却和这雅丹林有着共通之处。

经历盐湖变砂石，任由风吹，日晒，水蚀，千万年来无动于衷，任凭王朝更迭，历史变迁，统统与它无关，只是自生自灭，自成一体。然后，生长成林，蔚为壮观。

"朝菌不知昼夜，蟪蛄不知春秋。"和朝菌、蟪蛄比较，人的一生何其长久；若和雅丹林相比较，人的一世何其短暂。

商旅们一列一列，走过雅丹林，看那繁多的状貌，叹为观止，摘掉防风沙的头巾，喝些水，吃些干粮，继续上路。

若能够看透，就不会走这魔鬼城，明知艰难险阻，仍要去寻找通商的契机。

人的生命如此有限，比不得雅丹林。

梦中的各拉丹冬

文 / 韩怀仁

看到 2002 年 5 月 26 日国家邮政部门发行的《青海风光》邮资明信片中的各拉丹冬雪峰,我便想起了我到过的一个地方。

各拉丹冬

那里,天上飘着纷纷扬扬的雪花,地上堆着能将人埋没的积雪,左看是险峻奇绝的冰山,右看是晶莹剔透的冰宫。举目四望,冰塔林中,有高耸入云的冰柱、彩虹一般的冰桥,有神秘莫测的冰洞,还有鬼斧神工雕琢出来的冰斗、冰舌、冰沟、冰桥、冰草、冰针、冰蘑菇、冰钟乳……令人不可思议的是,在这冰雪的世界里,却奔跑着野牦牛、藏羚羊、藏野驴、高原兔等多种珍稀野生动物。银装素裹的山上山下,炎炎烈日照耀着,冰消雪融成一道道清澈明亮的小溪,潺潺溪水滋润着辽阔的草原,草原上盛开着五颜六色的野花,成千上万只蝴蝶在姹紫嫣红的花朵间翩翩起舞。罕见的黑颈鹤在熠熠闪光的冰柱林中惬意地飞翔,成群的牛羊在碧绿的草原上云朵一般轻轻地飘动。穿着美丽服装的藏族同胞跳着欢乐的舞蹈,数十名藏族青年骑着各色骏马在举行赛马大会,马儿像箭一样向着那些冰塔林奔驰,而且一边奔驰一边高呼:格拉丹冬!格拉丹冬……

"各拉丹冬"是藏语,意为"高高尖尖的山峰"。它位于青海省西南部格尔木市唐古拉山乡境内，是唐古拉山脉的最高峰，系由南北长达50余公里，东西宽30余公里，攒聚约50余条山岳冰川群所组成。各拉丹冬冰峰西南侧之姜根迪如冰川，是长江正源沱沱河的发源地，故这里亦被人们称为"长江之源"。

各拉丹冬雪山除了是长江的源头，它还是一个绝佳绝妙的旅游胜地。因为在它东面的山脚下，有一个面积约800平方公里的冰塔群，被当地人们称为岗加巧巴，意为"百雪圣灯"。

走近各拉丹冬冰川：那里有高达六七十米的冰塔林，高耸入云，一座挨一座，有的像擎天玉柱，有的如摩天水晶楼，有的似宝剑，寒气凛凛直刺云天；简直就是一座奇美无比的艺术长廊。有些冰塔底部经过融化，形成了许多干净而舒适的冰房，门前挂着由许多细长的冰柱构成的帘子，步入其中稍坐片刻就有一种温暖如春的感觉。造物主的神工鬼斧，实在让人叹为观止！

那些冰塔林，其形状真是千姿百态，有的就像雕刻大师精心雕刻而成的水晶塔，塔身在阳光的照射下，闪动着五颜六色的光柱，那些光柱纵横交错，让整个冰林仿佛变成了一个彩虹的世界。风儿吹过高耸直立的塔顶，立即就传出法铃一般悦耳动听的声音。有的冰峰简直就像玛瑙雕成的骏马的耳朵，两边对称和谐得实在让人拍掌叫绝。有的形状酷似恐龙和雪蛙。有的奇形怪状却让人无法形容。最神出鬼没的是，冰林深处有一座断体的冰塔，其残存的根部有个深深的裂缝，这个冰缝中竟能闪烁出灿烂的七色光，色彩缤纷，变幻莫测，引人入胜。究竟这是哪里来的光，竟无人能说得清。有人说是山神头顶的宝珠闪的光，有人说是龙宫里龙女颈上项链的晶光，也有人说是冰山仙女掌上明灯闪耀的灵光……

各拉丹冬，我虽然没能走近你身旁触摸你那纯洁晶莹的肌体，但是能在梦中畅游因望你而生的仙境，也让我感到非常幸福了。

新石器时代的马厂类型彩陶

文/高 鸿

陶器的出现是人类迈向文明的一大步,标志着人类在与自然斗争中获得了一项划时代的创造。陶器多为泥条盘筑,后进化到手工拉坯,质地更加纤细灵巧,外形精美,并配饰各种几何图形、人物、鸟兽、虫鱼、花草等。他们与岩画一样,是新石器时代具有独立性的绘画艺术,是人类史前极为重要的绘画创造。

马厂类型

国家邮政部门于1990年4月10日发行了《彩陶》邮票,其中第四枚为《马厂类型》,令人叹为观止。这件陶品出土于青海省民和县三家窑遗址,距今已有4300多年。那个时候,应该正是尧、舜时代,皋陶治陶,大禹治水,原始社会空前繁荣。这些状态从陶器上便可见一斑:彩陶壶上的神人纹作双臂上扬状,在神人纹的四周填上黍、粟类的种子,是描绘神人正在撒播种子。彩陶上出现这种类似农神、谷神的神人纹,是当时农业有了进一步发展的反映,难能可贵。

马厂类型文化彩陶分为早、中、晚三期。马厂早期陶器组合以彩陶双耳罐、小粗陶双耳罐为主。双耳彩陶壶体形矮胖,短颈侈口。长颈彩陶壶多直口,流行黑红两彩和锯齿纹,某些因素和半山陶器颇相类似。马厂中期彩陶数量大增,彩陶双耳罐数量减少,彩陶壶由肥变瘦,颈部逐渐加长,腹微内收。马厂晚期彩陶数量减少，彩陶壶更显瘦长，腹部内收明显，仅施淡淡一层红色陶衣而不饰彩的双耳壶非常多，出现了素面敛口瓮等新的器物和折肩的作风。陶器种类繁多，主要有壶、瓶、罐、碗、盆、杯等，以瓶和罐的数量为最多。马厂的器型大部分脱胎于半山类型，但有了进一步的丰富和变化，增加了一些新的器型，最具代表性的是单耳带鋬的筒状杯。马厂彩陶器的造型特点更像一个圆球体向下延伸出底部，马厂类型彩陶的最大直径一般在腰部。早期彩陶的花纹多承袭半山类型彩陶表达田园和土地的四圈纹，随后把四圈纹减成两圈纹，在另外两个侧面画上能够战胜水患、保护土地的蛙神纹。有些则全部画上了蛙神纹，而蛙神纹的画法形式非常繁多。有些常以抽象变形和解构的方法画成。

马厂彩陶主要以四大圆圈纹、变体神人纹、波折纹、回形纹、卦形纹、菱格纹、三角纹等纹饰呈现，其中四大圆圈纹和变体神人纹为马厂类型的重要特征。锯齿纹消失，前期承接半山的双彩四圈纹，后期出现蛙神抱双圈纹、蛙神纹及变体蛙神纹。马厂彩陶的绘画尤具特点，半山彩陶的锯齿纹被去掉，有的彩陶将红彩直接涂成底色，在底色上以黑色线条表现图案。其画法粗犷、豪放、大胆、雄浑，类似于写意画形式，从某种程度上可以说马厂彩陶的绘画是中国写意画的源头。

尤其引人注目的是，马厂类型的彩陶上出现了大量的墨绘符号，一般绘制在器物的下腹部无纹饰处，常见的有"○""×""卐""+""—"等形状，这些符号可能是当时一些氏族部落的记号，也可能是文字的前身。

马厂类型在整体上仍处于中国彩陶的繁荣时期，虽然在马厂晚期已有衰落的趋势。马厂类型的彩陶，是继马家窑类型和半山类型之后，在艺术上达到了一个新的创造境界的十分珍贵的远古艺术彩陶，它以高古、纯朴、豪放、神秘的艺术感染力震撼着我们的心。

青海民居：灵魂归属的地方

文 / 李彬

最近看到了一套 1989 年 4 月 1 日国家邮政部门发行的《民居》邮票，图案上的青海民居取材于青海省循化撒拉族自治县的民居题材，富丽堂皇而典雅。前房为高台阶平房，大门凹进，左右两扇窗户形式各异。后院的房屋为一楼一底，楼上有凸出的明式走廊。

青海民居

民居作为社会历史的活化石，不仅表现了一个民族的生活空间，也表现了一种生活方式和与这种生活方式相关的经济基础、意识形态。青海省地处高原，是汉族、藏族、回族、土族、撒拉族、蒙古族、哈萨克族聚居的地区。因地理环境、自然条件、建筑材料的差异，各地民居显示出不同的民族特色。青海民居文化主要是游牧文化特点的"帐篷"和农耕文化的"庄廓"。以帐篷为屋，这是青海牧民千百年来的居住形式。逐水草而居的游牧生产方式，决定了牧民的频繁迁徙和居无定所。帐篷这种易搭易拆，方便实用的居住形式便成为人们在生活实践中的主要选择。

帐篷由蓬顶、四壁、横杆、撑杆、橛子等部分构成，蓬顶正中是天窗，起通风采光的作用。天窗上有一块盖布，白天打开，夜晚盖上，可防止雨水和冷风直吹入帐篷内。蓬顶与四壁交界处的四角和四边的中部各缝有一根长绳,通常为八杆,称为"江塔"的绳,绳长七八米、十几米不等,一般是结实的牛毛绳或者是牛皮绳。帐篷四壁的底部还有若干小绳扣,用来牵钉橛子,一般隔三四十厘米一个。帐篷"门"大多是左右帐"壁"重叠合拢充当(其中一端,晚上用橛子固定,白天可撩起;另一端则始终固定),有时是一道可掀开的帘子,平时合上,进出掀开。

搭建帐篷选址很重要,一般要选水草充沛、易于放牧和生活的地方。比如"东如开放,南象堆积,西如屏障,北象垂帘"的地方,或者要选"靠山高低适中,正前或左右有一股清泉流淌"的地方。地址选好后,帐门朝东,这是遵循祖先传下来的习俗惯制。民谚云:人合伦理,帐门朝东。

相较于帐篷的流动,固定的"庄廓"更像一个家。"庄廓"一词为青海方言,庄者村庄,俗称庄子;廓即郭,字意为城墙外围之防护墙。青海庄廓院子看似简单土气,却有着深远的历史性和很强的实用性。由于青海地处偏远,气候高寒,长期的战乱和严酷的环境,造成了它独有的建筑风格。唐宋以来,青海战火连绵,烽烟不息,兵患匪患长期困扰百姓。明代伊始,建城堡,设驿站,屯兵移民为国策,所以"县有城池,村有堡子,户有庄廓",都是防御性很强的生活居所。一个完整的庄廓院,就是一个微缩的城堡,高约5米的土筑厚墙,不可随意逾越,严密厚实的大门栓以粗门划,即便有三五莽汉,些许兵匪,也奈何不得。紧急关头,上了房顶,便可居高临下,抵御墙外之侵。庄廓院的屋顶都是平顶,上房御敌行走如平地。俗话说,青海山上不长草,房上可赛跑,一点都不假。

青海典型的庄廓院,坐北向南,面积一亩左右。平面呈正方形和长方形,板筑围墙,厚约0.8米,高5米以上。南墙正中辟门,院内四面靠墙建房,形成四合院,以南北中轴线左右对称,中间留出庭院,可种植花木。受中国传统文化的影响,庄廓院内各方位的房子有固定的用途:北方为正房,亦称上房,面阔五间或三间,单坡平顶,前出廊,土木结构,明间安四扇格子门,次间、稍间各安花格子窗,窗下砌砖雕槛墙。北房在建筑时,台基略高于其他房基,用料、装饰及规模上格外讲究,前沿木雕装饰十分精美,内容有寿山福海,牡丹富贵，暗八仙等。花格窗也有多种图案，如八封套，步步锦，方胜扣等，很有特点。进了正房门，明间靠墙摆条几、八仙桌，两边为官帽椅，墙上挂古训字画，条几上置古瓶、镜架和铜制供器，显得古色古香，颇有耕读之风，可以看出，受中原文化的影响较大。

马克思、恩格斯曾说："人，创造环境，同样环境也创造人。"这句话高度概括了人对环境的主导作用，同时又强调环境对人的影响。青海民居房屋的特点就是根据不同的地理位置、气候、地形、风俗，以及人文生活习性来观照的。以青海湖为中心可以划分七个州，每个州的房屋特点也不一样。海东州靠近黄土高原降水少，房屋为砖木结构，屋顶是平的，可以在屋顶晒东西；海南、玉树、果洛、海北是牧区，有两种住房，毡房和建住房。毡房是可以搬动的，是由于牧业的生产方式决定的；毡房是牦牛毛做的，建住房为砖木结构。

记得住乡愁——这是对家最真挚的解读，也是对民居最诗意的诠释！

国家名片上的丝绸之路

丝路上的彩虹故乡

文 / 若星

彩虹的故乡，多么美丽的名字！

1999年10月1日，为迎接新中国成立50周年纪念，国家邮政部门发行的《中华人民共和国成立五十周年——民族大团结》邮票中就有《土族》。邮票上，一男一女两位青年，正在载歌载舞。那位年轻的女子，身穿小领斜襟长衫，胸前镶着胸花，腰间系着彩绸，足蹬绣着花朵的浅腰鞋，头戴"拉金锁"翻边毡帽，礼帽上还插着花。

这张邮票最吸引人的地方，是年轻女子服装的衣袖，土族人称之为七彩花袖，由红、黄、绿、青、紫五色彩布拼制而成。凡是去过土族村落的人都知道，在那里，人们经常会自豪地说，他们的服装，是照着天上彩虹的图案调配的，穿在身上格外醒目。因此，土族人将自己的故乡称为"彩虹的故乡"。

土族

彩虹象征着平安和好运，所以每一个土族人都会把它当作吉祥物。蓝色，象征着蓝天；黄色，象征着秋天丰收的季节；黑色，代表了土地；还有红色象征着太阳；绿色代表的就是田地里的庄稼苗，而白色象征着天上的白云。

有首土族歌曲《美丽的阿姑》唱道："向着高高的蓝天看，美丽的彩虹挂天边，那不是彩虹挂天边，是土族阿姑的花袖衫……"

很久很久以前，在土族聚集的地方，流传着一首凄美的叙事长诗《拉仁布与吉门索》。这部被称为"中国叙事长诗中的明珠"的民间文学作品，长达300多行，用生动形象、深沉悲壮的语言及讲唱的形式，记述了穷人拉仁布和牧主的妹妹吉门索的爱情悲剧。通过对一个爱情悲剧故事的生动细腻描写，向黑暗的封建社会提出了有力的控诉，是一部现实主义和浪漫主义相结合的典型作品。

传说美丽善良的土族姑娘吉门索，爱上了给她哥哥放羊的长工拉仁布。他俩在共同放牧的劳动生活中产生了爱情。两人在山上撮土为香，拜天地结为夫妻。吉门索的哥嫂财迷心窍，当他们知道这件事后，百般阻挠，对吉门索进行打骂，并把她锁在家里，不准他和拉仁布见面。为了断绝吉门索的想念，她的哥哥还残忍地杀害了拉仁布。

当人们按照土族习惯火化拉仁布时，烧了三天三夜也没烧着。吉门索听到消息后挣扎着到了火葬场，她把自己的耳环、手镯等一一扔到火中，可尸体仍旧烧不着。吉门索忽然醒悟，她悲愤地唱道："你不着来我知道，盼我和你一块烧；五尺身子舍给你，一块烧到天荒和地老。"唱完，跳入火中，火立即烧了起来，尸体很快化为灰烬。狠心的哥哥把他俩的骨灰分别埋在沙河的两岸，三年后两岸各长出一棵合欢树。狠心的哥哥又将树劈成柴烧，火点燃后化为了一道绚丽的彩虹。美丽的彩虹横跨天际，美轮美奂，闪烁着耀眼夺目、摄人心魄的光彩，所见者，无不动容，流下了滚滚的热泪。

这凄美的爱情故事，演绎了彩虹故乡来历的又一个版本。

土族，是中国人口较少的民族之一，总人口约29万左右，目前世居青海省境内的土族约占中国土族总人口的85%。

土族是青海高原最古老的民族之一，是源于马背上的一个游牧民族。据考证，土族是吐谷浑的后裔，4世纪初在青海省东南部地区繁衍生息，历史上长达300多年的青海吐谷浑王国就是他们建立的，成为中国历史上割据时间最长的地方政权之一，并对青海高原灿烂的文化，对促进东西方交流的沟通、经济文化的发展交往曾有过重大贡献。中国土族集中分布在青海省互助土族自治县、民和回族土族自治县、大通回族土族自治县，以及黄南藏族自治州的同仁县和海东市的乐都县，在甘肃省也有一定的分布。全民信仰藏传佛教。

日月轮转，时事推移，逐渐地，土族从一个主要从事畜牧经济的民族，发展成了一个以农业经济为主，兼营畜牧业和手工业的民族。由于河湟一带原有的农业基础较好，加之中原先进耕作技术的不断传入，促进了该地区土族农业经济及与之相伴随的手工业（如酿酒、纺织等）的发展。

如今，当我们来到地处青藏高原与黄土高原结合部、北依祁连山脉达坂山的土族人聚居的村落时，会欣喜地看到，这个地理位置十分优越的古丝绸之路必经之地，自然生态环境独特，民族特点突出。长期的历史积淀，形成了土族特有的文化渊源，民俗文化底蕴深厚，有着鲜明的地域特色和民族特色。其原始纯朴的文化底蕴和风格迥异的民俗风情，已然成为丝绸之路文化交流和发展的基础。

黄河水浇灌出的"花儿"

文 / 若星

在奔腾万里，横贯祖国大地的黄河母亲河上游，在青海高原东部边缘，有着一个令人神往的地方。那里，巍峨的小积石山环绕四周，一块块碧绿的农田，映着清澈的蓝天，一片片果林掩映之下，村庄错落，阡陌相连。那里，被称为黄河流域最美的河段，是撒拉族聚居的地方。

撒拉族，是在黄河水的浇灌下唱着优美"花儿"的民族，有着自己辉煌文化的民族。撒拉族约10万人口，是中国信仰伊斯兰教的少数民族之一，主要聚居在青海省循化撒拉族自治县和化隆回族自治县黄河谷地，以及甘肃省积石山保安族东乡族撒拉族自治县大河家乡一带。还有部分撒拉族散居于青海、甘肃、新疆等地。

关于该民族的起源，撒拉族地区流传着这样一个动人的故事。很久以前，在中亚撒马尔罕这个地方，有尕勒莽、阿赫莽两兄弟，在族人中很有威望，但却遭到国王的嫉恨。于是，他们告别故土，率领着族人，去寻找新的乐土。一路上，他们翻山越岭，先是到达新疆维吾尔自治区。又沿着天山北麓到达嘉峪关，经河西走廊到秦州（甘肃天水），辗转到了甘肃夏河甘家滩。之后，经天山南麓入青海省，沿着青海湖西岸西行。一行人翻过孟达山，跃上奥图斯山时，天色已晚，驮着经卷的骆驼忽然不见了。他们只得点起火把四处寻找。终于，在黎明的晨晖中，人们发现自己正站在一处绝美之地：土地平衍，清流纵横，山林环绕。在一处清泉边，他们看见了走失的骆驼正静卧在泉水溪流中央，两顶驼峰突出水面，石峰上放着《古兰经》。人们悲喜交加，一边畅饮清泉，一边取出所带故乡的水土，与当地水土比对，竟是完全相同。于是，一行风尘仆仆、历尽艰辛的人们，便在这个地方定居了下来。

这正是700多年前的故事了。随着时代变迁，撒拉族人口不断增加，生活也越来越好。当你的足迹到达撒拉族人的居住地时，却一定会惊喜连连，这里会给你留下一个清新的、迥然不同的感觉。

首先，这里独具风格、数不胜数的清真寺建筑，举目便可望见。在700多年的历史岁月中，撒拉族的建筑文化，与中国传统文化交汇、重组、互补、渗透、融合，形成了中国宫殿式建筑，以间为单位，连接房座，再以房楼组成清真寺建筑群。这些清真寺，飞檐瓦顶，翘角攒尖宝瓶脊，还有的呈中直式穹窿。布局严谨，东西向轴线格局，以阿拉伯建筑技艺装饰绘画。

当你漫步在撒拉族居住区域那整洁平直、屋舍俨然的街区时，抬头举目之间，如果有飞檐翘角、宝瓶凌空的顶端，或静雅的花格扇门，或松竹花卉、龙狮鹿鹤浮雕的精美建筑映入眼帘，那就是撒拉族人的清真寺了。

撒拉族人喜爱并擅长园艺，走进撒拉族人的村庄，就像走进了百果园，桃、梨、杏、苹果、葡萄、核桃……应有尽有。

撒拉族还是一个善于歌唱的民族，在撒拉村庄，你总是会听到飘荡在这里的优美悦耳的歌声。他们用民歌的形式唱述历史故事、民间传说，有的歌颂撒拉族沧海桑田的坎坷历史，有的赞颂撒拉族人与大自然的融洽与融合……最为动听的，是那婉转悠扬的撒拉"花儿"，四句一段，带着颤音的音调，在银光闪闪的撒拉族民族乐器"口弦"的伴奏下，回旋在耳边，令人如痴如醉。

1999年10月1日，国家邮政部门发行了《中华人民共和国成立五十周年——民族大团结》邮票，其中第三十五枚就是《撒拉族》。

邮票的画面上一男一女两位撒拉族青年，女的包着翠绿色的盖头，穿着雪青色的大襟衣衫，外面套着深紫色的坎肩，下身着宽大的蓝色绸裤，滑腻飘柔，脚上穿着淡紫色的布鞋，鞋尖上翘。男的戴着白色的六牙帽，身着白色的汗褡，腰系斑斓的绣花腰带，外面套着黑色坎肩儿。女的身段窈窕柔美，男的体魄强壮，都有着深深的眼窝、高高的鼻梁，肤色白皙，双眸又黑又亮。姑娘坐着，斜倚着一个大大的篮筐，篮筐中冒尖地满满地盛放着一枚枚硕大的水果，喻示着撒拉族人民美好甜蜜的生活。

邮票的画面上姑娘左臂伸起，弯在脑后，右手拿着口弦，仿佛正在吹奏着悠扬的乐曲；那位男青年似乎在合着口弦发出的旋律，边唱边舞。他们在唱着什么呢？一定是撒拉"花儿"了。《孟达令》《撒拉大令》《水红花令》……每一首撒拉"花儿"，都是那么高亢嘹亮，婉转抒情，别有风格，宛若天籁的"花儿"仿佛从天边飘来。

撒拉族

撒拉族服饰一朵花

文 / 张志春

来青海两趟,方晓得这里的少数民族聚居区占全省总面积的 98%,有藏、回、土、撒拉、蒙古等 5 个世居少数民族,为青海独有或主体的是土族与撒拉族。1999 年 10 月 1 日国家邮政部门发行的《中华人民共和国成立五十周年——民族大团结》邮票中,就有展示。让我们一睹撒拉族服饰。

撒拉族

早在 20 世纪 60 年代,一曲《新循化》就唱遍了青海各地。歌词中一句"白丝布汗褡青夹夹",似乎成为"尕撒拉"的代名词。在春夏时节,撒拉族男子爱穿白丝布汗夹夹。清龚景瀚《循化志·卷七·风俗》中有:"临娶又送红梭布一对,绿梭布一对,蓝布裤料布一匹,蓝布裙料布一匹,桃红布主腰料一匹;富者被面料布二匹,裤里料白大布二丈……新妇耳戴大耳环,如钩,或重至一两,头上戴银花及银冠子,身穿红绿布服或绸缎,多为汉制,脚穿布鞋,青底红身。"可知当时新嫁娘服材为梭织布与绸缎。梭织布为家家纺织所出,绸缎为中华独有的精美服饰素材;其色彩为红绿蓝三色,红象征太阳与火,绿是丰盛的大地与绿洲,蓝是空阔无垠的蓝天,这让我联想到中华民族更为悠远而厚重的服饰传统。当一个民族将更为博大的想象共同体，将天地日月符号化浓缩在自己的服饰之上。那么，这样的民族胸襟是怎样的宽广，这样的民族目光是如何的高远呢？有两首民歌里唱到了撒拉族服饰：

  阿里玛，才十八，

  头上戴的是绿盖头，

  身上穿的是青夹夹，

  脚上穿的是绣花鞋，

  阿里玛，一朵花。

  大力架牙豁里过来了，

  撒拉的艳姑哈见了；

  撒拉的艳姑是好艳姑，

  脚大手大者坏了；

  脚大手大是耍谈嫌，

  走两步大路是干散。

  早在临夏回族自治州举办花儿会的时候，我就被这穿透地气的原生态歌咏强烈地震撼了。那一声声高亢悠远舒缓，你此时此刻丝毫想不到旋律呀节奏啊辞藻啊，直面而来的是高山瀑布，是掠耳春风，是生命的震颤，是血液的奔流……它与陕北民歌有相似之处，但舒缓处更舒缓，仿佛一缕云丝穿山谷而出，悠然攀绕，渐渐升高凌顶向着蓝天浩渺飘逸；凄凉处更凄凉，痛绝处失声断气如泣如诉如悲啼。而这首却欢快顺畅，说的是两个临夏人翻过大力架山，进入循化境内，看到迎面而来的撒拉族艳姑即兴的对唱。特别是两人对艳姑天足针锋相对的评论饶有趣味。一个是否定的，觉得天下女子都裹脚，独这里的大手大脚像什么话，自然认为坏了；一个却是欣赏的，认为这样走路才潇洒。是呀！在这长河落日大漠孤烟的辽阔天地里，裹成小脚蹒跚而行，不是病态的折磨又是什么呢？哪里比得上天足昂首阔步的自在呢？原先在《皇清职贡图》里看到过如此这般的图像叙述，没料到民歌也精准有趣地印证了这一点。

  初居循化地区时，撒拉族服饰还保留着中亚风貌，男子一般头戴卷沿羔皮帽，脚穿半腰皮靴，腰系红棱布的"裕木夹"（类似于维吾尔族的袷袢）。女子则头戴赤青的缫丝头巾。渐渐地入乡随俗，影响周围也吸收周围，男子宽大的短衣与长衫也随处可见，富人的丝绸也披挂在身了。中年妇女裤脚拖地，鞋尖翘起，绣花并缀以丝穗。而仪态万方的姑娘们自是色彩斑斓，美不胜收。20世纪20年代以来，女性又沿用回族的盖头。但总体说来，他们不欣赏特别前卫的服饰，不提倡紧窄瘦小，不允许袒胸露臂，更制止暴露羞体的服饰。服饰颜色上一般喜黑白蓝灰而恶黄红等色。20世纪80年代以来，服饰开始步入一个新的阶段，面料、色彩、款式都有了新的拓展。

我知道，过去一家人的服装全都在女性的两只手上，高档的皮装或可请专门的裁缝。现在这里却也像内地一样，都变化为在商店里选择，而不是母亲亲手缝纫。倘若远行，"慈母手中线，游子身上衣"的吟咏便成了遥远的回忆和形式的诵读，岂不是一种文化的缺失与遗憾？

土族服饰的意味

文 / 张志春

在我看来，土族妇女戴喇叭口形翻檐帽子，穿斜襟、镶边开衩的长袍，高腰皮靴……既是别致的，也是有意味的。它的每一款式每一色彩都有根有据、源远流长。1999年10月1日国家邮政部门发行的《中华人民共和国成立五十周年——民族大团结》邮票中，就有土族的美丽服装。

土族

土族的花袖衫又叫五彩袖或七彩袖，土族语称秀苏。什么来历呢？说道就多了。或说是土族先祖可汗布勒为给妻子制衣时采天上彩虹缝制而成；或说是土族美女腊月花教同伴练武，弄破了袖口，这时天现彩虹，心灵手巧的她便仿拟彩虹，以五颜六色的布绸补缀袖口；或说很久很久以前，有一只受伤的七彩鸟落于村野，遇一位善良村姑精心呵护而痊愈。为报答救命之恩，临行前，七彩鸟拽下身上的羽毛，并根据羽毛上的颜色，教会了土族阿姑制作秀苏；当时一位画家说叫太阳袖，阳光是七彩的嘛。我想这样叫很美但太现代了，牛顿用三棱镜折射析出阳光七彩，与土族七彩袖的文化链如何对接呢？有一首土族古老的歌谣《杨格喽》，唱的就是秀苏：

阿依姐的衣衫放宝光，天地妙用都收藏。

红白蓝黑紫绿黄，万物全靠它生长。

不只是秀苏，还有扭达呢。扭达就是土语所说的头饰。扭达富丽堂皇，有人说像凤冠霞帔的皇后头饰。女性的扭达品类繁多，如适格扭达，像簸箕；捺仁扭达，形似三箭直立；吐浑扭达，近似圆饼，据说这是最古老最高贵的一款，甚至有学者考证它好像是吐谷浑王后所戴的呢。关于扭达，民间就有一个传说。

相传很早很早以前，土族有一个天仙一样美丽的姑娘叫腊月花。她有美丽的容颜，她有柔美的舞姿，她有清脆的歌喉。莫日和尼达兄弟俩不约而同地相中了她，但她只爱尼达一人。莫日一而再再而三暗害弟弟，未能如愿。结果二人都喝了毒龙水，莫日变成妖怪巨蟒，尼达变成了心还是热的石头。巨蟒竟想凭妖法来强娶腊月花。腊月花则受石头请扭达除巨蟒的暗示，和村里16个姑娘制作各种各样的扭达来应对。迎娶之时，腊月花扮新娘，16个伙伴扮陪嫁者，都戴上漂亮的扭达。巨蟒见状喜滋滋急切上前时，只见腊月花一低头，簸箕形的扭达一抖，藏在里边的灰就扑飞下来，眯住巨蟒的眼睛。巨蟒情知上当，急吐毒液，可那16个姑娘急迎上前，以马鞍形的扭达接着毒液，使之从两边流了下去；那妖怪恼羞成怒，狂扭乱跳，却被那藏在漏瓦槽形扭达里滚落而出的小豆滑倒在地；说时迟那时快，又有两姑娘头顶圆盘形扭达将磨盘砸在巨蟒头上；紧接着，那戴三把尖刀扭达和犁铧扭达的姑娘头猛一低，锋芒便刺穿妖怪的心脏。聪明勇敢的腊月花和女伴们除害，也使扭达赢得了人们的喜爱和珍重。

然而，学者对于纽达的由来却有另一种说法。他们认为，古代土族妇女能征善战，勇敢顽强。后来土族逐渐定居放牧，以至过渡到以农为主，兼营畜牧业，妇女们便将战袍、头盔，甚至兵器装于头饰上，这就是"纽达"。只因"纽达"太重，所以戴上后不能左顾右盼，只能连身子一起转动，十分不便。土族妇女在回归家庭后，繁重的农业生产和家务劳动不再适宜身着古装，"纽达"也不可避免地经历了由繁到简的演变。说起来，不只是扭达，就是项圈，也与这个传说密切有关呢。话说当时为了惩治巨蟒，救出尼达，腊月花和姐妹们发明了安召舞，还将一条铁链挂在了巨蟒的脖子上。而这铁链就是土族项圈的雏形。

2008年夏天，我们到互助土族自治县考察的时候，土族婚礼作为旅游节目展示了特殊的程序。我们一行为"新郎"，都被编织在互动型的"婚礼"仪式之中。看看身边的"新娘"，一个个如同春风中轻颤的花枝，清爽新美。她们头戴织锦翻边的花帽，头发梳成两个从头顶到辫梢，由红、白彩珠串联起来，辫梢连绣花辫套，辫子垂至膝盖以下。花袖短衫，长裤，布彩带，裤子膝下是套红的贴弯，绣花鞋。我们则被主持人安排换穿绣花高领的白褐衫，戴白毡帽，外套黑色坎肩，腰系绣花长带，穿大裆裤，系两头绣花的长裤带。或许准备不足，或许担心我们不能接受，没系花围肚，没有小腿扎黑虎下山（上黑下白）的绑腿带，也没让穿有绣花图纹的拉云子花鞋。刚刚穿戴齐备，掌声响起来，美酒斟上来，花儿唱起来，身姿舞起来……身临此境的此时此刻，你才会深深地体会到，为什么土族如此能歌善舞。因为，只有这样的服饰造型才能在舞蹈中得以显现，只有这样的舞蹈才会演绎出如此精美的服饰。

"世界屋脊"飞彩虹：康藏青藏公路

文/丁晨

2014年12月25日是被称之为天险中的"天险"、"世界屋脊"上的彩虹——举世闻名的康藏公路（1955年西康省被撤销之后，改称川藏公路）、青藏公路通车60周年纪念日。

1950年初，解放军奉命进军西藏，完成祖国统一大业的历史使命时，毛泽东主席指示进藏部队："一面进军，一面修路。"11万人民解放军、工程技术人员和藏汉同胞以高度的革命热情和惊人的战斗意志，用钢钎、铁锤、铁锹、镐头和炸药等简陋工具，劈开悬崖峭壁，降服险川大河，克服了人间难以想象的困难，开始了气壮山河的修筑康藏公路、青藏公路的浩大工程。

青藏公路现在是世界上海拔最高、线路最长的沥青路面公路，也是目前通往西藏里程较短、路况最好且最安全的二级干线公路。沿途草原、盐湖、戈壁、高山、荒漠等景观，丰富异彩。青藏公路，一年四季通车，是5条进藏线公路中最繁忙的公路，被誉为"世界屋脊苏伊士运河"。

青藏公路全长2100公里，翻越海拔4837米的昆仑山、5800米的唐古拉山和可可西里及壮美的藏北草原。平均海拔4500米以上，共修建桥梁60多座，涵洞474座。在这至美的景观中，其间多年冻土地带密集，严重高寒缺氧，生态环境脆弱，在世界上堪称独一无二，也是筑路建桥必需解决的世界难题。由于当时的施工条件简陋和自然条件恶劣，青藏公路建设标准较低。因而，这条公路通车后病害不断，国家曾多次进行整治和改建。1975年开工的青藏公路改建工程，是世界上尚无先例的高寒冻土区铺设黑色路面工程，是中国公路史上规模最大的工程。西宁至格尔木段于1978年完成改建工程。1985年8月，青藏公路全线黑色路面铺筑工程基本竣工，大大提高了运输效率，行车密度明显提高，最高车流量每昼夜达3000多辆，行车时速由每小时20公里提高到60公里。

青藏公路是西藏与祖国内地联系的重要通道，承担着西藏85%以上进藏物资和90%以上出藏物资的运输任务，在西藏经济发展和社会稳定中发挥着重要作用，被誉为西藏的"生命线"。

1984年12月25日，为纪念青藏公路和川藏公路通车30周年，铭记中国人民解放军的光辉业绩和巨大牺牲，由时任中共中央总书记胡耀邦题写碑名的"青藏川藏公路纪念碑"在西藏拉萨市建立。碑文中写道："新中国成立之初，为实现祖国统一大业，增进民族团结，建设西南边疆，中央授命解放西藏，修筑川藏、青藏公路……川藏、青藏两路，跨怒江攀横断，渡通天越昆仑，江河湍急，峰岳险峻。十一万藏汉军民筑路员工，含辛茹苦，餐风卧雪，齐心协力征服重重天险。挖填土石三千多万立方，造桥四百余座。五易寒暑，艰苦卓绝。三千志士英勇捐躯，一代业绩永垂青史。三十年来，国家投以巨资，两路几经改建。青藏公路建成沥青路面。高原公路，亘古奇迹。四海闻名，五洲赞叹……"

1956年3月30日，国家邮政部门发行了《康藏、青藏公路》邮票，一枚是康藏公路、青藏公路紧紧依傍着冰雪覆盖着的高山，逶迤险峻的画面；另一枚是康藏公路上飞架在大渡河上的雄伟的钢索吊桥景象；第三枚是以雄伟壮丽的布达拉宫为背景，1954年12月25日西藏拉萨人民庆祝康藏、青藏公路胜利通车的热烈场面。

康藏、青藏公路

　　大渡河钢索吊桥　　　　　　　　庆祝公路通车

　　60年了，今天我们观赏着这有特殊意义的康藏、青藏公路邮票，怎能忘记当年修筑和改建川藏公路、青藏公路的英雄壮士及英勇献身的3000多位先烈们。他们每一个人的名字是国人永志不能忘记的。

　　60年来，一条大道，一代英灵之精神和业绩，将永远鼓舞今日中华儿女为实现中国梦而英勇前行！

"世界屋脊"展"天路"：青藏铁路

文 / 丁晨

"一条条巨龙翻山越岭，为雪域高原送来安康。那是一条神奇的天路，带我们走进人间天堂。"这首传遍大江南北、神州大地的歌曲《天路》，形象生动地反映了藏汉各族同胞欢庆青藏铁路建成通车的喜悦和赞美之情。

被誉为"天路"的青藏铁路东起青海西宁，南至西藏拉萨，全长1956公里，是实施西部大开发战略的标志性工程，是中国新世纪四大工程之一。

青藏铁路开工纪念

2001年6月29日，是西藏各族人民永远难忘的日子，举世瞩目的青藏铁路二期工程开工典礼，在青海省格尔木市和西藏自治区首府拉萨市同时举行。国家邮政部门为纪念青藏铁路开工建设，于2001年12月29日专门发行《青藏铁路开工纪念》邮票小型张一枚。自青藏铁路开工建设以来，10万建设大军，5年征战，在地球之巅，攻克、战胜"多年冻土、高寒缺氧、生态脆弱、天气恶劣"四大世界性难题。建设者日夜奋战，穿越戈壁昆仑，飞架裂谷天堑，横穿千年冻土，翻过唐古拉山，将一个个奇迹定格在青藏高原，建成了世界海拔最高、最长、最先进的高原铁路——青藏铁路。2014年7月，青藏铁路的延伸线——拉萨至日喀则铁路建成通车。据专家称，未来西藏有望建设两条日喀则至尼泊尔边境的铁路线，作为国家战略"一带一路"的组成部分。

在"生命禁区"挑战极限，青藏铁路首创了旅客列车供氧系统，采用弥散式和分布式相结合方式，解决旅客高原缺氧问题。弥散式供氧可使车内氧浓度达到23.5%—25%，在翻越海拔5072米的唐古拉山时，旅客吸入氧气量相当于海拔3600米以下。分布式供氧可使氧浓度达到38%—47%，旅客吸入的氧气量相当于海拔1800米以下。

青藏铁路的施工要穿过青藏高原上的两个自然保护区——三江源自然保护区和可可西里自然保护区。这里被世界自然基金会列为"全球生物多样性保护"的最优先地区。建设者珍爱青藏高原一山一水、一草一木，青藏铁路施工场地、便道、砂石料场的选址都经反复踏勘确定，尽量避免破坏植被；在施工时采用逐段移植的方法，进行人工培植草皮。在全国工程建设中首次引进环保监理，首次与地方环保部门签订环境保护责任书；在铁路建设史上首次提出"创质量环保双优"的目标；首次为野生动物开辟迁徙通道，不惜耗费巨资两次停工为藏羚羊让道。位于可可西里国家级自然保护区的清水河特大桥，就是青藏铁路专门为藏羚羊等野生动物迁徙而建设的。

与普通旅客列车不同，青藏铁路首次在铁路客车上实现废水污物零排放。再有，青藏铁路列车分普通客车和观光列车两种。观光列车就像泰坦尼克之类的豪华邮轮，兼有旅游的性质，每到一处胜地美景，可停下来观光。乘坐这等列车如同住进五星级宾馆，悠闲自在地进出西藏，那是一种令人心驰神往的享受。

穿越可可西里

翻越唐古拉山

拉萨火车站

正当 2006 年 7 月 1 日青藏铁路通车试运营之际，国家邮政部门在同一天特别增加发行《青藏铁路通车纪念》邮票，第一枚《穿越可可西里》展现水平如镜的碧池、广袤无垠的草原和远处平铺高原波澜不惊的湖泊；第二枚《翻越唐古拉山》表现的是世界最高的铁路地段，海拔 5068 米。这里空气稀薄，气候恶劣，人们看到连绵的雪山，壮美的雪域风光；第三枚《拉萨火车站》坐落在一座庞大的山体中间，画面远处可看到雄伟的布达拉宫。

一条铁路，开工建设和建成通车，分别发行两次邮票，这在我国邮票史上也是罕见的，足见青藏铁路的意义重大和独特。

丝路明珠：龙羊峡与李家峡

文 / 吉建芳

（一）龙羊峡水利枢纽

1989年8月10日，为了宣传中国社会主义建设所取得的成就，国家邮政部门发行的《社会主义建设成就（第二组）》邮票，第三枚为《青海龙羊峡水电站》。

20世纪80年代以后，我国的经济建设突飞猛进，许多大型工程先后竣工，龙羊峡水利枢纽即

青海龙羊峡水电站

是其中之一，邮票画面为龙羊峡水电站主体工程外貌。

龙羊峡位于青海省共和县与贵南县交界处的黄河干流上游龙羊峡上，是黄河流经青海大草原后，进入黄河峡谷区的龙羊峡水库第一峡口。黄河水在这里是"清"的，清清的黄河水，是大自然的赋予，是人们对黄河利用和改造的结果。龙羊峡长40公里，黄河自西向东穿行于峡谷中，两岸峭壁陡立，重峦叠嶂，河道狭窄，水流湍急，最窄处仅有30米左右，两岸相对高度约200—300米，最高可达800米。河谷宽9000米，峡口宽只有30米，峡谷西部入口处海拔2460米，东端出口处海拔2222米，河道天然落差近240米。河谷两岸，坚

硬的花岗岩两壁直立,一边是起伏峻险的茶纳山,一边是连绵不断的莽原,中间是一片宽阔平坦、肥沃丰腴的盆地,使整个峡谷成为一个巨大的天然库区,建立大坝具有得天独厚的条件。

"龙羊"系藏语,"龙"为沟谷,"羊"为峻崖,即峻崖深谷之意。沉寂的龙羊峡,因为龙羊峡水电站的建设才渐渐喧闹起来。

丝绸之路经过青海道南线,丝路南线有两条支线。其中,白兰道支线就经过龙羊峡,以及共和县、贵南县。丝绸之路和唐蕃古道在这里交汇,龙羊峡成为古丝路"白兰道"的要道。而龙羊峡水电站,就成了镶嵌在丝绸之路上的一座明珠。

龙羊峡水电站是我国自行设计、施工的大型水利枢纽,由北京勘测设计院和西北勘测设计院设计,水电四局承建,是黄河上游第一座大型梯级电站,故有"龙头电站"之称,为国内和亚洲第一大坝。龙羊峡水电站由拦河大坝、防水建筑和电站厂房三部分组成,坝高178米,主坝长396米,宽23米,形成一座面积383平方公里、库容265亿立方米的人工水库。电站总装机容量128万千瓦,强大的电流源源不断输往西宁、兰州、西安等工业城市,并将输入青海西部的柴达木盆地和甘肃西部的河西走廊,支援中国西部的现代化建设。龙羊峡水电站以发电为主,是兼有防洪、灌溉、防汛、渔业、旅游等综合功能的大型水利枢纽。它为缓解下游断流发挥了重要作用,为促进青海省经济发展奠定了基础,同时也为龙羊峡地区的旅游、养殖和改变区域环境创造了条件,是黄河干流其他水电站都无法替代的。

1977年,龙羊峡水电站开始建设;1987年10月4日,第一台机组投产发电。1992年,全部机组投入运行,平均年发电量60.3亿千瓦时。龙羊峡、刘家峡两个电站联合运行,净增保灌面积1491.6万亩,净增灌溉补水量65亿立方米,净增城市工业给水量4.7亿立方米。龙羊峡水电站具有较完善的多年调节性能,可以提高下游的刘家峡、盐锅峡、八盘峡等电站的防洪标准和发电能力。龙羊峡水电站是根治黄河、造福中华民族的一个伟大工程,它对开拓青海省、建设大西北提供了强大的廉价能源,对建设黄河上游水电基地,实现"西电东送"

创造了十分有利的条件，对祖国的现代化建设起到积极的促进作用。

龙羊峡水电站建成后境内形成面积383平方公里、总库容265亿立方米的巨大人工湖，可供利用面积近200平方公里，是目前我国海拔最高的人工湖。湖内年平均气温7.5℃，最高水温16.5℃。这里不仅有旧石器、新石器时代的文化遗存，又有巍峨壮观的拦河大坝、波涛汹涌的黄河激流和危岩耸立的黄河峡谷。库区水体清澈纯净，无污染，是理想的绿色养殖基地，是水上娱乐、休闲、度假的理想地点，也是峡谷攀岩、黄河古道探险、水上训练比赛的最佳场所。同时还能品尝到虹鳟鱼、池沼公鱼等美味佳肴。

邮票画面上，近处是一泓碧波平湖，波澜不惊的样子；稍远处是巍峨的大坝和峭壁陡立、重峦叠嶂如同刀砍斧劈的峡谷，危石峥嵘，犬牙交错；远处是铁塔银线和蓝天白云。它们构成了一幅奇妙的大自然画卷，充分展示了人类的伟大和创造力。

（二）李家峡水利枢纽

李家峡长30多公里，在龙羊峡下游约102公里处的青海省尖扎县境内，位于黄河上游上段。这里上距黄河源头1796公里，下距黄河入海口3668公里。如果把黄河比作中华民族的母亲，那么建于黄河之上的一座座水电站就是母亲身上佩戴的一颗颗明珠。

李家峡两岸山体高大，壁陡在50度以上，地处祁连地槽褶皱中间的隆起带南侧，两岸岩性由前震旦系黑云母更长质条带状混合岩、黑云母角闪斜长片岩相间组成，基岩裸露，片理清晰，属微风化岩石。河床由胶结沙砾石组成，覆盖厚度最厚为8米，从龙羊峡到李家峡，区间没有大的支流加入，年径流量230多亿立方米。这里地质条件好，落差大，淹没区小，是一处比较理想的坝址。

黄河自龙羊峡至寺沟峡河道长276公里，比降落差达千分之三以上，是黄河流域甚至在我国都属水电资源的"富矿区"，李家峡水电站位居其中。

对于黄河的开发利用，新中国邮票曾多次给予介绍。最全面的是2002年6月8日，国家邮政部门发行的《黄河水利水电工程》邮票，这套邮票画面

李家峡水电站

所展示的五座大型骨干水利工程，即是屹立在滔滔黄河之上的座座丰碑。其中第一枚展现的就是李家峡水电站的雄姿。

李家峡水电站是黄河上游水电梯级开发中的第三级大型水电站，也是黄河梯级电站开发规划首批项目之一。

李家峡水利枢纽工程为一等大型工程，是当时西北地区最大的水电站。它的建成，创我国水电建设三项新的纪录：第一项是首次采用双排机设计，也是世界上最大的双排机布置的水电站；第二项是水电站大坝为混凝土三圆心双曲拱坝，由20个坝段组成，总长度414.39米，在世界水电建设史上也是超规模的；第三项是4号机组采用蒸发冷却新技术，是国家计委和国家电力公司"九五"期间攻关项目，在国内尚属首创。

李家峡水利枢纽以发电为主，兼顾灌溉、防汛、旅游、养殖等。湖水碧绿，水质优良，是发展水产养殖业的理想场所。李家峡水库的建成，为坎布拉风景区增添了一处特有的高原人文景观，四季可游，各有特色。夏秋季可泛舟湖中，冬春季赏高原雪景。

李家峡水电站可长期保持高水头运行，对电站满出力极为有利。电站与西北330千伏电网联网，主供陕西、甘肃、青海三省和宁夏回族自治区，在系统内承担调峰、调频任务。电站装机5台，总装机200万千瓦，单机为40万千瓦，单机为国内最大，年平均发电量59亿度。李家峡水电站的建成，不仅为大西北提供了年近60亿度的电能，也使局部自然环境得到改善，带动了当地的农业经济和旅游产业的发展。水电站的建成，为大坝下游黄河两岸灌区的改造、开发提供了有利条件，李家峡水库灌溉工程就是利用李家峡水库大坝抬高水头，从预留的引水口中引水，使灌区实现自流灌溉。灌区位于青海省东部尖扎县和化隆县境内，以河为界，尖扎在南，化隆居北。南干渠为尖扎灌区服务，北干渠为化隆灌区服务。渠首自李家峡水库大坝起，东至黄河隆务大桥附近。灌区分布于黄河干流南北两岸河谷阶地，东西长约 50 公里，南北宽 3—6 公里，受益面积 200 多平方公里。灌溉面积 25 万亩，其中北岸为 15 万亩，南岸为 10 万亩。同时解决了灌区及周边 50 多个村镇人畜饮水问题。

李家峡水电站自投产发电以来，连年超额完成生产任务，创造了巨大的经济效益和社会效益，有力地支援了西北地区经济发展和"西部大开发"，为国家和当地的经济社会发展做出了巨大贡献。而今天，在国家建设丝绸之路经济带的宏伟战略布局中，李家峡水电人又为自己选定了新的历史坐标，抓住新机遇，勾画新蓝图，做出新贡献。

盐湖夕照映丝路

文 / 韩怀仁

看着2002年5月26日国家邮政部门发行的《青海风光》邮资明信片中的《盐湖夕照》，我的心一下子又飞上了高原，飞回到了30多年前，想起了我几次擦肩而过的茶卡盐湖。

盐湖夕照

盐湖的风光是神奇的，神奇的盐湖确实是青海省值得自豪的美景之一。现代地质科学认为，盐湖的形成缘于地壳的运动。若干万年之前，现在的青藏高原本是一片汪洋大海。后来，在剧烈的地壳运动中，海底越升越高，渐渐地就变成了今天世界上最大的高原。在海底变成高原的过程中，一部分海水留在了一些低洼地带，就形成了人类今天所能见到的盐湖。

青海省大大小小的盐湖有100多个。在众多的盐湖中，最出名的是茶卡盐湖、察尔汗盐湖、柯柯盐湖和马海盐湖（一说为昆特依盐湖），它们都分布在柴达木盆地，号称"柴达木四大盐湖"。

在四大盐湖中，茶卡盐湖是面积最小的一个，但却是名气最大的一个。它是人类开发最早的一个盐湖，距今已有3000多年的开采历史。《汉书·地理志》

记载："金城郡临羌，西北至塞外，有西王母室、仙海、盐池。"仙海就是今天的青海湖，盐池指的就是茶卡盐湖。茶卡盐湖位于青海省海西蒙古族藏族自治州乌兰县茶卡镇境内。茶卡镇地处109、315国道交汇处，是古丝绸之路的重要站点。而这里生产的盐，正是通过张骞开辟的这条丝绸之路，转输到内陆各地，以及西域各国。

茶卡盐湖也叫茶卡，"茶卡"是藏语，意即盐池。它夹在祁连山支脉完颜通布山和昆仑山支脉旺尕秀山之间，呈椭圆形状。湖面海拔3100余米，原本是一个外流湖，向东流入共和盆地，然后注入黄河。10—13万年前，地质又一次发生构造隆起，茶卡盐湖就变成了内陆湖。湖水面积及水深，受季节影响很大，雨季来临时，湖面东西长可达15.8公里，南北宽9.2公里，总面积105平方公里，相当于10个杭州西湖。而到了干旱季节，湖水面积就大幅度缩减。湖底部有石盐层，一般厚5米，最厚处达9.68米。湖的东南岸，有长十几公里的玛亚纳河注入。由于有这条主要河流和其他几条季节性河流的不断注入，湖中开采过的卤水，几年之后又会重新结晶成新的盐层，难怪人们都说茶卡盐湖是一个取之不尽、用之不竭的宝库呢！

除了产盐，优美的自然风光也是茶卡盐湖格外诱人的因素之一。茶卡盐湖镶嵌在雪山草地间而非戈壁沙漠上。水域宽广，银波粼粼。悠悠白云在天空飘荡，巍巍苍山在湖边耸立，蓝天、白云、雪山映入湖中，如诗如画。湖边漫步，在盐的世界里徜徉，再放眼望一望四周的牧草与羊群，真有说不尽的惬意舒畅。

正因为茶卡盐湖具有生产、旅游两相宜的特点，因而在国际国内旅游界和青藏高原风光游中享有较高的知名度。它与塔尔寺、青海湖、孟达天池齐名，被称作"青海四大景"之一，同时还被《国家旅游地理》杂志评为"人一生必去的55个地方"之一。

在这里，可以乘小火车深入湖中观光，可以观看现代化大型采盐船采盐时喷水吞珠的壮丽场景，可以欣赏盐湖日出和晚霞的绚丽画卷，可以透过清盈的湖水，观赏形状各异、正在生长的栩栩如生的朵朵盐花，可以探求湖底世界的神秘，还可以领略涨潮后湖面上汹涌翻滚的盐涛奇观。

春季来这里，现代化的采盐作业，会让人耳目一新、精神振奋；

夏季或秋季，那是盐湖最美丽的时候，那美不胜收的风光，绝对令人心旷神怡；

假如你冬季来了，盐湖也不会让你失望，那雪一样的盐和盐一样的雪，让这里变成一片纯粹银白的世界。这里的雪景，在别的地方绝对看不到。

这里湖光山色，风光旖旎，景色优美。湖面上，时而碧波荡漾，时而莽莽苍苍，一片洁白，融秀丽、壮美于一体，在青藏高原众多的盐湖家族中，气象万千，让人看了十分震撼。

气象为丝路腾飞护航

文 / 骆延峰

国家邮政部门 2000 年 11 月 22 日发行《气象成就》邮票，其中第二枚是《青藏高原气象考察》，主图为在青藏高原进行的气象科学试验。

如果用今天的语言说这种科学，可以概括为气象学研究。研究对象是大气层内各层大气运动的规律、对流层内发生的天气现象和地面上旱涝冷暖的分布等。如云、雾、雨、雪、冰雹、雷电、台风、寒潮等都是人们常见的天气现象。对于气象的研究，可以说是关系到社会发展的方方面面。

青藏高原气象考察

汉代时用相风铜乌来测风向，是世界上最早用来观测风向的气象仪器。三国时，诸葛亮"草船借箭"，就是他懂得借助气象学预测天气变化；赤壁大战时"借东风"，说的是他借助了气象预报风向的变化，采用火攻，烧了曹操战船而获胜，此战也被称为"火烧赤壁"。这充分证明了气象与军事密切相关。即使如今的火箭发射，也必须要研究好发射前的天气状况，才能保证发射成功。

飞机如果遇到大风大雨大雾天气，就不能仓促起飞和着陆。汽车、轮船，也受着气象条件的制约。曾有一架波音 727 飞机在纽约肯尼迪机场着陆时遇低空风切变而坠毁。"东方之星"邮轮因为遇到极端天气沉没，都造成了灾难。

气象与工农业生产也息息相关。"清明前后，种瓜点豆"，说的就是到了适合农作物的播种时机，就必须依照气候变化而做好农耕，即所谓"人误地一时，地误人一年"。工业生产、运输等各环节，都与温度、湿度、降水、风、雪等气象条件息息相关。如果遭遇灾害性天气，如台风、暴雨、洪水等，都会危机生产经营和人身安全。所以做好气象预测，相当重要。

气象与人的健康也密切相关，可谓是每一个人都有亲身体会的。我们常说"一场秋雨一场寒"，就是因为秋天到了，下一场雨，冷空气就加强一些，最终形成寒冬。人们也随着一场场秋雨的降临，逐渐添加衣服，直到穿上棉衣。人们戴的花裹肚，不仅美观，更重要的是保健，它保护了肚子部位不受风寒。夏天避暑降温，就是对气象变化的应对。

世界气象组织为了纪念《国际气象组织公约》生效（1950年3月23日），把每年的3月23日设立为"世界气象日"，并要求各成员国在这一天举行庆祝活动，并广泛宣传气象工作的重要作用。中国于1972年加入世界气象组织，成为该组织的成员国。

我们常常说西伯利亚寒流来了，就是通过气象研究得来的。作为青藏高原的气象考察研究，对当地的工农业生产和社会发展都起到了非常关键的参考作用。就说攀登珠穆朗玛峰吧，如果没有得到准确的气象数据，贸然攀登，很难说会出什么意外。而由于气象研究的科学性在不断发展进步，人们开始利用气象变化，变被动为主动，如人工增雨、人工增雪。如果说，当年张骞在出使西域时能够准确掌握气象的变化，那他的西域之行可能会是比较顺利的。

研究气象，应用气象，会随着人类文明和社会的发展，越来越广泛地被重视。作为"一带一路"新丝路的建设，气象科学的研究，无疑是新丝绸之路畅通无阻的有力保障。

青藏高原的牦牛

文 / 庞进

牦牛是青藏高原的特有牛种，分家牦牛和野牦牛两种。野牦牛为国家一类保护动物。

牦牛力气大，足趾宽厚，能在积雪很深、空气稀薄的高原山路驮运货物，被称为"高原之舟"。而丝绸之路上的运输，虽说主要靠能忍饥耐渴、负重至远、善于在沙漠中行走的骆驼，但一些高寒山区仍需要牦牛运输。南丝路上还有"牦牛道"。而北丝路上，作为丝路要邑的张掖曾经很是繁华，设有"牦牛互市"。诗人形容："牦牛互市番氓出，宛马临关汉使回。"

另外，牦牛也能用于农业生产，当地农民常常用横木驾牦牛引犁耕田。

1981年5月5日，国家邮政部门发行了一套《畜牧业——牛》的邮票。其中第三枚是《牦牛》。邮票上的"牦牛"，威风凛凛，像一座灰黑色的山包耸在那里。该邮票的解释词曰："它生活在高原地区，全身都是黑色的长毛，身体粗壮，角长而弯，性驯良、耐粗饲，采食力强。"

牦牛是世界上生活在海拔最高处的哺乳动物。也许是因为防寒的需要，牦牛全身长毛，毛长4寸至5寸，尾巴上的毛更长。又高又寒的

牦牛

生态环境，使牦牛进化得特别能吃苦，粗活、重活不在话下，还善走陡坡险路、雪山沼泽，遇到江河湍流也能游而渡之。生活在青藏高原上的人们不仅役使牦牛于农耕、运输，还喝牦牛奶，吃牦牛肉，烧牦牛粪，用牦牛皮制革，用牦牛毛做衣服、帐篷等。

形象上，牦牛和普通牛相似，但比普通牛高大、强健。牦牛的体长2米到3米，肩高1.3米以上，成年牦牛的体重一般在1000公斤，即一吨左右。牦牛的头大，雌雄均长角，脖子短，四肢粗短。一般牦牛都是全身褐黑色或棕黑色，唯有产于甘肃省武威市天祝藏族自治县的白牦牛全身呈白色。白牦牛是牦牛中最特别一种，因稀有珍贵而有"高原明珠"之誉。

野牦牛是家牦牛的野生同类，野牦牛栖息于海拔3000米至6000米的高山草甸地带，以草为食，耐寒、耐饥、耐渴，分布区域包括中国新疆维吾尔自治区的南部、青海省、西藏自治区、甘肃省西北部和四川省西部等地，也包括与中国毗邻的蒙古、中亚地区以及印度、不丹、锡金、阿富汗、巴基斯坦等国家。

野牦牛四肢强壮，身被长毛，胸部腹部的毛几乎垂到地上，可遮风挡雨，舌头上有肉齿，凶猛善战。它们通常结群活动，一个群小则一二十头，多则二三百头。有人亲眼见到13头母野牦牛一律头朝外围成圆圈，保护圈内一群小牛，对抗圈外的四头恶狼。危险来临时，常是雄野牦牛为护卫群体而挺身出阵，对抗强敌。雄野牦牛的这种当仁不让的担当精神和无所畏惧的英雄气概是值得点赞的。

中国是世界牦牛的原产地，全世界94%以上的牦牛生活在青藏高原。据记载，100多年前野牦牛分布范围较广，占据了喜马拉雅山北坡，昆仑山及其毗邻的山脉。近几十年的野外调查则表明，由于人类活动范围的扩大和无计划的乱猎，野牦牛分布范围已缩小至海拔4000米至5000米的雅鲁藏布江上游、昆仑山脉、阿尔金山脉和祁连山两端环绕的约140万平方公里的高山寒漠中。据有关部门估计，到2012年底，中国野牦牛数量在3万头至5万头左右。

牛是龙的取材对象之一。牛有形有力有精神，可养可役可食用，在古人的生产生活中起着重要的作用。先民们不但重视牛，喜欢牛，希望能拥有牛的力量，得到牛的帮助，还赋予牛以沟通天地的神性，将其作为牺牲奉献给神灵。这一切，为牛成为龙的融合对象提供了前提。湖北省黄梅县焦墩遗址出土了一条由大小不等、颜色各异的河卵石摆砌的龙，断代在公元前4000年左右。该龙头形为牛头。安徽省含山县凌家滩遗址出土一件环形玉雕龙，断代在公元前2300年左右。该龙头也近似于牛头。

看来，牛向龙主要提供了自己的头部。文献资料也在证明这一点，《太平御览·帝王世纪》："有神龙首，感女登于常羊，生炎帝，人身牛首。"这是说，感龙首而孕生牛首，可见龙首与牛首之关系。

一般牛是龙的容合对象，牦牛是不是呢？回答是肯定的。在信仰佛教之前，藏族群众普遍信仰原始苯教。原始苯教认为地下、河、湖、井都驻有龙，它们守卫着秘密的财富。而在藏族苯教经典《十万龙经》中，就记载有人身牛头的龙神图像——其牛头，就有可能取材于牦牛头。

祁连红绢蝶入珍邮

文 / 杨雅雯

有一种蝶类，并不耽于舒适的平原，并不追随普通的花卉，它们生长在海拔 1500—4500 米的高寒地区，以景天科植物、紫堇和胡延索为食。它们的翅膀底色为白色，略微透明，常有黑色的斑纹和漂亮的红色、蓝色斑点。观外形，颇有些"绘事后素"的意味，看上去高贵且典雅。因其翅膀上布满蜡质，鳞片稀疏，状如薄绢，故得名绢蝶。

祁连红绢蝶

1963 年 4 月 5 日国家邮政部门发行的《蝴蝶》邮票中，就有这种生长在高寒地区的"祁连红绢蝶"。由于当时我国邮票设计界有条不成文的规矩，即在票面上不能出现外国文字。这就使得这红绢蝶邮票上，只有中文名称，却没有了科学的拉丁文注解，这对外界确定邮票上红绢蝶的具体品种而言，增加了一定的难度。

祁连山绢蝶科的蝴蝶，可以称为红绢蝶的有红珠绢蝶和小红珠绢蝶两种。它们外观相似，地域分布却不同。

祁连山坐落在古丝绸之路的南侧，是青海省和甘肃省的分界山，南坡向阳，日照强，雨水较为充沛，多分布在青海省内，是小红珠绢蝶的栖息地之一。北坡一带日照时间短，积雪千年不化，多位于甘肃省内，是红珠绢蝶的主要栖息地之一。

邮票上的祁连红绢蝶，究竟是红珠绢蝶还是小红珠绢蝶，颇值得研究。根据中国著名昆虫专家、昆虫分类学界泰斗周尧教授在《中国蝴蝶分类与鉴定》一书中对红珠绢蝶和小红珠绢蝶的描述，可知邮票上的红娟蝶应该是栖息地在青海的小红珠绢蝶。小红珠绢蝶，因其翅膀上红斑的数量较多，整体外形素雅清丽，是绢蝶家族当中最为美观的一种。

蝴蝶是变温动物，体温随环境变化，若周围温度偏低则行动迟缓，甚至丧失活动能力。高原地区，气候变化无常。风起云动之际，阳光暗淡之时，绢蝶感受不到阳光的温暖，便停息在砾石缝中或伏于草丛之上。等待阳光的到来。

高原的温暖季节常常只有两三个月，绢蝶羽化结束后，就要进行交配、产卵等活动。待天晴时，卵就孵出线头般的幼虫，幼虫生下便开始进食，它们要和时间赛跑，在严冬到来之际尽可能地长大，在身体内贮存脂肪来抵御寒冬。

九月的祁连山上已有积雪，绢蝶在完成了繁衍后代的仪式之后就翩然死去，留下的幼虫也在化蛹之后进入石缝冬眠。

由于生活环境气候恶劣多变、生长期短、食物不足，许多绢蝶的幼虫期竟长达三四年之久。对于这些生活在高寒山区的纤弱生命来说，这样的化蛹方式也许是护卫自己度过漫长严冬的最佳手段吧。

蝶也是唯一可以攀爬雪线的昆虫，在4500—5000米高的雪线上下，往往都能见到其踪迹，可谓是大自然造化的产物。

走河西走廊丝绸之路的人们，商贸交易的背后，往往背负着家族老小的期许和希冀。人生在世，为了生计而奔波，忙碌百年。蝶和人都努力地使自己更加适应这个变化不已的世界。

祁连山的冰雪滋养着河西走廊的生灵，为周围的草场、森林提供灌溉，提供唯一的水资源。人类的活动使得地球表面气温上升，加上开采的无度，使得祁连山的北坡雪线上移，南坡更甚，绢蝶的活动范围随之上移。

祁连红绢蝶清丽高雅，有着极其顽强的生命力。我们当然希望后代子孙仍有一睹其风采的机会，因为祁连红绢蝶是属于雪线以上高寒地区生命的精灵。

第十辑 新疆维吾尔自治区

《西游记》邮票与新疆

文 / 朱文杰

《西游记》是一部虚构的神魔小说，是以唐代玄奘西天取经为主线进行故事叙述的。历史记载中，玄奘大师实际上没有徒弟护送。他义无反顾，单人独骑，乘危远迈，杖策孤征，足涉"天空鸟飞绝"的戈壁沙漠，穿过酷热难熬、热浪逼人的火焰山，几番昏死，苏醒后仍艰难前行，又翻越"悬釜而炊，席冰而卧"的大雪山，"影百重寒暑，蹑霜雨而前"，完成了这一空前绝后的壮举。

而这些"戈壁沙漠""火焰山""大雪山"都是西行到新疆维吾尔自治区这最艰难路段而遭遇的。《西游记》中玄奘西行遇到的第一处沙漠，就是新疆维吾尔自治区哈密地区附近的"莫贺延碛"，今称"哈顺戈壁"。此地系天山山脉和祁连山脉之间的缺口，风极大，狂风常卷起风暴状的风柱，是《西游记》中黄风怪出现的地点。

新疆维吾尔自治区吐鲁番盆地系天山南坡，因焚风效应而致气温较高，夏季地表温度可达 50 余度，古代又称"火洲"。盆地以北有克孜勒塔格山，山体赤红。受《西游记》影响，克孜勒塔格山现在被称为火焰山。

1979 年 12 月 1 日国家邮政部门发行的《中国古典小说——西游记》邮票第六枚《芭蕉扇》，说的是孙悟空借铁扇公主芭蕉扇，为的是扇灭此山火焰而保唐三藏西天取经。《西游记》中用三个章节来演绎这一故事，也称"孙行者三调芭蕉扇"。加上前文早有两回来作伏笔，一是孙悟空与牛魔王结拜兄弟，二是孙悟空大战红孩儿。红孩儿是牛魔王与铁扇公主的儿子，甚至说这火焰山也是孙悟空大闹天宫时，掀翻太上老君八卦炼丹炉，掉下几块带着余火的砖而化成的。可见作者吴承恩之煞费苦心。

张掖市大佛寺有一组比小说《西游记》早二百年的"西游记"壁画，其中就有：悟空借扇息火焰、悟空大战牛魔王、紫竹林悟空参拜观世音、红孩儿火烧悟空四个故事，说的全是"芭蕉扇""火焰山"有关故事，这说明传说比《西游记》的历史要更久远了。

芭蕉扇

吐鲁番，古称"姑师"（《史记·大宛传》），是古丝绸之路上的重镇。西汉时期是车师前王庭地。此地现留有保存两千多年最完整的都市遗迹的交河故城遗址、高昌国遗址。国家邮政部门于2012年8月1日发行《丝绸之路》邮票第四枚《西域胜境》，主图就有吐鲁番四处元素，分别是高昌故城、台藏塔、吐鲁番阿斯塔那北区唐墓出土的对马纹锦和"胡王"锦。

交河故城、高昌国随"长安—天山廊道路网"一起成功列入《世界遗产名录》。还有吐鲁番的葡萄，也是美名传天下，因而吐鲁番成为人们心目中的葡萄王国。

西域胜境

再就是当年丝绸之路重镇的龟兹国，今库车、拜城一带。《西游记》中出现的宝象国、乌鸡国，均为佛法昌盛之地，原型可能是唐代安西四镇中的龟兹和焉耆两个佛教土著政权。也有专家推测《西游记》中的车迟国、通天河、女儿国，也有龟兹国的影子。而"车迟国"与"龟兹国"，读音相似，都有过抑佛毁佛经历，《西游记》中就记载：和尚们都被抓去当苦力。

"龟兹国"文化积淀深厚,有比莫高窟历史更加久远的石窟艺术,被称作"第二个敦煌莫高窟"。2008年7月6日,国家邮政部门发行了一套《龟兹石窟壁画》邮票。

《西游记》中所提到的一些西域小国,地理方位虽然远远谈不上准确,但都大致有个模糊的影子。玄奘自龟兹国(今新疆阿克苏)出发西行,这条路线必须翻越天山主脉,即《大唐西域记》中的"凌山道"。凌山即今天山山脉的主峰托木尔峰。托木尔峰,系横亘新疆2500多公里的天山山脉的最高峰,海拔7435.29米,高海拔山路冰天雪地非常艰险,这是玄奘西行走的最难的一段山路。唐代李白曾写有"五月天山雪,无花只有寒"的诗句。清代邓廷桢《天山题壁》诗中有"叠嶂摩空玉色寒,人随飞鸟入云端"。都说到了天山路之难行。从地图上看,别迭里山口位于玄奘西行全程的中间点,即小雷音寺的原型,"凌山"久之或演化为"灵山"。《西游记》第六十五回中提到"灵山之路",描绘此山"远望着与天相接",暗含有指天山之意。

这个"灵山之路"上的"小雷音",书中也称"小西天"。于是,有研究《西游记》的专家认为,这故事发生地,除过指天山和"凌山道",也指新疆和田。和田,又名"于阗",古代西域小国之一。于阗历史上就称"小西天"。《西游记》属虚构小说,天马行空,随意为之,引得历史地理概念模糊,各种颠倒混乱实属难免,所以这小西天的"妖邪假设小雷音",没有严格意义上的发生地。

和田玉闻名古今,被誉为"白玉之精"。《丝绸之路》邮票第四枚《西域胜境》邮票上有和田玉"玉仙人奔马"。

有专家考证,丝绸之路以前有"玉石之路"存在,即和田玉从新疆和田、昆仑山传入内地中原之路。陕西出土大量西周、西汉时期的和田玉雕,尤其是陕西扶风强家一号墓和齐家村出土的和田玉雕的"西周玉蚕佩",从两方面见证了"丝绸之路"与"玉石之路"的并存。

宛若仙境的喀纳斯

文 / 周养俊

    2006年7月8日，国家邮政部门发行了《喀纳斯自然保护区》邮票，分别是《喀纳斯湖》《卧龙湾》《神仙湾》《月亮湾》。这四枚邮票分别代表着喀纳斯自然保护区的冰川、森林、草原和水系，展现了喀纳斯自然保护区春夏秋冬四个季节的优美风光。

喀纳斯湖

卧龙湾

神仙湾

月亮湾

喀纳斯是蒙古语，意思是"美丽富饶、神秘莫测"，或者"峡谷中的湖"，当地人说喀纳斯是"进去了就不想出来"的地方。

喀纳斯湖是坐落在新疆阿尔泰山深处密林中的一个美丽、神秘的高山湖泊，2009年被《中国国家地理》杂志评为"中国最美湖泊"。我国绝大部分江河属于太平洋水系，喀纳斯湖属于北冰洋水系。湖水来自奎屯、友谊峰等山的冰川融水和当地降水，从地表或地下泻入喀纳斯湖。湖面海拔1374米，面积44.78平方公里，湖水最深处达196米左右。

喀纳斯有北国风光之雄浑，又有南国山水之娟秀，加之这里的"云海佛光""变色湖""浮木长堤""湖怪"等胜景，被人们称为西域之仙境。湖的周围重峦叠嶂，草木丛生，山林犹如画屏，多种植物群落层次分明，色彩斑斓。春季山花烂漫，夏季风景奇异，秋季万木争辉，冬季白雪皑皑，一派北国风光。

喀纳斯湖河流因受到下游泥石流及崩塌堆积物的堵塞而变宽，最宽处达700米，这里河谷地势平缓，在河岸地带形成大片沼泽与草甸。河中有数个小岛，传说是仙人居住的地方，因此被称为神仙湾。

从神仙湾沿公路往南，在峡谷中看到一蓝色月牙形湖湾，那就是月亮湾。月亮湾是喀纳斯最著名的景点。喀纳斯湖在这儿划了一道优美的弧线，犹如弯弯的月亮落入这林木葱茏的峡谷，令无数游人为之陶醉。这里也是摄影爱好者的胜地，从春季到秋季，从清晨到傍晚，在不同的气候作用和光线照耀下，一汪水月不停地改变着充满神秘魅力的颜容，为摄影爱好者提供了取之不尽的精彩画面。

喀纳斯河是布尔津河的主要支流，河的上源就是喀纳斯湖。湖水倾泻而下，在山谷中蜿蜒，形成了卧龙湾、月亮湾等秀丽绝伦的水湾河滩。喀纳斯湖南端出水口以下到鸭泽湖的河段巨石密布，水流湍急，浪花四溅；鸭泽湖到卧龙湾河段，则河面宽阔，水流缓慢，河滩上绿草如茵，两岸林木葱郁。

卧龙湾处在布尔津县去喀纳斯的途中，距县城140公里，距喀纳斯10公里。湖四周森林茂密、繁花似锦、绿草如茵，湖中小岛景色秀丽，湖进水处巨石砥中流，激浪拍巨石，玉珠飞溅。

喀纳斯不仅以景色秀美而著称，更因为湖中的"湖怪"而扬名天下。当地图瓦人传说，喀纳斯湖中有巨大的怪兽，能喷雾行云，常常吞食岸边的牛羊马匹，这传说从古到今绵延不断。据说，有游客和科学考察人员从山顶亲眼看到巨型大鱼成群结队、掀波作浪，一时间把"湖怪"传得沸沸扬扬，神乎其神，又为美丽的喀纳斯湖增加了几分神秘的色彩。

据一些专家考察推断，所谓湖怪其实是那些喜欢成群结队活动的大红鱼。这是一种生长在深冷湖水中的"长寿鱼"，其寿命最长可达200岁以上，而且行踪诡秘，没有经验的人是很难捕捉到它的。

至于"湖怪"与大红鱼（哲罗鲑）是不是一回事，至今还是个谜。喀纳斯湖水中生长哲罗鲑、细鳞鲑、江鳕、阿尔泰鲟、西伯利亚斜鳊等珍稀鱼类。特别是著名的哲罗鲑，体长可达2—3米，重达几百公斤，因鱼体呈淡红色而被俗称大红鱼。大红鱼是典型的淡水冷水性食肉性鱼类，性情十分凶猛，当地人曾在6公斤的鱼腹中发现过两只野鸭。1984年曾捕到一条重达38公斤的大红鱼。这样大的鱼在高纬度的高山湖泊中存在，在世界上实属罕见。

在喀纳斯，我们没有见到湖怪，但是却领略了喀纳斯的美丽风光，感受到了一种天然的美，一种很有气势的美，一种令我难以忘记的美。

遥远的天山天池

文 / 子页

天山天池很遥远。

说遥远是因为神话里说天山天池是王母娘娘遗落的一面镜子,七仙女常来这里沐浴梳妆,凡人岂能靠近?

我们看到白雪皑皑的天山,它在蓝天的衬托下像是一个坚定守候的慈祥老人,眼中是变化莫测的历史风云,天池就搂抱在它的怀中,似乎沿着小河一抬脚就能抵达。

天山是世界七大山系之一,它东西横跨中国、哈萨克斯坦、吉尔吉斯斯坦和乌兹别克斯坦四国,天山把新疆维吾尔自治区分为南边的塔里木盆地和北边的准噶尔盆地。天山山脉由三列大致平行的山岭组成,其中北天山有阿拉套山、婆罗科努山和依连哈比尔尕山;中天山有乌孙山、那拉提山和额尔宾山;南天山有科克沙勒山、哈尔克他乌山、科克铁克山和霍拉山;东天山有博格达山、巴里坤山和喀尔力克山等。在天山山系中,海拔在 5000 米以上的山峰就有数十座。天山乌鲁木齐河源 1 号冰川形成于第三冰川纪,距今已有 400 万年历史。冰川形状为双支冰山冰川,冰川上限海拔高度为 4474 米。

2013 年 6 月 21 日,中国境内天山的托木尔峰、喀拉峻—库尔德宁、巴音布鲁克、博格达 4 个片区以"新疆天山"名称成功申请成为世界自然遗产,成为中国第 44 处世界遗产。

天山的雪水,让高山出平湖,汇聚成了蓝莹莹的天池;从天而降的天山雪水,穿过一座座雪峰,飞流直下,形成了壮美的天山瀑布;经年不化的皑皑白雪,装点着天山雪峰,形成了美丽的雪峰景观;而与雪山绿水相辉映的天池湖畔的红花绿草,则给这天池系上了一条五色的彩带。

正如这座大山一样,距今4000多年前的史前文化以及月氏、乌孙等早期游牧民族的文化和农业文化,在丝绸之路的牵引下,融合形成了天山特有的文化。当年,张骞就是为了寻找月氏族,最终成功开创出一条改变世界的丝绸之路。

就是这条丝绸之路,才把西域的葡萄、苜蓿、胡麻、甜瓜、核桃带到了内陆。神秘美丽的天山脚下,又是天下闻名的瓜果之乡。天山山脉海拔4000米左右的悬崖陡壁之上生长有天山雪莲,仿佛一支支美丽的玉簪。天山雪莲是珍奇的中草药,被誉为"百草之王"。

据《穆天子传》记载,3000年前的周穆王曾乘坐"八骏马车"西行天山,西王母在天池接待了他。不仅送了穆王天山的奇珍异宝,还陪着游了天山。可见天山之美,古已有之。

1996年8月8日,国家邮政部门发行了《天山天池》邮票,将四处天山天池美丽的自然景观呈献给世人。分别展示了《高峡平湖》《悬泉飞瀑》《湖平雪峰》《湖畔胜景》的迷人景色。

天池距离乌鲁木齐市100多公里,位于阜康境内,属于冰凝湖,海拔1910米。古人称它为"瑶池""神池",现代人称它为天山明珠。

好大的天池!一眼望不到头,正是五月,遍地的野花怒放,怒放得如痴如醉,微风吹拂着湖面,四周塔松的倒影便在微微抖动,这湖边四周层层叠叠笔直的塔松是天池的忠实卫士,绿盔绿甲,好不威武!我曾在我的散文里描写过

高峡平湖

湖畔胜景

悬泉飞瀑　　　　　　　湖屏雪峰

新疆，说千里戈壁，听不到一声鸟啼。可这里的天空起伏着鸟的翅膀，鹰是这里的霸主，随时在湖面巡视。有一种叫"天子"的鸟儿，欢叫一声像子弹一样射向天空，钻进云里，无影无踪，眨眼的工夫，又流星似地落入湖中。

尤其是湖边无数的奇石吸引了我，那形状从各个角度看都是天工大手笔的杰作，有的像上山的猛虎，有的像戏水的大象，有的像逃生的奔鹿，有的像嚎叫的饿狼，有的像嬉闹的猴子……阳光西移，照在一堆石头上，那七仙女便活灵活现地在眼前了，那妩媚的神态，圆润的线条，光滑的肌肤，是人间不可见的。我痴痴地看了很久，直到太阳把她们掠走。

时间一晃快50年过去了，天池开辟了八大景观：石门一线、龙潭碧月、定海神针、顶天山石、南山望雪、西山观松、悬泉飞瀑、冰峰晨曦。听着好听，都是文化的符号。

我将天池和杭州西湖比较，西湖是古典的极致美女，而天池是带有野性反叛的女神，那野性是恰到好处的那种，那反叛是令人唏嘘的那种。

清风一缕吐鲁番

文 / 刘新中

吐鲁番位于新疆维吾尔自治区中部，离乌鲁木齐市约200公里，多热少雨，人称"火洲"。吐鲁番盛产葡萄，品种繁多，品质极佳，中外知名，尤其关牧村的一曲《吐鲁番的葡萄熟了》，唱出了中国人的心声。吐鲁番周边还有高昌古城和交河古城遗址，分别是古代高昌国和车师国都城，是串联西域古丝绸之路的重要交通枢纽，距今已近2000年了。走进它的残垣断壁，突然就会升起一股苍凉之气。

吐鲁番最引人入胜的地方是火焰山。国家邮政部门于1997年10月16日发行《新疆风光》邮资明信片一套，第四枚就是《吐鲁番火焰山》。《西游记》中唐僧师徒四人西天取经，历经九九八十一难，火焰山就是阻挡脚步的关卡之一。漫长的取经路上，唐僧师徒四人被800里火焰山阻住了前进的路程。火焰山西南方翠云山上的芭蕉洞里，住着铁扇公主罗刹女。她有一把神奇的芭蕉扇，能够扇灭火焰山的熊熊烈火。为了灭火开路，孙悟空三调芭蕉扇。

吐鲁番火焰山

《西游记》一书中先演绎"孙悟空钻进铁扇公主肚子里"的故事，借出了一把假扇子，火焰自然越扇越旺，孙猴子还被烧了身上毫毛。接着"孙悟空变牛魔王骗芭蕉扇"，谁知又得而复失。最后，终于得到托塔天王和哪吒太子协助"大战牛魔王"，才得到真的芭蕉扇。于是孙悟空手执芭蕉扇，使尽全力，连扇49扇，顿时大雨倾盆，才熄灭了火焰。

孙悟空三调芭蕉扇的故事是《西游记》的经典章节之一，人人皆知，被改编成了许多艺术形式传播，火焰山也因此著名。1979年12月1日，国家邮政部门发行了一套《西游记》邮票，火焰山芭蕉扇的故事即在其中。

未到火焰山，脑子里就在复原《西游记》的记述，想象出场景：

  体味西游火焰山，汹汹热浪吼青烟。

  姣娘铁扇清凉界，丑汉牛头鬼怪天。

  境界亲临思境界，名篇开卷论名篇。

  多亏路上孙行者，如意金箍战事酣。

到火焰山的时候正是中午，头顶烈日高悬，灼气升腾。一片赤红，由脚下直抵山根山顶甚至天空。出乎意料，游客很是不少，热热闹闹。大汗淋漓里，大家都在搜寻孙悟空和芭蕉扇。我也买了一把芭蕉扇。

离别吐鲁番的那天早上，看到一架维吾尔族娶亲的马车从我下榻的酒店门口嗒嗒而过。车上人花衣小帽，弹笑歌唱。许是背上的芭蕉扇，许是眼前的欢乐，灼热的吐鲁番这一刻清凉了，几句诗就地吟成：

  碎步马蹄曲乐旋，花衣笑脸自陶然。

  新娘嫁娶颠城过，借取清风吐鲁番。

从新疆返回，很久，高涨的情绪还停留在吐鲁番和火焰山。在吐鲁番举办葡萄节的时候，吐鲁番邮政部门借助邮票这一国家名片，充分挖掘地方文化特色，策划设计开发了火焰山、高昌故城、葡萄沟、坎儿井个性化邮票邮折，以及"大话西游、印象吐鲁番、吐鲁番美食、吐鲁番美景油画"等吐鲁番18个最值得去的地方系列邮资明信片，全力打造独具吐鲁番文化特色的名片，有效促进吐鲁番品牌和形象的有力提升。

清风一缕，又从火热的吐鲁番吹来。

丝路枢纽高昌故城

文 / 黄卫平

高昌故城是丝绸之路上的一个重要节点，是丝绸之路上一座重要的城市。可惜的是，它像一颗流星陨落了，如今的高昌故城，只剩下一片遗址。

我走过的就是这一片遗址。

知道高昌故城是在新中国的邮票上，那是1997年10月16日，国家邮政部门发行了《新疆风光》邮资明信片一套，第六枚是《高昌故城》。

2012年8月1日国家邮政部门发行了《丝绸之路》邮票，第四枚画面上，又有高昌故城，它是丝绸之路古代西域留存至今最大的故城遗址。

高昌故城

高昌故城是维吾尔语，称都护城，即"王城"之意，位于吐鲁番市东40公里处的三堡乡。高昌故城规模宏大，总面积达200万平方米。高昌城始建于公元前1世纪，是西汉王朝在车师前国境内的屯田部队所建。故城遗址坐落在吐鲁番市东面约40公里的哈拉和卓乡所在地附近，北距火焰山南麓的木头沟沟口（胜金口）约6.5公里。1961年3月，被国务院公布为首批全国重点文物保护单位。2014年6月22日，高昌故城作为中国、哈萨克斯坦和吉尔吉斯斯坦三国联合申遗的"丝绸之路：长安—天山廊道的路网"中的一处遗点列入《世界遗产名录》。

高昌地名的由来很早，历史文献最早提到高昌故城的是《汉书》，称"高昌壁"；《北史·西域传》记载："昔汉武遣兵西讨，师旅顿敝，其中尤困者因住焉，地势高敞，人庶昌盛，因名高昌。"

高昌故城自公元前1世纪建"高昌壁"，到13世纪废弃，使用了1300多年，而从西汉驻军屯田开始计算，距今已有两千多年了。它是吐鲁番地区千年沧桑的见证。

站在高昌故城登高眺望，可以看到故城平面略呈不规则的正方形，布局分为外城、内城和宫城三大部分，总面积约200公顷。外城墙基厚12米，高11.5米，周长约5公里。夯土筑成，夯层厚8—12厘米，间杂少量的土坯，有清楚的夹棍眼。外围有保存完好凸出的马面。南面有三个城门，其余三面各有两个城门。西面北边的城门保存最好，有曲折的瓮城；内城在外城中间，城墙全为夯土城，西、南两面保存较好，其建筑年代较外城早；宫城在最北面，外城的北墙就是宫城的北墙，内城的北墙是宫城的南墙——高昌故城保存最好的部分首推外城墙，结构完整，宏伟壮观。外城西南角的一所寺院，占地近1万平方米，由大门、庭院、讲经堂、藏经楼、大殿、僧房等组成。从建筑特征和残存壁画上的联珠纹图案分析，其建筑年代约在公元6世纪。寺院附近还残存一些"坊""市"遗址，可能是小手工业者的作坊和商业市场。外城的东南角也有一所寺院，保存有一座多边形的塔和一个礼拜窟（支提窟），是城内唯一保存有较好壁画的地方。从壁画的风格和塔的造型分析，为回鹘高昌后期（公元12—13世纪）的建筑。

内城北部正中有一平面不规则略呈正方形的小堡垒，当地叫"可汗堡"。堡内北面的高台上有一高达15米的夯筑方形塔状建筑物；稍西有一座地上地下双层建筑物，现仅存地下部分，南、西、北三面有宽大的阶梯式门道供出入，规模虽不大，但与交河故城现存唐代最豪华的一所官署衙门建筑形式相同，可能是一宫殿遗址。据说，新中国成立前，一支德国考察队曾在堡内东南角盗掘出一方"北凉承平三年（公元445年）沮渠安周造寺功德碑"。沮渠安周是在高昌建立流亡政权的北凉王，据该碑推断，此堡可能是当时的宫城，并有王室寺院。

北部的宫城内还留存许多高大的殿基，一般高 3.5 至 4 米左右，可以看出其中有高达四层的宫殿建筑遗址，让我们不难想象出当初宫殿的气势恢宏模样。

站在高昌故城遗址，我们不禁为高昌先民城市建筑的智慧所折服，他们或许是西征的长安士子或士兵，或许是踏上丝绸之路最终在这里奉献青春年华的商旅行客，或许是西部少数民族部落的能工巧匠，或许是虔诚的僧侣和佛徒。总之，他们在这片西域的土地上创造了灿烂的丝路文明，创造了璀璨的中华文明……

塔什库尔干的石头城

文 / 杨雅雯

天色湛蓝，鹰在空中盘旋，扶摇，直上，俯视着它的子民。这里是塔吉克人的土地，塔吉克人是鹰的忠实信徒。

山顶，积雪亘古万年，神圣庄严。"雪山在峰顶沉默地栖居，潺潺雪水顺流而下，灌溉着塔吉克人的草场，山脚下，波光粼粼的湖面与之相对，莹然生辉。"湖光山色之间，便是驰名中外的塔什库尔干的石头城，也是古代揭盘陀国的故都。

一路商旅疲惫而来，在石头城做休憩和整顿。石头城是葱岭上唯一可供疲惫的人畜、给养耗尽的大规模商队休整之处。葱岭是丝绸之路南北两道的交汇地，而揭盘陀则是葱岭的交通枢纽。

石头城的历史充满着神秘色彩。留传下来的文字记载都像一篇篇神话故事，也能从侧面看出宗教对这个古国的影响。

传说中波斯王子夜梦一女郎，自称来自东土。梦醒后，王子心系佳人，绘画像，派使臣去中土寻找，寻到某公主恰如梦中人物，求和亲，王许。归波斯时，途径帕米尔高原的明铁盖峡谷，恰逢波斯内乱，使者只得将公主安置在"极危峻"的孤峰上，派人日夜警戒，等待内乱结束。三个月后，内乱结束，发现公主已孕，疑为随行人等所为。然有侍女言，每日太阳神从"日轮中乘马"驶上孤峰与公主相会。因害怕回国无法交差，使者不敢回国，奉公主为主，在孤峰之上建宫室，"周三百余步"，此处即为公主堡，塔吉克名叫克孜库尔干。

之后公主所生的男孩，相貌英伟，被尊为揭盘陀的国君，这就是传说中揭盘陀建国神话的"汉日天种"（《大唐西域记》第十二卷有载）。

这个传说可以看到太阳崇拜的影子，塔吉克人自认为是太阳之子，"汉日天种"的传说与这一概念相吻合，也有明显的印欧神话色彩，与希腊神话当中太阳神阿波罗、爱神丘比特等诸神私自与民间美女相结合的故事有着几分相似。发源于希伯来民族《圣经》的创世纪篇当中，也有相关神与美貌民女相结合，生出英雄伟人的记叙。

公元2世纪左右，无忧王登基之后，建立华美宫殿，修建佛寺若干。这时的揭盘陀从信奉拜火教，转为信奉佛教。随着张骞出使西域，汉王朝与中亚诸国的商贸之路逐一打开，葱岭便成了通商的必经之地。

到了唐朝，正是丝绸之路的繁盛时期。据《大唐西域记》记载，玄奘去印度取经回国时，在帕米尔高原谒见了揭盘陀国的国王。据他观察，此国的国民"性既犷暴，力亦骁勇。容貌丑弊衣服毡褐……然知淳信敬崇佛法。伽蓝十余所。僧徒五百余人。习学小乘教说一切有部"。

今天的石头城遗址，是在同一地点，建造出上下重叠的两座不同年代的古城。1997年10月16日国家邮政部门发行的《新疆风光》邮资明信片中就有《塔什库尔干石头城》。

下面古老的城池为外城，方圆3600米，只留下零乱的石头废墟，仅可见用石块和泥砌成的城墙残迹、炮台的痕迹。

塔什库尔干石头城

上面的内城，在外城东北角上，保存较完整。在建筑设计方面，该城从土丘脚下面砌起，到达土丘顶齐高，城的结构以土丘的自然形状为基础构建，其建筑结构并不规整，而是沿土丘走势顺势建成。

曾有传说，古时色勒库尔国国王想修建一座宫室，供南来北往的商队歇脚。他下令全国的百姓排成行，从塔什库尔干河一直排到阿甫拉西雅布山上采挖和传送石块。经过 40 个昼夜运石，经过 40 天运土，又经过 40 个昼夜奋战，建成了一座宽敞宏大的宫室，这座宫室就是今天的石头城。

然而，据历史记载，直到 13 世纪初，蒙古人西征，揭盘陀国才改名作"色勒库尔"。这个时间段与新城和老城的建城历史均不相符合。这个建城的故事，恐是人们的美好设想。

公元 8 世纪时期，揭盘陀国已处在唐和吐蕃的夹缝之中。玄奘离开后，西突厥被唐朝击败，西域的争夺格局发生了变化，吐蕃势力逐步由葱岭地区向帕米尔高原扩张。

其后，揭盘陀国末代国王裴星归顺了吐蕃，揭盘陀王朝长达 500 余年的历史自此结束。曾经辉煌的王城，最终在兵燹中，变成了一个历史废墟。揭盘陀国王所崇尚的，终究抵不过吐蕃的铁骑。

塔什库尔干的黄昏来得很晚，落日的余晖，将湛蓝的天，染得金黄。

永恒的雪山，一岁一枯荣的草场与已成遗迹的石头城交互形成的壮美景色，让人想起了李白著名的《忆秦娥》："音尘绝，西风残照，汉家陵阙。"

揭盘陀国已成历史，而石头城仍在那里，如老人，诉说往事，待来人，细细品读。

多情的伊犁河

文 / 周媛

伊犁河，一条多情而美丽的河。这条河曾经登上过 1997 年 10 月 16 日国家邮政部门发行的《新疆风光》邮资明信片，其中第十枚为《伊犁河》。

说到伊犁河，需要先说一下伊犁哈萨克自治州。伊犁州地处新疆西部天山北部的伊犁河谷内，西部紧邻欧亚国家哈萨克斯坦，这里有中国陆路最大的通

伊犁河

商口岸——霍尔果斯口岸。这里共同居住着哈萨克、汉、维吾尔、回、蒙古、锡伯等 47 个民族，其中哈萨克族占 25.5%，具有浓郁的少数民族特色。

伊犁作为古丝绸之路的重镇，自秦汉至清代，先后有月氏、乌孙、柔然、突厥、契丹、蒙古、维吾尔、哈萨克等十五六个氏族部落和民族，在这块宜牧宜农的广袤土地上游猎、放牧、开垦种植。在清代，伊犁曾经是新疆政治、经济、军事中心，伊犁将军驻在此地统辖天山南北。这里的名胜古迹和人文景观则散发着各个朝代的历史文化气息。

伊犁是一块神奇的地方，与丝绸之路有着极深的历史渊源。汉代张骞出使西域，开通古丝绸之路，位于西北边疆的伊犁就是这条古道的重要驿站。

伊犁的大地上，英雄汇聚，林则徐就是其中之一。林则徐虎门销烟，让侵

略者胆战。然而，由于清政府的腐败无能，林则徐抗英反成有罪，1842 年 2 月被流放伊犁。他在新疆三年时间，胸怀"苟利国家生死以，岂因祸福避趋之"之信念，不顾政治上所处的逆境积极捐办皇渠龙口工程、履堪南疆、推广先进生产技术、关心边防和少数民族疾苦，受到新疆各族人民的爱戴和景仰。建于伊犁的林则徐纪念馆，昭示着这位伟大历史人物的精神力量。

伊犁物产丰富，其特有的伊犁马、细毛羊闻名遐迩，其中著名的伊犁马更是汉朝强盛、汉室与少数民族融合交流的见证。素有"腾昆仑，历西极"之美誉的伊犁是天马的故乡。据史书记载，公元前 115 年，张骞第二次出使西域后返回长安，位于伊犁河流域的乌孙国曾派遣使者数十人带马数十匹，向汉朝答谢。其后十年，乌孙王又派使臣向汉武帝送了一千匹马作为聘礼，请求娶汉公主为妻，并结同盟。汉武帝答应了乌孙王的请求，把细君公主嫁给了他。由于乌孙马的品种特别优良，并符合汉武帝"神马当从西北来"的占卜，便将之称作天马。

新疆著名的细毛羊的故乡也在伊犁地区。它是我国培育成的第一个细毛羊品种，号称"天山一枝花"。新疆细毛羊依靠新疆伊犁河谷得天独厚的优势，在天然无污染的草地放牧，毛质极为优良。

千百年来，伊犁就是北部边疆政治军事和民族融合的要塞，演绎过无数刀光剑影、可歌可泣的传奇故事。流经于此的伊犁河见证着朝代的更替，兵家的争战。

只有亲眼见了伊犁河，才知她是多么静谧而纯净。清澈的河水昼夜不息地流淌，不疾不徐，从从容容。从地图上看，伊犁河流经亚洲中部，是一条跨越中国和哈萨克斯坦的国际河流，喀什河、巩乃斯河和特克斯河是伊犁河的三大支流。伊犁河的主源特克斯河发源于天山汗腾格里峰北侧，向东流经新疆的昭苏盆地和特克斯谷地，又向北穿越伊什格力克山，与右岸支流巩乃斯河汇合后称伊犁河，西流至霍尔果斯河进入哈萨克斯坦境内，再流经峡谷、沙漠地区，注入中亚的巴尔喀什湖。从河源至入湖口，全长 1236 公里，其中中国境内河长达 442 公里，极为壮阔。

伊犁河流域的历史，要追溯到先秦时代。当时伊犁河流域为塞种游牧地，至汉代为乌孙地，受辖于西域都护府。史书对伊犁河记述甚早，《汉书·陈汤传》称其"伊列水"，《旧唐书·突厥传》称其"伊丽水"，无论"伊列"还是"伊丽"，都与今天的"伊犁"谐音。

位于伊犁河畔的祖国西北部边陲小城伊宁，是丝绸之路中国段最西部的一座城市。紧邻中哈边境霍尔果斯口岸，有"塞外江南"之美誉的这座花园城市，气候宜人，物产丰富，素有"花城""苹果城"之称。千百年来伊犁河护佑着这座明星之城。伊犁河谷更被《中国国家地理》杂志评选为中国"十大新天府"。到新疆旅游，不到西部边陲伊宁不会完整地了解新疆，而不看伊犁河更无法感受伊宁全部的美！

伊犁河不仅悠远美丽，而且蕴藏着巨大的能量。伊犁河是新疆内陆水流最大的河流，因流域范围处于天山最高峰地区，因此降水多，流量丰富，落差也大，水能蕴藏量700多万千瓦，占新疆水能蕴藏总量21%。

徜徉在伊犁河畔，湛蓝的天空中舒展着朵朵白云，波光粼粼的水面，倒映着宏伟的伊犁河大桥靓影。这座大桥是伊犁州第一座现代化桥梁，建于1975年。九个巨大的桥孔支撑着如虹卧波的桥面，显得非常壮观。

桥的两侧是新开辟的河滨公园，孩子们在这里嬉戏玩耍，不少外地游客则乘坐游船畅游伊犁河。伊犁河水泛着金波，这种种美景让人产生无限的遐想。而在这里的少数民族心目中，伊犁河就是一条多情的河，一条让人充满了幸福感的爱河。

开都河：精神上的故乡

文 / 李彬

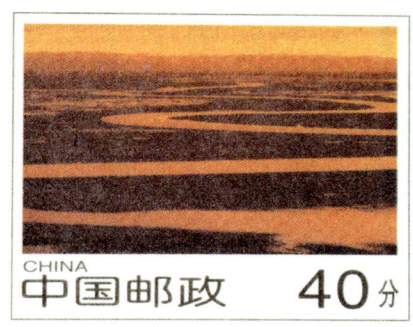

开都河

看到《新疆风光》邮资明信片上的《开都河》时，我的眼睛就湿润了许多，心中新疆就像明澈的湖水般粼粼而动了。

开都河，蒙古语称"开都郭勒"，源出天山山系的阿尔明山，上游有大、小珠勒都斯河，流淌在水草肥美的尤尔多斯盆地中，在焉耆回族自治县西汇合，称开都河。河水东南流注博斯腾湖，全长530千米，年径流量33.8亿立方米。该河就是《西游记》中的"通天河"，传说唐僧取经的"晒经岛"就在和静县境内。充满神秘气息的巴音布鲁克天鹅湖保护区也位于该河上游的高山盆地中。开都河的源头在海拔4000米以上，属于雪冰融水和雨水混合补给的河流。在开都河年径流补给源中，积雪和冰川及地下水补给占有相当大的比例。开都河源流之水并不大，但是一路走来，有了巴音郭楞河、依列克西河等12条支流的汇入，若干条支流像繁茂的枝丫，烘托着开都河浩浩东流，就有了潺潺溪流变得浩浩荡荡、波澜壮阔，也给开都河平添着风致和诗意。

开都河的源头云雾缭绕，特别是盛夏，云涯水暖，云水难辨，仿佛河水从天而降。开都河上游河流经小尤勒都斯盆地，经过巴音布鲁克，到大尤勒都斯盆地，水流平缓，河谷开阔，四周牧草丰富，是天然的优良牧场。特别是在小尤勒都斯盆地平坦辽阔的草原上，开都河蜿蜒流淌，形成九曲十八弯的壮丽景象。那模样，像一个大写的蒙古文字，有一种鬼斧神工的灵气。

开都河两岸的草原是一块养育胸怀、培育英雄的地方。公元1771年，蒙古族土尔扈特部落从伏尔加河流域长途跋涉，跨越千沟万壑、千山万水，千难万险回归祖国——清政府将东归的土尔扈特部落安置在巴音布鲁克草原游牧。这样，在开都河畔，我心中的英雄渥巴锡汗出现了。他的铁骑狼烟踏过西北那一大片绿色的土地，把一个民族的名字刻进了人类的历史；草原就是这样一位英雄的故乡，又成了他长大后驰骋纵横的舞台——这也是我心中的草原，浓缩着创业艰辛与开拓勇毅的神奇原野。即便是今天，当我们面对开都河时，一大片如潮水般澎湃涌动的草海展现在眼前；秦时的明月、汉时的风，唐朝的羌笛杨柳，把我的情感和祖先衔接在一起，我想在痛饮三杯之后挥刀跨马驰骋在绿色无际的原野上，扑面而来的将会是天骨开张、豪爽纵放的豪杰英雄，我渴望与他们作彻夜的长谈！

白云在天，沧波无际；杂花生树，群莺乱飞。开都河流经的草原是一幅美得让人震撼的图画。春天，河西岸杨柳发新，草吐新绿，是踏青的好时节；夏天，两岸树林葱茏，绿水盈盈，水天一色，片片沙洲像镶嵌在碧波中的翡翠，沙洲上灌木芳草，密集丛生，飞鸟飘落，唧唧相鸣，妙趣横生；到了冬季，开都河河面成了天然"溜冰场"，活跃着一群群喜爱滑冰的男女老幼，冰面上一派热气腾腾的景象，别有一番情趣。值得一提的是，草原永远是英雄的舞台。浮舟沧海、立马天山，驭马手与奔腾的骏马演绎着渥巴锡汗当年率部东归的勇猛，无缰的马群奔驰在无垠的草原上，牧人在马背上跳跃、翻腾，一次次将绳套抛向狂奔的头马，这种惊险和壮美的气势常常强烈地震撼着我们日渐脆弱的心。

当然了，诗意也属于草原。河两岸洁白的毡房炊烟升起，荡气回肠的一曲《蒙古人》在黄昏的草原上响起，马头琴如泣如诉的乐章，在奶茶的清香中渐渐融进夕阳的余晖。这时，我看到了苍茫的雾霭中，一位骑马的少年立在毡包旁，吹着横笛悠长的曲子，有位红衣的姑娘恰好在这块草场上经过，微风掀动她鲜红的头巾像火一般跃动。

开都河，优雅地流淌在风景深处，滋润着志士血洒疆场豪放的大笑，聆听着恋人生离死别缠绵的倾诉——这条横卧在丝绸之路心脏的河流，孕生孕死，载荣载辱，时而一泻千里，千帆尽收；时而疲惫不堪，步履蹒跚；让人豪情万丈，也让人惆怅万分，成为民族精神的一种绝妙的写照。老子曰："上善若水。"善至大无外，包括对一方水土的滋养，它是浸透血脉、刻入骨头的精神能量，包孕着一个民族源远流长的精神、信仰和人生观。我们对水的敬畏其实是对自然的敬畏，对生命的敬畏。

新疆的开都河则是水的另一种状态。它应该是西域高原上最纯洁、最透明的雪或冰，默默地闪烁太阳与星月的光辉，无私、温暖，如永恒不灭的明灯，永恒地奔走在西域高原的胸膛，让这片土地有一种诗意的丰盈，文明的辉光。

克孜尔千佛洞与"龟兹石窟壁画"

文 / 史飞翔

很多人都听说过大名鼎鼎的敦煌莫高窟,但却很少有人知道中国还有一处被誉为是"中国第二敦煌"的文化艺术宝库,这就是——新疆克孜尔千佛洞。

克孜尔千佛洞旧时属于龟兹古国的疆域范围。龟兹古国地处古丝绸之路上的交通要冲,曾经是西域地区政治、经济和文化的中心。佛教从印度先传入新疆,形成"西域佛教"后,再传入中原。龟兹国独特的地理位置使得它成为"西域佛教"的一个中心,同时也成为佛教传入中原的一个重要桥梁和纽带。龟兹石窟堪称是古龟兹文化的百科全书。据专家介绍,龟兹石窟主要记录了公元3世纪到公元13世纪期间,新疆地区历史现实生活的各种图景,其中以佛教故事为主,另外还有大量表现世俗生活情景的壁画。龟兹石窟群分布比较集中,壁画内容丰富,为研究古代新疆的政治、经济、文化、军事、民族、民俗等情况,以及中西经济、文化交流情况,提供了珍贵的第一手的形象资料,具有很高的科学和艺术价值。

在龟兹石窟群中,克孜尔石窟历来被视为是群芳之冠。克孜尔千佛洞,又称克孜尔石窟或赫色尔石窟,是中国佛教著名石窟之一,系1961年公布的第一批全国重点文物保护单位。石窟造型是佛教艺术的重要表现形式之一,它通过建筑和壁画来宣传佛教教义。克孜尔千佛洞位于新疆拜城县克孜尔镇东南7千米的河流阶地上。这里绿树成荫、环境优雅,是新疆著名的古代文物遗迹的旅游胜地。

克孜尔千佛洞是龟兹石窟艺术的主要发祥地之一，其石窟建筑艺术、雕塑艺术和壁画艺术，在中亚和中东佛教艺术中占据着极其重要的地位。它背依明屋达格山，南临木扎提河和雀尔达格山，其间有渭干河蜿蜒流过，东距库车县城约69千米。大约开凿于公元3世纪，共有石窟236个，其中保存有壁画的洞窟有80多个，是我国开凿最早、地理位置最西的大型石窟群，在公元8至9世纪逐渐停建，延续时间之长在世界各国也是绝无仅有的。

克孜尔千佛洞现存壁画约10 000平方米。据专家考证，这在世界上是仅次于敦煌壁画的艺术宝库，堪称"中国第二敦煌"。这里的壁画不仅包括飞天、伎乐天、佛塔、菩萨、罗汉、天龙八部、佛传故事、经变图画等，而且还包含大量的民间风俗画，如古时的生产和生活场面、西域山水、供养人、飞禽走兽等等。

克孜尔千佛洞壁画中最多的是佛教本生故事和姻缘故事，每个菱形格就是一个佛教故事，体现了佛教从西向东传播的过程，是研究佛教历史不可多得的资料。洞室中绘有姿态飘逸的飞天形象。据说，飞天手中这把曲项琵琶，先是从波斯传入，又传到唐朝都城长安，然后传到日本，目前世上仅存的唯一实物琴在日本被当作国宝。壁画中佛像线条圆润，表情生动，从衣饰服型上明显可以看出是受印度画风的影响，从而形成了龟兹壁画的独有风格，既有汉文化的影响，也有对外来文化艺术有选择的巧妙的接受和融合，更是古龟兹画师非凡的智慧。他们用粗犷有力的线条，一笔勾画出雄健壮实的骨骼，用赭的色彩，烘染出丰富圆润的肌肤，轻轻一笔画出布置均匀的衣褶，又借助一条飘曳的长带，表现出凌空飞舞自由翱翔的意境，使人一看到那些"飞天"，便有"天衣飞扬，满壁风动"之感。有学者指出，克孜尔千佛洞的"飞天"，同背上生着双翅的古代欧洲的"飞神——安琪儿"相比，在艺术上显得更成熟，更为浪漫。中外学者还从壁画中得出一条惊人的发现：早在公元前1世纪，随着佛教的传入，犍陀罗艺术和古希腊艺术就传入了新疆。伴随着希腊化艺术的影响，裸体和半裸体的风俗在整个西域发展起来。这种裸体风俗是和性爱结合在一起的，龟兹壁画中的新婚性爱图等，不仅表现在夫妻生活上，还表明裸体还是当时女子的一种时髦装束。此外，壁画还表明古时候西域地区盛行过看少女跳裸体舞的风俗。壁画无论从造型上还是用色上都达到了极高的艺术水平，真可谓是一个佛教文化宝库。

如今，随着对古代丝绸之路以及佛教文化艺术的不断研究和探索，新疆克孜尔千佛洞的名声越来越大，其艺术和文化的光芒也正穿越时空。1997年10月16日，国家邮政部门发行了一套《新疆风光》邮资明信片，其中第八枚就是风光迷人、底蕴深厚的克孜尔千佛洞景观。2008年7月6日又发行了一套《龟兹石窟壁画》邮票，分别是《菩萨》《护法天王》《飞天》《弥勒说法》。

克孜尔千佛洞

龟兹壁画结合龟兹人文特点而孕育，有着鲜明民族特征、地域特色，可谓是中外文化交流的结晶。

而克孜尔千佛洞和龟兹石窟壁画，也随着这套明信片以及特种邮

弥勒说法

票的发行而被世界上越来越多的人认识和向往，古丝绸之路也必定会随着这些古老而璀璨的艺术明珠而在新时代下闪现出耀眼的光芒。

在现今构建新丝绸之路经济带的战略大背景下，新疆克孜尔千佛洞的历史文化意义日益凸显，其历史文化价值、艺术魅力以及所衍生的旅游经济价值也正在不断地为人们所重视，成为新疆地区一颗璀璨的历史文化明珠。

圣洁的雪山

文 / 贺晓祥

忘了是哪一天,我看到了一幅雪山纯美的照片。

画面空阔、辽远,一座雪山像一位洁白的圣母,坐在跌宕起伏的褐色群峰之上,阳光勾勒出雪山柔美肌肤的曲线,像是坐在自家闺阁的梳妆台前,正对着一镜湖泊在装扮。她美丽的倩影倒映在湛蓝的水面上,顾盼生姿,煞是令人怜爱。青绿色的草原在雪山和湖泊之间伸展,一队牧人正打马穿过,他们的身影投射进平静的湖面,和湖中雪山的倒影相映相衬,美不胜收。

这幅画面是那么和谐、自然、高洁,那时候,我只觉得有什么东西在我小小的心弦上敲了一下。只那么一下,就似乎有悦耳的音乐,从遥远的地方飘来,带着湛蓝湛蓝的梦想,带着冰山丝丝寒凉的呼吸,带着天鹅翅膀划出的优美弧线。在我心中,这幅画面由朦胧逐渐清晰,甚至添加、变形、演绎,直至成了神圣的向往。

1965年5月25日国家邮政部门发行的《中国登山运动》邮票一套五枚,五幅画面表现出中国登山运动员勇敢攀登的艰险历程。第二枚《中国男女混合登山队登上慕士塔格山》、第四枚《中国女子登山队登上公格尔九别峰》,让我真正认识了雪山圣洁,那幅伴随我走过了懵懂少年的图画,终于找到了落脚点。

中国男女混合登山队登上慕士塔格山

邮票画面上，慕士塔格山白雪皑皑，冰川倒挂，一队登山队员蜿蜒行进在这冰雪的世界里，正准备攀登前边更高的险峰。公格尔九别峰，冰山耸峙，银龙横卧，宿营在冰塔林中的队员们正在眺望主峰。这是中国女子登山队的两名巾帼英雄，正是她们在公格尔九别峰，创造了女子登山高度新的世界纪录。

中国女子登山队登上公格尔九别峰

慕士塔格峰和公格尔九别峰坐落在新疆维吾尔自治区阿克陶县与塔什库尔干塔吉克自治县交界处，古丝绸之路途经地，一片圣洁的净土。

这里地处塔里木盆地西部边缘，东帕米尔高原东南部。慕士塔格峰海拔7509米，巍然屹立于高原上雄伟高大的身躯，倒挂如飘动的银须的冰川而被尊称为"慕士塔格阿塔"，在维语中"慕士"是指冰，"塔格"就是山峰，"阿塔"是父亲的意思，慕士塔格峰便当之无愧地成了"冰山之父"。公格尔九别峰海拔7530米，"公格尔九别"在藏语中意为"白色的帽子"。邮票上的公格尔九别峰轻纱素裙，在和煦的阳光下，红装素裹，那晶莹的冰肌玉姿隐现在仙境一般的云雾之中，至纯至美。

慕士塔格峰、公格尔九别峰脚下的湖叫喀拉库勒湖，在维语中是"黑湖"的意思。喀拉库勒湖中看不到任何生物，湖水每天不停地变幻着各种颜色，时而湛蓝，时而淡黄，时而橘红，像一位性情多变的冷面美人，当乌云满天，电闪雷鸣时，湖水就会神奇地变成黑色。在它不远处，也有一片湖，水草丰茂，鱼虾成群，悠游其间，水面鸟儿翔集——它就是布伦库勒湖。

从慕士塔格峰、公格尔九别峰，我初步了解了中国登山运动。他们多少人把自己的足迹印上雪山，也把雪山留在他们灵魂之中，有人甚至与雪山同眠，让人唏嘘和无比感佩。

我爱雪山，我心灵里雪山已抽象为一个概念，而不是那一座具体的山，是内心的一个圣洁的存在，真实而又遥不可及。在我心里美丽着、高洁着、期许着。

玉中之王和田玉

文 / 朱文杰

2012年8月28日,国家邮政部门发行了《和田玉》邮票一套四枚,小全张一枚。《和田玉》邮票选取四件古代玉器珍品,包括《玉辟邪》《玉长乐谷纹璧》《鎏金银托盘双耳玉杯》《玉双童洗象》。四件玉器分别反映了中国吉祥文化之精髓的平安、长乐、圆满和喜象四个方面的内容。

和田玉

和田玉,古名昆仑玉,原产西域莎车国、于阗国(今新疆和田)。《史记·大宛列传》:"汉使穷河源,河源出于阗,其山多玉石。"又《汉书·西域传》:"莎车国有铁山,出青玉。"和田玉又名乌白玉。

和田玉是一种软玉，俗称真玉，有"国玉"之称。和田玉与蓝田玉、南阳玉、酒泉玉、岫岩玉并称为中国五大名玉。和田玉分布于塔里木盆地之南的昆仑山，西起喀什地区塔什库尔干县之东的安大力塔格及阿拉孜山，中经和田地区南部的桑株塔格、铁克里克塔格、柳什塔格，东至且末县南阿尔金山北翼的肃拉穆宁塔格。

先说《和田玉》邮票上的"玉长乐谷纹璧"，透雕铭文"长乐"二字。字两侧各有一对称的独角兽，造型古朴典雅，形态生动，饰谷纹，内外缘有凸雕弦纹一周。此璧流传至清代被收入宫中，清乾隆皇帝非常喜爱此器，特作诗一首，并刻于璧的外圈边沿上。全文如下："长乐号镌宫，炎刘气蔚虹。如宜子孙式，可匹夏商周。传者妵必有，鸠平恨莫穷。郅传禁中语，曰勇异当熊。"

"鎏金银托盘双耳玉杯"现珍藏于北京定陵博物馆，洁白的玉杯上嵌有鲜红的宝石，鎏金银托盘装饰着浮雕花纹，又点缀 24 颗红、蓝宝石和珍珠，相映增辉。这件金玉结合的御用宝物，精美绝伦，价值不可估量。该器不仅有皇家的奢华，而且富有王者气概。

"玉双童洗象"，玉色青白，琢一立象，回首摇鼻。象背二童子，一直立，手持角形觥，以水冲洗象背，另一童趴伏象身，清扫大象颈背。清代宫廷陈设有许多以象为题材的玉器，如象驮宝瓶、象鼻卷如意、童子骑象、万象如意等。这件二童洗象，寄寓万象更新。"象"与"祥"谐音，俗称"太平喜象"。现珍藏于故宫博物院。

"玉辟邪"，玉料呈青白色，角及背部有玉璞，原有紫红皮色。圆雕而成的辟邪，口张齿露，双目前视，头有一角，腹生翅羽，身前躯，欲扑之势，极为生动。辟邪，神兽名，为祈福祛邪的祥瑞之兽。

说到《和田玉》邮票的《玉辟邪》，必然要说一说中国邮政部门 2013 年发行的《丝绸之路》邮票第四枚《西域胜境》图案上的"玉仙人奔马"，二者都出土于咸阳西汉汉元帝渭陵附近，珍藏于咸阳博物馆，堪称一对孪生的双胞胎。

两块玉均为"玉中之王"的和田玉，温润细腻，莹白中隐约透着光泽，清雅脱俗之灵气扑面，宛若羊脂，俗称"羊脂玉"。这两块玉精光内蕴，美轮美奂，应为御用之玉，取自和田玉之最的上品，西汉文学家东方朔在《海内十洲记》所赞誉的"白玉之精"。

羊脂白玉不但象征纯洁、高尚、温润，而且象征吉祥、安谧。古人所谓："温润，仁也！"在古代，帝后才有资格佩上等白玉。事实已经证实，西汉皇帝有的玉玺是专用汉代羊脂白子玉料。被国家定为"国宝"的西汉"皇后之玺"就是利用晶莹无瑕的羊脂白子玉料雕琢而成的，高2厘米，边长2.8厘米，现收藏于陕西历史博物馆。出土地点距汉高祖和吕后合葬的长陵约1公里，推测为吕皇后之物，是汉代皇后玺的唯一实物资料，珍贵异常。

和田玉远在汉开辟丝绸之路前就大量流入内地，所以有专家考证，认为丝绸之路以前已有一条"玉石之路"。《穆天子传》载周穆王巡游昆仑，曾"攻其玉石，取玉版三乘，载玉万只"而归。这个记述虽然太遥远，但从中可以窥见纪元前的人们已经知道昆仑山是盛产玉石的地方了。

在古代，玉象征伦理道德观念中高尚的品德，儒家有"君子比德于玉"的用玉观念。东汉许慎在《说文解字》中有"玉、石之美兼五德者"的解释，就是将玉石的五种物理特性比喻为人的"仁、义、智、勇、洁"五种品德。

古人云：玉必有工，工必有意，意必吉祥。中国人相信玉为天地精华孕育之灵物，有护佑人的祥瑞功能，和田玉中一个"和"字，象征中国人对"和"的期盼，和田玉向我们传达的是：天地人和、春和景明、和谐和睦、和为贵、和气生财、家和万事兴、国和享太平。

美丽的新疆

文 / 骆延峰

（一）《新疆维吾尔自治区成立三十周年》邮票欣赏

1985年10月1日国家邮政部门发行的《新疆维吾尔自治区成立三十周年》邮票。

第一枚为《戈壁绿洲》，画面是一位身着民族服装、热情奔放的维吾尔族少女，她手托果盘，身着红色长裙，头顶红色的精致小帽子，脸上洋溢着丰收的喜悦，沃野千里的绿色原野，果盘中的葡萄、哈密瓜以及脚边的西瓜，在向人们传递一种幸福。

戈壁绿洲

第二枚为《油田和天池》。旭日映照下的油田钻井台鳞次栉比，高耸入云。群山环绕的天池清澈平静，远处皑皑白雪覆盖下的山峰在旭日照射下，与天池形成了一幅美丽的油画。

克拉玛依油田是新中

油田和天池

国成立后发现的第一个大油田。1955年10月29日，克拉玛依地区1号井喷出高产油气流；1960年，克拉玛依油田生产原油164万吨，占全国当年原油产量的40%，成为大庆油田发现前全国最大的石油生产基地，为国家的建设和发展贡献巨大。

而美丽的天池是新疆天山的旅游胜地。"天池"一名来自乾隆四十八年（公元1783年）乌鲁木齐都统明亮所题《灵山天池统凿水渠碑记》。古往今来，文人墨客多吟诗赋文，备极赞誉。传说3000余年前穆天子曾在天池之畔与西王母欢筵对歌，留下千古佳话，令天池赢得"瑶池"美称。郭沫若先生曾临湖吟出"一池浓墨沉砚底，万木长毫挺笔端"的佳章。

天山天池地处新疆维吾尔自治区昌吉回族自治州阜康市境内，是以高山湖泊为中心的自然风景区，也是中国西北干旱地区典型的山岳型自然景观。天池在天山北坡三工河上游，湖面海拔1900多米。随着海拔高度不同，可分为冰川积雪带、高山亚高山带、山地针叶林带和低山带。天山天池被评定为国家地质公园。一株生长在天池大海子北岸的古榆树，枝叶繁茂，相传为王母娘娘的金簪在制服恶龙时插在此处化成的，无论天池水位怎样上涨，始终淹不到树的根部。此树是环池核心景区方圆几公里内中唯一的榆树，也是海拔最高的榆树，宛如"定海神针"，使天池大坝免遭崩溃。

南北朝时期民歌《敕勒川》中唱到："天苍苍，野茫茫，风吹草低见牛羊。"每当听到这首歌曲，我就想象新疆那一望无际的绿洲，那令人神往的牧场和蓝天白云。这套邮票中第三枚就是《天山牧场》，画面展示了一位手持托盘的维吾尔族少女，少女身旁是奶桶和两只绵羊。远处是一望无际的草原和起伏的山峦，一群奔腾的骏马，天空白色天鹅在翱翔。

天山草原是新疆的主要天然放牧场。天山草原以其面积广大、水

天山牧场

源充足、牧草繁茂、气候适宜而著称。由于天山牧草品质优良，养育了千万头牲畜，有名的伊犁马、新疆黄牛和新疆细毛羊等优良品种都生长于天山草原上。气温较低的山顶用作夏季牧场，冬季气温较高的山脚用作冬季牧场。

正如歌中唱的："我们新疆好地方啊，天山南北好牧场，戈壁沙滩变良田，麦穗金黄稻花香啊，风吹草低见牛羊，葡萄瓜果甜又甜，煤铁金银遍地藏，葡萄瓜果甜又甜，来来来来来来来……我们美丽的田园，我们可爱的家乡。"朋友，你有空的话，就请到新疆走一走吧。

（二）《新疆维吾尔自治区成立五十周年》邮票欣赏

新疆古称西域，自古以来就是祖国不可分割的一部分。公元前138年，汉武帝派张骞出使西域，西汉政权与西域各城邦建立了联系。公元前60年，西汉在乌垒（今轮台县境内）设立西域都护府，自此西域正式列入汉朝版图。清乾隆后期改称西域为新疆，1884年正式建立新疆省。1955年10月1日成立新疆维吾尔自治区，首府设在乌鲁木齐市（蒙古语意为优美的牧场）。新疆是一个多民族聚居的地区，有47个民族，其中世居民族有维吾尔、汉、哈萨克、回、柯尔克孜、蒙古、塔吉克、锡伯、满、乌孜别克、俄罗斯、达斡尔、塔塔尔等13个。

新疆早期游牧民族的生活习惯也造就了他们能歌善舞的天赋。张骞通西域，不仅加强了中西政治、经济联系，在音乐舞蹈艺术上，更形成了一种大融合。清《四库全书》之《钦定皇舆西域图志》卷之四十音乐章："汉张骞使西域，得摩诃兜勒一曲。传之中国，李延年翻为二十八解。于是始有西音。"

在新疆维吾尔自治区成立五十周年之际的2005年10月1日，国家邮政部门发行了《新疆维吾尔自治区成立五十周年》邮票，就是以舞蹈的形式展示了新疆各族人民欢欣鼓舞迎新曲、欢庆颂、丰收歌的情景。维吾尔族舞蹈，活泼优美，步伐轻快灵巧，身体各部分的运用较为细致，尤其是手腕和舞姿的变化极为丰富。新疆的舞蹈风格有着浓郁的西域风格，这些歌舞，都是在生产生活中自然形成，或者说是融于生产生活中的一种艺术，多姿多彩的舞蹈简直令人目不暇接。

第一枚《迎新曲》上，三位小伙子深情地弹奏着热瓦甫，一边弹奏，一边舞蹈；另两位小伙子，一位欢快地跳动着，一位小伙则敲响了手鼓。欢庆节日，欢庆丰收，脸上充满了无尽的喜悦。

迎新曲

第二枚《欢乐颂》上，三位帅小伙和两位美丽的少女欢快地跳起来，欢庆新疆五十年来翻天覆地的变化。

欢庆颂

第三枚《丰收歌》上，五位美丽的少女带着丰收的喜庆，托着果盘，提着果篮，果篮果盘中的葡萄、哈密瓜、石榴、香梨等，一派欢乐的气象，新疆不愧为瓜果之乡。

由于中央政府对新疆政策上的支持和巨大投入，50多年的发展，新疆经济和社会发展取得了翻天覆地的变化：GDP从新中国成立前的不到10亿人民币增加到了2004年的2200亿，财政从1955年的2亿增加到了2004年的155亿，形成了粮食、棉花、林果、畜牧四大基地；新疆城乡面貌发生了巨大变化，交通、水利、能源、通信等设施大为改善；民众生活发生了巨

丰收歌

大变化，新疆各族民众衣食不足、缺医少药、喝"涝坝"水、点油灯、交通不便、孩子上不了学的历史永远结束了。新疆少数民族的政治地位得到提高；新疆的政治和社会事业迅猛发展；经济发展，民族团结，社会稳定，各族人民

安居乐业；民族语言文字政策得到极大保护，文化事业实现了大发展。

在新疆维吾尔自治区成立五十周年之际，勤劳善良的新疆人民用歌舞来表达自己的喜悦，体现了人们乐观、豁达的民族性格。

新疆维吾尔自治区地处中国西北边陲，国内与西藏、青海、甘肃等省区相邻，周边依次与蒙古、俄罗斯、哈萨克斯坦、吉尔吉斯斯坦、塔吉克斯坦、阿富汗、巴基斯坦、印度等 8 个国家接壤；陆地边境线长达 5600 多公里，占全国陆地边境线的四分之一，是中国面积最大、交界邻国最多、陆地边境线最长的省区，也是丝绸之路的重要枢纽。多姿多彩的民族舞蹈成为"一带一路"新丝路上一朵灿烂的奇葩。

绚丽多彩的新疆舞蹈

文/刘 莹

（一）手鼓响起来

说到手鼓，自然会想起维吾尔族舞蹈，然后就是西域那片神秘之地。

手鼓，如同汉族的腰鼓，看见它就会想起金戈铁马黄沙万里，想起喜庆和欢腾。这就是细节。在表达事物主要特征的时候，最符合艺术形象需求的，一定是具有启发性的、雄辩性的细节。

国家邮政部门1962年10月15日发行的《中国民间舞蹈（第一组）》第六枚《维吾尔族手鼓舞》。

手鼓舞作为维吾尔族舞蹈的一个象征，已经被大众普遍认可。手鼓作为维吾尔族舞蹈的重要打击乐器，则以它的切分节奏，突出地强调了本民族的舞蹈个性，从而注定了它在维吾尔族舞蹈中的核心地位。无论是大众的"麦西来普"，还是双人的多朗舞或是男子的萨玛舞等等，都会在手鼓的指令下，完整地演绎出自身的舞蹈节奏，充分地表现出自身的舞蹈风格。尤其是礼俗性的多朗舞，鼓点一响，对手即双双起舞，舞步随着鼓点的切分节奏，稳健豪放热烈欢快。舞者

维吾尔族手鼓舞

扬眉动目、动作迅猛，像探戈，也像爵士。

没有什么比切分节奏更加令人兴奋的了。瞬间的鼓点变换即可将旋律切分，使舞蹈变得非常刺激和兴奋，使整个舞蹈形神合一。即便再安静的人，只要听到手鼓的节奏，都会跃跃欲舞。

手鼓的出现、流传，至今已有1400多年。它形成的切分节奏，融合了整个西域地区多民族多文化的韵律，是东西方宗教、文化、音乐交融的结晶。西方最具华彩的探戈舞曲和爵士舞曲，与维吾尔族舞蹈的节拍非常相似。这种节奏诡异、迷人，不仅在热舞中撩拨人心，在西方高雅的钢琴曲中，也生出十分的美妙。

如果我们一定要将世界切分为东方与西方，那么在东西方文化交流的通道上，语言或许会作为一种障碍长期存在，但音乐与歌舞则毫无障碍。我们可能看不懂文字，听不懂语言，但绝对看得懂歌舞，听得懂音乐。我们可能分不出多朗舞、萨玛舞、夏地亚纳的舞步，听不出三拍、四拍的音乐节奏，但是我们一定能听得见手鼓动心的声响！这或许就是邮票图案对维吾尔族歌舞定位的选择。

（二）哈萨克族的欢腾

国家邮政部门1963年6月15日发行的《中国民间舞蹈（第二组）》第二枚《哈萨克族双人舞》，将我们的视线带入了新疆北部的大草原。那里生存着勇敢善良的哈萨克人，他们性格豪爽、热情奔放，一生都在歌舞中欢跳。他们的舞姿，时而像草原的骏马，时而像苍天的雄鹰，时而像走熊憨态可掬，时而像天鹅优雅美丽。不知道是什么让他们的生活那样的欢快、让他们的舞姿那样的优美，尤其是看到女子独舞《天鹅》。

哈萨克族双人舞

和杨丽萍的《孔雀》一样,《天鹅》优美得令人窒息。如果说杨丽萍的《孔雀》是一只蓝色精灵,那么哈萨克族姑娘的《天鹅》,就是一个精灵般的天使。我不知道该用什么样的语言来赞美这个美得无以复加的天鹅姑娘,她让我一下子体会了瑞典探险家斯文赫定发现楼兰时的悸动。我肯定,这个天鹅姑娘,就是那个穿越了几个世纪的、令人魂牵梦萦的楼兰公主。

据资料记载,"哈萨克"就是"天鹅",也有"独立、漂泊"的意思。之所以称哈萨克族为"英雄民族",并不是他曾经是否打败过谁、占领过哪儿。相反的,"独立、漂泊",像天鹅一样自由地飞翔,正是全人类共同的理想追求。

在哈萨克族人的心中,骏马也是图腾。他们有句谚语"马和歌是哈萨克人的一对翅膀"。这话说得真好!我们只能臆想巴里坤草原的美,想象"天苍苍、野茫茫,风吹草低见牛羊"。那里一定有毛毡、有奶茶、有奔跑的马儿、有烤肉和酥油,有积雪的高山,有蓝蓝的湖水……晨曦的光,浓烈的晚霞,蜂飞蝶舞,炊烟袅袅。这些,都是沉淀在哈萨克族人血液中的美,它孕育了哈萨克民族坚毅、果敢、热情、和平的性格。

哈萨克人十分好客,礼节周到细致,且乐于助人。男女老少个个能歌善舞。每一个人都会骑马射猎。没有骑过马的人,永远不知道骑在马背上才会洋溢的英雄气概。有人说,骑马驯马的最高境界是人马合一。但是,你如果看过哈萨克族的舞蹈《黑走马》,你就知道什么才是真正的人马合一。

《黑走马》是哈萨克族最具代表性的民间舞蹈。男子模仿骏马的形态,奔跑、跳跃、舞姿雄健有力。姑娘们则含羞顾盼、步伐轻盈欢快。在巴里坤草原转场的季节里,上千人跳着《黑走马》,犹如千百只精灵在草原上炫舞、千百匹骏马在草原上欢腾,气势十分壮观。此时,如果你近在咫尺,一定会忘情而动。即便你不知道手脚应该如何伸展,也会随着"冬不拉"的律动欣然起舞。

"冬不拉"是哈萨克族特有的民族乐器,也是哈萨克人的心灵伙伴。国家邮政部门于2005年10月1日发行的《新疆维吾尔自治区成立五十周年》纪念邮票上的第一枚,突出的表现了哈萨克男子的"冬不拉"情结。而曾经参加过第五届中国舞蹈"荷花奖"大赛的哈萨克族舞蹈《我心爱的冬不拉》,就是以男子独舞的形式,表现了哈萨克人对"冬不拉"的情感。2008年"冬不拉"入选国家级非物质文化遗产名录。

搭起篝火,来吧!老辈人说"祖先遗产中的一部分是留给客人的",因此哈萨克人友爱、宽容、和善。高兴的时候,弹起"冬不拉",舞一曲《天鹅》、跳一支《黑走马》,在草原上,也可以在毡包里。

哈萨克族人的性格活泼开朗,他们的舞蹈也更加轻盈、旋转更快、节奏也更加鲜明。尤其是哈萨克族姑娘头顶上的那束羽毛,洁白柔润,它会告诉你关于哈萨克族姑娘的所有心事。1957年由著名舞蹈家贺耶尔春英编导的哈萨克族群舞《姑娘追》,曾在国内外引起轰动。它情节生动风趣幽默,演员头顶上的羽毛如风吹草动芦花荡漾,摇曳出优美动人的欢声笑语。

如今,哈萨克族的《天鹅》已经展翅高飞,《黑走马》也跳到了洛杉矶,《姑娘追》更是风靡一时。舞蹈的民族性,正印证了那句话"越是民族的,越是世界的"。哈萨克族每个人都是舞蹈家,每个人的心中都蕴藏着本民族的尊严。舞蹈是一种智慧,一个充满舞蹈智慧的民族一定是充满生机的民族。哈萨克族的舞蹈,与自然结合、与音乐结合、与人的灵魂结合……它会创造出无限的可能,也会带给人类无限的精彩。

(三)乌孜别克族的舞蹈

联想到驼铃声声的丝路,想到丝路上的瓷器、皮毛、丝绸、草药……那些琳琅满目,那些大漠中的使者,他们的坚毅、机敏,还有乌孜别克族商人眼中那种诚信的狡黠。难怪古丽米娜的乌孜别克族独舞跳得那么灵动、那么自信。相比《中华人民共和国成立五十周年——民族大团结》邮票第四十三枚图案中的两位乌孜别克族舞者,古丽米娜的舞姿丝毫不输收藏的价值。

乌孜别克族

在整套邮票中，很难一眼就分辨出哪一张是乌孜别克族的舞者，但是今天在乌鲁木齐市里，据说大多流行乐舞都是乌孜别克族的。尤其是大型的节日盛会，乌孜别克族的舞蹈、乐队一出现，便是蓬荜生辉、欢声潮起。

乌孜别克族人能歌善舞，他们的舞蹈种类很多。现在流行在伊犁、喀什、叶城等地的舞蹈叫作"木那捷特"。这是一个阿拉伯的语汇，意为祈求、祈祷。这种舞蹈一般在大型节日、婚礼以及重要仪式场合中上演。

还有一种自娱性舞蹈，叫作"乌帕尔"。曾经也是在婚礼或者是在民间较大的喜庆场合上表演。来者多半是即兴起舞，动作轻快随意。可一人独舞、两人对舞，更可多人共舞。但是"乌帕尔"的旋律比较古老，现在除了霍城、叶城以外，其他地区已不多见。

乌孜别克族和其他少数民族一样，舞蹈在其生活中占有相当重要的地位。他们的舞蹈快捷灵活，舞步轻盈婀娜。起舞瞬间，双臂十分优美，腰肢非常柔软。"抖手""转手""晃手""弹指"是乌孜别克族舞蹈的特点。

古丽米娜在《中国好舞蹈》斗舞的环节中，曾以一支乌孜别克族的《铃铛舞》战胜了对手，在通往冠军的路上，展现了她的实力与魅力，也让观众品味了乌孜别克族的性格。这种《铃铛舞》，是以舞中铃铛作响而得名。舞者以脚步踏节拍，身体随着节奏不停地旋转，铃铛就此清脆悦耳。

任何艺术都来源于生活，乌孜别克族的舞蹈也是如此。在他们众多的民间舞蹈中，还有《小帽舞》《哈拉缯》等。这些舞蹈都是以劳动的场面及情景为原型，表演者点步、碎步、错步、跺脚、抖肩，甚至将切菜、洗菜的动作都融入其中。舞者情绪热烈欢快，兴奋时眼睛、眉毛一睁一挑，极尽风韵。

每个民族都有自己传统的舞乐文化。和维吾尔族的《十二木卡姆》一样，乌孜别克族的传统舞乐《埃希莱叶莱》是他们最难以忘却的。但是如今，这个区别于其他民族标志性的乐舞，在年轻一代的乌孜别克人身上，已经远去了。尽管在2006年，《埃希莱叶莱》和《十二木卡姆》一样被列为国家非物质遗产保护项目，但是境况仍然没有转机。

也许远去的终究还会渐行渐远，就像从前的古丝路。无论你有怎样的想象力,也无法看见它曾经的繁华。2015年的春晚,中央电视台的舞蹈《丝路霓裳》、沙画演绎的《丝路》、北京电视台的造型舞蹈《丝路新语》,都以绚丽的画面让我们看到了丝路的曾经和未来。我想,假如那条蜿蜒之路,再次驼铃声声,但愿乌孜别克人仍旧是最聪明的使者。

(四)塔塔尔族的踢踏舞

说起踢踏舞,人们会想到爱尔兰的《大河之舞》,也会想到美国大萧条时代的童星秀兰·邓波儿。但对于塔塔尔族的踢踏舞,人们却没有更多的了解。国家邮政部门1999年10月1日发行的《中华人民共和国成立五十周年——民族大团结》邮票第五十枚图案,就是选取了塔塔尔族青年男女深情演唱的画面。由此,我们错过的精髓,正是塔塔尔族的踢踏舞。每逢一年一度的"撒班节",塔塔尔族人都会情绪饱满、热情洋溢、边唱边跳。欢快的舞步中夹杂着尖啸的口哨和击掌的声响。一踢一踏中充满了塔塔尔族的骄傲与自信。

塔塔尔族

塔塔尔族是我国跨境民族中人口非常少的一个民族。即便是在新疆地区最集中的奇台县大泉塔塔尔乡的塔塔尔族人,也只有1100多人。而这个塔塔尔乡,也是1989年才专为塔塔尔族人设定的。其他如伊宁市、乌鲁木齐市等地散居的塔塔尔族人就更加稀少了。

塔塔尔族的踢踏舞,既有美国踢踏舞清脆密集的步伐,又有爱尔兰踢踏舞整齐规范的队列,既有本民族的性格,又有欧罗巴人的素养。终极表现出的,则是他们自己独特的风格——轻松欢快、骄傲自信。

人们常说,一个民族的舞蹈就像她的文字和语言一样,不仅展示了这个民族的软实力,也奠定了这个民族的存在感。它能够准确地表达出这个民族的品格气质,让人领略这个民族的历史沉淀,体味这个民族的文化底蕴,由此传达出这个民族的精神内涵。这个精神内涵,就是这个民族的"独一无二"。传承本民族"独一无二"的最好途径,就是将其发扬光大。像新疆所有重大节日上不能缺少的塔塔尔族舞蹈,像新疆的教育史不能不感谢塔塔尔族人的贡献,以及历史上记载的、更遥远的塔塔尔族人曾经铸就的巨大辉煌。

德国建筑学者密斯凡德罗曾经提出过"少即是多"的哲学观点,老子的学说也表达过"少而精""简而远"的思想。这些道理体现在塔塔尔族人的生存中,就是从广泛的包容中,凝练出本民族的精华。从语言到文字,从生活到习俗,从舞蹈到音乐,古丝绸之路新北道上的塔塔尔族,值得我们认真思索。

(五)俄罗斯族的舞步情怀

在伊宁市,一些俄罗斯族人在开面包房、开绣馆、开传统手工艺作坊。逢着俄罗斯族的圣诞节、复活节,他们会聚在一起,喝伏特加、吃红肠、跳俄罗斯族舞蹈。这些俄罗斯族人的后裔,在中国定居已将近两个多世纪、甚至更久。他们直爽、开朗、热情、淳朴。国家邮政部门1999年10月1日发行的《中华人民共和国成立五十周年——民族大团结》邮票,第四十四枚以舞蹈的形式定格了俄罗斯族。

俄罗斯族

俄罗斯族人能歌善舞。他们的舞蹈更加具有贵族气质的遗痕。苏联20世纪50年代发行的一张《俄罗斯族舞蹈》明信片上的俄罗斯族的姑娘们,从服装、气质、舞步上都显示着俄罗斯族高贵的品质。

这种品质,就是一个民族的烙印。它沉淀在民族的血液之中,会让你从心底对这个民族肃然起敬。

俄罗斯族的舞蹈因其带有浓烈的贵族色彩,故多为社交性舞会舞蹈,如波尔卡、克拉科维克等。此外,还有马车舞、集体舞、踢踏舞,以及苏联明信片上展示的圆圈舞等。各类舞蹈表现的丰富内涵与基本特征,以及俄罗斯民族的特殊历史背景,在与其他民族的舞蹈对比中更显得特色鲜明。它在世界舞蹈史上也是独树一帜,具有重要的文化价值。

20世纪苏联红旗歌舞团的《水兵舞》,就是俄罗斯族踢踏舞的杰出代表。它节奏鲜明、轻快,步伐清晰、响亮,舞蹈者热情奔放,一时风靡中国。

伊宁市俄罗斯族学校的校长尼古拉先生,非常担心俄罗斯族文化会因为俄罗斯族人口的逐渐减少而被淹没。面对众多的俄语学生,他在讲义中尽可能多地融入俄罗斯族文化。而他的哥哥亚历山大却始终乐观。亚历山大的手风琴技艺已经名扬四海。他准备在伊宁开一间手风琴博物馆。他说他酷爱手风琴。在这条通往中亚的丝绸之路上,只要他的手风琴一响,周围的人无论什么民族,都会跟着俄罗斯族的音乐起舞歌唱。所以,他坚信俄罗斯族的传统文化不会消失。

(六) 帕米尔高原的雄鹰

2014年7月,中央电视台《中国好舞蹈》节目落下帷幕。新疆维吾尔自治区的参赛选手古丽米娜,凭借塔吉克族的《鹰之舞》一举夺冠,成为年度最受瞩目的舞蹈演员。由此,也将塔吉克族再次推向了我的眼前——"花儿为什么这样红"、阿米尔、古兰丹姆、喀什哨所……记忆中的帕米尔高原,那里终年积雪、冰峰耸立,气候恶劣、地形险要。那是塔吉克族给我最深的印象。

令人欣喜的是,在国家邮政部门1999年10月1日发行的《中华人民共和国成立五十周年——民族大团结》的纪念邮票第四十一枚中,

塔吉克族

我看到了"塔吉克族"载歌载舞的图案。图案上的舞者热烈、欢快、明朗、温暖。鹰笛的声响,刚柔的舞姿,让人忘却了慕士塔格雪山的遥远,忘记了帕米尔高原的凛冽与寒冷。

据说帕米尔高原才是真正的世界屋脊。许多年来，那里以秘境著称。甚至有人说，它是"地图上最后一块空白"。那条通往山脊的路，曾经"是亚洲的忧伤之路，演绎过残酷与温情。许多旅行者诅咒它，但同样在那儿，人们发现了奇异动人的景色，发现了世界的另一个部分"。所以，张骞之后有法显、玄奘、马可·波罗……在他们后面又有柯宗、斯文赫定和斯坦因……

但他们都是过客。真正当那里是家园的，应该是有着"帕米尔雄鹰"之称的塔吉克族人。在这片土地上，塔吉克族人开垦、耕作、放牧、舞蹈，像马儿一样充满活力，像山鹰一样自由飞翔。他们善良淳朴、热情好客。如同纯净的帕米尔高原——自然敦厚。每逢开春的"肖公巴哈尔节"，四面八方的塔吉克族人都会聚在一起热闹一番，叼羊、打马、赛牛、舞蹈。

塔吉克族的舞蹈极具高原舞蹈文化精髓。独特的生存环境以及人文背景，决定了他们舞蹈形式的多种多样，舞蹈动作的多姿多彩。古丽米娜的《鹰之舞》，是塔吉克族最具代表性的舞蹈，也是塔吉克族对本民族图腾崇拜的象征。相比《天鹅》《孔雀》，鹰舞的节奏更有韵力，舞步也更加快速、成熟。单步、错步、跳转等集合了塔吉克族舞蹈的独特风格，也明示了塔吉克族舞蹈的灵魂。

除了《鹰舞》，塔吉克族还有《马舞》《刀舞》《木偶舞》。这些丰富的舞蹈，融入塔吉克族日常的节日庆典、家庭聚会等场合，形成了他们自己的生活习俗和生活方式，为民族的生存提供了精神食粮。无论怎样的历史演变，他们都会有着自己的坚持。这种坚持，是塔吉克民族性格中最强壮的因子。

一个民族的生存之道，必定有它赖以支撑的民族精神。"帕米尔高原的雄鹰"，就是塔吉克民族最好的写照。他们与高原共生，与雄鹰同飞。像一尊时间老人的塑像，固守在喀拉山口，笑看丝绸之路上过往的行人，万马奔腾也好、独行吟唱也罢，只要你来了，便为你着一袭红色衣袍，舞一段山鹰之舞，不为别的，只为送你远行。

美丽亲切的维吾尔族服饰

文 / 张志春

当我看到邮票上的维吾尔族服饰时，觉得特别亲切。白色衬衣的领口、衣襟、袖口处有抽象纹饰，五彩丝线绣的。白色主调，丝线连缀以直线、曲线、弧线构成正方形、长方形、圆形、三角形、菱形、星形、新月形、锯齿形等各种各样规则或不规则的几何图形。这里没有一般汉民族服饰上常见的小的可爱的动物图纹，以及时尚T恤与文化衫中偶像头像。红线、蓝线、绿线等交织，看似简单，却也大方雅致，鲜艳清爽，仿佛大漠中的胡杨，晴空里的彩虹。由于信仰，服饰上禁绘带眼睛的动物图纹。不过，民族特色的服饰大多保存在乡村和边远的地方，城里人很少穿了。这种衬衫绣纹倒是普遍的。

倘若是节庆的时候，或他们举行联欢晚会的时候，则是民族服饰大放光彩的文化空间。待到姑娘们到来，那可是真叫闪亮登场！一个个穿着轻盈洒脱的乔其绒、乔其纱、柔姿纱、印花绒，恍如流动的花团锦簇。特别是沙依芙嘉玛力和古丽巴努木穿着艾得莱斯绸裙料。我知道这是新疆维吾尔族所独创的面料，为女孩子所青睐。她俩告诉我，她们的名字是仙女和花公主的意思。我想这种扮饰就是自我意象最好的呈现与诠释。男孩子就是草原上的骏马，戈壁滩的胡杨；女孩子就是草原上的花朵，就是湖畔的仙女。她们袖口紧窄，袖筒舒展；腰身收拢，裙裾飘逸。随着鼓点敲击，管弦响起，似乎每个人都是舞者，每个人都是天地间最快乐的艺术家。仿佛在月光的葡萄架下，仿佛在绿意葱茏的拉拉提草原，仿佛在辽阔的天山脚下，一群可爱的年轻人舞动着青春。她们四季所着的裙裾内是长裤，因避风沙，因便骑马，在舞动中如花枝一般舒展漂亮。那裙裾随着旋律的波动而摆荡，是彩色的跳跃，是线条的波漾，那款式仿佛一瞬间变幻出千百个样态来。无论裙摆或飞似花朵绽放或垂似柳丝摇曳，却丝毫不影响卡腰的贴身效果。这使我想起了花蕊夫人所写《宫词》中的诗句："回鹘衣装回鹘马，就中偏称小腰身。"回鹘即维吾尔族的古称，服饰的传承，或许是美感造型的认同，或许是路径依赖的惯性，竟是这样的千年融通！

  花帽也是亮点之一。女孩子戴着再尔花帽。它用金银线盘绣，所绣花纹多以新疆花卉果实等自然意象为素材创制而成。灯光下如此夺目，倘戴它在阳光下行走，蓝天白云熠熠闪烁的花帽会给人怎样的感受呢？男孩子所戴花帽，则是最负盛名的南疆喀什地区盛产的男式巴旦木花帽。我特别喜欢这种小花帽。我知道巴旦木盛产于南疆，是在沙洲中生命力极为旺盛的一种水果。果实富有营养，是维吾尔族人十分喜爱的干果食品。巴旦木花帽的图案，是由按形似新月的前后顺序旋转排列的四个巴旦木纹样。因不同地区、不同性别、不同年龄、不同职业及不同身份的人对花帽花色及其式样的喜好不同，所以花帽种类多达20余种。维吾尔族人戴帽习俗，源于伊斯兰教的礼仪。伊斯兰教礼仪认为，在室外，头部不加任何遮盖，是对老天的一种亵渎。这种宗教礼仪世代承继，已形成维吾尔族的一种服饰习惯。维吾尔人认为参加葬礼等庄严仪式或重要的喜庆活动时倘不戴帽，就是对主人的不礼貌或不尊重，从而视戴帽这种习俗为一种美德。如南疆地区的维吾尔族人多喜欢戴以巴旦木杏核图案为主的巴旦木花帽，为黑底白花；吐鲁番地区的维吾尔族男女老幼则喜欢红花绿叶、花大底空小、颜色火红鲜艳的吐鲁番花帽；知识分子多喜欢戴奇曼花帽，又称"奇曼塔什干朵帕"，它以米字为骨架，花枝叶交错，形成菱形格局，用冰裂纹或点线绣成底纹与主花相映衬，色彩多为浅绿色底小红花。做礼拜时戴的帽子称阿克多帕，即白色帽，以白色线扎花纹；维吾尔族妇女所蒙面纱或盖头，多为咖啡色、黑色、灰色和白色。她们的头巾花色鲜艳，以红、黄、蓝、绿色为主。这在1999年10月1日国家邮政部门发行的《中华人民共和国成立五十周年——民族大团结》邮票中就有展示。

我想象我就是他们中的一员，穿着这样的衣服，戴着巴旦木小花帽，还着意要穿上高腰靴子。因为那样可以自如地骑马驰骋天山南北，也可以漫步于拉拉提草原而不怕小动物窜腿而入，也不怕有尖刺的植物伤及体肤……由此而悟出，这样的一身打扮不仅仅威武靓丽，更有着历史凝聚的智慧与艺术。维吾尔族男女多喜欢在鞋或靴子外加上套鞋，叫作"喀拉西"。套鞋是橡胶做的，内衬紫绒面，保暖，也护鞋。套鞋分圆头、尖头两种，圆头叫"玉德克喀拉西"，主要套在马靴或皮鞋外面；尖头叫"买赛喀拉西"，多为老年人和宗教人士所穿。宗教人士和伊斯兰教徒进清真寺礼拜时，须脱鞋才能进入。如果外穿套鞋的话，进大殿时只脱套鞋就行了。这也已演变成为维吾尔族的一种服饰习惯和卫生习惯。

维吾尔族

草原上的七彩长虹

文 / 张志春

新疆的少数民族,除却维吾尔族,还有哈萨克族、塔塔尔族、塔吉克族、柯尔克孜族、乌孜别克族、俄罗斯族等,他们的服饰色彩纷呈且耐人寻味。倘若彼此汇聚来比较一下,赤橙黄绿青蓝紫,大约不会输于草原腾空而起的彩虹吧。

1999年10月1日国家邮政部门发行的《中华人民共和国成立五十周年——民族大团结》邮票,其中就有哈萨克族、维吾尔族、塔塔尔族、塔吉克族、柯尔克孜族、乌孜别克族、俄罗斯族,放在一起欣赏,如同观摩一场服饰博览会。

就服饰的质料来说,哈萨克族等以草原游牧文化为特征的民族就多用皮料。这种逐水草而居、就地取材原是先民们生存的智慧与技能。他们多用羊皮、狐狸皮、鹿皮、狼皮等,使山地草原的种种风貌积淀于服饰之上;而乌孜别克族对长衣的布料十分讲究,过去多用"伯克赛木绸"或金丝绒,现在也用各种质地优良的毛料;塔吉克族则多以皮毛、毡褐为面料,清代以后,用自织土布和外来的丝绸渐多;俄罗

哈萨克族

国家名片上的丝绸之路

维吾尔族

塔塔尔族

塔吉克族

柯尔克孜族

乌孜别克族

俄罗斯族

斯族则以丝绸、呢子或羊皮为主；等到新疆大量植棉以后，棉布也以其透气、柔和的性格赢得了普遍的喜爱。

倘若说到款式，更是多样。如果说维吾尔族人喜欢穿长马甲，那么哈萨克族人则喜欢穿短马甲。哈萨克族男子内穿套头式高领衬衣，青年人的衣领上多刺绣有彩色图案，套西式背心，外穿布面或毛皮大衣，腰束皮带，上系小刀，便于饮食，下穿便于骑马的大裆皮裤；而哈萨克族女子则喜用白、红、绿、淡蓝色的绸缎、花布、毛纺织品等为原料制作连衣裙，年轻姑娘和少妇一般穿袖上有绣花，下摆有多层荷叶边的连衣裙。

塔塔尔族，无论男女老幼，通常都喜欢穿一种宽袖、竖领、对襟的白色绣花衬衣，在衬衣的领口、袖口、胸前大都绣着十字形、菱形等几何图案花纹，色彩和谐、美观。在白色衬衣外，再套一件齐腰短背心；男子除了衣服是这样，下穿宽裆紧身黑裤，外套毛皮大氅，腰束皮带，显得格外威武、潇洒；塔塔尔族的传统服饰，男子一般多穿套头、宽袖、绣花边的白衬衣，外加齐腰的黑色坎肩或黑色对襟、无扣的长衣，下配赤色窄腿长裤。农、牧民喜欢扎腰带，行动起来比较方便。冬季穿皮棉大衣。牧区妇女喜欢把银质或镍质的货币钉在衣服上，仿佛援引经典一样在精心撰述的文章里营造不同语境的冲撞，从而滋生新的意蕴与美感。整体看塔塔尔族的女子服饰装束，有点接近欧洲民间服饰，男子服饰与维吾尔族相似。女子窄袖花边短衫，褶边长裙，外套绣花紧身小坎肩，腰间一条绣花小围裙。脚穿长筒袜、皮鞋。耳环、手镯、戒指、项链、领口上的别针，是女子通常的装饰品。男子穿绣花贯头衫，腰系三角绣花巾，在门襟、领边、袖口上绣花边。另一种为斜领、右衽的长衣，类似维吾尔族的"袷袢"。

俄罗斯族妇女对裙装有自己独特的认识，认为冬季穿裙子不仅不冷，反而暖和。因为裙子里面能套护膝、护腿、厚袜、厚毛裤，而裙子恰好又遮挡一层寒气，比穿裤子更暖和。俄罗斯族男子多穿长及膝盖的套头衬衫和细腿裤，春秋穿粗呢上衣或长袍，夏季穿肥大直领汗衫、长裤，腰扎带子。春秋季节，外套西装，冬季穿翻领皮大衣。

乌孜别克族男子服饰有：衬衣，白色套头式，圆立领，在领、袖、襟边绣几何纹等纹饰。腰束三角形的绣花腰带，一般年轻人的腰带色彩都很艳丽。坎肩，无领、无袖、无扣，胸前绣上大朵带枝花。夏季喜欢穿绸制的套头短袖衬衣，衬衣的领口、袖口和前襟开口用红、绿、蓝相间的丝线绣成各种美丽的彩色图案花边。春秋两季，穿长过膝盖的长袷袢，腰束绸缎或棉布制成的三角形绣花腰带。冬天穿毛衣、毛裤、羊皮袄等。妇女夏天穿丝绸衬衣、连衣裙等，老年妇女穿的连衣裙一般褶多宽大，颜色单调。夏季，青年女子穿花团锦簇的连衣裙。胸前往往精工绣上各式各样的花纹和图案，并缀上五彩珠和亮片。相对而言，老年则喜欢宽大、褶多的衣裙，不过都是丝绸制成。冬装更是华贵，富有西北风情。除毛衣、毛裤、棉绒上下衣、呢大衣之外，还喜欢穿价格昂贵的狐皮、羔皮、水獭、旱獭等裘皮上衣。女装上衣较短，只及大腿部，无领，无袖，对襟，下摆的正中和正面两边都开衩，形成两片宽带。正是便于跨骑的生活生产习惯使然。

塔吉克族男子大都白衬衣外套一件青色或蓝色无领对襟大衣，一根腰带，右侧挂一把小刀。女子则穿镶有花边的红色或花色连衣裙，外套黑绒背心，长裤。男女老少都爱穿滚边无领向右开襟衣。体魄健壮的塔吉克族青年与老人，都有一套优质的皮装。夏季，为适应高山多变的气候，也穿皮装或絮驼毛大衣；塔吉克妇女肤色白皙，俏丽健美，喜穿红色或绣饰花边的大紫、大绿色调的连衣裙。她们不仅重视衣饰胸前、领口、袖口的装饰，还特意装饰身后，使衣饰整体协调。衣帽、腰带上大都绣有花纹。女帽的前沿绣得五彩缤纷，盛装时帽沿上还加缀一排小银链。同时佩戴耳环、项链和各种银质胸饰。新娘妇女在辫梢饰以丝穗，已婚少妇在发辫上缀以白纽扣，美丽的装饰把妇女装扮得如花似玉。塔吉克族男子平日爱穿衬衣，外着无领对襟的黑色长外套，冬天着光板羊皮大衣。妇女一年四季都喜欢穿连衣裙，冷天外罩大衣。

在服饰方面，一般说女子看头，男子看脚。其实对于生活特别讲究的少数民族来说，头和脚都是同样重要的。帽饰是各个少数民族的服饰行色与亮点。如果说六角帽是维吾尔族的特色，那么，哈萨克族的帽子肯定是要插有羽毛的。

哈萨克女子也最讲究帽饰与头巾。未出嫁的姑娘夏天扎一条漂亮的三角形或方形头巾，冬天戴一种绒布的硬壳圆顶帽，帽顶饰有猫头鹰羽毛，象征勇敢、坚定。当新娘时，戴一种尖顶帽，上有绣花与金银珠宝装饰，前方还饰有串珠垂吊在脸前，一年后换戴花头巾，有孩子后开始戴披巾。而柯尔克孜族有的则没有装饰，有的是丝绒、珠子等，男子普遍戴白色高顶方形帽。

乌孜别克族妇女也在帽饰上下大功夫，春、夏、秋季一般戴被称为"朵皮"的小花帽，青年女子戴色泽鲜艳的"朵皮"，并在上面罩一条明丽的花头巾。老年妇女戴古朴典雅、凝重端庄的素"朵皮"。乌孜别克族妇女戴的首饰样式繁多，质料考究。金、银、珠、玉、绒、绢精工制成的簪、环、花，错落有致地戴在头上，再配上精美玲珑的耳环、金光闪烁的项链、戒指……塔吉克族少女爱戴用紫色、金黄、大红色调的平绒布绣制的圆形帽冠。帽檐四周饰金、银片和珠饰编织的花卉纹样。帽的前沿垂饰一排色彩鲜艳的串珠或小银链。妇女戴圆顶绣花棉帽，外出时再披上方形大头巾，颜色多为白色，新娘则一定要用红色。她们外出时，帽子外所披大头巾随风飘展，颇为动人。塔吉克族男子头戴黑羊羔皮作里黑平绒人面的圆形卷边高统帽。小帽有黑白两色绣花。俄罗斯族妇女头饰婚前婚后界限森严：姑娘梳辫子时，要同时把彩色发带和小玻璃球编在辫子里，辫子长垂，头发露外。已婚妇女独辫让位于双辫，盘于头顶，罩以头巾或帽子。总之头发不能外露，尤其是在长辈面前更要注意；俄罗斯族男子戴羊皮剪绒皮帽，穿高筒皮靴或毡靴。冬天则普遍喜欢戴呢帽和带耳罩的毛皮帽。

说及足饰，作为沙漠与草原上的民族，长筒靴是普遍的穿着。但共性中也有个性。塔塔尔族男女皆穿皮鞋或长筒皮靴，女子或脚蹬"喀以喀"花皮鞋。大多数人都有穿套鞋的习惯，尤其是下雨天或下雪天，一般都在皮鞋外再套一双胶鞋。穿套鞋既保暖，又可保护皮鞋。进屋前，把套鞋脱下放在门外，可避免把泥土或雪带进屋。塔吉克族男子脚蹬野公羊皮长筒靴；塔吉克族青年与老人脚穿用羊皮制成的鞋帮、牦牛皮作底的长筒皮靴，穿上皮靴，过冰川、攀雪岭，行走自如；妇女穿的"艾特克"靴，上面绣着各种图案，堪称是做工精湛的手工艺品。塔吉克族男女都穿染成红色的、长筒、尖头、软底皮靴和毡袜、毛线袜；而乌孜别克男女，传统上都爱穿皮靴、皮鞋，长靴外面还常穿胶制浅口套鞋，进屋时脱下套鞋，就可以不把泥土带进屋内，这一点也是这些草原民族的共性。

至于服饰色彩，这些少数民族当中，一般年轻人讲究鲜艳亮丽，而年长者讲究淡雅幽远。柯尔克孜族人多喜红色；哈萨克族人则喜多色；塔塔尔族男子的服饰强调黑白两色的强烈反差；而塔塔尔妇女通常穿白、黄、紫、红宽大荷叶边连衣裙，素雅中透示着娇艳；同样，维吾尔男性讲究黑白效果，粗犷奔放；维吾尔族妇女喜用对比色彩，红得更亮，绿得更翠；乌孜别克族男女一般所穿领边、袖口、前襟开口处都绣着红、绿、蓝相间的彩色花边图案。老年人却爱穿黑色长衣，腰带的颜色也偏于淡雅。

就服饰习俗来说，那也是一个色彩纷呈的世界。如哈萨克族的婴儿一般是在摇篮里长大的，所以哈萨克族人在婴儿出生 7—10 天后要举行放入摇篮的仪式。届时，主人家宰一只羊，邀亲友、邻居家的妇女参加，来参加这一仪式的妇女每人都要将一件自己亲手制作的衣服送给婴儿。节日都穿新衣，穿什么样儿却是十里不同的。如俄罗斯族在喜庆节日里，小伙子爱穿彩色衬衣。妇女们则喜欢穿绸制的绣花衬衣。就整体着装来说，更能显现出维吾尔族是个爱花的民族：人们戴的是绣花帽，着的是绣花衣，穿的是绣花鞋，扎的是绣花巾，背的是绣花袋，衣着服饰无不与鲜花息息相关。就连姑娘取名的"古丽"也是花朵的意思……

在银色的月光下

文 / 若星

翻开有关中国民歌的书系，《在银色的月光下》，标记为塔塔尔族民歌。

在中国，塔塔尔族约有 5000 人口，散居于中国新疆维吾尔自治区境内，比较集中地分布在伊宁、塔城、乌鲁木齐等地。另外，奇台、吉木萨尔和阿勒泰等县的农牧区也有少数的塔塔尔族。

19 世纪至 20 世纪之交，许多俄罗斯作家的文学作品中，都出现过"鞑靼"民族的身影；尤其是高尔基的作品，辽阔的草原上，鞑靼人激越、豪放的歌声，伴着熊熊燃烧的篝火，曾穿透过无数沉沉的夜色。

其实，"塔塔尔"即"鞑靼"的不同译音。这个名称，最早出现于唐文献时作"达旦"，为我国北方突厥汗国统治下的一个部落。随着突厥的衰亡，鞑靼渐渐成为强大的部落。蒙古兴起后，鞑靼为蒙古所灭。西方曾将蒙古人统称为鞑靼。13 世纪西征的蒙古人，在伏尔加河一带建立钦察汗国。15 世纪时，钦察汗国衰亡，喀山汗国在伏尔加河、卡马河一带建立。塔塔尔人作为一个民族于这一时期形成。

19 世纪 20—30 年代，一部分失去土地的塔塔尔人经过伏尔加河下游、西伯利亚、哈萨克斯坦来到中国新疆维吾尔自治区。

19 世纪末至 20 世纪初，俄国沙皇政府通过一系列不平等条约，打开了对中国新疆的通商大门。这时，地处俄国经济中心的莫斯科和中国新疆之间的喀山一带的塔塔尔商人也随着到新疆做生意的过程中移居新疆。这时迁到新疆的除商人外，还有教育工作者和宗教职业者。第一次世界大战期间和战后，又有不少塔塔尔人迁到新疆，主要是中小商人和农民、手工业者。

历史上，商业是塔塔尔族人的主要经济内容。他们有的在中国和俄国之间贩运，有的做行商或开设商店，有些远至中国内地大城市设立商业机构。塔塔尔族的手工业主要是加工皮革，生产成衣、肥皂，修理钟表等。

塔塔尔族的文化教育事业发展较早，知识分子较多。19世纪末20世纪初，塔塔尔族的宗教上层人士在伊宁、塔城等地开办了以宗教教育为主，兼学一些算术、语文的学校。1941年创立的伊宁塔塔尔学校是新疆维吾尔自治区最早建立的少数民族新型学校之一。有的塔塔尔族知识分子还到农村、牧区开办教育事业，为新疆的教育事业的发展做出了贡献。20世纪30年代初期，塔塔尔族人民建立了剧团，演出了许多很受各族人民欢迎的戏剧作品。

在为庆祝中华人民共和国成立50周年，国家邮政部门1999年10月1日发行的《中华人民共和国成立五十周年——民族大团结》邮票中，也可以看到塔塔尔族青年男女曼妙的身影。

塔塔尔族

塔塔尔族属白色欧罗巴人种，金发碧眼，高鼻深目，具有典型的欧洲人特征。邮票画面上的青年女子，便身着接近欧洲民间风格的服饰装束。上穿深红色的窄袖花边短衫，下着同样颜色的褶边长裙，外套黑丝绒的绣花紧身小坎肩，头戴嵌球小花裙，披着白色的纱巾。女子的身上，耳环、手镯、戒指、项链闪烁着光鲜艳丽的色泽，夺人眼目。邮票画面上的青年男子，头戴小花帽，身穿套头、宽袖、绣花边的白衬衣，下配黑色窄腿长裤和高筒皮靴。女子手持曼陀林，边弹边唱，男子正拉着手风琴，身体也仿佛正在伴随着琴声有节奏地舞动着。

他们是在弹唱着那首近一个世纪来流传于本民族的民歌《在银色的月光下》吗？

柯尔克孜人的舞步

文 / 高一宜

为迎接新中国成立 50 周年大庆,国家邮政部门于 1999 年 10 月 1 日发行《中华人民共和国成立五十周年——民族大团结》邮票,其中第二十九枚为《柯尔克孜族》。

画面上,红衣少女围着身着黑色服饰的男子翩翩起舞,右臂弯曲侧贴于耳后,左手自然伸直,这一优美的旋转动作仿佛蝴蝶翻飞般,裙摆纷飞,美得那么红,微微垂下的侧脸上洋溢着幸福的微笑。少女戴着红色的小帽,一圈圈铁金与亮蓝的花纹交错相间,衬着乌黑的一根根细细的辫子仿佛熠熠生辉。红色小帽滚了一道黑镶边,细碎的珠串流苏就自此从额间垂下来,点缀着少女明亮的大眼睛。帽后的白色轻纱飞扬,她欢快地旋转,像是从邮票上走下来一般。我不禁感叹绘者的精湛画工,让我看到了一个美丽活泼、生动鲜活的柯尔克孜族少女。

柯尔克孜族

邮票画面上的少女身穿大红色莲花摆的连衣裙,走起路来像移动的花朵。上半身套一件制作小巧的枣红色坎肩,像灵动的小马儿。艳丽的花儿们在对襟上依次盛开,这是一种极致的动态美,反而衬得席地而坐的男子如此安静。他面容温和带笑,身穿白色绣花边的圆领衬衫,外面罩着黑色滚蓝镶边对襟棉布无领长"裕袢",袖口黑布沿边。下身穿宽脚裤,"巧考依"鞋。男子戴一顶黑色帽子,弹着"考姆孜"和着女孩的舞步。

"考姆孜"是柯尔克孜族最古老的乐器,使用最为广泛。据传,"考姆孜"乃古柯尔克孜语"考吾孜"的音变,"考吾孜"的含义则为美丽的乐器。最早的"考吾孜"是用红松树做成的,形状与现在的"考姆孜"大体相同,即头部椭圆形,根部细而长。它既被用来演奏民间音乐,亦被用来与"多兀勒巴斯"鼓一起演奏战争进行曲,以鼓舞士气。后来出现的"考吾孜"是木制的,上面安四根铁弦。据民间传说,成吉思汗西征时把这种"考吾孜"传到了西达克山、克什米尔、中亚、波斯、阿拉伯等地。

小小邮票,方寸之间,他们看起来那么默契,让人充满喜悦。这体现了柯尔克孜族热爱生活、热爱自然的美好精神,是大自然生生不息的美好体现,也是中华民族家庭融洽、社会和谐的象征,更是中华56个民族人民生活蒸蒸日上的缩影。他们像天上的繁星,点缀着这个美丽的世界。

新疆民族乐器

文／雨田 艺洁 刘莹

（一）热瓦普，另一个音乐世界

热瓦普是维吾尔木卡姆表演中不可缺少的乐器。在新疆维吾尔自治区众多的少数民族乐器中，人们最常见的大概是哈萨克族的冬不拉。但如果你听了热瓦普的演奏，肯定会留下很深的印象。热瓦普的音色更加明亮，音域更加宽广，能带给人更丰富、更强烈的情绪感染。热瓦普带给你的是，另一个音乐世界。

热瓦普，又叫拉瓦波、喇巴卜，是维吾尔族、乌孜别克族的弹弦乐器，相传创制于14世纪。据毛拉·艾斯木吐拉穆吉孜的《乐师史》记载，热瓦普起源于南疆的喀什。如今流行于新疆维吾尔自治区塔什库尔干塔吉克自治县、莎车、泽普、叶城和皮山等地。一直以来，热瓦普在新疆民族音乐中扮演着非常重要的角色，清代时曾被列入宫廷的回部乐。热瓦普独奏乐曲大多是古典音乐"木卡姆"或民歌曲调，比较著名的有《芒果里》《格罗吾里》《白鹰》等。传统乐曲有《塔什瓦依》《宫特帕依》等。

如果往源头追溯，热瓦普与西方的吉他、中国的琵琶和印度的西塔琴等弦乐器都有着相当深的渊源，是同一种乐器通过古丝绸之路文化交流在向东、西方不同地区传播的过程中逐渐发展演变的结果。即便是今天的热瓦普，也是形制多样，各不相同。

在国外，塔吉克斯坦和乌兹别克斯坦都有自己的热瓦普。中国新疆维吾尔自治区的热瓦普，同样有不同的种类，比如喀什热瓦普（南疆热瓦普）、垣坎穆里热瓦普（北疆热瓦普）、乌孜别克热瓦普、多朗热瓦普和哈密热瓦普等。

热瓦普同时也是一种精纯的手工艺品，美观精致，有着浓郁的民族特色。喀什一带的热瓦普，琴身、琴杆和琴头上常以兽骨镶嵌出美丽的民族图案。中国艺术研究院音乐研究所的中国乐器博物馆里，收藏着一件来自塔吉克族民间的传统热布普。琴身用桑木制成，共鸣箱呈瓢形，正面蒙以牦牛皮；琴头从弦槽处呈直角后下弯，两侧置六个弦轴；琴杆较短，上窄下宽，正面平直，背呈圆弧，系由两截木料镶嵌粘接而成。琴杆下端与琴箱相接处两侧，设有两个对称的鹰翅形木制弯角，上面嵌有五枚"康熙通宝"铜钱为饰。木制山口，竹制长桥形琴马，琴底置铁钉缚弦，张六条丝弦。形制古朴，工艺粗犷。

和所有传统文化一样，热瓦普、木卡姆乃至一切的民族音乐，在这个时代都面临着前所未有的困境。虽有人在保护、在传承、联合国亦在关注，但这只能作用于音乐本身，而音乐生长的土壤在一天天流失，越来越贫瘠。发自灵魂的声音，被淹没在这个喧嚣的时代，越来越单薄，越来越无力。木卡姆等民族音乐是热瓦普的魂，如果木卡姆不再唱响，热瓦普也可能被挂到墙上，成为一件工艺品。

好在我们从 2005 年 10 月 1 日国家邮政部门发行的《新疆维吾尔自治区成立五十周年》邮票第一枚《迎新曲》上看到了热瓦普，图案上三个站成一排的维吾尔族青年正在弹奏热瓦普，前边是两个打起手鼓盛装的维吾尔族小伙子，他们载歌载舞，喜庆欢快，非常之感染人。但愿热瓦普能永远弹响在丝绸之路经济带战略前沿黄金段的新疆维吾尔自治区。

迎新曲

（二）胡琴，中国弓弦乐器的鼻祖

胡琴这种民族乐器，历史悠久，是中国弓弦乐器的鼻祖。胡琴的来历，得从胡人说起。胡人其实是对居住在中国北方和西域少数民族的统称，顾名思义，胡人演奏使用的最早的弓弦乐器就叫胡琴。唐代正是丝绸之路文化交流的兴盛时期。胡琴因此传入内地，传入京城长安。

宋代陈旸《乐书》云："奚琴本胡乐也，出于弦鼗而形亦类焉，奚部所好之乐也。盖其制，两弦间以竹片轧之，至今民间用焉。"由此可知，它是为我国当时北方少数民族部落"奚族"所创造，故曰奚琴。

有人认为，当时奚琴并非拉弦乐器，而是弹奏乐器，北宋文学家欧阳修就有诗曰："奚琴本书奚琴乐，奚房弹之双泪落。"但奚琴是今天胡琴的前身和雏形的论点，却是专家一致公认的。

奚琴也称作嵇琴。孟浩然《池亭诗》曰："竹引嵇琴人，花邀戴客过。"《事林广记》云："嵇琴本嵇康所制，故名嵇琴，二弦以竹轧之，其声清亮。"

说嵇琴者可能是"嵇""奚"同音误传，理应为奚琴。说是"嵇康所制"证据不足，不过是伪托古人的一种说法。到了宋代，以马尾为弓的马尾胡琴从北方少数民族地区流传到中原一带。这时，胡琴一名基本已成拉弦乐器的专用名，奚琴便渐渐地为胡琴二字所替代。

宋代沈括《梦溪笔谈·补笔谈》记载了一个关于嵇琴的音乐故事：熙宁年间（公元 1068—1077 年），有一位名叫徐衍的教坊乐工，善拉嵇琴，在一次由文武百官参加的宫廷宴会上，他独奏嵇琴时突然断了一根弦，但徐衍为了不影响听众的情绪，并没有因此停下来更换琴弦，而是在仅剩的另一根弦上坚持将乐曲演奏到结束，他高超的演技受到人们的称赞。从此，这种独特的演奏方法为大家所承认并流传下来。

胡琴这种弓弦乐器，最早见于《元史·礼乐志》："胡琴制如火不思，卷颈龙首，二弦，以弓捩之，弓之弦以马尾。"之所以改竹片为马尾，显然是跟少数民族的物质生活条件分不开。在游牧生活中，马尾随手可取，远比竹片来得容易。马尾弓的使用丰富和加强了胡琴的艺术表现力。

它的基本形状和我们今天的胡琴样式已相距不远。宋代沈括《梦溪笔谈》中有："马尾胡琴随汉车，曲声犹自怨单于。"

明清时期，胡琴随着各民族、各地区音乐的不断发展，又经过历代无数演奏者的实践和不断改进，演变成多种形制的拉弦乐器。如二胡、高胡、中胡、大胡、板胡、京胡、坠胡、椰胡、马头琴，艾捷克等等，大大丰富了我国民族弓弦乐器的种类和色彩。

在各种胡琴类乐器中，以二胡最为普及，最为民间喜闻乐见。二胡发音淳朴自然，具有浓郁的民族风格，它的低音区厚实，中音区柔和且有一定明亮度，高音区较纤细。在二胡上能自如地奏出全音等，转调方便；运用左右手技巧，能表现情绪复杂、风格迥异的音乐作品。对于抒情委婉的乐曲更能刻画得细致入微。

板胡

2002年2月23日，国家邮政部门发行《民族乐器——拉弦乐器》邮票，其中第二枚《二胡》、第三枚《板胡》、第五枚《马头琴》，它们都属于胡琴。这套邮票见证了由古丝绸之路传入的胡琴，成为中国弓弦乐器之鼻祖的历史。

（三）忧伤的萨它尔

听见萨它尔琴声的人，即便没有走进沙漠，孤独、忧伤也会油然而生。

别问"萨它尔为什么忧伤"，想想"花儿为什么这样红"，就知道一方水土养一方人。萨它尔可能就是为忧伤而生。

萨它尔被称作"维吾尔族的小提琴"。尽管它的外形与小提琴相去甚远，演奏的风格也与小提琴毫不相干。但是它宽广的音域和优美的、略带沙哑的音色，和小提琴一样常常令人泪珠滚滚。在新疆维吾尔自治区的17种民族乐器中，萨它尔是唯一可以与小提琴比肩的。

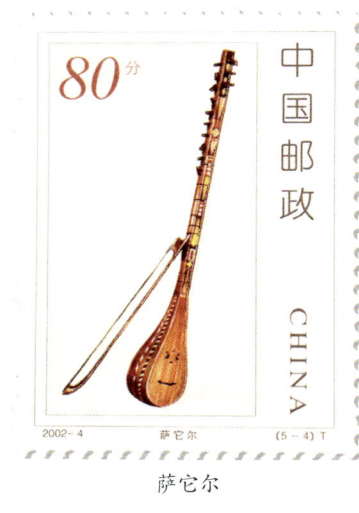

萨它尔

2002年2月23日国家邮政部门发行的《民族乐器——拉弦乐器》邮票,其中第四枚选定了"萨它尔"。而世界上最漂亮的一把萨它尔,是1958年制作的精品。它全长139厘米,桑木原料,身雕花纹,通体棕色。现收藏于中国艺术研究院音乐研究所的中国乐器博物馆。

萨它尔是维吾尔族古典音乐"十二木卡姆"的重要乐器。出现在14、15世纪。据说它的前身是阮琵琶。几经变革,清《皇朝礼器图式》将它列入宫廷回部乐。现在已经是新疆维吾尔自治区各地木卡姆演唱中的器乐首席,就像餐桌的主位,永远留给最年长的长者一样,萨它尔在《十二木卡姆》的演唱中,享有最尊贵的礼遇。

"十二木卡姆"是维吾尔族最古老、最流行的一种乐舞。有人说它是史诗,是维吾尔族的音乐之母。由此可知,为什么演唱"十二木卡姆"的时候,一定要用萨它尔伴奏。因为它和"木卡姆"一样的古老,而维吾尔族人常说,老者是人类的智慧。2005年,"十二木卡姆"被列为世界非物质文化遗产名录。2006年,"十二木卡姆"列入第一批国家级非物质文化遗产名录。2007年"嫦娥一号"搭载了"十二木卡姆"的选曲飞向太空。由此,萨它尔也随着"十二木卡姆"走向了世界。

歌手刀郎曾经唱过一句歌词:"你可曾听过萨它尔忧伤的琴声……"那年唱出来,让许多年轻人知道了萨它尔,迷恋上萨它尔。待到2009年中央电视台播放了一部电视剧《木卡姆往事》,更是让"十二木卡姆"的故事和萨它尔的琴声,传遍了千家万户。

萨它尔的演奏难度很高。由于它的身形较长,仅次于维吾尔族最长的乐器弹布尔,且弹奏时都是席地而坐。因此民族艺校培养的小学员们,常常力不从心。他们受限于身高,而当身高合格的时候,他们又要离开学校了。不过,真正喜欢萨它尔的乐手,也喜欢为它而改变。因为它无论是低沉还是高昂,都具有直击灵魂的魔力。

近年来,萨它尔在新疆维吾尔自治区流行音乐中的占比越来越高。它作为伴奏乐器,常与锵、手鼓一起出现在演唱中。酒吧、夜店,甚至路边,都有萨它尔的身影。人们喜欢它忧郁的音色,喜欢它幽怨、哀婉、动人心魄的琴声,喜欢那种即便是欢愉,也夹杂着丝丝入心的惆怅。仿佛沙漠的烟尘,生就了孤独和忧伤。如"摇篮曲""沙漠驼客"等,都是非常动听的歌曲。

今天,越来越多的维吾尔族人以各种各样的形式弹奏萨它尔,更加难能可贵的是,越来越多的年轻人钟情于萨它尔的传统制作。《最后的手艺人》里描写道:库尔班手中的萨它尔已经快要完工了。它正在为萨它尔的琴杆安装弦架。琴杆很长,琴杆的指板上有 18 个丝弦品位。库尔班每装上一个丝弦,都要细心地调整音色……这个叫库尔班的小伙子才 20 岁出头,他是萨它尔手艺的第六代传人。相信他和他们,会让萨它尔的琴声在丝绸之路上声声慢慢、余音袅袅。

马蹄声声说赛马

文 / 刘新中

中华人民共和国第三届全国运动会于 1975 年 9 月 12 日至 28 日在北京工人体育场举行。为配合这次运动会,国家邮政部门于此年 9 月 12 日发行了一套《中华人民共和国第三届运动会》纪念邮票。值

各民族体育运动蓬勃发展

得一说的是第六枚《各民族体育运动蓬勃发展》,这枚邮票图案上的几位运动员,身着本民族服装,背景是奔腾的赛马,这是少数民族体育运动中最具代表性的项目。

赛马是比马匹奔跑速度、骑手驾驭马匹能力的一种竞技运动。赛马在我国有悠长的历史,战国时就有田忌赛马的故事。我国新疆维吾尔自治区的哈萨克、蒙古、柯尔克孜、塔吉克和维吾尔等民族都喜爱赛马。尤其是世代生长在天山、阿尔泰山草原上的哈萨克牧民,更是酷爱赛马运动。其竞赛技艺之高超,令人叹为观止。在元、明、清史料中,多处记载赛马和兵役制度相结合,成为当时国家的一项制度。那时的赛马运动还是王族、显贵们的重要娱乐项目之一,一般都在节庆之日举行。新中国成立后,哈萨克草原上这种民族传统体育有了很大发展,在盛大节日里,常举行群众性的赛马大会。优胜的马匹被誉为"拜盖

阿特"（最好的马），优秀的骑手则受到奖赏。近年来，赛马又增添障碍赛马、越野赛马、盛装舞步赛、马车驾驭赛等许多新的项目，向更惊险、更精彩方面发展。

游牧民族生活中离不开马。所以，高超的马上技艺建立在生活中日常的积累与提升之上。它来源于生活，贯穿于生活之中，具有鲜明的民族特色和广泛的群众基础。譬如在蒙古族民间的"敖包"和庙会上，赛马是重要内容之一。蒙古族青年男女结婚礼俗也离不开马，结婚这天，男方亲族骑马迎接，女方亲族骑马相送，途中开展互相竞赛、夺帽等。"姑娘追"是哈萨克族、维吾尔族古老的传统赛马习俗，未婚男女身着艳服，骑着骏马来到草原，在规定的里程内互相追逐。

近年来，随着休闲体育的多元化发展，极富观赏性和刺激性的赛马运动为越来越多的中国人所接受和喜爱。1982年，中国申请加入了国际马联。从当年起每年举行一次全国马术锦标赛，赛马被列入全国锦标赛正式比赛项目。

新中国对少数民族民间传统体育活动历来十分重视。1953年11月8日至11月12日，全国民族体育表演及竞赛大会在天津市举行。30年后的1984年，国家体育运动委员会、国家民族事务委员会将这次体育运动会定为第一届全国少数民族传统体育运动会，并开始规范化。从此，这项以少数民族传统体育为主的赛事活动便每四年一届地开展起来。

赛马当然是历届少数民族运动会的重头戏。除第一、二届作为表演项目外，从1986年在新疆维吾尔自治区乌鲁木齐市举办的第三届开始，就一直被定为正式项目。

1995年，作为国内组织马术比赛的最高管理机构，中国马术协会已经恢复了每年举行速度赛马活动，为包括少数民族在内的各地区的好手和好马提供了大显身手的机会。

令枪响前，摩拳擦掌，跃跃欲试，是久久的期待；令枪一响，四蹄飞扬，腾沙驾尘，为至高无上的荣誉。

中国的赛马运动正走向世界。

天山牧场化方寸

文 / 云岗

1985年10月1日，国家邮政部门发行了一套《新疆维吾尔自治区成立三十周年》邮票，第三枚是《天山牧场》，邮票图案上的人物是一位手持托盘的维吾尔族少女。少女身着黄色民族服装，上身套着黑边棕红色马甲，头上戴着特有的小帽，帽子上插的羽毛伸出了画外。

天山牧场

她的脚下是绿茵茵的草地，远方是青绿如画屏的山峦。少女的身旁有一个奶桶和两只壮硕的绵羊。山脚下骏马在驰骋，空中展翅飞翔着四只洁白的仙鹤。草黄色的山丘上隐约着一座白色的蒙古包。邮票图案以绿色为基调，展现了天山牧场的辽阔和新疆畜牧业的繁荣。色彩浓郁，给人一种天地万物和谐生长的美好景象。

记得2008年，我去新疆。刚一出乌鲁木齐，我们乘坐的大巴就陷进了一望无垠的戈壁中，行走在这样的天地中，似乎航行在辽阔、空远的大海中。好不容易绿洲出现了，但在浩瀚如海的大漠戈壁中却几乎成了星星之火。第一次行走在这样的天地中，我刹那间被广袤、粗犷的大漠震撼了。

这枚小小的《天山牧场》邮票一下子颠覆了我对新疆的想象。如此满满的绿从何而来呢？突然之间我对新疆有了探究和向往。

天山草原面积广阔，平均海拔超过 4000 米，终年积雪，冰雪融水丰富，为草场提供充足水源，使得牧草非常繁茂。天山牧场是新疆的主要天然放牧场，在新疆，天山也被称为垂直的牧场，天山植被从山麓到山顶分布，垂直高差大，气候差别大，牧草种类依其地区、季节不同而有差异，种类繁多。无论是高山区的豆科蒿草、莎草等杂类草，还是森林草地的豆科和杂类草，以及低山区的狐茅、羽茅、蒿属和紫云英属，都是最优良的牧草。冬季，牧民在林带及以下海拔较低的草原放牧或利用囤积的牧草过冬；春季转暖向山地草原转移；夏季在林带及以上海拔较高的高山草甸、草场放牧；秋季天气转冷，向海拔较低的草原转移。转场不仅可以充分利用不同高度的草场资源，同时也保护了草场资源，维护了生态平衡和草场可持续发展。

天山牧草品质优良，养育了千万头牲畜，有名的伊犁马、巴里坤马、焉耆马，新疆黄牛和新疆细毛羊等优良品种都生长于天山草原上。全疆牧草地总面积达 7.7 亿亩，天然草地年总产可食鲜草 5479.36 万吨，仅次于内蒙古、西藏，居全国第三。当然，还有那如诗如画的那拉提大草原、唐布拉草原、喀拉峻草原以及巴音布鲁克草原，那里柔软如地毯的草原更加美丽迷人。

进入雪峰、林带、鲜花点缀着的天山牧场，草原、草坡、草山一下子扑入了眼帘，连连绵绵的，一眼看不到头，如绿色锦缎一般华丽柔软。一条条清清的溪水在草甸上自由地漫流，草绿得深沉，透明的蓝天如雨后新洗，洁白的云絮悠然地漂浮着，在地面上或静静吃草，或卧在草地上，或抬了头，凝视远方的羊群以及五颜六色的毡包相映生辉，让人倏忽间分不清天和地。虽然没有美丽的姑娘和飞翔的仙鹤，斯地、斯景还是让人恍若梦中，似乎突然间走进了传说中的世外桃源。

山上覆盖着晶莹剔透的白雪，雪峰下面是墨绿的杉树林和铺满鲜花的草场。草场延伸到山脚下，又在山谷中泅开，在新疆特有的绿色的草浪中，你能看到骏马在奔驰。

我醉了，不是因为酒，而是因了那绿意婆娑、生机盎然的天山牧场。

冰山上的雪莲

文/雷 凡

> 戈壁滩上的一股清泉,
>
> 冰山上的一朵雪莲,
>
> 风暴不会永远不住,
>
> 啊,什么时候啊,
>
> 才能看到你的笑脸?

相信有不少人,都是从"冰山上的雪莲"这首歌中第一次听到雪莲的名字。冰山上的雪莲,对内地人来说,是一种遥远、陌生而又神秘的植物。

2002年5月18日,国家邮政部门发行《雪莲》普通邮资明信片。让雪莲登上方寸邮票,传扬华夏大地,闻名世界。

传说中,雪莲要一千年才会开花;在雪莲生长的地方,不会有毒虫恶兽,流经的溪水清澈甘甜,喝了可以祛病强身。如果你在身上带一朵雪莲,就会有神秘的力量保护着你。

雪莲

有人认为,佛经中的"优钵罗"就是雪莲。唐代著名的边塞诗人岑参有一首杂言古诗《优钵罗花歌并序》:

参尝读佛经，闻有优钵罗花，目所未见。天宝庚申岁……交河小吏有献此花者，云得之于天山之南。其状异于众草，势笼众如冠弁，巍然上耸，生不傍引，攒花中折，骈叶外包，异香腾风，秀色媚景……歌曰：

白山南，赤山北，其间有花人不识。

绿茎碧叶好颜色，叶六瓣，花九房，夜掩朝开多异香。

何不生彼中国兮生西方，移根在庭，媚我公堂。

耻与众草之为伍，何亭亭而独芳。

何不为人之所赏兮，深山穷谷委严霜。

吾窃悲阳关道路长，曾不得献于君王。

天宝庚申岁，即公元756年，当时岑参任北庭度支副使。这首诗应该是关于天山雪莲较早的记载了。在新疆，维吾尔族人把雪莲叫作"塔格来力斯"（Tagh leilisi）、"卡日格里塔格"（Karghiltagh），柯尔克孜语称之为"考克巴西"（Kok bash），哈萨克语称之为"霍加雀普"，是"百草之王"的意思。清代乾隆年间的纪昀（纪晓岚），曾在新疆待过两年，在他所著的《阅微草堂笔记》中也有关于"雪莲"的记载：

塞外有雪莲，生崇山积雪中，状如今之洋菊，名以莲耳。其生必双，雄者差大，雌者小。然不并生，亦不同根，相去必一两丈，见其一，再觅其一，无不得者。盖如菟丝茯苓，一气所化，气相属也。凡望见此花，默往探之则获。如指以相告，则缩入雪中，杳无痕迹。即瘗雪求之亦不获。草木有知，理不可解。土人曰：山神惜之，其或然欤？

这段记载有些神乎其神，"理不可解"，但它说雪莲"状如今之洋菊，名以莲耳"，却是很对的。在植物学中，雪莲属于菊科，凤毛菊属，和莲花并没有什么关系。雪莲生长在高寒地区的雪线附近，国外仅俄罗斯、哈萨克斯坦和蒙古国有分布。在中国的新疆、青海、西藏、云南等地，生长着40多种雪莲，但很多时候，人们说的雪莲都是专指新疆的天山雪莲。清代的《本草纲目拾遗》中说"大寒之地积雪，春夏不散，雪间有草，类荷花独茎，婷婷雪间可爱"，"以天山峰顶者为第一"。

雪莲的生长环境极其恶劣，雪莲种子零度就可以发芽，幼苗可以经受零下20度的严寒。一株雪莲从发芽到开花，需要五年甚至更长的时间。盛开的雪莲，最引人注意的是它的黄绿色"花瓣"，其实这并不是花，而是花的苞片。雪莲的花，则隐藏在苞片里边，微小而黑绿，并不显眼。花开以前，硕大的苞片包裹着娇弱的花，如同温室的覆膜，可以防风挡雪保温；等到花盛放的时候，苞片也随之张开，将和暖的阳光还给花朵。在视野开阔的流石滩上，雪莲花这件鲜亮的外衣反射着阳光，散发着芳香，吸引授粉的昆虫到来。

雪莲有很多药用功能，在维吾尔族医学和中医里面，雪莲都是名贵的药材。同时，在极端恶劣的环境中生长盛放的雪莲，很自然地被视为造物的精灵，成为一种精神力量的象征，受到各族人的喜爱。这也使雪莲成为伊犁哈萨克族自治州的州花。

沙冬青及新疆沙漠植物

文 / 吴川淮

在新疆的沙漠地带，海拔 1000 至 1200 米低山地带，常能看到一团团、一条一条的绿，开着花，迎着你，那就是——沙冬青。它们铺列在沙漠里，绿蓬蓬地生长在砾质土壤或薄层覆沙的砾石质土壤上，或者存在于山前冲积、洪积平原，山涧盆地，石质残丘间的干谷之间。它们是荒漠沙丘之中独特的风景，是人们在远途的跋涉中忽然看见的绿色希望，也是生命在荒芜之中的一种原色。

沙冬青很奇异，它具备着超常的生存能力，没有黄土的滋润，仅仅是一点点的水，就能将其完全地吸附在自己身上，并且迅速地发芽。在很少有水的砾石上，它就开始了自己的生长。它的天空是梵·高笔下的太阳，燃烧着，但它并没有被烧焦，仍然顽强如战士一般。在它看似柔弱的枝叶间，其实内有大量的黏液细胞，这使它们饱满，抗击严寒酷热。

沙冬青有着三角形白色的短柔毛，花叶之间互相托附着生长，一团一团密集着，每年四月中旬至五月中旬开花，在荒漠之中，开着那鲜艳的花，三角形的萼齿，黄色的花冠，装饰着自己的春天。

沙冬青是新疆及北方荒漠地区珍贵的孑遗种。它是第三纪遗留植物，为国家二级濒危保护植物。在新疆，沙冬青是唯一常绿阔叶灌木，它庞大的根系，组成沙土间贯通的骨骼。沙冬青防风固沙性能好，生态效益巨大，因此被作为绿化荒漠山川的优良树种，几十年来从新疆到甘肃，从内蒙古到宁夏，环保农业部门积极推广。沙冬青正密布在沙漠与山野之间，成为西北地区抹不掉的风景线。

我想，巨大的造山运动把沙冬青留下来，它本身就是大自然最美的诗行，写满山川……

我国是沙漠面积较大，沙漠化危害严重的国家之一。沙漠、戈壁及沙漠化土地共262万平方公里，占国土面积的27.3%，而新疆沙漠面积首当其冲。因之保护沙漠中的绿色植物，并通过人工绿化治沙、固沙，对于扩大耕地资源、改善生态环境、保障工农牧业，具有重大意义。

国家邮政部门于2002年6月29日发行《沙漠植物》邮票，第一枚就是《沙冬青》，还有《红皮沙拐枣》《细枝岩黄蓍》《细穗柽柳》，这些沙漠植物在新疆沙漠荒芜地带都有天然分布。

"红皮沙拐枣"属灌木植物，株高1—3米，枝条向上直伸或稍弯曲，枝条具节，节间长3—10厘米；叶条形极短；花淡红色，通常2—3朵簇生于叶腋；小坚果椭圆形，外围有叉状分枝的刺毛；花果期6—8月。是良好的固沙先锋

沙冬青　　　　　　　　　　红皮沙拐枣

细枝岩黄蓍　　　　　　　　细穗柽柳

植物，生于荒漠地区的流动沙丘或沙质地。

"细枝岩黄蓍"，豆科岩黄蓍属半灌木植物，高约 2 米，叶为羽状复叶，小叶披针形或条状披针形，长 15—25 毫米；根系发达，扎得深，伸得长，任凭狂风吹打而毫不动摇根基。它的萌蘖功能极强，断枝可重新发条，新梢能穿透沙层，即使被沙埋入 5 至 6 寸，也能吐露新芽，卓然挺立，被誉为"沙漠姑娘"。

"细穗柽柳"，柽柳科柽柳属，灌木或小乔木，枝条细而下垂，叶鳞片状细小。耐干旱耐盐碱，常生长于盐碱荒滩，为盐渍化沙地良好的固沙植物。

曾经有很多文明因沙漠化而销声匿迹，远有昌盛一时的楼兰古国的灰飞烟灭，近有离首都北京仅 70 公里的虎视眈眈。而干旱和沙漠化对新疆脆弱的生态威胁依然很大。因而沙漠绿化、治理沙漠，使沙漠成为绿洲，让沙漠成为一道别样的风景，就要依靠和保护这些沙漠植物。

是它们卫护着新疆的良好生态环境，使千年古丝绸之路成为一条绿色之路。在当今为实现"一带一路"国家伟大战略的实践中，打造绿色新疆、生态新疆，已成为新疆稳定发展的基石，而这些珍贵的沙漠植物仍然起着非凡的难以估量的作用。

方寸中的新疆生产建设兵团

文 / 东川

国家邮政部门于 2014 年 10 月 7 日发行《新疆生产建设兵团成立六十周年》邮票，三枚邮票的票面图案分别是"艰苦创业""维稳戍边""再创辉煌"。对这套邮票感兴趣并不在于它设计端庄、大气，色彩艳丽、引人注目，而是因为我曾经对新疆生产建设兵团有过难以忘怀的向往。

我中学有几个同学的家就在新疆生产建设兵团。他们常常讲起新疆辽阔的草原、美丽的胡杨林、骑马和打猎。从他们的叙述中我想象着那块遥远的神秘的土地，那里唱歌、弹琴、跳舞的人们。

1965 年由八一电影制片厂摄制了一部纪录片《军垦战歌》，影片描述了新疆生产建设兵团自组建以来在垦荒造田、兴修水利以及工业、粮棉畜牧园林等各方面所取得的成就。老一辈中国人民解放军指战员，来自祖国各地的知识青年与当地各族人民一起，为保卫边疆、建设边疆，流血流汗，不怕牺牲，不畏艰难，前赴后继，他们所取得的光辉业绩可歌可泣。那时候我正上高中三年级，学校把观看这部电影作为毕业教育的内容专门组织我们观看。

艰苦创业

维稳戍边　　　　　　　　　　再创辉煌

　　坐在电影院里，一方面为新疆美丽的景色、神奇的生活所吸引，另一方面为那动听的、激动人心的音乐所陶醉。这部电影主题曲的词作者是二十世纪五六十年代赫赫有名的诗人袁鹰和贺敬之，他们的词作配上优美动听的乐曲，在我们年轻的心里点燃了一把火，激起了无比的热情。当我们走出电影院的时候那些歌曲就已经在嘴里哼唱；五十年后，那些歌曲偶尔还会在心头缠绕。

　　屯垦戍边是一项具有悠久历史的政治军事政策，从西汉在新疆屯田戍边开始，历经东汉、魏、晋、南北朝、隋、唐、宋、元、明、清2000余年，沿袭至今。中国人民解放军新疆军区生产建设兵团于1954年成立，那些刚从战争的硝烟中走出的战士，放下了手中的钢枪，拿起了坎土曼和镰刀，铸剑为犁，由战斗队变成了建设突击队，在茫茫荒原上开始了一场新的战斗。自兵团成立起，就不断有年轻人从祖国各地来到这里，加入到这支特殊的部队中来。从1961年到1966年有近十万上海青年告别了江南水乡，跨越千山万水，进入塞北这广阔的天地，影片用浓重的笔墨记录了这一过程。

　　在银幕上，当看到那些站在卡车上的年轻人的一张张真诚又显得稚嫩的笑脸时，当听到"满怀热望，满怀理想，昂首阔步到边疆，伟大祖国天高地广，中华儿女志在四方。那里最艰苦，就在那里奋发图强；那里最困难，就在那里百炼成钢……"这铿锵有力的歌声时，我们年轻的心就不能不随之激烈地跳动。

　　令我记忆犹新的是那位身材略显单薄，面露羞涩的塔里木第一个戴眼镜的有文化的牧人，他的音容笑貌简直就像我身边的同学，使我对遥远的兵团感到十分亲切。1966 年，我就去了乌鲁木齐，本想就此参加生产建设兵团，可惜未能如愿。虽然没能够参加新疆生产建设兵团，但兵团人那种"身在天山，心怀天下"的情怀却使我不能忘怀，以至于上山下乡以后，在所住的窑洞门外写下了"身在窑洞，心怀天下"的对联。

从当初看那部电影算起，至今已经过去 50 年了。光阴荏苒，那位年轻的牧人应该也已年过古稀。如果他还身在新疆的话，早已成为了一个地道的"老疆"。他们这一代人为了建设边疆、保卫边疆，献了青春献终身，献了终身献子孙，应当得到社会的褒奖和人们的尊重。

60 年风雨历程，60 年创业辉煌。新疆生产建设兵团作为建设新疆的重要力量，兵团广大干部职工扎根新疆，以屯垦戍边、造福新疆各族人民为己任，成为中央支援地方、内地支援边疆、兄弟民族相互支援的有效形式，发挥了"建设大军""中流砥柱""铜墙铁壁"的作用。今天，进入中华民族伟大复兴的新时代，面对改革、开放、发展的机遇和挑战，兵团把推进建设"一带一路"的国家战略伟大实践，作为强大动力，"再创辉煌"，为古丝绸之路黄金段的新疆经济社会发展，正在做出新的卓越贡献。

克拉玛依：一个动人的神话

文／丁晨

传说在20世纪50年代初期，一个叫赛里木的老人，赶着毛驴车在戈壁滩中砍柴。在茫茫戈壁中经过几天的行程，意外发现了一个山丘上到处流着黑色的液体，但不知何物，他便试着用布蘸了一点擦在车辘里，车轮马上不咯吱咯吱地响了，车子也神奇地轻快多了。老人用葫芦带回了一些这种黑色的液体，乡亲们觉得好奇就四处传开了。当时正在寻找石油的勘探者听到了消息，在老人的带领下，找到这块叫"黑油山"的地方，由此拉开了克拉玛依石油会战的序幕。

为发扬艰苦创业精神，新疆石油管理局和克拉玛依市1982年10月1日在黑油山竖立了近3米高的石雕纪念碑和一尊维吾尔族老人骑着毛驴弹奏热瓦普的塑像。

1955年10月29日，克拉玛依黑油山1号井完钻出油，标志着新中国第一个大油田——克拉玛依油田被发现。会战初期，人们习惯称为"黑油山油田"。后来更名为克拉玛依油田。"克拉玛依"系维吾尔语"黑油"的译音。克拉玛依油田位于新疆准噶尔盆地西北缘，其钻探的第一口井在独山子油矿北约130公里处，有一座"沥青丘"，这里像山泉一样流出黑色的原油。

自克拉玛依1号井喷出高产油气流，从此揭开了新疆石油工业发展的序幕。1960年，克拉玛依油田原油产量达到166万吨，占当年全国原油产量的40%，成为新中国成立后发现的第一个大油田。20世纪90年代、21世纪初，是克拉玛依油田快速发展时期。2002年原油年产突破1000万吨,成为我国西部第一个千万吨大油田。从2002年至2012年,克拉玛依油田已连续十年年产原油保持在1000万吨以上。到2015年油田已实现年产油气当量1540万吨,成为建设"新疆大庆"的重要力量。克拉玛依油田是中国石油集团公司"四个大庆"战略任务中的新疆大庆,具有重要的战略和经济地位。

2015年,克拉玛依油田迎来勘探开发60周年。经过60年的勘探开发建设,克拉玛依油田相继发现百口泉、乌尔禾、玛湖、石西、克拉美丽、盆五、滴西和吉木萨尔等近30多个油气田,累计生产原油超过3亿吨。

1985年10月1日,为了庆祝新疆维吾尔自治区成立30周年,国家邮政部门发行了《新疆维吾尔自治区成立三十周年》邮票,其中第二枚为《油田和天池》。

油田和天池

票面图案由两个画面组成,左边是沐浴着朝阳的克拉玛依油田,右边是天山天池。截然不同的两幅画面,既有宏伟的建设场面,又有神奇的河山美景,达到了相辅相成的艺术效果。这种设计是新中国邮票第一次,也是至今唯一一次双画面邮票。

1955年,伴随着新中国第一个大油田——克拉玛依油田的诞生,一座崭新的石油城市在戈壁荒原上神奇般地拔地而起。1958年5月经国务院批准设立的克拉玛依市,为新疆维吾尔自治区直属地级市。该市地处准噶尔盆地西北缘,下辖克拉玛依、独山子、白碱滩、乌尔禾四个行政区,总面积7733平方公里,人口已发展到40余万人,是世界上唯一以石油命名的城市。

克拉玛依,这个动人的神话、美丽的名字,伴随着一曲《克拉玛依之歌》传遍大江南北,冲出了国门。

经过60年的艰苦创业,昔日的戈壁荒滩,已奇迹般地成为一个具有勘探、钻井、采油、炼油、输油、建筑、运输、机修制造等门类齐全的石油工业生产基地和科研、文教、卫生、商业贸易、公共事业配套的现代石油工业新城。克拉玛依神话还在继续演绎和发展。作为"丝绸之路经济带"黄金段的主力油田,克拉玛依油田以国家"一带一路"战略为契机,一如既往地为国家能源事业和新疆的稳定与发展做出贡献。克拉玛依市的现代化程度也越来越高,已成为西北第一个全国"数字化城市管理试点地区"。百姓幸福指数节节攀高,克拉玛依市的人均国内生产总值(GDP)连续多年排名全疆第一。

克拉玛依的城市环境是名副其实的水清天蓝。近多年来,克拉玛依市的空气优良级天数始终保持在362天以上,连续多年跻身全国十佳空气质量城市。绿地面积达3000多公顷,绿地率超过40%,绿化覆盖率达到50%。

如今,当年的开拓者何曾想到,在他们抡起镐头的戈壁荒滩上,会挺立起一座世界闻名的现代化石油城。而且这美丽动人的神话还会在"丝绸之路经济带"的建设中继续演绎……

乌鲁木齐石化总厂

文 / 骆延峰

乌鲁木齐市是丝绸之路经济带核心区新疆维吾尔自治区首府，亚欧大陆桥中国西部桥头堡和向西开放的重要门户，地处亚欧大陆中心，天山山脉中段北麓，准噶尔盆地南缘。

乌鲁木齐为准噶尔语，意为"优美的牧场"。乌鲁木齐东有吐哈油田，南有塔里木油田，北有准东油田，西有克拉玛依油田，自然资源十分丰富，有"油海上的煤城"之称。早在新石器时期，就有人类在这里繁衍生息。战国时属古车师人的活动范围。西汉时期，乌鲁木齐及周边地区分布着十余个游牧部落，史称"十三国之地"。东汉时期，为车师六国的一部分。天山雪莲是一种名贵的草药；雪岭云杉四季生机盎然；国家一级保护动物雪豹在这里静养。冰川资源丰富，素有"高山固体水库"之称。

二十世纪六七十年代，在社会主义建设时期，乌鲁木齐石化总厂大化肥工程在这片土地上诞生。在1991年9月20日国家邮政部门发行的《社会主义建设成就（第四组）》邮票中，就展示了乌鲁木齐石化总厂大化肥工程。只见雪山映照下的石化厂，雄伟壮观。

化肥对于农业生产，可谓不可或缺。二十世纪六七十年代，

乌鲁木齐石化总厂大化肥工程

农村的化肥极其缺乏，为了能买到一袋化肥，少不了去城市寻找。那时的一种进口复合肥，也只能到大城市买到。化肥的匮乏，成了农业生产的一种障碍。化肥是用化学方法制造的，首先是开采矿石，然后经过加工而制成的肥料，养分含量高，肥效快，有土壤生长中需要的多种营养元素，故而成了农业生产的一种必需品。乌鲁木齐石化总厂大化肥工程始建于1975年，是国家"六五"期间的重点项目，为新疆维吾尔自治区最大建设工程之一。它有两条化肥生产线：一是以渣油为原料，年产30万吨合成氨和52万吨尿素的装置，1985年建成投产；一是1997年5月建成投产的，以天然气为原料，年产30万吨合成氨和52万吨尿素的生产装置。这两条化肥生产线自投产以来，彻底改变了过去新疆化肥完全依靠内地调拨或从国外进口的局面，并为当地农业生产连年丰收打下了坚实的基础。

1999年6月，乌鲁木齐石化总厂作为中国石油天然气集团公司首批改制试点企业之一，重组成立了乌鲁木齐石化公司，集炼油、化肥、化纤等生产于一体，化肥厂为全国最大的氮肥生产基地之一。处在丝绸之路经济带国家战略布局前沿的乌鲁木齐，必将在新丝路的建设中，再现辉煌。

塔里木油田西气东输展宏图

文 / 毋 燕

作为"十五"期间国家确定的西气东输工程，是西部大开发的标志性工程之一，与青藏铁路、南水北调和西电东送并称为"中国新世纪的四大工程"。而西气东输工程正是这四大跨世纪宏伟工程中第一个正式商业运行的工程。它是我国迄今为止自行设计、建设距离最长、管径最大、压力最高、输气量最大、技术含量最高的世界级输气管道工程。它的建成，凸显而出的是历史的突破性和现实的创造力。

西气东输工程这条长龙，贯通的是中国能源工业的大动脉，其中包括塔里木盆地天然气资源勘探开发、塔里木至上海天然气长输管道建设以及下游天然气利用配套设施建设。主力起源则是塔里木油田公司的克拉2气田、羊塔克气田等油气田。西起新疆塔里木油田轮南油气田，途径新疆、甘肃、宁夏、陕西、山西、河南、安徽、江苏、浙江和上海10省（区、市）66个县，东达上海西部的青浦白鹤镇，全长约4000公里。这是一条横贯东西部绿色的管道。

西气东输工程的建设，极大促成了新疆塔里木盆地的天然气送往豫皖江浙沪地区，而且每年将增加120亿立方米的天然气供应，更直接地说，这对促进我国能源结构调整，带动钢铁、建材、石油化工、电力、机械等相关行业的发展起到了非常重要的作用。目前，在我国的一次能源消费中，天然气比重尚且不到3%，远远低于世界平均水平。而使用天然气具有清洁、热效率高等优点，提高天然气比重，对于国民经济持续快速健康发展、改善环境，提高人类的生活品质将起到积极的促进和保障作用。

西气东输工程作为我国进入新世纪后的第一个重大建设项目而载入了史册。从2000年2月西气东输工程正式启动，到2004年12月全线正式商业运营。在这一段奋进的征程中，不仅有世人所瞩目的重大成就，而且还闪烁着感人至深的精神之光。很自然地，我们就想到了那些曾经为这条大动脉洒下汗水留下足迹的人们。他们不仅要经受戈壁、荒漠、高原、山区、平原、水网等各种地形地貌和多种气候环境的考验，还要抵御高寒缺氧的严酷，施工难度更是世界鲜有，这条长龙先后6次穿越古长城，3次过黄河，1次过长江，跨越其他大型河流3次，铁路、公路118次。这些数字所代表的不仅是一种纯粹量上的简单累计，它所承载的是时代的历史使命，是实践西部大开发国家战略的魄力和魅力所在。为了纪念这个世纪工程的顺利完工，国家邮政部门于2005年1月8日发行了《西气东输工程竣工》纪念邮票一套两枚，分别是《气源开发》《管道建设》。

气源开发　　　　　　　　　　　管道建设

这套邮票采用连票形式，通过一条轨道线路的走向来体现西气东输的主题。两枚邮票上的图案主要有井架、输气管道和西气东输管道路线图，分别将开采地与使用地的设备作为图案，展现了西气与东输的两个环节。第一枚以沙漠黄为基色，指出工程的起始点——塔里木盆地。第二枚采用浅蓝色，暗示工程的终点——东海之滨的上海。邮票第一枚采用80分面值，第二枚采用3元面值，按照惯例面值由低到高安排，但这样的安排，又仿佛在暗示西气通过东输之后附加值的增加，形成了一种巧合，可谓匠心独具。

丝路话骆驼

文 / 王继

1997年10月6日国家邮政部门发行了《新疆风光》邮资明信片，其中第二枚《塔克拉玛干沙漠》上，最显眼也最令人难忘的，便是那一行驼队艰难跋涉在沙漠上的形象。浩瀚的塔克拉玛干大沙漠上，一支商旅驮队正负载着商品，相互照应一路行进着。

塔克拉玛干沙漠

驼队中的骆驼一个个体型健硕，昂首引颈，仰天长嘶，四肢粗壮有力，驼峰耸起。

仰望这一行商旅，耳际仿佛回响起悠远深沉的驼铃声。

在史学界，广义的"丝绸之路"除了海上那条是通过船舶来运输的外，陆上的三条"丝绸之路"，其交通运输主要是靠骆驼来承担的。可见，自汉唐以来，骆驼对东西方商贸文化的交流，起到过独特的作用。

骆驼一直被人们称为"沙漠之舟"。它躯体高大，头较小，体毛短，呈褐色。有极高的耐渴耐饥能力，在没有水的条件下能生存20多天，没有食物也可以存活一月之久。驼峰里贮存着大量脂肪，在得不到食物时，可分解为养分。足底有宽大的肉垫，非常适应沙漠中的长途跋涉。骆驼的嗅觉非常灵敏，能帮助沙漠中的人们找到水源。每逢狂风大作，它的鼻孔会紧紧闭起来。骆驼的腿上还有大片的胼胝，它就是趴在被太阳晒得滚烫的沙子上，也不会被烫伤。

说起骆驼，让我首先想到的是野骆驼，它是双峰家驼的祖先，历史上曾生存于世界的很多地区，至今仍有极少数野骆驼生存在我国内蒙古西部和新疆的罗布泊地区，以及库木塔格沙漠和塔里木盆地东部一带。野骆驼作为中国著名的特有珍贵动物，一级重点保护野生动物，1985年被国际上正式列为一类濒危动物。为了保护这和大熊猫一样珍稀的物种，国家成立了新疆罗布泊野骆驼国家级自然保护区。

1993年2月20日，国家邮政部门发行了一套《野骆驼》邮票，第一枚图案采用近景特写手法，集中刻画了一只野骆驼的背部和头部形象；第二枚采用中景正面角度，图案上一只幼驼依偎在大骆驼身旁，集中刻画了野骆驼的整体形象。

骆驼以有极强的生存能力，负重以及耐干旱饥渴，抗风沙寒冷能力，一直为人们所赞赏。

丝路何其久远漫长？靠的就是骆驼的忍耐负重，锲而不舍的坚韧跋涉。有人将骆驼视为友谊的使者，用骆驼来形容朋友之间的情谊。有一首《骆驼之歌》唱道："沙暴中洒下一串串驼铃，这是你摇出的悲壮歌。憨厚的骆驼，倔强的骆驼，你甘愿忍受无边的折磨。骆驼啊骆驼，你是那样深沉执著，你的身有多少雨水和花朵，你却选择饥饿和坎坷。"歌曲在旷远悠扬的驼铃声中，向人们倾诉着骆驼高尚的情怀。

古往今来曾留下过许多颂扬和赞美骆驼，以及与骆驼有关的诗句，其中有唐代诗人杜甫的《寓目》："羌女轻烽燧，胡儿制骆驼。自伤迟暮眼，丧乱饱经过。"刘禹锡的《洛中送韩七中丞之吴兴口号五首》有："骆驼桥上苹风急，鹦鹉杯中箬下春。水碧山青知好处，开颜一笑向何人。"宋代陆游的《明河篇》有："碛中草死骆驼鸣，万里却望长安城。儿生总角爷未见，归心顿觉封侯轻。"再有文天祥的《小清口》："乍见惊胡妇，相逢遇楚兵。北来鸿雁密，南去骆驼轻。"

骆驼身上不但最集中地体现了骏马和黄牛那样吃苦耐劳的品格，也同样还有无私奉献的精神。据史学家考证：唐代还有一种非常名贵的食品，原来是晋代陈思王所创，"瓯值千金，号为七宝羹"，就是用骆驼蹄烹制的羹汤，唐代多为皇室贵族享用。杜甫《自京赴奉先县咏怀》中有"劝客骆驼羹，霜橙压香桔"的诗句，描绘的就是唐玄宗与杨贵妃在华清宫，与贵族们同享驼蹄羹的情形。

丝路话骆驼，最值得一提的还要数"三彩骆驼载乐俑"了，是它把丝绸之路与骆驼很形象地有机结合在一起。1961 年 11 月 10 日发行《唐三彩》邮票，其中第七枚、第八枚就是《三彩骆驼载乐俑》。

千年前来往于连接东西方经贸文化交往的旅驮骆队，早已完成了它的历史使命，驮负着荣耀，驮负着希望，驮负着人类文明进步的印记，消失在人们的视野和茫茫戈壁中。然而，骆驼迎风挺立的英姿，负重前行，不怕艰险的精神，却永远屹立在中国人的心中。在我国"一带一路"国家战略的伟大实践中，骆驼的精神正鼓舞着亿万中国人。

昆仑雪豹跃方寸

文 / 庞进

雪豹是中国著名的猫科珍稀动物，有"雪山之王""高山隐士"之称，属于国家一级重点保护动物。

1990年7月20日，国家邮政部门发行了一套《雪豹》邮票两枚，一是《卧豹》，一是《立豹》。

卧豹　　　　　　　　　　　立豹

《卧豹》的解释词为："图案描绘了一只雪豹静卧时的形象。画面上这只平卧在灰色岩石上的雪豹，头部反顾于右，既像饱食之后正在休息之状，又仿佛是食后欲起之态。背景由远处的雪景和近处大块裸露的岩石组成，既清晰地映衬出雪豹的轮廓，又体现了高原荒凉凄冷的自然环境，烘托了雪豹冷酷孤僻的性格，虚实相间，有纵深感。"《立豹》的解释词为："图案描绘了一只雪豹准备捕猎食物时的瞬间站立姿态。准确地捕捉了雪豹已经凝聚了的强大力量，即刻就要跃起的精彩瞬间：匍匐向前，腰部弓起，前爪刚刚着地，长尾运力欲甩，两眼虎视眈眈……刻画了雪豹这个高山霸主的机警、灵敏和凶猛。远处点缀了隐约可见的野羊，既反衬了雪豹的彪悍，又点出野羊是雪豹的主要捕食动物。"

2001年3月16日国家邮政部门发行的《国家重点保护野生动物（1级）（第二组）》邮票的第八枚上，人们再次看到了雪豹。画面上一只雪豹卧坐在山岩上，前足撑立，长尾甩到身前，回头张望。

雪豹又名草豹、艾叶豹，因其生息在高山雪线附近，是世界上最高海拔动物的典型代表而被称为雪豹。中国、阿富汗、不丹、印度、蒙古、尼泊尔、巴基斯坦、俄罗斯、哈萨克斯坦、吉尔吉斯斯坦、塔吉克斯坦、乌兹别克斯坦等12个国家，是雪豹的分布区。这些国家，大部分属于丝绸之路沿线国家。根据国际雪豹基金会估计，目前全世界现存的雪豹种群数量约3500只。中国是雪豹分布面积最大、数量最多的国家，主要分布在青藏高原和新疆的高山地带。其中新疆雪豹数量占全世界雪豹总数的四分之一。

也许是环境恶化，也许是对人类心存畏惧，也许是因了昼伏夜出，独来独往的习性，总之，要见雪豹一面是很难的。有报道说，国际上著名的雪豹专家乔治·夏勒博士在新疆、青海、西藏等地考察了几十年，也从来没有在野外见到过雪豹。2006年2月15日，中国科学院新疆生态与地理研究所召开新闻发布会，向外界宣布：一支由中国、印度、吉尔吉斯斯坦、美国等国科学家组成的十二人联合考察组，在新疆天山主峰托木尔峰地区有幸遇见了野生雪豹，并拍摄了大量图片。报道说，考察期间，曾有两只雪豹在被人发现后，既不惊惶，也没狂奔，而是在队员们惊恐不安的注视下，从容不迫地择道离去，消失在茫茫夜幕中……报道还谈到了雪豹的捕食情况："它们在袭击牧民的羊群时，总是悄悄地潜伏在岩石峭壁的缝道里，只等牧民转身离开时，一声不响地实施伏击，而且一次只猎杀一只。"看来，雪豹是聪明的，而且懂得维持生态平衡和"可持续发展"，难怪被作为"中亚山地生物多样性的旗舰种""健康的山地生态系统的指示物种"和"促进跨国界的国家公园或保护区建立的环境大使"。

雪豹与猎豹、金钱豹相似，有着美丽的形体。身长一般在1米到1.2米之间，体重由 35 公斤到 55 公斤不等。体色为烟灰色略带些银色，毛被上点缀着深灰色和黑色的斑点。豹类动物都有一条长尾，雪豹也不例外，其毛长且蓬松的粗尾几乎占了身长的一半。

有调查报告称，天然食物资源缺乏、过度放牧家畜、道路围栏的阻隔、采矿干扰、疾病与自然灾害、战争和相关的恐怖活动、山地贫困人口迅速增加、气候变化、缺乏跨边界合作、机构能力不足、民间缺乏保护意识等因素，已使雪豹处于濒危境地。希望在丝绸之路经济带的开发建设中，能顾及生活在丝路沿线高山莽林间的雪豹及其他珍稀动植物，使它们有一块不被干扰或少受干扰的生息繁衍之地。

新疆：天鹅的故乡

文 / 艺洁

天鹅，美丽的吉祥鸟。它以洁白的羽毛，高贵的姿态，被誉为"天的使者"，人间的"神鸟"。

天鹅是世界上飞得最高，飞得最远的鸟类之一（能和它比高的还有高山兀鹫），能飞越大雪山，能飞越世界屋脊——珠穆朗玛峰。

它春秋两季在中国新疆等北方省区、俄罗斯西伯利亚等繁殖地和中国长江流域及其以南的越冬区之间进行迁徙。大天鹅身上的羽毛非常丰厚，全身的羽毛有 25 216 根，所以可以有效地抵抗严寒的气候，在零下 36—48℃的低温下露天过夜也能安然无恙。大天鹅又叫白天鹅、鹄，是一种大型游禽，体长 120—160 厘米，翼展 218—243 厘米。全身的羽毛均为雪白色。嘴黄色和黑色，头部和嘴的基部略显棕黄色，嘴的端部和脚为黑色。它的身体肥胖而丰满，脖子的长度是鸟类中占身体长度比例最大的，甚至超过了身体的长度。

《诗经》中有"白鸟洁白肥泽"的记载，"白鸟"就是指大天鹅。天鹅一词最早出现于唐朝李商隐的诗句"拨弦警火凤，交扇拂天鹅"。

大天鹅列入国家重点保护野生动物名录，并作为二类保护动物受到重点保护。

1983 年 11 月 18 日国家邮政部门发行的《天鹅》邮票，发行背景竟是由一只被打死的天鹅引发的。那是 1980 年的冬天，在北京玉渊潭公园，一名偷猎者用枪打死了湖中的一只野生大天鹅，激起公愤。这时，邮票设计师万维生，深感有必要设计一套《天鹅》邮票,宣传保护珍禽的刻不容缓。

第一枚《嬉水》和第三枚《漫游》两枚邮票反映了天鹅日常生活的恬适惬意,它们成双成对地降落在恬静的湖面上,有的结伴嬉戏,天真活泼;有的交颈摩挲,温情脉脉;有的以嘴理羽,悠闲自得;有的扎入水中,翩翩起舞,真是千姿百态,令人目不暇接。尤其在《漫游》票面上,四个天鹅并成一排,姿态那么优雅,让你不由自主地联想到柴可夫斯基作曲的芭蕾舞剧《天鹅湖》中的"四小天鹅"。

嬉水

漫游

第二枚《情侣》,让你明白大天鹅保持着一种稀有的"终身伴侣制",一旦结成配偶,形影不离,终生便不再分开。古人用"雌雄一旦分,哀声留海曲"和"步步一零泪,千里犹待君"来形容它们的情深义重。如果一只死亡了,另一只必定为之"守节",终生单独生活。可以说大天鹅对爱情的忠贞不渝,感天动地。

情侣

第四枚《飞翔》,天鹅飞翔和鸿雁一样,队列整齐,常成"一"字形、"人"字形和"V"字形。那是为了凭借气流,减少阻力的一种科学的飞行队列组合,

飞翔

显示了大天鹅种群的团队精神，让人感叹而敬服。

新疆是天鹅最重要的越冬栖息地，地处天山深处的新疆和静县巴音布鲁克草原，蒙古语意为"富饶之泉"。著名的天鹅湖——中国唯一的天鹅自然保护区就在此地，栖息着我国最大的野生天鹅种群。另外，还有地处伊犁河北岸英塔木乡的伊宁县天鹅栖息地保护区，占地50亩，由于此处有地下温泉，使得天鹅湖冬季不结冰，是天鹅绝佳的越冬栖息地。还有库尔勒市孔雀河旅游风景带、库尔勒市杜鹃河、库尔勒市天鹅河等，都是大天鹅的越冬栖息地。

新疆是一个令人向往的地方，也是古丝绸之路最重要的黄金段。因为它独特的地理位置，人类活动对那里的"侵袭"少之又少，从而保持了本土的原貌，天鹅才会把那里作为长期的繁衍生息之地。

新疆不愧为大天鹅的故乡。我们祈盼着美丽天使一般的大天鹅能在新疆安全地越冬，快乐地成长。那一个个点缀在新疆大地上的天鹅湖，已成为古丝路旅游上最吸引人的一道美丽的风景线。

帕米尔高原与葱岭铜灰蝶

文 / 杨雅雯

帕米尔高原，中国古代称不周山、葱岭。西汉时期，汉朝国力强盛，中原开始大规模对外通商，商人沿丝绸之路往来地中海各国，必须穿越葱岭。这里被认为是历史上中国的西域和中亚的分界岭。

葱岭雪峰群立，耸入云天，故引人遐想，古时的人们曾以为这是能通往仙界的仙山。2004年10月1日国家邮政部门发行了《祖国边陲风光》邮票，其中的第十枚为《帕米尔高原》。

帕米尔高原、葱岭、不周山是同一体的多种称呼。此间山脉高耸入云，曾被古人作为通天之天柱，连接着凡尘和仙界。著名的共工怒触不周山的神话传说，在《列子·汤问》中曾有记载：盘古开天辟地后，天地仍有些不

帕米尔高原

足之处；女娲炼五色石补天，断了鳌足来立天之四极。之后共工氏与颛顼争夺帝位，共工氏败了，怒而触不周山，不周山这根天柱就折断了，拉着地的绳子也被扯断了，天往西北方向倾斜，所以日月星辰都向西北运动；地往东南方向下陷，所以江河湖水都向东南流淌汇集。

国家邮政部门1963年4月5日发行的《蝴蝶》邮票，其中就有生活在帕

葱岭铜灰蝶

米尔高原上的"葱岭铜灰蝶"。观此枚邮票，其中包含着饶有趣味的文化内涵。

铜灰蝶，学名是红灰蝶，就是铜色的意思。在我国著名昆虫分类学家周尧教授主编的《中国蝶类志》中是这样记载的：翅正面橙红色，前翅周缘有黑色带，中室外自前到后有3、2、2三组黑点。后翅有1条橙红色带，其外侧有黑点，其余部分均为黑色。

铜灰蝶是北半球的常见蝶类，因其外形美观被设计者刘硕仁选入蝴蝶邮票。

蝶出于本性，常流连花丛当中，文学上就有些与蝶相关的富含感情色彩的辞藻出现如"狂蜂浪蝶""招蜂引蝶"等。但事实上，蝶在民间文学的角度，有着完全不同的注解。

苗族人以为，蝴蝶是他们的始祖。在学者吴一文的《苗族史诗》当中有一首祭祖的《蝴蝶歌》，歌中说：

山坡崩塌十六次，洪水漫天十六回……枫倒变成万千物，锯末变成了鱼子，木屑变成了蜜蜂，当中一段育蝴蝶，蝴蝶跟泡沫恋爱成家，生下十二个蛋，继尾鸟来把蛋孵出来，大家都生下来了，齐齐生在窝里头，白的生来是尕哈，黑的生来是姜央……

可以看出，诗中的蝴蝶作为苗族的母神，生出的十二个蛋，其中一个蛋就是人类的始祖姜央。因此，苗族对蝴蝶一直顶礼膜拜。

而定居在葱岭的塔吉克族是在汉代时期从中亚迁徙而来的。塔吉克人崇拜鹰这种悍勇的猛禽，柔弱如蝴蝶般昆虫，怎能入其法眼。

有趣的是，塔吉克族人定居之所，帕米尔高原上共工怒触不周山的传说，并非塔吉克本民族的神话传说，而是汉族的传说。更深一层追究这个故事，故事的主人翁共工氏其实并非黄帝后裔，而是羌族水神。共工的对手颛顼是黄帝的嫡亲子孙，共工怒触不周山的传说暗示着上古时期羌族与中原民族的战争史实。值得注意的是，传说中的共工氏也是姜姓，与姜姓的炎帝有着较深的渊源。在这之前，有著名的黄帝大战蚩尤的战争，蚩尤是炎帝的后裔，却也正是那敬奉蝴蝶为母神，苗族的祖神。

上古的神话在这里似乎已经出现了一个较为清晰的脉络。后来是黄帝的孙子颛顼与羌族水神共工氏的战争，这便有了"共工怒触不周山"的传说，战后羌人不敌，逐渐流亡。之后，共工的名字仍然有出现，在尧统治期间，共工因召洪水以害天下，作乱、自贤等，被流放至幽陵。

如今的葱岭，古时的不周山上所定居的已不是那时的炎黄儿女。他们吹鹰笛、跳鹰舞、牧马、放羊，其乐融融。

中华民族由小到大，经由着从部落到部落联盟的发展过程，一系列的战争意味着一系列的融合。新的融合，在整体中就有了新的符号的注入。

禹铸九鼎，夏商以来历代均以铸鼎象征着王权。问鼎中原，就意味着对权利和权力的角逐。而鼎上铭刻的花纹，则有包含着各个已融合的民族图腾的意味。如云雷纹、饕餮纹、夒纹等都是各种动物图案的组合。著有《中国美学史》的学者张法认为，这是中华民族所特有的"和"的审美和传统。

不周山上的冰雪，晶莹如千万年前。那些尘封的上古神话，犹如史诗。随着蝴蝶翩然起落，直到今天，看着"和"的审美和文化在中华大地上重新书写和展现。